SCHÄFFER
POESCHEL

Norbert T. Varnholt

Bilanzoptimierung für das Rating

2007
Schäffer-Poeschel Verlag Stuttgart

Praxis Creditreform

Bearbeiterübersicht:

Bascha:	Teil A Kap. 1
Dagit:	Teil D Kap. 1
Harms:	Teil B Kap. 2
Hettermann:	Teil C Kap. 1
Hoberg:	Teil B Kap. 3
Kintscher:	Teil A Kap. 2, Teil B Kap. 5
Link:	Teil B Kap. 4
Linke:	Teil D Kap. 2
Mink:	Teil C Kap. 2
Müller:	Teil B Kap. 1
Varnholt:	Teil B Kap. 3, Teil C Kap. 2, Teil D Kap. 4
Weiß:	Teil D Kap. 3
Wollgarten:	Teil D Kap. 1

Bibliografische Information Der Deutschen Nationalbibliothek
Die Deutsche Nationalbibliothek verzeichnet diese Publikation in der Deutschen Nationalbibliografie; detaillierte bibliografische Daten sind im Internet über <http://dnb.d-nb.de> abrufbar.

Gedruckt auf chlorfrei gebleichtem, säurefreiem und alterungsbeständigem Papier

ISBN 978-3-7910-2109-6

www.schaeffer-poeschel.de
info@schaeffer-poeschel.de

Einbandgestaltung: Willy Löffelhardt
Satz: pws Print und Werbeservice Stuttgart GmbH
Druck und Bindung: Kösel, Krugzell · www.koeselbuch.de

Printed in Germany

April 2007

Schäffer-Poeschel Verlag Stuttgart
Ein Tochterunternehmen der Verlagsgruppe Handelsblatt

Grußwort

»Es gibt nichts Praktischeres als eine gute Theorie«
Immanuel Kant (1724 -1804)

Zu der Materie Rating existiert im deutschen Sprachraum vor allem vor dem Hintergrund der aktuellen Entwicklungen unter dem Schlagwort Basel II eine umfangreiche und ständig wachsende Literatur, welche die verschiedensten Fragestellungen sowohl aus theoretischer als auch aus praktischer Sicht beleuchtet. Die Bedeutung des Themas Rating ist unbestritten. Banken betrachten die Einschätzung der Bonität ihrer Kunden (Rating) seit jeher als ihre wichtigste Kernkompetenz, um im Wettbewerb auf dem Kapitalmarkt profitabel agieren zu können. Aus der Sicht der Kunden wird diese Bonitätseinschätzung auch im Zuge von Basel II immer häufiger zur Verhandlungsbasis für die geforderten Finanzierungskonditionen und das Fundament für eine dauerhafte Beziehung zu den Kapitalgebern im Allgemeinen und speziell in Deutschland zu den »Hausbanken« im Besonderen.

Im Zuge der Umsetzung von Basel II haben die Banken in Deutschland mittlerweile erhebliche Investitionen getätigt, um objektivitätsorientierte Ratingsysteme zu entwickeln und zu implementieren. Im Gegensatz zu den bisher gängigen Verfahren zur Bonitätseinschätzung zielen Basel II konforme Ratingsysteme insbesondere darauf ab, die zukünftige Kapitaldienstfähigkeit eines Unternehmens objektiviert und nachvollziehbar mit Hilfe statistischer Methoden quantitativ zu beurteilen. Im Ergebnis werden die Kreditnehmer nicht nur in eine Rangreihenfolge unterschiedlicher Bonität eingeteilt, sondern es wird die prognostizierte Ausfallwahrscheinlichkeit für jeden einzelnen Kreditnehmer ermittelt. Diese Ausfallwahrscheinlichkeit überträgt sich unmittelbar auf die Risiko- und Eigenkapitalkosten der Bank und beeinflusst damit in einer transparenten Art und Weise die Kreditentscheidung bzw. die Kreditkonditionen.

Mit der Anerkennung dieser internen Ratingsysteme für die Ermittlung der Mindesteigenkapitalanforderungen trägt die Bankenaufsicht sowohl den theoretischen Fortschritten im Bereich der Kreditrisikomodellierung als auch deren praktischer Umsetzung im Kreditrisikomanagement Rechnung. Damit sollen die aufsichtsrechtlichen Eigenkapitalanforderungen enger mit den praktischen Erfordernissen der Steuerung des ökonomischen Kapitals in den Banken verzahnt werden.

Für die mit Hilfe eines solchen Ratingsystems beurteilten Kreditnehmer bedeutet dies jedoch, dass sie dem Thema Rating eine verstärkte Aufmerksamkeit widmen sollten, um die sich daraus ergebenden Chancen nutzen zu können.

Das vorliegende Buch verfolgt das Ziel, genau hier dem Praktiker Hilfestellungen zu geben, indem die aus der Sicht der Praxis wichtige Frage »Wie kann ich mein Rating verbessern?« aufgegriffen wird. Vor dem Hintergrund, dass der Jahresabschluss und insbesondere die Bilanz ein zentraler Faktor für das Ergebnis des Ratings ist, werden in den Beiträgen des Buches konkrete Ansatzpunkte zur Beeinflussung bestimmter Bilanzpositionen und Bilanzkennziffern, die für das Rating gemeinhin als besonders wichtig erachtet werden, vorgestellt und kritisch diskutiert.

Der Jahresabschluss eines Unternehmens ist das zentrale Informationsinstrument für einen ganzen Kreis verschiedener Adressaten mit durchaus unterschiedlichen Zielen. Für den Unternehmer ist der Jahresabschluss eine stichtagsbezogene Bestandsaufnahme der Auswirkungen seiner ökonomischen Aktivitäten auf die Vermögens-, Finanz- und Ertragslage des Unternehmens und dient damit auch der Unternehmenssteuerung im weiteren Sinne. Für die Eigenkapitalgeber leitet sich aus dem Jahresabschluss die Eigenkapitalrendite und damit die Attraktivität der Beteiligung ab. Für die Fremdkapitalgeber hat der Jahresabschluss einen besonderen Informationswert hinsichtlich der Einschätzung der Bonität des Kreditnehmers, d. h. wie es um die Fähigkeit des Kreditnehmers bestellt ist, seinen Kreditverpflichtungen zeitnah und vollumfänglich nachzukommen. Schließlich dient auch dem Staat der Jahresabschluss als Grundlage zur Ermittlung der Steuerschuld.

Der Jahresabschluss eines Unternehmens ergibt sich nun jedoch keineswegs zwangsläufig aus der Buchhaltung am Ende des Geschäftsjahres. Zum einen ist die Aussagefähigkeit des Datenmaterials oft unzureichend, zum anderen muss nicht selten mit Annahmen gearbeitet werden. Hinzu kommen Einschränkungen der Aussagefähigkeit durch die Ausnutzung handels- und steuerrechtlicher Wahlrechte infolge der Bilanzpolitik der Unternehmen. Durch systematische Auswertungsmethoden versucht die externe Bilanzanalyse den Informationsmängeln des Jahresabschlusses jedoch weitgehend Rechnung zu tragen.

Bilanzoptimierung für das Rating kann nun einerseits als Teil der Bilanzpolitik im Rahmen der Erstellung des Jahresabschlusses verstanden werden mit dem Ziel, das Unternehmen besonders günstig darzustellen. Hierbei gilt es allerdings zu berücksichtigen, dass die Empfänger dieser optimierten Bilanz Banken und Ratingagenturen sind. Dieser Empfängerkreis ist äußerst sachkundig auf dem Gebiet der Rechnungslegung und wird seinerseits Bilanzoptimierungen im Wege der Beurteilung der Informationspolitik eines Unternehmens erkennen und ggfs. neutralisieren. Die Bonitätsanalyse vieler Banken trägt dem z. B. dadurch Rechnung, dass verschiedene bilanzpolitische Praktiken als konservativ (vorsichtige Bewertung, zurückhaltende Erfolgsbemessung) oder als progressiv (Bewertung zum oberen Rand des Spektrums neigend, optimistische Erfolgsdarstellung) eingestuft werden und dass diese quantitativen Merkmale in qualitative Größen übersetzt werden. Es kann für die Zukunft nicht ausgeschlossen werden, dass die zu Ratenden ihre Kenntnisse über die Ratingverfahren im Rahmen des rechtlich Zulässigen zum Gegenstand von stets verbesserten Bilanzoptimierungen machen und dass die Banken und Ratingagenturen darauf ihrerseits mit einer Fortentwicklung der Ratingverfahren reagieren.

Andererseits kann Bilanzoptimierung für das Rating aber auch als umfassendes Konzept verstanden werden, welches die gesamte Vermögens-, Finanz- und Ertragsstruktur des Unternehmens auf den Prüfstand stellt und nach relevanten Verbesserungspotentialen sucht. Eine Verstärkung des Eigenkapitals, geschicktes Management der Aktivseite der Bilanz sowie ein Controlling des Working Capital ermöglichen dem Unternehmen eine nachhaltige Verbesserung der Bonität und damit den Zugang zu besserem Rating. Bilanzoptimierung in diesem Sinne beschränkt sich nicht lediglich auf kosmetische Maßnahmen, sondern bewirkt eine Verbesserung der Kreditwürdigkeit, die letztlich über eine dauerhafte Verbesserung der Eigenkapitalbasis möglich ist.

In diesem Beziehungsgeflecht können sich für den Praktiker durchaus komplexe Zielkonflikte oder Restriktionen ergeben, wenn er versucht, mit bestimmten, auch bilanzpolitischen Maßnahmen das Ratingergebnis zu verbessern. Insofern steht vor der praktischen Umsetzung bestimmter Maßnahmen notwendigerweise eine fundierte Analyse der aktuellen Situation und der möglichen Auswirkungen verfügbarer Handlungsalternativen. Was könnte da hilfreicher sein als eine gute theoretische Basis, die dem Leser auch noch in einer praxisorientierten Art und Weise präsentiert wird?

Die Unternehmen haben die Zeichen der Zeit erkannt und ihre Eigenkapitalsituation deutlich verbessert. Nach Erhebungen der Deutschen Bundesbank lag im Jahre 2004 – jüngere Ergebnisse liegen noch nicht vor – die Eigenkapitalquote bei 23 % und damit um sechseinhalb Prozentpunkte über dem Stand von 1997. In einem wieder freundlicheren konjunkturellen Umfeld hatten sich die Erträge der Unternehmen erkennbar verbessert. Das führte zu deutlich höheren Kapitalzuführungen aus Gewinnen und höherer Dotierung der Rücklagen einerseits und einem Abbau kurz- und langfristiger Verbindlichkeiten andererseits. Die gesamten Zuführungen zum Eigenkapital von innen und von außen übertrafen mit knapp 25 % des Mittelaufkommens die durchschnittlich Quote im Zeitraum 1997 bis 2004 erheblich.

Neben der deutlich gestiegenen Eigenmittelquote zeigen auch andere bilanzielle Kennziffern, dass die deutschen Unternehmen im Jahr 2004 bei ihren Bemühungen, die finanzielle Bestandsfestigkeit zu erhöhen, einen guten Schritt vorangekommen sind. Damit haben sich die Voraussetzungen für eine Verstärkung des Unternehmenswachstums ebenfalls spürbar verbessert. Diese positiven Ansätze dürften sich, soweit erkennbar, in der Folgezeit fortgesetzt haben; sie münden inzwischen auch in eine höhere Investitionstätigkeit.

Im Hinblick auf die Eigenkapitalausstattung ist den deutschen Unternehmen, dank verbesserter Konjunktur und eigener Anstrengungen, eine Bilanzoptimierung teilweise bereits gelungen; sie haben dadurch aktiv auf die Herausforderungen von Basel II reagiert und sich für die Zukunft fit gemacht. Möge das vorliegende Buch dazu beitragen, diesen Prozess zu unterstützen und die Chancen der Unternehmen auch weiterhin zu verbessern.

Mainz, im Januar 2007 Helmut Rittgen

Vorwort

Zum Themenbereich Rating/Basel II existiert seit Jahren eine umfangreiche Literatur. Trotzdem gibt es einige »weiße«, oder zumindest weniger intensiv bearbeitete »Flecken«. Es fehlte bisher u.a. eine schwerpunktmäßige und praxisorientierte Anleitung für den Mittelstand zur Verbesserung des zentralen Ratingfaktors »Eigenkapitalquote«. In diesem Buch werden nun vier Ansätze zur Verbesserung der Eigenkapitalquote und des Ratingergebnisses dargestellt.

1. Finanzierungsleasing,
2. Factoring (Verkauf von Forderungen),
3. Bestandsoptimierung der Roh-, Hilfs- und Betriebsstoffe,
4. Einsatz öffentlicher Förder- und Finanzierungsinstrumente.

Außer Punkt 4. gehen alle Ansätze einher mit einer Liquiditätsgenerierung des Unternehmens aus »eigener Kraft«, d.h. ohne Bankkredit. Sie sind somit auch dann sinnvoll einsetzbar, wenn sie in den Ratingsystemen bestimmter Ratingagenturen oder Banken wieder neutralisiert werden, wie dies z.B. speziell im Falle des Leasing geschieht (s. Gleißner/Füser: Leitfaden Rating, 2. Auflage München 2003, S. 101). Mit der Liquiditätsgenerierung aus eigener Kraft kann die Fremdkapitalaufnahme reduziert werden, wobei dem Ziel einer guten Ratingnote exakt entsprochen wird: Liquiditätsbeschaffung zu günstigen Konditionen. Natürlich sind die obigen vier Instrumente auch mit Kosten verbunden und es muss in jedem unternehmensspezifischen Einzelfall eine sorgfältige Vergleichsrechnung zwischen den Kosten dieser Instrumente und einer Fremdkapitalaufnahme bei einer Bank durchgeführt werden, die aber eventuell aufgrund einer nicht (mehr) zufrieden stellenden Ratingeinstufung zu höheren Kreditkonditionen als in früheren Perioden getätigt werden muss.

In der bisher vorliegenden Ratingliteratur fehlten auch Darstellungen zur Verbesserung der Ratingnote durch branchenspezifische betriebswirtschaftliche Auswertungen und Ausführungen über die Vorteilhaftigkeit der Verknüpfung eines Ratings mit der ISO-9000-Zertifizierung. Darüber hinaus existierte noch kein kompakter und schnell abzuarbeitender Ratingprozess speziell für den kleineren Mittelstand der den Anforderungen an Ratings gemäß Basel II entspricht. Auch für diese drei Punkte werden in diesem Buch Informationen und Lösungen angeboten.

Das vorliegende Buch ist für die Praktiker in kleinen und mittelständischen Unternehmen und deren Berater geschrieben. Es ermöglicht durch die Beiträge im ersten Kapitel sowohl einen Überblick über das Thema Rating/Basel II aus der aufsichtsrechtlichen Perspektive der Deutschen Bundesbank als auch aus der Perspektive des operativ tätigen Steuerberaters »vor Ort«. Zu den betriebswirtschaftlichen Grundlagen der Unternehmensfinanzierung und des Jahresabschlusses, die ggf. zur Abrundung bzw. Vertiefung der einzelnen Ansätze hilfreich sind, sind innerhalb des hierzu vorliegenden umfangreichen betriebswirtschaftlichen Schrifttums u.a. auch in der vorliegenden Reihe »Praxis Creditreform« die Werke von Werner/Kobabe zur Unternehmensfinanzierung (Werner/Kobabe: Unternehmensfinanzierung, Stuttgart 2005) und von Deussen (Hrsg.) zum Jahresabschluss erschienen (Deussen: Der Jahresabschluss, Stuttgart 2001).

In jedem der Beiträge des vorliegenden Buches kommen in ihren Bereichen ausgewiesene Experten zu Wort, die das behandelte Spezialgebiet in eigener Praxis oder in einer Fach- und Führungsfunktion vertreten. Insofern ist dieses Buch von Praktikern für Praktiker geschrieben. Die Ansätze zur Bilanzoptimierung, die das zweite Kapitel ausmachen, umfassen das Leasing, den Forderungsverkauf (Factoring), die Bestandsoptimierung der Roh-, Hilfs- und Betriebsstoffe, sowie den Überblick über die Finanzierungsoptimierung durch den Einsatz öffentlicher Förder- und Finanzierungsinstrumente.

Im dritten Kapitel werden die Auswirkungen der Bilanzoptimierung der Aktivseite auf das Ratingergebnis sowohl im Rahmen eines internen Ratings der Volksbank Worms-Wonnegau eG, als auch in einem externen Rating des Instituts für Controlling, Risikomanagement und Ratinganalyse bei der Fachhochschule Worms dargestellt. Es wird sich zeigen, dass die Ansätze Leasing, Factoring und Bestandsreduktion der Roh-, Hilfs- und Betriebsstoffe zu einer Bilanzverkürzung führen können. Diese Bilanzverkürzung führt bei gleich bleibendem Eigenkapital zu geringerem Fremdkapitalbedarf und damit zu einer Erhöhung der Eigenkapitalquote.

Es werden dann im vierten Kapitel bisher nicht oder nur wenig thematisierte spezielle Ansätze und Instrumente des Ratings behandelt, die über das engere Thema »Bilanzoptimierung« hinausgehen. Es wird der Beziehungszusammenhang zwischen ISO 9000 und Rating ausgeleuchtet. Weiterhin wird auf die Bedeutung von Branchenratings als Ergänzung zum individuellen Unternehmensrating hingewiesen, da erst der Vergleich mit den Branchendaten ein objektives Bild des Unternehmens ergibt. Branchenorientierte betriebswirtschaftliche Auswertungen werden die »Einheits-BWA« zukünftig ablösen. Branchen-BWA, die zudem eine Erfolgsaufspaltung nach Produkten, beziehungsweise Produktgruppen beinhalten, und damit einen kleinen Schritt in Richtung einer Controlling-orientierten kurzfristigen Erfolgsrechnung darstellen, sollten auch für eine professionelle Rating-Beratung das Mittel der Wahl sein.

Schließlich wird ein objektivitätsorientierter Ratingprozess für kleine und mittlere Unternehmen und das Instrument für seine Umsetzung, die Ratingsoftware »Basel II Manager« vorgestellt. Der ICR-Ratingprozess ist speziell für kleine und mittlere Unternehmen entwickelt worden und mit mehreren Objektivitätsfiltern versehen, die die Akzeptanz dieses externen Ratings bei den Banken erhöhen. Die Umsetzung des vorliegenden Werkes kann zum einen darauf hinauslaufen, dass der Mittelständler, der seine Bilanz nach den vorgestellten Ansätzen erfolgreich optimiert hat, diese dann anschließend in einen objektivitätsorientierten Ratingprozess einbringt und seine verbesserte Eigenkapitalquote die Ratingnote entsprechend positiv beeinflusst, oder aber, dass er keine zusätzliche Fremdkapitalaufnahme durchführen muss, weil er zunächst ausreichende Liquidität aus eigener Kraft generiert hat. Um zu einer insgesamt guten bzw. verbesserten Ratingnote zu kommen, müssen natürlich außer der Eigenkapitalquote auch die anderen Bilanzkennzahlen und die qualitativen Ratingfaktoren stimmen, bzw. optimiert werden.

Im Folgenden handelt es sich um den echten Jahresabschluss eines Maschinenbauunternehmens des Sondermaschinenbaus, an Hand dessen die Ansätze des Finanzierungsleasings und der Bestandsoptimierung der Roh-, Hilfs- und Betriebsstoffe zur Bilanzoptimierung verdeutlicht werden. Das Factoring führt in dieser Bilanz nicht zur Bilanzverkürzung. Für den Factoringansatz wird daher eine eigenständige Bilanz gewählt, an der ein entsprechender Effekt gezeigt werden kann. Es ist aber gerade typisch für die vorzustellenden Ansätze, dass sie in echten Bilanzen kaum alle gleichermaßen wirken, sondern z.T. sehr unterschiedlich in Abhängigkeit von der vorhandenen Bilanzstruktur ihre Wirkung entfalten. Hätten alle Ansätze anhand einer einzigen Bilanz ihren Effekt nachweisen sollen, wäre eine »künstliche« Musterbilanz zu konstruieren gewesen.

Maßgeblich für die Aufstellung des Jahresabschlusses sind die Vorschriften des HGB insbesondere der § 266 »Gliederung der Bilanz« und der § 275 »Gliederung der Gewinn- und Verlustrechnung«. IAS/IFRS-Standards gelten derzeit nur für börsennotierte Kapitalgesellschaften und spielen dementsprechend im deutschen Mittelstand (noch) eine untergeordnete Rolle. Daher wird hier auf eine entsprechende IAS/IFRS-Darstellung verzichtet, bzw. wird als typisches Beispiel für den deutschen Mittelstand ein HGB-Abschluss ausgewählt.

Die Darstellungsweise bzw. Gliederungsvorschrift des § 266 HGB gilt für große und mittelgroße Kapitalgesellschaften. Kleine Kapitalgesellschaften, die in § 267 Abs. 1 HGB definiert sind, brauchen nur eine verkürzte Bilanz aufzustellen, wobei die Bilanzgliederungstiefe nur bis zur zweiten Gliederungsebene des § 266 HGB gehen muss, d. h. bis zu den mit römischen Ziffern bezeichneten Bilanzposten. Bereits an dieser Stelle ist aber auf eine mögliche Differenzierung zwischen den gesetzlichen Gliederungsvorschriften und einer für das Rating sinnvollen und aussagekräftigen Gliederungstiefe zu unterscheiden. Für die Transparenz gegenüber der Bank und der Bildung, bzw. Nachvollziehbarkeit der Bilanzkennzahlen ist die größere Gliederungstiefe, wie sie für große und mittelgroße Kapitalgesellschaften gilt, sinnvoll. Für andere Bilanzadressaten, denen gegenüber die erhöhte Transparenz nicht erforderlich oder nicht erwünscht ist, kann das verkürzte Bilanzgliederungsschema gewählt werden.

Vermögensstruktur				Währung: T€
	2006	%	2005	%
A. Ausstehende Einlagen				
B. Ingangsetzungs-/Erweiterungs-aufwendungen				
C. Aktiver Ausgleichsposten latente Steuern				
D. Anlagevermögen	3.936,0	33,9	4.067,0	42,4
I. Immaterielle Vermögensgegenstände	26,0	0,2	58,0	0,6
1. Konzessionen, Schutzrechte	26,0	0,2	58,0	0,6
2. Geschäfts- oder Firmenwert				
3. geleistete Anzahlungen				
II. Sachanlagen	3.667,0	31,6	3.748,0	39,1
1. Grundstücke, grundstücksgl. Rechte	3.371,0	29,1	3.502,0	36,5
2. technische Anlagen und Maschinen	74,0	0,6	96,0	1,0
3. andere Anlagen, BGA	222,0	1,9	150,0	1,6
4. geleistete Anzahlungen; Anlagen im Bau				
III. Finanzanlagen	243,0	2,1	261,0	2,7
1. Anteile an verbundenen Unternehmen				
2. Ausleihungen an verbundene Unternehmen				
3. Beteiligungen				
4. Ausleihungen an Unternehmen mit Beteilgungen				
5. Wertpapiere des Anlagevermögens				
6. sonstige Ausleihungen	243,0	2,1	261,0	2,7
E. Umlaufvermögen	7.288,0	62,9	5.496,0	57,3
I. Vorräte	4.479,0	38,6	3.417,0	35,6
1. Roh-, Hilfs- und Betriebsstoffe	539,0	4,6	510,0	5,3
2. unfertige Erzeugnisse, unfertige Leistungen	3.381,0	29,2	2.405,0	25,1
3. fertige Erzeugnisse und Waren				
4. geleistete Anzahlungen	559,0	4,8	502,0	5,2
II. Forderungen, sonstige Vermögens-gegenständen	516,0	4,5	1.512,0	15,8
1. Forderungen aus Lieferung und Leistung	473,0	4,1	762,0	7,9
2. Forderungen gegen verbundene Untern.				
3. Forderungen gegen Unternehmen mit Beteilgungen				
4. sonstige Vermögensgegenstände	43,0	0,4	750,0	7,8
III. Wertpapiere				
1. Anteile an verbundenen Unternehmen				
2. eigene Anteile				
3. sonstige Wertpapiere				
IV. Kassenbestand, Bankguthaben	2.293,0	19,8	567,0	5,9
F. Rechnungsabgrenzungs-posten	371,0	3,2	29,0	0,3
	11.595,0	**100,0**	**9.592,0**	**100,0**

Kapitalstruktur				Währung: T€
	2006	**%**	**2005**	**%**
A. Eigenkapital	3.934,0	33,9	3.899,0	40,6
I. Gezeichnetes Kapital	440,0	3,8	440,0	4,6
II. Kapitalrücklage				
III. Gewinnrücklagen				
1. gesetzliche Rücklage				
2. Rücklage für eigene Anteile				
3. satzungsmäßige Rücklagen				
4. andere Gewinnrücklagen				
IV. Gewinnvortrag	3.347,0	28,9	3.283,0	34,2
V. Jahresüberschuss	147,0	1,3	176,0	1,8
VI. Bilanzgewinn				
B. Sonderposten mit Rücklageanteil				
C. Rückstellungen	863,0	7,4	886,0	9,2
1. Rückstellungen für Pensionen	45,0	0,4	41,0	0,4
2. Steuerrückstellungen	95,0	0,8	122,0	1,3
3. sonstige Rückstellungen	723,0	6,2	723,0	7,5
D. Verbindlichkeiten	6.798,0	58,6	4.807,0	50,1
I. Anleihen				
II. Verbindlichkeiten gegenüber Kreditinstituten	1.488,0	12,8	1.620,0	16,9
1. kurzfristig fällig				
2. mittel-/langfristig fällig	1.488,0	12,8	1.620,0	16,9
III. erh. Anzahlungen auf Bestellungen	4.470,0	38,6	2.642,0	27,5
IV. Verbindlichkeiten aus Lief. und Leistung	373,0	3,2	204,0	2,1
V. Verbindlichkeiten aus Wechseln				
VI. Verbindl. gegenüber verbund. Untern.				
VII. Verbindl. gegenüber Untern. mit Beteilg.				
VIII. sonstige Verbindlichkeiten	467,0	4,0	341,0	3,6
E. Passive Rechnungsabgrenzungsposten				
	11.595,0	**100,0**	**9.592,0**	**100,0**

Ertragsstruktur				Währung: T€
	2006	%	2005	%
1. Umsatzerlöse	10.500,0	100,0	9.580,0	100,0
2. Bestandsveränderung	976,0	9,3	276,0	2,9
3. andere aktivierte Eigenleistungen				
4. sonstige betriebliche Erträge	121,0	1,2	60,0	0,6
5. Materialaufwand	5.617,0	53,5	4.318,0	45,1
a) Aufwand für RHB sowie Wareneinkäufe	5.217,0	49,7	4.021,0	42,0
b) Aufwand für bezogene Leistungen	400,0	3,8	297,0	3,1
6. Personalaufwand	4.353,0	41,5	3.838,0	40,1
a) Löhne und Gehälter	3.681,0	35,1	3.243,0	33,9
b) soziale Abgaben und Aufwand Altersversorgung	672,0	6,4	595,0	6,2
7. Abschreibungen	254,0	2,4	283,0	3,0
a) auf Anlagengegenstände	254,0	2,4	283,0	3,0
b) auf Umlaufvermögen				
8. sonstige betriebliche Aufwendungen	1.044,0	9,9	1.024,0	10,7
9. Erträge aus Beteiligungen				
10. Erträge aus Wertpapieren und Ausleihungen				
11. sonstige Zinsen und ähnliche Erträge	31,0	0,3	12,0	0,1
12. Abschreibungen auf Finanzanlagen und Wertpapiere				
13. Zinsen und ähnliche Aufwendungen	105,0	1,0	190,0	2,0
14. Ergebnis der gewöhnlichen Geschäftstätigkeit	255,0	2,4	275,0	2,9
15. außerordentliche Erträge			45,0	0,5
16. außerordentliche Aufwendungen			9,0	0,1
17. außerordentliches Ergebnis			36,0	0,4
18. Steuern vom Einkommen und Ertrag	95,0	0,9	122,0	1,3
19. sonstige Steuern	13,0	0,1	13,0	0,1
20. Erträge aus Verlustübernahmen				
21. Aufwendungen aus Verlustübernahmen				
22. Erträge aus Gewinnabführungen (Gemeins.)				
23. Aufwand aus Gewinnabführungen (Gemeins.)				
24. Erträge aus Gewinnabführungen (Verträge)				
25. Aufwand aus Gewinnababführungen (Verträge)				
26. Jahresüberschuss	147,0	1,4	176,0	1,8

Abschließend bedanke ich mich bei meinem Kollegen an der Fachhochschule Worms, Herrn Prof. Dr. Hoberg, für die konstruktiv kritischen Diskussionen zu zahlreichen Aspekten des Buches. Weiterhin bedanke ich mich bei meinem Kollegen an der Hochschule Reutlingen Herrn Prof. Dr. Schneck sowie Herrn Bundesbankdirektor Rittgen, Präsident der Hauptverwaltung Mainz, für den jeweils über den Rahmen des Buches hinausgehenden fruchtbaren Informationsaustausch. Ich danke an dieser Stelle auch Herrn Dr. Everling, der am vorliegenden Buch zwar nicht direkt mitgearbeitet hat, aber unter dessen Herausgeberschaft eine Reihe von Ratingwerken erschienen ist, die die deutsche Ratingforschung und Ratingliteratur auf einen Entwicklungsstand gebracht haben, dem gegenwärtig international (auch in der angelsächsischen Literatur) jede Entsprechung fehlt. Schließlich gebührt mein Dank den Mitautoren, die alle neben Ihrem »operativen Tagesgeschäft« Zeit und Motivation fanden, an dem vorliegenden Buch mit zu arbeiten.

Worms, im Februar 2007
Prof. Dr. Norbert T. Varnholt

Der Herausgeber

Professor Dr. Norbert T. Varnholt, Fachhochschule Worms, Fachbereich Wirtschaftswissenschaften, Studiengang Steuerwesen, Geschäftsführer des Instituts für Controlling, Risikomanagement und Rating Analyse in Worms. Vor seiner Berufung an die Fachhochschule Rheinland-Pfalz im Jahre 1992 war er Leiter Betriebswirtschaft des Unternehmensbereichs Wasch- und Reinigungsmittel der Henkel KGaA, von 1996 bis zum Jahre 2003 zunächst Gründungsbeauftragter und dann Präsident der Fachhochschule Worms. Prof. Varnholt gründete das Institut für Controlling, Risikomanagement und Rating Analyse bei der Fachhochschule Worms und vertritt seit dem Jahr 2003 das betriebliche Rechnungswesen im Studiengang Steuerwesen. Professor Varnholt führt darüber hinaus zahlreiche Beratungs- und Weiterbildungsprojekte mit dem Schwerpunkt im Mittelstand durch.

Die Autoren

Dr. Andreas Bascha
Studium der Volkswirtschaftslehre an der Universität Mannheim, Promotion an der Eberhard-Karls-Universität Tübingen. Diverse Veröffentlichungen auf dem Gebiet der Unternehmensfinanzierung und Corporate Governance. Seit Mai 2002 Tätigkeit als Prüfer und Prüfungsleiter für bankgeschäftliche Prüfungen bei der Deutschen Bundesbank, Hauptverwaltung Mainz. Tätigkeitsschwerpunkte: MaRisk und Solvabilitätsverordnung, insbesondere interne Ratingverfahren (IRBA).

Dipl.-Finanzwirt Michael Dagit
Steuerberater. Studium an der Verwaltungsfachhochschule in Rotenburg an der Fulda, kurze Tätigkeit in der Finanzverwaltung. Seit 1992 für die WOTAX Steuerberatungsgesellschaft mbH als Berater in der Branchen- und Systemberatung tätig. Seit dieser Zeit auch Referent zahlreicher Veranstaltungen zu den Themen Liquidität und Betriebsführung.

Olaf Harms
Studium der Rechtswissenschaften an den Universitäten Saarbrücken und Frankfurt, Bilanzbuchhalter, seit 01.06.2004 Geschäftsführer der Crefo Factoring Rhein-Main GmbH & Co. KG, Darmstadt. Publikationen auf dem Gebiet des Factoring.

Dipl.-Betriebswirt (FH) E. André Hettermann
Studium der Betriebswirtschaftslehre mit den Schwerpunkten Finanzierung und Controlling an der Hochschule Darmstadt. Tätig bei der Volksbank Worms eG im Bereich Firmenkundenbetreuung, seit 2000 u. a. als Firmenkundenberater und Intensivkundenbetreuer.

Prof. Dr. Peter Hoberg
16 Jahre Praxiserfahrung in Führungspositionen in internationalen Unternehmen; seit 01.09.2000 Professor für allgemeine Betriebswirtschaftslehre an der Fachhochschule Worms im Fachbereich Touristik/Verkehrswesen; Forschungsschwerpunkte: Entscheidungstheorie, Investitionsrechnung, Kosten- und Leistungsrechnungssysteme; zahlreiche Veröffentlichungen in diesen Gebieten.

Dipl.-Betriebswirt Lothar Kintscher
Steuerberater, als Seniorpartner der Steuerberatersozietät Mink & Kintscher tätig. Mitglied im Fachausschuss des Instituts für Controlling, Risikomanagement und Rating Analyse in Worms. Zahlreiche Vorträge zu den Themen Bonitätsorientierte Bilanzpolitik, Unternehmensplanung und -finanzierung im Kontext handels- und steuerrechtlicher Rahmenbedingungen.

Dr. Ulrich Link
ist Leiter des Ressorts »Kredite, Zuschüsse, Venture Capital« der landeseigenen Investitions- und Strukturbank Rheinland-Pfalz (ISB) GmbH und dort vor allem mit der Finanzierung von mittelständischen Unternehmen und allen damit in Zusammenhang stehenden Fragestellungen befasst. Daneben ist er Geschäftsführer verschiedener Venture Capital Gesellschaften und der RKW Rheinland-Pfalz GmbH.

Dipl.-Betriebswirt Christian Linke
Studium der Betriebswirtschaftslehre mit Fachrichtung Gesundheitswesen an der Fachhochschule Riedlingen, Tätigkeit als Auditleiter (ISO 9001:2000) für die Branchen Sozial- und Gesundheitswesen, Erziehung und Unterricht sowie Handel bei der TÜV CERT Zertifizierungsstelle des TÜV Hessen.
Internet: www.rating-excellence.de; www.tuev-hessen.de
E-Post: christian.linke@tuevhessen.de

Dipl.-Betriebswirt Gerhard Mink
Steuerberater, als Seniorpartner in der Steuerberatersozietät Mink & Kintscher tätig, zuvor viele Jahre im operativen Controlling der BASF beschäftigt.

Dipl.-Betriebswirt Thomas Müller
Studium der Betriebswirtschaftslehre (Fachrichtung Handel) an der Fachhochschule Worms, seit 1992 leitender kaufmännischer Angestellter im Rechnungswesen und Controlling bei einer mittelständischen Leasinggesellschaft. Lehrbeauftragter an der Fachhochschule Worms für Buchführung und Bilanzierung nach HGB und IFRS.

Dr. Eberhard Weiß
Geschäftsführer der Feri Rating & Research GmbH, Bad Homburg. Sein fachlicher Schwerpunkt ist die Analyse und Bewertung von Anlagemärkten und -produkten sowie die Entwicklung und Anwendung des Branchenratings. Ziel der Arbeiten ist die Bewertung von Investitionen nach Potenzial und Risiko unter Nutzung quantitativer Methoden.
Internet: www.feri-research.de
E-Post: fff@feri.de

Dipl.-Betriebswirt Horst Wollgarten
Wirtschaftsprüfer und Steuerberater, Studium der Betriebswirtschaftslehre, 1979 Gründung der WOTAX Steuerberatungsgesellschaft in Aachen. Spezialisiert auf die Branchen- und Systemberatung. Zahlreiche Vorträge zu diesem Thema wie auch zu betriebswirtschaftlichen Fragen, Finanzen, Betriebsführung und Planning.

Inhaltsverzeichnis

Abkürzungsverzeichnis

a. a. O.	am angegebenen Ort
Abs.	Absatz
ABS	Asset Backed Securities
AfA	Absetzung für Abnutzungen
AG	Aktiengesellschaft
AGB	Allgemeine Geschäftsbedingungen
AktG	Aktiengesetz
AMA	Assessment of Advanced Measurement
AMS	Automated Manifest System
Anm.	Anmerkung
ARGE	Arbeitsgemeinschaft
ATLAS	Automatisches Tarifierungs- und lokales Abwicklungssystem
Aufl.	Auflage
BaFin	Bundesanstalt für Finanzdienstleistungsaufsicht
BSC	Balanced Scorecard
BAKred	Bundesaufsichtsamt für das Kreditwesen
BdRA	Bundesverband der Ratingsanalysten und Ratingsadvisor e.V.
BIZ	Bank für internationalen Zahlungsausgleich
BGA	Betrieb gewerblicher Art
BGB	Bürgerliches Gesetzbuch
BUS	Betreuer- und Unterstützungssystem
BVR	Bundesverband der deutschen Volksbanken und Raiffeisenbanken
BWA	Betriebswirtschaftliche Auswertung
bzgl.	bezüglich
bzw.	beziehungsweise
B2B	business to business
CAD	Kapitaladäquanzrichtlinie (Capital Adequacy Directive)
CAPM	Capital Asset Pricing Model
CD	Compact Disc
CEBS	Committee of European Banking Supervisors
CF	Cash Flow
CNC	Computerized Numerical Control/Computergestützte numerische Steuerung
Co.	Company
c. p.	ceteris paribus

CRD	Capital Requirements Directive
CRM	Customer Relationship Management
DATEV	Rechenzentrum der Steuerberater
d. h.	das heißt
DIN	Deutsche Industrienorm/en; Deutsches Institut für Normung
DIN-ISO	Deutsche Industrienorm-International Standard Organization
DSGV	Deutscher Sparkassen- und Giroverband
DZ Bank	Deutsche Zentral-Genossenschaftsbank
EAD	Exposure at Default
EBIL	Einzelbilanzanalyse
e-billing	Elektronische Rechnungsstellung
EBIT	Earnings Before Interest and Taxes/Jahresüberschuss vor Zinsen und Steuern
EBITDA	Earnings Before Interest, Taxes, Depreciation and Amortization/Gewinn vor Finanzergebnis, außerordentlichem Ergebnis, Steuern und Abschreibungen
EBT	Earnings Before Taxes/Gewinn vor Steuern
ECAI	External Credit Assessment Institution
EDF	Expected Default Frequency
EDV	Elektronische Datenverarbeitung
EESt	Steuern von Einkommen und Ertrag
EEV-Steuern	Steuern vom Einkommen, vom Ertrag und vom Vermögen
EFQM	European Foundation for Quality Management
EG	Europäische Gemeinschaft
EK	Eigenkapital
EKS	Engpasskonzentrierte Strategie
EN	European Norm/Europäische Normierungsbehörde
ERP	Enterprise Resource Planning
E-SolvV	Erster Diskussionsentwurf der Solvabilitätsverordnung
ESt	Einkommensteuer
EStG	Einkommensteuergesetz
EStR	Einkommensteuerrichtlinien
etc.	et cetera
EU	Europäische Union
e. V.	eingetragener Verein
evtl.	eventuell
EWG	Europäische Wirtschaftsgemeinschaft
FERI	Financial and Economic Research International
FIBU/FiBu	Finanzbuchhaltung
FK	Firmenkunde
FK	Fremdkapital
FKB	Firmenkundenberater
FuE	Forschung und Entwicklung

GE/Pe	Geldeinheiten in der betrachteten Periode
Geno-FBS	Genossenschaftliches Finanz-Beratungssystem
GmbH	Gesellschaft mit beschränkter Haftung
GmbHG	Gesetz betreffend die Gesellschaften mit beschränkter Haftung
gem.	gemäß
ggf./ggfs.	gegebenenfalls
GDUR	Ganzheitliches Dynamisches Unternehmens-Rating
GewStG	Gewerbesteuergesetz
GoB	Grundsätze ordnungsmäßiger Bilanzierung
GroMikV	Großkredit- und Millionenkreditverordnung
GuV-/G+V-Rechnung	Gewinn- und Verlustrechnung
HGB	Handelsgesetzbuch
Hrsg.	Herausgeber
i. A.	im Auftrag
IAS/IFRS	International Accounting Standards/International Financial Reporting Standards
ICAAP	Internal Capital Adequacy Assessment Process
ICR	Institut für Controlling, Risikomanagement und Rating-analyse, FH Worms
ICR	Issuer Credit Rating
i. d. R.	in der Regel
IDW	Institut der Wirtschaftsprüfer
i. e. S.	im engeren Sinn
IFRS	International Financial Reporting Standards
IKS	Internes Kontroll- und Steuerungssystem
IRB	auf internen Ratings basierend/ Internal Ratings Based
IRBA	auf internen Ratings basierender Ansatz/Internal Ratings Based Approach
i. S.	im Sinne
ISB	Investitions- und Strukturbank
ISO	International Standard Organization/Internationale Organisation für Normung
IT	Informationstechnik
i. V. m.	in Verbindung mit
JA	Jahresabschluss
JIT	just in time
JP	Jahresplan
KapG	Kapitalgesellschaft
KfW	Kreditanstalt für Wiederaufbau
KG	Kommanditgesellschaft
KI	Kreditinstitut
KONDAN	Kontodatenanalyse
KonTraG	Gesetz zur Kontrolle und Transparenz im Unternehmensbereich

KMU	Kleine und mittelständische Unternehmen
KRS	Kredit- und Risikospezialist
KSA	Kreditrisiko-Standardansatz
KWG	Gesetz über das Kreditwesen
KWZ	Kleinwasser-Zuschlag
LCL	Less Than Container Load
lfd.	laufend
LGD	Loss Given Default
LZB	Landeszentralbank
MABILA	Maschinelle Bilanzanalyse
MaRisk	Mindestanforderungen an das Risikomanagement
MBG	Mittelständische Beteiligungsgesellschaft
MECS	Mittelstands-Erfolgs-System
Mio.	Million/en
MM	Management
Mrd.	Milliarde/n
MRV	Maschinelle Rating Vorschläge (Dresdner Bank)
MWSt	Mehrwertsteuer
Nr.	Nummer
o. a.	oben angegeben
o. g.	oben genannt
OHG	offene Handelsgesellschaft
OECD	Organization for Economic Cooperation and Development
OLG	Oberlandesgericht
PD	Probability of Default
PDA	Personal Digital Assistant/persönlicher digitaler Assistent
PDCA	Plan-Do-Check-Act (Demingkreis)
PersG	Personengesellschaft
PVK	Privat- und Vermögenskunden
QM	Quality Management
R	Ratingklasse
R@S	Rating Services
rd.	rund
RDF	Realized Default Frequency
RHB	Roh-, Hilfs- und Betriebsstoffe
ROI	Return on Investment
S.	Seite
S&P	Standard & Poor's
SLB	Sale and Lease Back

s. o.	siehe oben
sog.	sogenannt
SolvV	Solvabilitätsverordnung
SolvV-E	Solvabilitätsverordnung im Entwurf
SolZ	Solidaritätszuschlag
SRP	Supervisory Review Process/aufsichtsrechtlicher Überwachungsprozess
s. u.	siehe unten
TA	Teilamortisierungsvertrag/Teilamortisationsvertrag
T€	tausend Euro
TQM	Total Quality Management
Tsd.	tausend
TÜV	Technischer Überwachungs-Verein
TÜV CERT	TÜV Zertifizierungsgemeinschaft e. V.
u. a.	unter anderem/n
u. Ä.	und Ähnliche/m/n/s
UM	Umweltmanagement
u. U.	unter Umständen
UUB	Unternehmer- und Unternehmensbeurteilung
URA	Unternehmensrating Agentur
US-GAAP	United States Generally Accepted Accounting Principles
USt	Umsatzsteuer
usw.	und so weiter
VA	Vollamortisierungsvertrag/Vollamortisationsvertrag
vgl.	vergleiche
vH/v.H.	vom Hundert
VJ	Vorjahr
VV	Vorstandsvorsitzender
WP	Wirtschaftsprüfer
z. B.	zum Beispiel
ZKA	Zentraler Kreditausschuss
Ziff.	Ziffer
z. Zt.	zur Zeit

Teil A Bilanzpolitik, Bilanzoptimierung und Rating

1 Bilanzpolitik und Ratingergebnis im Spannungsfeld neuer aufsichtsrechtlicher Anforderungen[1]

1.1 Einleitung

Die Strukturen der nationalen und internationalen Finanz- und Kapitalmärkte sind aufgrund der inhärenten Dynamik prinzipiell wettbewerblich organisierter Märkte einem kontinuierlichen Veränderungsprozess unterworfen. Gleichzeitig unterliegen diese Märkte traditionell aufgrund übergeordneter politischer und volkswirtschaftlicher Überlegungen wie z. B. Einlagen- bzw. Einlegerschutz, allgemeine Finanzmarktstabilität, Geld- und Währungspolitik, effiziente Märkte bzw. Kapitalallokation etc. vielfältigen Regulierungen. Insbesondere wird den Finanzinstituten vor dem Hintergrund einer angestrebten Finanzmarktstabilität in der Regel vorgeschrieben, für die von ihnen eingegangenen Risiken (Adressenausfall-, Marktpreisrisiken und operationelle Risiken) immer ein bestimmtes Maß an Eigenkapital als Verlustpuffer vorzuhalten.

In einer zunehmend globalisierten Welt wird jedoch für die nationalen und zum Teil inzwischen auch supranationalen Aufsichtsbehörden die Aufgabe, die getroffenen Regelungen an die veränderten tatsächlichen Bedingungen in einer adäquaten Weise anzupassen, zu einer immer komplexer werdenden Herausforderung. Der zurzeit aktuellste und in der öffentlichen Diskussion wohl prominenteste Ansatz der Regulatoren im Bereich der Banken- und Finanzdienstleistungsaufsicht, die Vorschriften zur Berechnung der aufsichtsrechtlichen Eigenkapitalanforderungen an die durch die Globalisierung ausgelösten strukturellen Veränderungen in den nationalen und internationalen Finanz- und Kapitalmärkten anzupassen, firmiert unter dem Schlagwort Basel II. Mit diesem Schlagwort ist die durch den Basler Ausschuss für Bankenaufsicht in enger Konsultation mit der Industrie erarbeitete Rahmenvereinbarung (vgl. Basel Committee on Banking Supervision: International Convergence of Capital Measurement and Capital Standards, A Revised Framework, Basel 2004) gemeint. Sowohl auf europäischer Ebene (vgl. Vorschläge der EU-Kommission zur Neufassung der Richtlinie 2000/12/EG über die Aufnahme und Tätigkeit der Kreditinstitute, sog. »Bankenrichtlinie«, und der Richtlinie 93/6/EWG über die angemessene Eigenkapitalausstattung von Wertpapierfirmen und Kreditinstituten, sog. »Kapitaladäquanzrichtlinie, CAD III«) als auch auf nationaler Ebene in Form der Solvabilitätsverordnung (SolvV) vom 14.12.2006 und auch

Neues Aufsichtsrecht

[1] *Der Autor dieses Beitrags arbeitet für die Deutsche Bundesbank. Die in diesem Beitrag wiedergegebenen Ansichten entsprechen der persönlichen Meinung des Autors und stellen nicht notwendigerweise die Auffassung der Deutschen Bundesbank dar.*

der MaRisk (vom 21.12.2005, vgl. Bundesanstalt für Finanzdienstleistungsaufsicht) haben diese »Empfehlungen« mittlerweile einen verbindlichen Charakter erhalten.

Dabei ist der Grundgedanke, der hinter Basel II steht, recht einfach: Für die in den Finanzdienstleistungsinstituten vorhandenen unterschiedlich hohen Risiken sollte auch auf eine risikoadäquate Art und Weise ein unterschiedlich hoher Risikopuffer vorgehalten werden.

Wie die weithin als zu wenig risikosensitiv kritisierten bisherigen Regelungen (vgl. Basel Committee on Banking and Supervision: International Convergence of Capital Measurement and Capital Standards, Basel 1988) gezeigt haben, kann sich die Umsetzung eines solchen Ziels jedoch recht schwierig gestalten. Vor dem Hintergrund ihrer individuellen Wettbewerbsposition und strategischen Ausrichtung gehen die verschiedenen Akteure auf den Finanzmärkten unterschiedliche Arten von Risiken in unterschiedlicher Höhe ein und messen und steuern diese Risiken auch mit unterschiedlich komplexen und ausgefeilten Methoden und Prozessen. Insofern stellt sich die berechtigte Frage: Welche Methode der Risikomessung ist für welchen Marktteilnehmer adäquat und was ist das richtige Maß an Risikoüberwachung und Risikomanagement?

Mit der Umsetzung von Basel II im Rahmen der Solvabilitätsverordnung und den MaRisk vollzieht die Aufsicht in Deutschland einen logisch konsequenten Schritt zur Beantwortung dieser Frage. In Zukunft müssen die Institute in Teilen selbst entscheiden, welche (Teil-)Menge von aufsichtsrechtlichen Anforderungen sie erfüllen müssen. So wird die Eigenverantwortung der Institute gestärkt.

Stärkere Konvergenz zwischen regulatorischem und ökonomischen Kapital

Mit den neuen, eher prinzipienbasierten als regelbasierten Anforderungen, soll es den Instituten ermöglicht werden, für alle ihre bedeutenden Risiken (Kreditrisiken, Marktpreisrisiken, operationelle Risiken) das intern bereitgestellte ökonomische Kapital enger als bisher mit dem aufsichtsrechtlich vorgeschriebenen Mindesteigenkapital zu verzahnen. Maßgeblich hierfür ist jedoch die Qualität der internen Methoden und Prozesse zur Risikomessung und Risikosteuerung, dem sog. internen Kontroll- und Steuerungssystem (IKS). Insofern ist der Schritt zur sog. qualitativen Bankenaufsicht nur folgerichtig. Je besser das IKS funktioniert, umso leichter fällt es, die höheren aufsichtsrechtlichen Anforderungen zu erfüllen und, quasi als Belohnung, umso weniger konservativ sind die aufsichtsrechtlichen Sicherheitsnetze geknüpft.

Damit kommt eine erhöhte Flexibilität aber auch Komplexität in die aufsichtsrechtlichen Anforderungen und zwar nicht nur in die Berechnung der Mindestkapitalanforderungen sondern auch an das Risikocontrolling und das Risikomanagement in den Banken. Die Bankenaufsicht verstärkt damit die Anreize für die Banken, Risiken transparenter zu machen, genauer zu messen und effizienter zu managen. Die Wettbewerbsintensität wird steigen und damit auch die Effizienz des gesamten Systems. Aus volkswirtschaftlicher Perspektive soll damit die Effizienz der Kapitalallokation in den Finanzmärkten erhöht werden. Grundsätzlich werden von solchen Effizienzsteigerungen neben den Kapitaleignern immer auch die Nachfrager von Finanzdienstleistungen profitieren. Allerdings bedeutet eine Steigerung der Wettbewerbsintensität auch immer, dass es Gewinner und Verlierer geben wird. Insbesondere die mittelständischen Unternehmen in Deutschland sahen sich während des Konsultationsprozesses zu Basel II in verschiedenen Punkten strukturell benachteiligt.

In Zukunft werden Ratings neben ihren bisherigen Funktionen im IKS bzw. an den Kapitalmärkten auch eine wesentliche Rolle bei der aufsichtsrechtlichen Beurteilung der Kreditrisiken in den Banken selbst spielen. Da bei Ratings von Unternehmen insbesondere die quantitative Analyse der Bilanz eine wesentliche Rolle spielt, bestand die Furcht vor allem darin, dass die Kredite für mittelständische Unternehmen sehr viel teurer würden als bisher, da diese Unternehmen in der Regel über kein bzw. aufgrund der schwachen Eigenkapitalbasis nur über ein unterdurchschnittliches externes Rating verfügen. Dies führt wiederum gemäß den neuen Regelungen zu einer höheren Mindesteigenkapitalanforderung und verteuert damit letztlich die Kredite an solche Unternehmen.

Neben der gesonderten Behandlung von Forderungen unter 1 Mio. € an kleine oder mittlere Unternehmen (Jahresumsatz kleiner als 50 Mio. €, § 91 Abs.1 SolvV) in der Forderungsklasse Unternehmen wurde dieser Befürchtung vor allem mit der Schaffung des sog. »auf internen Ratings basierenden Ansatzes« (IRB-Ansatz) Rechnung getragen. Insofern ist das eigentlich Neue an Basel II und hier insbesondere an dem IRB-Ansatz, dass das interne Rating einer Bank für einen (mittelständischen) Kunden durch die Bankenaufsicht erstmals grundsätzlich zur Berechnung der aufsichtsrechtlichen Eigenkapitalanforderungen anerkannt wird, wenn das Ratingsystem, das diese Ratingeinstufung produziert hat, bestimmte quantitative und qualitative Mindestanforderungen erfüllt.

Damit erhalten Ratings und deren zugrunde liegende Informationen vor allem für solche Bankkunden eine gesteigerte Bedeutung, die über kein oder aber auch über kein gutes externes Rating verfügen und bei einer Bank um Kredit nachfragen, die von der Bundesanstalt für Finanzdienstleistungsaufsicht (BaFin) eine Zulassung für den IRB-Ansatz bekommen hat. Aufgrund der Tatsache, dass in die Ratings von bilanzierenden Kunden oftmals als natürlicher Ausgangspunkt die Informationen aus den Bilanzen eingehen, erhält die Entscheidung des Unternehmers hinsichtlich der Wahrnehmung möglicher bilanzieller Wahlrechte bzw. hinsichtlich bestimmter die Bilanzstruktur verändernder Maßnahmen eine neue Dimension.

Vor diesem Hintergrund soll hier die folgende Fragestellung bearbeitet werden:

Ergeben sich aus der Tatsache, dass an ein Ratingsystem im IRB-Ansatz besondere aufsichtsrechtliche Anforderungen gestellt werden, für bilanzierende Kreditnehmer, die nicht in die Forderungsklasse »Mengengeschäft« fallen, im Hinblick auf das Ratingergebnis bestimmte Möglichkeiten oder auch Grenzen, mit Hilfe einer mehr oder weniger aktiven Bilanzpolitik das Ratingergebnis positiv zu beeinflussen?

1.2 Bilanzpolitik und Ratingergebnis vor dem Hintergrund aufsichtsrechtlicher Anforderungen

1.2.1 Übergreifende Anforderungen

1.2.1.1 Einbindung der Ratingsysteme in das interne Kontroll- und Steuerungssystem

Gemäß § 106 Satz 1 SolvV müssen die Risikosteuerungs- und Einstufungssysteme eines Instituts solide sein und ihre Einführung muss Systemintegrität gewährleisten. Insbesondere müssen gem. § 106 Satz 2 Nr. 2 SolvV die zugehörigen Systeme und Prozessabläufe eine wesentliche Rolle im Risikomanagement- und Entscheidungsfindungsprozess, sowie bei der Kreditgenehmigung, der internen Kapitalallokation und der Unternehmenssteuerung des Instituts spielen. Damit ist zwar auf einer ganz grundsätzlichen Ebene die Einbindung der »internen« Ratingsysteme in das »interne« Kontroll- und Steuerungssystem (IKS) einer Bank gefordert, aber die konkrete Ausgestaltung der Verknüpfung zwischen Ratingsystem und IKS ist der jeweiligen Bank überlassen. Aufgrund der in der Realität zwischen den Banken vielfältigen geschäftspolitischen Strategien, Prozesse und Methoden zur Banksteuerung kann man davon ausgehen, dass die angemessene Erfüllung dieser Anforderungen auch nur auf einer ebenso individuellen Art und Weise erfolgen kann. Demzufolge wird man a priori aus der wissenschaftlichen Perspektive auch kaum eine allgemein gültige Aussage treffen können, wie ein bestimmtes Ratingergebnis die Kreditentscheidung bzw. Konditionengestaltung einer Bank beeinflussen wird. Insofern ist es wichtig für die weitergehenden Analysen die folgende Arbeitshypothese aufzustellen: Im Weiteren wollen wir annehmen, dass ceteris paribus (c. p.) ein besseres/schlechteres Rating die Wahrscheinlichkeit für eine positive Kreditentscheidung bzw. günstigere Kreditkonditionen grundsätzlich erhöhen/verschlechtern kann, aber nicht unbedingt muss.

Standards für die Datengrundlage zur Schätzung von Ausfallwahrscheinlichkeiten

1.2.1.2 Die Referenzausfalldefinition

Das zentrale Element, das die IRB-Ansätze vom sog. Kreditrisiko-Standardansatz (KSA) unterscheidet, ist die von den Banken selbst vorgenommene Schätzung der Ausfallwahrscheinlichkeit der jeweiligen Schuldner. Damit dies für alle Institute auf der Grundlage einer internen Datenbasis geschehen kann, der gewisse einheitliche Standards zugrunde liegen, wurden von Seiten der Aufsicht einige zentrale Kriterien vorgegeben, anhand derer die Institute das Ausfallereignis für einen bestimmten Schuldner zu bestimmen haben.

Gemäß der Definition in § 125 SolvV gilt ein Ausfall für einen bestimmten Schuldner als eingetreten, wenn eines oder beide der folgenden Ereignisse eingetreten sind:

- Das Institut ist der Ansicht, dass es unwahrscheinlich ist, dass der Schuldner ohne Rückgriff des Instituts auf Maßnahmen wie die Verwertung von gegebenenfalls vorhandenen Sicherheiten vollständig seine Zahlungsverpflichtungen aus der Kreditgewährung gegenüber dem Institut oder irgendeinem gruppenangehörigen Unternehmen der Institutsgruppe oder Finanzholding-Gruppe, der das Institut angehört, erfüllt.
- Der Schuldner ist mit einem wesentlichen Teil seiner Gesamtverpflichtung aus Kreditgewährung gegenüber dem Institut oder irgendeinem gruppen-

angehörigen Unternehmen der Institutsgruppe oder Finanzholding-Gruppe, der das Institut angehört, über mehr als 90 aufeinander folgende Kalendertage überfällig.

Zu den Ereignissen, die als Hinweise auf die Unwahrscheinlichkeit der Erfüllung von Zahlungsverpflichtungen zu verwenden sind, gehören:

- Das Institut nimmt eine Wertberichtigung vor, die sich aus einer deutlichen Verschlechterung der Kreditqualität gegenüber dem Zeitpunkt ergibt, zu dem das Institut die IRBA-Position eingegangen ist.
- Das Institut verkauft die Verpflichtung aus Kreditgewährung mit einem erheblichen in Beziehung mit der Kreditgewährung stehenden wirtschaftlichen Verlust.
- Das Institut willigt in eine Sanierungsumschuldung der Verpflichtung aus Kreditgewährung ein, sofern dies voraussichtlich zu einer durch erheblichen Erlass oder durch Aufschub hinsichtlich des Hauptbetrags, der Zinsen oder, soweit relevant, der Entgelte verursachten verminderten finanziellen Verpflichtung führt. Eine Sanierungsumschuldung liegt dann vor, wenn das Institut nach seinen allgemeinen Standards zur Kreditgewährung nicht zur Fortführung des die Verpflichtung begründenden Rechtsverhältnisses in seiner ursprünglichen Form bereit gewesen wäre.
- Das Institut hat die Insolvenz des Schuldners beantragt oder eine ähnliche Maßnahme in Bezug auf eine Verpflichtung des Schuldners gegenüber dem Institut selbst oder irgendeinem gruppenangehörigen Unternehmen der Institutsgruppe oder Finanzholding-Gruppe, der das Institut angehört, aus Kreditgewährung ergriffen.
- Der Schuldner hat die Insolvenz beantragt oder wurde für insolvent erklärt oder es wurde eine vergleichbare Schutzmaßnahme ergriffen, sofern hierdurch die Rückzahlung einer Verpflichtung aus Kreditgewährung gegenüber dem Institut selbst oder irgendeinem gruppenangehörigen Unternehmen der Institutsgruppe oder Finanzholding-Gruppe, der das Institut angehört, verhindert oder verzögern würde.

1.2.2 Anforderungen an Ratingsysteme

§ 106 SolvV gilt quasi als Generalnorm für die Mindestanforderungen, die ein IRBA-Ratingsystem erfüllen muss. Insbesondere muss ein Ratingsystem demnach eine aussagekräftige Beurteilung von schuldnerspezifischen und geschäftsspezifischen Merkmalen, eine aussagekräftige Risikodifferenzierung und präzise und konsistente quantitative Schätzungen des Adressrisikos gewährleisten. Die weiteren Konkretisierungen dieser Anforderungen folgen in den §§ 107 bis 153 SolvV.

1.2.2.1 Der Anwendungsbereich

Wenn eine Bank den IRB-Ansatz verwenden möchte, muss sie zunächst aufgrund der Anforderungen der §§ 107 bis 111 SolvV den Anwendungsbereich für jedes Ratingsystem definieren und die relevanten Adressrisikopositionen konsistent, angemessen und vollständig zuordnen. Dabei umfasst ein Ratingsystem gem. § 60 Abs. 1 SolvV jede der Methoden, Verfahrensabläufe, Steuerungs- und Überwachungsprozeduren und Datenerfassungs- und Datenver-

arbeitungssysteme, die die Einschätzung von Adressrisiken, die Zuordnung von IRBA-Positionen zu Ratingstufen oder Risikopools und die Quantifizierung von Ausfall- und Verlustschätzungen für eine bestimmte Art von IRBA-Positionen unterstützen.
Mithin ist ein Ratingsystem weit mehr als ein Rechenkern, mit dem eine Ratingnote generiert wird. Die Zuordnung des Schuldners oder Geschäfts zu einem der Ratingsysteme muss dabei das Risiko angemessen widerspiegeln. Die folgende Abbildung 1 veranschaulicht beispielhaft eine mögliche Struktur für ein Ratingsystem, wobei das sog. quantitative Verfahren den Rechenkern des Ratingverfahrens meint, in den neben rein quantitativen Informationen durchaus auch qualitative Informationen und Einschätzungen des Ratinganalysten eingehen können.

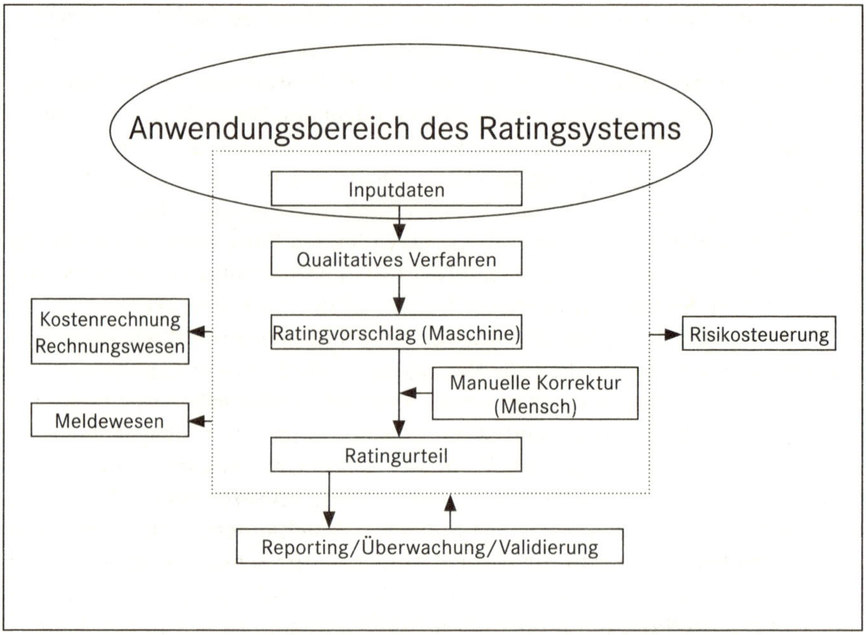

Abbildung 1: Struktur eines Ratingsystems

Definition des Anwendungsbereichs eines Ratins-Systems

Damit ist eine der zentralen Fragen, die als erstes von einer Bank entschieden werden muss, die Definition des Anwendungsbereichs eines Ratingsystems. Erst wenn klar definiert ist, **welcher Schuldner bzw. welches Geschäft mit welchem Ratingverfahren** zu raten ist, ist eine konsistente Behandlung der Schuldner bzw. Geschäfte hinsichtlich der heranzuziehenden Informationsgrundlage (Inputdaten) und damit auch eine angemessene Beurteilung des Risikos gewährleistet (vgl. dazu z.B. Teil C, Kapitel 1.3.1).

Es erscheint unmittelbar einleuchtend, dass das Rating für Forderungen gegenüber einem souveränen Schuldner (Staat) auf einer anderen Informationsgrundlage aufbauen muss als das Rating für Forderungen gegenüber einem mittelständischen Unternehmen. Mitunter dürfte sich auch das zugrunde liegende quantitative Verfahren wesentlich unterscheiden, da man im Bereich von Staaten im Gegensatz zu Unternehmen insbesondere im Bereich der guten

Bonitäten nur wenige oder aber auch gar keine Ausfalldaten beobachten kann und deswegen viel stärker auf externe Informationsquellen angewiesen ist, um die Ausfallwahrscheinlichkeit angemessen zu schätzen. Weiterhin dürften sich auch hinsichtlich der qualitativen Einflussmöglichkeiten der Ratinganalysten signifikante Unterschiede ergeben, da die jeweilige Expertise des Ratinganalysten auf unterschiedlichen Ebenen zum Tragen kommt (der Länderanalyst braucht den Quervergleich zwischen Ländern »Top-Down«; der Firmenkundenanalyst muss die Erkenntnisse aus dem direkten Kundenkontakt verwerten »Bottom-Up«). Insofern dürfte es auch unmittelbar einleuchtend sein, dass auch für das Rating von großen international tätigen Konzernen in der Regel ein anderes Ratingsystem zu Anwendung kommen dürfte als für ein kleines, lediglich regional tätiges mittelständisches Unternehmen. Bezogen auf unsere konkrete Fragestellung bedeutet dies aber auch, dass ein Ratingsystem für mittelständische Unternehmen mit großer Wahrscheinlichkeit die Bilanzinformationen anders verwertet als ein Ratingsystem für sog. Global Player.

Bei der Beantwortung der Frage nach der Definition des Anwendungsbereichs muss man unter anderem die beiden folgenden Dimensionen beachten:

Gemäß der Anforderung des § 110 SolvV muss ein Ratingsystem sowohl schuldnerspezifische als auch geschäftsspezifische Risikomerkmale berücksichtigen. D. h. es kann durchaus von der zugrunde liegenden ökonomischen Konstellation abhängen, ob in dem anzuwendenden Ratingsystem für die Zuordnung einer Ratingstufe für Schuldner (§ 110 Abs. 3 SolvV) eher die Person oder eher die konkret zu finanzierende Transaktion im Vordergrund steht.

Im Extremfall kann bei der gewünschten Finanzierung die Vertragsgestaltung so gewählt sein, dass die Rückzahlung der Forderung ausschließlich durch das von dem finanzierten Objekt erzeugte Einkommen und in keiner Weise (sog. »Non-Recourse«) durch das eigenständige Leistungsvermögen eines auf breiterer Basis agierenden kommerziellen Unternehmens gewährleistet ist (sog. wirtschaftliche Spezialfinanzierung in Abgrenzung zum Begriff der Spezialfinanzierung nach § 81 SolvV). In solch einem Fall treten unter Umständen bei der Zuordnung einer Ratingstufe für Schuldner im Sinne des § 110 Abs. 3 SolvV die personenspezifischen Merkmale, d. h. im Hinblick auf unsere Fragestellung die bilanziellen Informationen, soweit in den Hintergrund, dass diese unter Umständen gar keine Rolle mehr spielen.

Im Zusammenhang mit der Definition des Anwendungsbereichs eines Ratingsystems ist aber auch die Anforderung des § 113 Abs. 5 SolvV zu beachten. Darin heißt es, dass unterschiedliche IRBA-Positionen gegenüber demselben Schuldner (bis auf die in § 113 Abs. 5 SolvV definierten Ausnahmefälle) derselben Ratingstufe für Schuldner zugeordnet werden müssen, ungeachtet jeglicher Unterschiede in der Art jedes konkreten Geschäfts. Mithin müssen die Institute bei verschiedenen Kreditbeziehungen zu einem Kunden, die zum Teil auch in Form einer wirtschaftlichen Spezialfinanzierung ausgestaltet sein können, geeignete Verfahren zur Behandlung dieses **Kunden** als **Schuldner** im Sinne der Solvabilitätsverordnung haben.

Wie bildet man Ratingeinheiten?

Stehen dahingegen die schuldnerspezifischen Merkmale, d. h. die Person im Vordergrund, ist § 113 Abs. 4 i.V.m § 4 Abs. 8 SolvV zu beachten. Hier müssen die Institute nachweisen, dass sie geeignete Verfahrensweisen zur Behandlung von Kunden, die Einzelschuldner sind, und von Schuldnergesamtheiten haben. Nach § 4 Abs. 8 SolvV sind zwei oder mehr natürliche oder juristische Personen oder Personenhandelsgesellschaften als eine Schuldnergesamtheit anzusehen, wenn sie zusammen ein Einzelrisiko in dem Sinne bilden, dass sie so untereinander verbunden sind, dass finanzielle Schwierigkeiten einer der Personen zu Schwierigkeiten bei den anderen führen würden, Zahlungsverpflichtungen aus Kreditgewährungen gegenüber dem Institut vollständig zu erfüllen.

Insofern sind die Institute dazu angehalten, Prozesse zu definieren, anhand derer hausintern bei der Ratingerstellung entschieden werden kann, wie auf eine risikoadäquate Weise bestimmte juristisch selbständige Einheiten zu einer Schuldnergesamtheit zusammengefasst werden, für die eine gemeinsame Risikoeinstufung erfolgen kann. Unter bestimmten Umständen ist es also denkbar, dass ein einzelner Schuldner nicht bzw. nicht ausschließlich auf der Grundlage seiner eigenen Bilanzdaten sondern auch unter (Nicht-) Einbeziehung der Informationen der für seine Bonitätseinschätzung relevanten über- oder untergeordneter wirtschaftlicher Risikoeinheiten (z. B. verbundene Unternehmen im Unternehmenskonzern) geratet wird. Außerdem ist es denkbar, dass diese Prozesse sich von Ratingsystem zu Ratingsystem unterscheiden können. Aufgrund der genannten Aspekte muss man konstatieren, dass in Bezug auf unsere Fragestellung weitere Dimensionen der Differenzierung hinzukommen. Die Behandlung von Einzelschuldnern hinsichtlich der beim Rating heranzuziehenden Informationsgrundlage kann sowohl von Ratingsystem zu Ratingsystem innerhalb eines Instituts als auch zwischen zwei verschiedenen Instituten unterschiedlich ausgestaltet sein. Damit haben bilanzpolitische Maßnahmen eines Einzelschuldners, auch wenn sie bestimmte Kennzahlen in die gewünschte Richtung beeinflussen, auf der einen Seite unter Umständen keinen oder nur einen begrenzten Einfluss auf das Rating des Einzelschuldners. Auf der anderen Seite kann sich aber auch ein Multiplikatoreffekt ergeben, falls es sich bei diesem Einzelschuldner um den zentralen Risikotreiber in einer Schuldnergesamtheit handelt.

1.2.2.2 Anforderungen an die Zuordnung zu Ratingstufen

Die Rolle des »Faktors Mensch« in einem objektivitätsorientierten Ratingsystem

Gemäß § 112 Abs. 1 SolvV müssen die Definitionen und Merkmale für Ratingstufen ausreichend detailliert sein, um denjenigen, die mit der Zuordnung von Risikoeinstufungen beauftragt sind, zu ermöglichen, Schuldner oder Geschäfte, die vergleichbare Risiken darstellen, konsistent gleichen Ratingstufen zuzuordnen. Außerdem muss die Dokumentation des Risikoeinstufungsverfahrens es sachverständigen Dritten erlauben, die Zuordnungen von IRBA-Positionen zu verstehen, zu replizieren und die Angemessenheit der Zuordnungen zu einer Ratingstufe zu beurteilen. Diese Anforderungen bilden gewissermaßen einen Katalog an Kriterien, anhand derer sichergestellt werden soll, dass die Ratingeinstufungen im Zusammenspiel zwischen menschlichem Urteil und Ratingsystem auf eine möglichst einheitliche und objektive Art und Weise zustande kommen. Im Hinblick auf unsere Fragestellung könnte man formulieren, dass in internen Ratingsystemen unabhängig von der bilanziellen Darstellungsweise gleichartige ökonomische Gegebenheiten unter Risikogesichtspunkten gleichartig bewertet werden sollten.

Dieses Ziel kann grundsätzlich auf verschiedene Art und Weise erreicht werden. Aus theoretischer Sicht sind dabei alle möglichen Varianten zwischen den beiden folgenden extremen Polen denkbar:

Automatisierung von Ratingprozessen

Auf der einen Seite sind Ratingsysteme denkbar, bei denen der Ratingprozess größtenteils automatisiertet ist, wie dies z. B. bei der Vergabe von Online-Krediten und den dazu genutzten **maschinellen** Scoringverfahren auf der Basis von Selbstauskünften teilweise schon üblich ist. Bei der Verwendung solcher statistischer Modelle, denen in der Regel auch prozessual bei der Ratingerstellung eine stark standardisierte Informationsbasis zugrunde liegt, müssen die Institute jedoch gemäß § 118 SolvV besondere Anforderungen erfüllen, da es in diesem Fall ganz wesentlich von der Datenqualität und der Konzeption des Verfahrens abhängt, ob die statistisch ausgewerteten Informationen auch die individuellen ökonomischen Gegebenheiten des einzelnen Kreditnehmers im Hinblick auf die o.g. Anforderungen adäquat reflektieren.

Auf der anderen Seite sind theoretisch auch Ratingsysteme denkbar, bei denen zwar der Faktor **Mensch** bei der Gewinnung und Beurteilung der bonitätsrelevanten Informationen dominiert, aber dennoch methodisch und prozessual sichergestellt ist, dass die o.g. Anforderungen erfüllt werden.

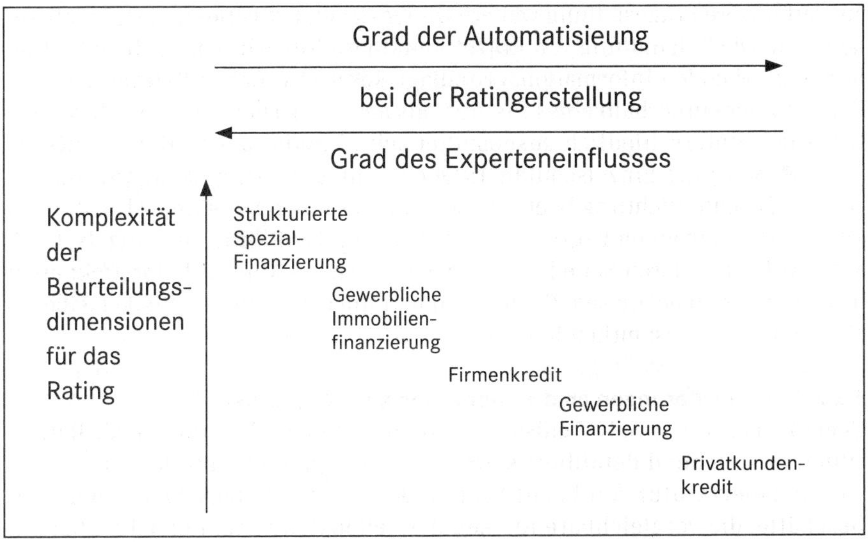

Abbildung 2: Mensch und Maschine beim Rating

Die Abbildung ist vor allem hinsichtlich des Komplexitätsgrads der Beurteilungsdimensionen für das Rating als eine idealisierte Darstellung zu interpretieren. Insbesondere bei Krediten an große Unternehmen können durchaus komplexe Strukturen, wie z. B. Konzernbeziehungen, für das Rating relevant sein. Andererseits kommen in der Praxis bei der Beurteilung von gewerblichen Immobilienfinanzierungen oft simultanbasierte Ratingverfahren zum Einsatz, bei denen neben der Bonität des wirtschaftlichen Risikoträgers auch objekt- und finanzierungsspezifische Faktoren eine Rolle spielen, und damit im Vergleich zu den üblichen Ratingverfahren für Unternehmen zusätzliche Beurteilungsdimensionen beinhalten.

Wie Abbildung 2 zeigt, wird man in der Realität im Hinblick auf unseren Untersuchungsgegenstand (Kredite an bilanzierende Unternehmen) das »Optimum« zwischen einer standardisierten Bilanzauswertung in Verbindung mit einer »geschickten« Statistik auf der einen Seite und einer individuellen Bilanzanalyse auf der anderen Seite, bei der der Ratinganalyst die Inputdaten mit seinem Expertenwissen »veredelt«, suchen müssen. Letztlich bedeutet dies aber auch, dass alle unternehmerischen Maßnahmen zur Bilanzoptimierung nicht starr auf die Veränderung gewisser Kennzahlen bzw. Bilanzrelationen schauen sollten, sondern hinsichtlich ihres ökonomischen Einflusses auf die wirtschaftliche Leistungsfähigkeit eines Unternehmens beurteilt werden sollten, da es gegebenenfalls gerade die Aufgabe des Ratinganalysten sein könnte, genau diese differenzierte Betrachtungsweise vorzunehmen.

Maßnahmen zur Verbesserung des Ratings

In Teil B dieses Buches werden konkrete Maßnahmen zur Verbesserung der Bilanzstruktur angesprochen, wie z. B. Bestandsoptimierung, Factoring und Leasing. Wie dort gezeigt wird, verändern sich durch diese Maßnahmen bestimmte Bilanzkennzahlen und damit vielleicht zumindest kurzfristig auch das Rating. Vor allem aber machen diese Maßnahmen auch dann langfristig für die Verbesserung eines Ratings Sinn, wenn die Unternehmer die zugrunde liegenden ökonomischen Mechanismen verstehen, und zur Verbesserung ihrer eigenen wirtschaftlichen Leistungsfähigkeit zu nutzen wissen.

So kann beispielsweise mit Factoring erreicht werden, dass das Unternehmen sich selbst vor Forderungsausfällen schützt, Transaktionskosten für die Eintreibung von ausstehenden Forderungen einspart, seine Liquidität verbessert, sich umsatzkongruent finanziert, bessere Einkauf- und Lieferkonditionen erreicht, etc. D. h. die Kosten des Factoring in Form von Abschlägen auf die Forderungserlöse können dann wieder mehr als kompensiert werden, wenn die Unternehmen in der Lage sind, aus dieser Transaktion echte Spezialisierungsgewinne zu realisieren.

Leasing und Sale and Lease Back

Beim Leasing ist die Sichtweise ähnlich differenziert, z. B. verkauft beim sog. Sale and Lease Back (SLB) der zukünftige Leasingnehmer ein bisher in seinem Eigentum befindlichen Gegenstand an den Leasinggeber, der diesen wiederum an den Verkäufer verleast. Damit lässt sich zwar kurzfristig Liquidität schaffen bzw. stille Reserven heben, aber SLB kostet auch Geld (u. U. Ertragsbesteuerung / Barwert-Abschlag) und wird in Zukunft durch die Zahlung der Leasingraten c.p. das Ergebnis verschlechtern. Insofern kommt es wesentlich darauf an, dass die geschaffene Liquidität so verwendet wird, dass sich die zukünftige Ertragskraft des Unternehmens erhöht. Ähnlich verhält es sich beim sog. Finance Leasing. Hier wird zwischen dem Leasingeber und Leasingnehmer für ein bestimmtes Leasingobjekt eine feste, unkündbare Grundmietzeit vereinbart. Grundidee dabei ist, dass die Mietkosten vollständig aus den Erträgen des Leasingobjekts generiert werden können. Für den Leasingnehmer können sich daraus positive ökonomische Effekte ergeben in der Hinsicht, dass das Eigenkapital geschont wird und die erhaltene Liquidität für andere Vorhaben genutzt werden kann. Weiterhin kann ein Kostenvorteil genutzt werden, der dadurch entsteht, dass mit dem Leasing anfallende Folgekosten von traditionellen Investitionsfinanzierungen, wie z. B. Kreditnebenkosten, Eigenkapitalkosten, Gewerbeertragssteuer, Verwaltungskosten und Gebühren verschiedener Art beim Leasingnehmer vermieden werden und der

Leasinggeber bzgl. dieser Kosten sowohl Economies of Scale als auch Economies of Scope realisiert.

In der Literatur wird teilweise die Ansicht vertreten, dass mit Basel II für viele Unternehmen die Zeit »reif für ein (legales) Bilanzlifting« sei (vgl. z.B. Werner und Kobabe (2005), S. 37), bzw. durch die Aufdeckung stiller Reserven wichtige Bilanzkennzahlen verbessert und damit die Basis für ein gutes Rating geschaffen werden (vgl. Hansen (2002), S. 799). Die obige These, dass alle unternehmerischen Maßnahmen zur Bilanzoptimierung nicht starr auf die Veränderung gewisser Kennzahlen bzw. Bilanzrelationen schauen sollten, sondern hinsichtlich ihres ökonomischen Einflusses auf die wirtschaftliche Leistungsfähigkeit eines Unternehmens beurteilt werden sollten, gilt jedoch umso mehr, als dass nach § 112 Abs. 2 Satz 1 SolvV Ratings alle relevanten Informationen berücksichtigen müssen, d.h. grundsätzlich sowohl quantitative als auch qualitative Informationen beinhalten sollten, soweit diese die Einschätzung der Kreditnehmerbonität beeinflussen.

Vollständige und aktuelle Informationen sind enorm wichtig für das Rating

Praktisch gesehen können natürlich nur solche Informationen in das Rating einfließen, die dem Ratinganalysten zum Zeitpunkt der Ratingerstellung zur Verfügung stehen. Dies sind vornehmlich Bilanzen, Informationen aus dem direkten Kundenkontakt, der allgemeinen Presse und anderen Quellen. Auf der anderen Seite bedeutet dies aber auch, dass beim nicht (vollständigen) Vorliegen bestimmter Informationen, die aber von dem Institut entsprechend dem Ratingsystem zugrunde liegenden Konzept grundsätzlich als bonitätsrelevant erachtet werden, konservative Anpassungen vorzunehmen sind (vgl. § 112 Abs. 2 Satz 3 SolvV). Insofern kommt dem Aspekt der Kommunikation zwischen dem Unternehmen, das geratet werden soll, und dem Institut bzw. Ratinganalysten eine besondere Bedeutung zu. Letzteres ist auch deswegen ein wichtiger Aspekt, da gemäß § 112 Abs. 2 Satz 2 SolvV die Ratings auf möglichst aktuellen Informationen aufsetzen müssen. Beispielsweise kann es im Rahmen von Plausibilitätsüberlegungen sinnvoll sein, die Informationen aus dem letzten Jahresabschluss durch unterjährige Informationen wie Quartalsberichte, Betriebswirtschaftliche Auswertungen (BWA) etc. zu ergänzen. Schließlich kann es im Rahmen der Beurteilung hinsichtlich des künftigen Leistungsverhaltens des Schuldners sinnvoll sein, sowohl vergangenheitsbezogene als auch zukunftsbezogene Informationen zu berücksichtigen. Im Hinblick auf unsere Fragestellung könnte zum Beispiel die Komponente Planung und Controlling (vgl. Teil B Kapitel 3) für die zukunftsorientierte Betrachtung des Unternehmens als Dokumentation der geplanten Unternehmensentwicklung einerseits und als Basis für künftige Soll-/Ist-Vergleiche und damit als Controllinginstrument andererseits eine wichtige Rolle spielen.

1.2.2.3 Anforderungen an die Schätzung

In den §§ 128 ff. SolvV sind die Anforderungen an die Schätzungen im Allgemeinen und an die einzelnen Risikoparameter im Besonderen definiert und präzisieren damit die allgemeine Forderung des § 106 Nr. 1 SolvV nach einer aussagekräftigen Risikodifferenzierung und präzisen und konsistenten quantitativen Schätzung des Adressrisikos. Grundsätzlich schreiben auch hier die aufsichtsrechtlichen Anforderungen keine bestimmte Schätzmethode vor, sondern spezifizieren prinzipienbasierte, qualitative und teilweise auch quantitative Mindeststandards, deren Erfüllung in der Verantwortung der einzelnen Bank liegt.

Beispielsweise (keine abschließende Aufzählung) gelten die folgenden Mindeststandards:

Checkliste

- ✔ Der Schätzung der Ausfallwahrscheinlichkeit, als Wahrscheinlichkeit des Ausfalls einer Gegenpartei innerhalb des Zeitraums von einem Jahr, ist die Definition für Ausfall nach § 125 SolvV (vgl. Kapitel 1.2.1.2) zugrunde zu legen.
- ✔ Bei Abweichungen von der Referenzausfalldefinition sind geeignete Anpassungen zur Erreichung einer weitgehenden Äquivalenz vorzunehmen.
- ✔ Die Ausfallwahrscheinlichkeit je Ratingstufe für Schuldner ist aus dem Langzeitdurchschnitt der realisierten Jahresausfallraten zu schätzen.
- ✔ Die Jahresausfallrate für eine Gesamtheit von Schuldnern ist das Verhältnis der Anzahl der innerhalb eines Jahres aufgetretenen Ausfälle von Schuldnern zur Gesamtzahl der Schuldner.
- ✔ Die Mindestlänge für die Datenhistorie beträgt grundsätzlich fünf Jahre.
- ✔ Die für die Schätzungen verwendeten Daten müssen vergleichbar sein zu den aktuellen IRBA-Positionen und Kreditgewährungsstandards des Instituts.

Die im Hinblick auf unsere Fragestellung wohl relevanteste, aber wiederum outputorientierte Anforderung ist im § 128 Abs. 1 Satz 3 SolvV genannt: »Die Schätzungen müssen plausibel und intuitiv sein und müssen auf den wesentlichen Treibern für die jeweiligen Risikoparameter basieren«. D.h. es muss zumindest auf einem gewissen Abstraktionsniveau ein ökonomisch plausibler Zusammenhang zwischen den erklärten und den erklärenden Variablen bestehen.

Ratingverfahren sind modellhafte Abbildungen der Realität

In der Praxis werden zusammen mit anderen Methoden häufig auch statistische Methoden bei der Schätzung von Ausfallwahrscheinlichkeiten verwendet. In der Terminologie der Ökonometrie bzw. Statistik würde man davon sprechen, dass im Hinblick auf die Schätzung eines Risikoparameters eine Modellbildung notwendig ist, in der die Zusammenhänge zwischen endogenen und exogenen Faktoren adäquat berücksichtigt sind, und der Erklärungsgehalt des Modells für den geschätzten Risikoparameter vor dem Hintergrund der statistischen Varianz in den zugrunde liegenden Daten möglichst optimal ist. Mit anderen Worten sollten die gewählten Risikofaktoren die gewünschten Informationen in ein für die jeweils verwendete statistische Methode geeignetes Risikomaß übersetzen und im spezifizierten Modell einen möglichst statistisch signifikanten Erklärungsbeitrag liefern.

Bezogen auf unsere Fragestellung ist es bei diesem Prozess der Abbildung der gewünschten Information in einem geeigneten Risikomaß (z.B. die Berechnung einer Bilanzkennzahl, deren Klassierung und Transformation in Risikopunkte) durchaus denkbar, dass Maßnahmen zur Bilanzoptimierung zwar Kennzahlenausprägungen verändern, aber sich entweder gar nicht oder auch überproportional in einer Veränderung des Risikomaßes niederschlagen. Im gewählten Beispiel wäre dies davon abhängig, ob im Falle einer Klassierung die Veränderung der Kennzahl so groß ist, dass die bisherigen Klassengrenzen über- bzw. unterschritten werden, und ob die Mappingfunktion auf das Risikomaß linear ist oder nicht-linear.

In der Praxis kann es aber auch andere plausible Gründe dafür geben, Risikofaktoren in ein Ratingverfahren einzubeziehen, die (noch) nicht die o.g. statistischen Kriterien zu 100 % erfüllen. Mögliche Beispiele sind:

- Akzeptanz des Ratingverfahrens bei den Anwendern,
- beschränkte Informationslage bei der Modellentwicklung,
- Expertenwissen,
- potenziell relevante Risikofaktoren,
- Datensammlung für die Modellweiterentwicklung.

Nicht zuletzt aufgrund der o.g. Methodenfreiheit hat die Aufsicht bestimmte Anforderungen an die Validierung von Ratingsystemen gestellt, die im folgenden Abschnitt behandelt werden.

1.2.2.4 Anforderungen an die Validierung

Gemäß den Anforderungen des § 147 SolvV müssen die Institute robuste Systeme zur Validierung der Genauigkeit und Konsistenz der verwendeten Ratingsysteme und Verfahren zur Risikoeinstufungen sowie zur Schätzung aller relevanter Risikoparameter eingerichtet haben. Diese Systeme zur Validierung beinhalten, in Anlehnung an den für Ratingsysteme verwendeten Systembegriff, alle Prozesse, Verfahrensabläufe, Methoden, Datenerfassungs- und Datenverarbeitungssysteme, die dazu dienen, zu überprüfen, ob die Ratingsysteme auch im Zeitablauf die Anforderungen der Generalnorm des § 106 SolvV erfüllen. Insofern schließt sich an dieser Stelle der Kreis der Anforderungen in der Hinsicht, dass Ratingsysteme nicht nur in einer statischen Betrachtungsweise bei ihrem erstmaligen Einsatz gewisse Mindestqualitätsstandards erfüllen müssen, sondern auch unter dem Blickwinkel der dynamischen Veränderungen sowohl innerhalb als auch im Umfeld eines Instituts als »lebende« Objekte verstanden, regelmäßig überprüft und gegebenenfalls weiterentwickelt werden müssen.

Nichts bleibt wie es ist, das gilt auch für Ratingsysteme

Während also die Zielrichtung für die Einrichtung robuster Systeme zur Validierung klar ist, ist der Weg dorthin von Seiten der aufsichtsrechtlichen Anforderungen weitgehend offen gelassen worden. Wie in den »Guidelines on the implementation, validation and assessment of Advanced Measurement (AMA) and Internal Ratings Based (IRB) Approaches« (CEBS GUIDELINES ON VALIDATION) des Committee of European Banking Supervisors dargelegt wird, gibt es keine universelle Validierungsmethode für alle Portfolios und Institute. Gemäß diesen Empfehlungen sollte die Validierung jedoch sowohl quantitative als auch qualitative Elemente beinhalten.

Die einzige quantitative Methode, die in der Solvabilitätsverordnung als verpflichtende Methode genannt ist, ist gemäß § 147 Abs. 2 Satz 1 SolvV der Vergleich der realisierten Ausfallraten mit den geschätzten Ausfallwahrscheinlichkeiten. Eine solche sog. Backtesting-Analyse muss mindestens jährlich auch auf Ebene der jeweiligen Ratingstufe durchgeführt werden.

Backtesting-Analyse

Die folgende Abbildung 3 veranschaulicht, wie eine solche Backtesting-Analyse aussehen könnte. Die Ratingstufen sind auf der Abszisse abgetragen und laufen von A (beste Klasse) bis L (schlechteste Klasse). Die Ausfallwahrscheinlichkeiten sind auf der Ordinate logarithmisiert abgetragen. Die blauen Punkte beziffern die den Ratingstufen zugeordneten, d. h. geschätzten Ausfallwahrscheinlichkeiten (»Expected Default Frequency«, EDF). Die roten Punkte sind die ex post beobachteten Ausfallraten je Ratingstufe (»Realized Default Frequency«, RDF). Als Maß für die statistische Ungenauigkeit sind in der Abbildung zusätzlich die sog. minimalen und maximalen Fehler der Ratingstufe (R) eingetragen, die sich nach der folgenden Formel berechnen lassen:

$$\text{Max/Min}\quad \text{Fehler}_R = RDF_R +/- \sqrt{\frac{RDF_R}{N_R - 1} + \frac{1}{N_R}}$$

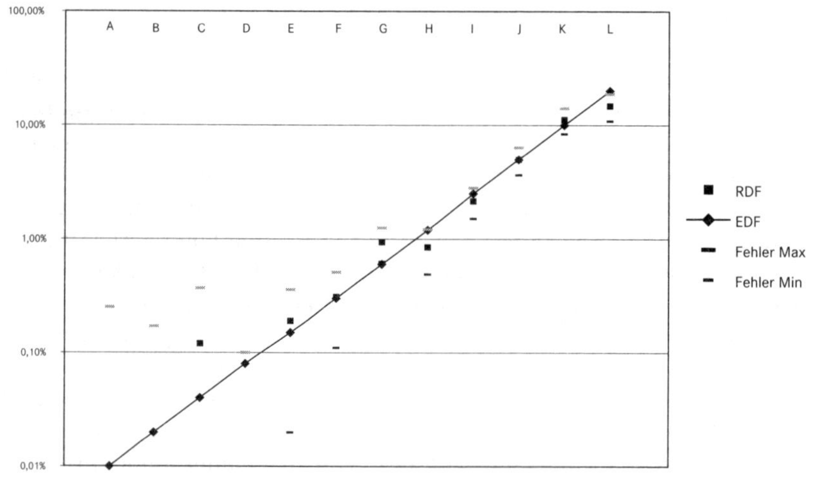

Abbildung 3: Backtesting-Analyse

Wie man in Abbildung 3 sieht, ist die statistische Ungenauigkeit in den besten Ratingstufen (A bis E) relativ zur absoluten Höhe der jeweiligen Ausfallwahrscheinlichkeit am höchsten. In der Praxis tritt dieses Problem vor allem deshalb häufig auf, wenn die guten Ratingstufen relativ schwach belegt sind. Zudem sieht man, dass in der Ratingstufe C die realisierte Ausfallrate über der Ausfallwahrscheinlichkeit der Ratingstufe D liegt. Allerdings ist die Interpretation und gegebenenfalls gebotene vertiefte Untersuchung der Ergebnisse, z. B. wenn wie oben die realisierten Ausfallraten außerhalb des für die jeweilige Ratingstufe erwarteten Intervalls liegen, im alleinigen Verantwortungsbereich der Institute. Dahingehend müssen sich die Institute dann aber gemäß § 147 Abs. 5 Satz 1 SolvV vernünftige interne Standards setzen.

Daneben müssen die Institute gemäß § 147 Abs. 3 SolvV weitere quantitative Methoden für die Validierung verwenden und Vergleiche mit relevanten externen Datenquellen (z. B. sog. Benchmarking, vgl. CEBS GUIDELINES ON

VALIDATION, S. 99) durchführen. Diese Methoden gewinnen eine umso größere Bedeutung je weniger quantitative Informationen für das Backtesting vorliegen.

Im Rahmen dieses Validierungsprozesses kann es also im Hinblick auf unsere Fragestellung vorkommen, dass die risikomäßige Abbildung bestimmter bilanzieller Informationen und Kennzahlen im Ratingsystem überprüft, bewertet und gegebenenfalls verändert wird. Beispielsweise könnte es im quantitativen Teil eines Ratingverfahrens vorkommen, dass bestimmte Bilanzkennzahlen in ihrer Definition, Klassierung, Transformation in das gewählte Risikomaß oder auch in der Gewichtung verändert werden, wenn die Validierungsergebnisse hierfür entsprechende Indikationen anzeigen. Weiterhin wäre es auch denkbar, dass bestimmte bilanzielle Informationen aufgrund der aus den Validierungsergebnissen gezogenen Schlussfolgerungen nicht mehr rein quantitativ sonder eher qualitativ verarbeitet werden bzw. deren prozessuale Bearbeitung geändert werden muss. Insofern kann es sein, dass sich »neue Trends« in der Bilanzpolitik auf den o.g. unterschiedlichen Ebenen niederschlagen können, und dass Ratingsysteme gegebenenfalls angepasst werden, um eine konsistente Risikoeinstufung, ausreichende Risikodifferenzierung und präzise quantitative Schätzung des Adressrisikos zu gewährleisten. Diese Veränderungen können dazu führen, dass ein unter Umständen derzeit vorhandener Effekt einer bestimmten bilanzpolitischen Maßnahme auf das Ratingergebnis in der Zukunft verstärkt wird, oder aber auch ganz verloren geht. Aus theoretischer Sicht sollte diese Entwicklung grundsätzlich dadurch beeinflusst werden, welchen ökonomischen und damit bonitätsrelevanten Effekt eine konkrete bilanzpolitische Maßnahme hat. Mit anderen Worten, es ist grundsätzlich davon auszugehen, dass sich bilanzpolitische Maßnahmen mit bzw. ohne ökonomischen Gehalt auch bzw. nicht in den Ausfalldaten niederschlagen werden.

1.3 Fazit

Die neuen aufsichtsrechtlichen Anforderungen an die internen Ratingsysteme der Banken sehen grundsätzlich eine bisher in diesem Maße nicht gekannte Methodenfreiheit vor und definieren überwiegend qualitative bzw. outputorientierte Anforderungen. Vor allem im Sinne eines »Best Practice« soll damit die (Weiter-)Entwicklung der internen Ratingsysteme auch von Seiten der Aufsicht gefördert und zu Teil auch eingefordert werden. Im Wesentlichen sollen Ratingsysteme plausibel konzipiert sein und eine hinreichende Risikodifferenzierung und Genauigkeit bzgl. der Schätzung der Adressenausfallrisiken gewährleisten.

Beim IRB-Ansatz handelt es sich um interne Verfahren, deren Ergebnisse zum einen repräsentativ für die konkrete Bank sein müssen und zum anderen kontinuierlich auch hausintern validiert werden müssen. Nicht zuletzt müssen interne Ratingsysteme einen sog. »Use Test« bestehen und in die internen Geschäftsprozesse des jeweiligen Instituts integriert sein. Demzufolge kann die Frage, welche Auswirkungen dies alles auf die konkrete Konditionengestaltung einer Bank hat, letztlich nicht allgemein beantwortet werden.

Einerseits kommt es darauf an, welchen Ansatz von Basel II die konkrete Bank nutzen will (Standardansatz oder IRB-Ansatz und ggf. welchen IRB-

Ansatz; Basisansatz, fortgeschrittener Ansatz, Mengengeschäft), und wie der jeweilige Kreditnehmer dann intern einem bestimmten Ratingsystem zugeordnet wird.

Andererseits ist zu beachten, wie das jeweilige IRBA-Ratingsystem in das interne Kontroll- und Steuerungssystem (IKS) der Bank eingebettet ist (Grundsatz der Risikoadäquanz des IKS in den MaRisk als Basis für die nationale Umsetzung der Säule II in Deutschland), und wie dynamisch sich die jeweilige Bank und ihr Umfeld verändern.

Letztlich sollte sich jeder der am Ratingprozess beteiligten Akteure, vom Unternehmer über den Berater, den Ratinganalysten, den Risikocontroller bis zum Risikomanager in der Bank, darüber im Klaren sein, dass ein Rating kein Selbstzweck ist, sondern der Versuch einer modellhaften Abbildung ökonomischer Gegebenheiten, die die Bonität eines Kreditnehmers beeinflussen. Insofern sollte sich das unternehmerische Handeln auf die Verbesserung der ökonomischen Gegebenheiten konzentrieren unter der Nebenbedingung einer möglichst objektiven Darstellung der eigenen Situation.

Literatur

Hansen, R. (2002): Unternehmensfinanzierung und mehr: Bilanzoptimierung durch Off-Balance-Lösungen, in: Immobilien&Finanzierung, 24, S. 799 f.
Verordnung über die angemessene Eigenmittelausstattung (Solvabilität) von Instituten – Solvabilitätsverordnung (SolvV) – vom 14.12.2006
Werner, H.S.; Kobabe, R. (2005): Unternehmensfinanzierung, Stuttgart.

2 Bilanzpolitik, Bilanzoptimierung und Rating mittelständischer Mandanten aus Sicht des Steuerberaters

2.1 Einleitung

Definition der Steuerberatung

»Die Aufgaben des Steuerberaters lassen sich zunehmend wie folgt darstellen: ... Er achtet bei den Beratungsgesprächen darauf, dass sämtliche Steuerersparnismöglichkeiten ausgeschöpft werden ...« (www.dstv.de/suchservice/steuerfachangestellte). So definiert der Deutsche Steuerberaterverband e.V. die Aufgaben des Steuerberaters. Es versteht sich von selbst, dass er im Rahmen dieser Aufgabenerfüllung die durch Recht und Gesetz determinierten Grenzen zu beachten hat. Weitere Restriktionen ergeben sich – wenn überhaupt – aus dem Einzelauftragsverhältnis, nicht jedoch aus generellen Anforderungen externer Bilanzadressaten.

Mittelstand und Basel II-Akkord

Seit dem Jahre 1999 wurden die nunmehr vorliegenden Bestimmungen des so genannten Basel II-Akkords erarbeitet, die in erster Linie auf die Kreditvergabe an mittelständische Unternehmen wirken. Dabei werden solche Unternehmen zum Mittelstand gezählt, »deren Jahresumsatz unter 50 Mio. € liegt bzw. die weniger als 500 Beschäftigte haben. Danach zählen rund 3,3 Mio. Unternehmen zum Mittelstand, darunter rund 700.000 Handwerker, 650.000 Handelsunternehmen, 740.000 Freiberufler, 100.000 produzierende Gewerbebetriebe und weit über eine Million Familienbetriebe« (s. Buchmann, S. 13). Ein zentraler Anspruch der sich aus Basel II ergebenden Ratinganforderungen richtet sich an die Eigenkapitalposition dieser Unternehmen. Ein gutes Ratingergebnis wird u.a. über die »Stärkung der Eigenkapitalbasis« erreicht.

Finanzierungsformen von Unternehmen

Aus den Grundlagen der handelsrechtlichen Rechnungslegung, die über § 5 Abs. 1 Satz 1 EStG auch für die Bilanzierung im Steuerrecht maßgeblich sind, kann die Stärkung der Eigenkapitalposition im Jahresabschluss grundsätzlich entweder über eine Gesellschafter-/Inhaber-Außenfinanzierung in Form der Eigenfinanzierung oder über die Innenfinanzierung durch Gewinnthesaurierung erfolgen. Dabei soll der Fokus dieses Kapitals explizit auf die Innenfinanzierung durch Gewinnthesaurierung gerichtet werden, da sowohl die Gesellschafter-/Inhaber-Außenfinanzierung in Form der Eigenfinanzierung als auch andere Innenfinanzierungsformen, wie sie in späteren Kapiteln dargestellt werden, nur einen sekundären Einfluss auf die Eigenkapitalpositionierung im Rahmen der kontinuierlichen Bilanzpolitik haben. Unternehmen sind langfristig nur dann wirtschaftlich existenzfähig, wenn sie Gewinne aus ihrem Produktivbereich erzielen. Sollen daraus Thesaurierungen stattfinden, die zu einer Stärkung der Eigenkapitalposition führen, so müssen die Gewinngrößen die jeweiligen Entnahmen bei Einzelunternehmen und PersG bzw. Dividendenzahlungen bei KapG übersteigen.

In diesem Kontext stellen sich somit folgende Fragen:

Checkliste

- ✔ Welche Bilanzpolitik hat die Steuerberatung künftig zu empfehlen?
- ✔ Ist die Steueroptimierung als Beratungsziel mit den Ratinganforderungen zu vereinbaren?
- ✔ Besteht in den Ratinganforderungen eine neue Herausforderung für die Steuerberatung?
- ✔ Liegt mit dem Basel II-Akkord gegebenenfalls ein Paradigmenwechsel für die Steuerberatung vor?

2.2 Funktionen des Jahresabschlusses

2.2.1 Zahlungsbemessungsfunktion

Die Zahlungsbemessungsfunktion wird oftmals auch als steuerrechtliche Informationsfunktion bezeichnet. »Dementsprechend ist

- gleiche steuerliche Leistungsfähigkeit unterschiedslos zu besteuern und
- höhere steuerliche Leistungsfähigkeit stärker als niedrigere Leistungsfähigkeit zu besteuern (Coenenberg, S. 16)«.

Zahlungsbemessungsfunktion als Basis für Fiskus und Anteilseigner

Die formelle Definition der Zahlungsbemessungsfunktion ist damit auf die Feststellung der jeweiligen Steuerzahlungen reduziert. Da im Übrigen die steuerliche Leistungsfähigkeit im Mittelpunkt der Betrachtung steht, erschließt sich unmittelbar, dass explizit die gewinnabhängigen Steuern – somit die Ertragsteuern – im Fokus stehen. Mit diesen in Zusammenhang steht aber auch immer das Ziel der Steuerminimierung, das im Grunde zwei Ausprägungen kennt:

a) Steuerverschiebung(-aufschub). Hier geht es darum, die aktuelle Steuerbelastung durch zeitliche Verlagerung von steuerpflichtigen Gewinnen in die Zukunft zu mindern. Als Vorteile sind zu nennen:
   - momentane Liquiditätsverbesserung,
   - zinsloser Steuerkredit.

b) Steuerersparnis. Die Möglichkeit hierfür hängt von der Ausgestaltung der Steuertarife ab:
   - Bei proportionalem Tarif ist eine endgültige Steuerersparnis nur indirekt über den zinslosen Steuerkredit möglich (und zwar in Höhe der ersparten Zinsen).
   - Bei progressivem Tarif kann dagegen (insbesondere bei stark schwankenden Jahresgewinnen) auch direkt eine endgültige Steuerersparnis eintreten. Dies ist eine Folge der Tatsache, dass bei progressiven (ESt-)Tarif die absolute Gesamtsteuerbelastung während der Totalperiode am geringsten ist, wenn es dem Betrieb gelingt, den Gesamtgewinn gleichmäßig auf die Wirtschaftsjahre zu verteilen (»Gesetz der Normallinie«) (Börner/Krawitz). Eine Verfeinerung kann diese grundsätzliche Überlegung dahingehend erfahren, dass ein gegenwärtig höherer und damit auch höher zu versteuernder Gewinn verzinst wird und dieser Zinsgewinn mit der steuerlichen Mehrbelastung abgeglichen wird.

Gerade für den externen Bilanzadressaten ist es somit von besonderem Interesse, solche Steuerminimierungstatbestände aus dem Jahresabschluss zu erkennen und sie für seine Analysezwecke zu nutzen. Stellt er z. B. fest, dass es sich um eine Steuerminimierung im Sinne der Steuerverschiebung handelt, wird er feststellen wollen, inwieweit Liquiditätsvorsorge für die späteren Steuerzahlungen getroffen wurde. Zu diesem Zweck wird er sodann das Entnahme- bzw. Ausschüttungsverhalten besonders kritisch untersuchen. Werden nämlich die entstehenden und ausgewiesenen Gewinne in voller Höhe entnommen bzw. ausgeschüttet, zeugt dies von einer fehlenden Liquiditätsvorsorge.

Da die Zusammenhänge zwischen Ertragsteuerzahlung und Entnahme- bzw. Ausschüttungsverhalten sehr eng sind, und in der Regel einer interdependenten Funktionalität unterliegen, kann die Zahlungsbemessungsfunktion um die Entnahme- bzw. Ausschüttungsfunktion erweitert werden.

Die Ratinganalysten, in erster Linie die Kreditinstitute, analysieren die genannten Determinanten der Zahlungsbemessungsfunktion mit einer hohen Sensibilität, da diese nicht nur den zentralen Einfluss auf die Eigenkapitalposition haben, sondern auch auf die so genannte Kapitaldienstfähigkeit, also die Fähigkeit Zins und Tilgung fristgerecht und in vertraglich vereinbarter Höhe zu bezahlen (vgl. Buchmann, S. 96). Letztere wiederum repräsentiert ein wesentliches Entscheidungskriterium zur Kreditvergabe.

2.2.2 Informationsfunktion

Informationsfunktion und Bilanzanalyse

Die Informationsfunktion ist primär handelsrechtlich orientiert. Sie rekrutiert sich demnach aus dem Handelsgesetzbuch (§ 264 Abs. 2 HGB). Ihr Ziel ist es, »ein den tatsächlichen Verhältnissen entsprechendes Bild der Vermögens-, Finanz- und Ertragslage der Kapitalgesellschaft zu vermitteln« (§ 264 Abs. 2 Satz 1 HGB). Obwohl die genannte Vorschrift auf Kapitalgesellschaften abstellt, gilt sie insbesondere im Kontext des Basel II-Akkords für alle Rechtsformen.

Interpretationen der Vermögenslage

Die Vermögenslage selbst kann auf zwei verschiedene Arten interpretiert werden. Einerseits im Sinne einer ertragswertorientierten Vermögenslage, wobei der Ansatz von der Fragestellung ausgeht, welche zukünftige Erfolge aus den einzelnen Vermögensgegenständen generiert werden können. Diese Erfolge wiederum werden nach betriebswirtschaftlichen Grundsätzen auf eine bestimmten Bezugszeitpunkt auf- bzw. abgezinst. Andererseits existiert der substanzwertorientierte Ansatz, der aus der einfachen Addition aller Vermögenswerte, wie sie im Aktiva der Bilanz gelistet sind, besteht. Das Ergebnis entspricht somit der Bilanzsumme. Diese isoliert getroffene Feststellung darf jedoch nicht darüber hinwegtäuschen, dass die Aktivseite einer Bilanz allein, auch wenn sie die gewünschten Informationen enthält, dem externen Bilanzleser die Beurteilung der Vermögenslage nicht ermöglicht (Bieg/Kußmaul, S. 1). Vielmehr bedarf es auch der Reflexion der Passivseite der Bilanz, die Auskunft gibt über »die Höhe, die Quellen und die Zusammensetzung des Kapitals nach der Rechtsstellung der Kapitalgeber, nach der Länge der Überlassungsfristen und nach den den Kapitalgebern eingeräumten Sicherheiten.« Erst im Rahmen einer Bilanzanalyse, die u.a. verschiedene Vermögenswerte zu verschiedenen Bereichen des Kapitals in Bezug setzt, lassen sich entscheidende Erkenntnisse über die Vermögenslage gewinnen.

Nicht zuletzt ist es für den Bilanzanalytiker von besonderer Bedeutung, auch die nicht bilanzierten bzw. bilanzierungsfähigen Vermögensgegenstände, wie z. B. selbst erschaffene Patente, Gebrauchsmuster etc. zu kennen. Auch mögliche Verbindlichkeiten, wie Bürgschaften, Garantien etc. sollten bei deren Kenntnis in die Analyse der Bilanz einfließen. Einige dieser wünschenswerten Informationen sind dem Anhang, der zumindest bei Kapitalgesellschaften Bestandteil des Jahresabschlusses ist, zu entnehmen. Inwieweit dies aber in quantitativer Form möglich ist, bleibt zumindest fraglich. In der Praxis wird es daher dem »normalen« externen Bilanzadressaten im Regelfall nicht möglich sein, diese Informationen, selbst wenn sie dem Grunde nach aus dem Anhang hervorgehen, in seine analytische Betrachtung einzubeziehen. Er wird daher explizit auf die bilanzierten Werte zurückgreifen müssen. Dem Ratinganalysten sollten allerdings alle diese nicht explizit aus der Bilanz hervorgehenden Informationen im Rahmen der qualitativen Ratingfaktoren zur Verfügung stehen, die ihrerseits gerade zur Ergänzung der unzureichenden Bilanzinformationen in den Baseler Akkord aufgenommen wurden.

Traditionell greifen die Kreditinstitute bei ihrer Bilanzanalyse auf die Methode der statischen Bilanzanalyse zurück. Andere Analysemethoden, wie z. B. die dynamische- oder ROI-orientiert Bilanzanalyse, auf die hier nicht näher eingegangen werden soll, finden bei den Kreditinstituten – zumindest im Bereich der kleinen und mittelständischen Unternehmen – keine Anwendung. Diese Tradition findet auch im Kontext des Basel II-Akkords seine Fortsetzung. Zur Analyse der Vermögenssituation werden somit im Wesentlichen folgende Kennzahlen ermittelt:

Wesentliche Kennzahlen der Vermögensanalyse

- Eigenkapitalquote,
- Liquiditätskennzahlen,
- Lagerkennzahl,
- Lagerdauer,
- Kapitalbindung,
- Fremdkapitalstruktur. (vgl. Ostdeutscher Sparkassen-Verband (o. V.), S. 8).

Die Finanzlage einer Unternehmung ist deshalb von zentraler Bedeutung, da die Liquiditätserhaltung und damit die Erhaltung der Zahlungsfähigkeit eine notwendige Voraussetzung für ihren wirtschaftlichen Fortbestand darstellt. Entsprechend den Ausführungen zur Vermögenslage ist nachvollziehbar, dass auch bei der externen Analyse der Finanzlage nicht alle Daten und Informationen zur Verfügung stehen. Denn auch »die Aufgliederung von Forderungen und Verbindlichkeiten nach Restlaufzeiten lässt in begrenztem Ausmaß Rückschlüsse auf die zukünftige Zahlungsfähigkeit zu« (Bieg/Kußmaul, S. 52). Auch die nach § 285 Nr. 3 HGB verlangte Angabe der nicht bilanzierten Verbindlichkeiten trägt nur teilweise zur Verbesserung der Aussagekraft bei. So sind nach dieser Rechtsvorschrift lediglich solche Verpflichtungen anzugehen, »die zu einem Liquiditätsabfluss beim Unternehmen führen, nicht jedoch Sachleistungsverpflichtungen« (Clemm/Ellrott, S. 1012).

Im Rahmen der statischen Bilanzanalyse und damit auch zum Zwecke eines Ratings nach dem Basel II-Akkord werden im Wesentlichen folgende Kennzahlen zur Finanzlage ermittelt:

Wesentliche Kennzahlen der Finanzanalyse

- Cashflow – Kennzahl 1,
- dynamisches Betriebsergebnis,
- Cashflow – Kennzahl 2,
- Kreditorenlaufzeit (vgl. Ostdeutscher Sparkassen-Verband, S. 8).

Die Ertragslage schließlich soll Aufschluss geben über »die Struktur der Aufwendungen und Erträge, die aus der Gewinn- und Verlustrechnung ersichtlich wird« (Bieg/Kußmaul, S. 53). Primäres Ziel ist dabei, die Erfolgsquellen zu erkennen und ihre Nachhaltigkeit zu beurteilen. Da die Betrachtung explizit von der Gewinn- und Verlustrechnung abhängig ist, bestehen keine Informationsdefizite wie bei den bilanzabhängigen Analysen. Der Analyst hat lediglich die bewertungsbedingten Wahlrechte, wie sie nach § 284 HGB im Anhang anzugeben sind, zu beachten.

Wesentliche Kennzahlen der Ertragsanalyse

Die Kreditinstitute ermitteln primär folgende Ertragskennzahlen:

- Return on Investment,
- Rohertragsquote,
- Zinsaufwandsquote,
- Mietaufwandsquote (vgl. Ostdeutscher Sparkassen-Verband, S. 8).

2.3 Bilanzpolitik und Bilanzstruktur

2.3.1 Allgemeine Definition der Bilanzpolitik

Ziele der Bilanzpolitik

Bilanzpolitische Überlegungen sind unmittelbar mit den Analysetechniken bzw. Kennzahlensystemen verknüpft. Entsprechend der Ansätze in der Bilanz und Gewinn- und Verlustrechnung ergeben sich die Kennzahlen der Vermögens-, Finanz- und Ertragsanalyse. Dabei ist zu differenzieren zwischen den Ansätzen dem Grunde nach und nach der Höhe.

Die Bilanzpolitik verfolgt deshalb folgende Ziele:

a) Finanzpolitische Ziele:
   - Kapitalerhaltung,
   - Verstetigung der Gewinn und Dividendenentwicklung,
   - Steuerlastminimierung,
   - Pflege der Kreditwürdigkeit.

b) Publizitätspolitische Ziele:
   - Aktive Publizität,
   - Passive Publizität (vgl. Schierenbeck/Henner, S. 593).

Bedeutung der Kapitalerhaltung

Im Einzelnen lassen sich diese Teilziele wie folgt beschreiben:

a) Kapitalerhaltung

   Die Kapitalerhaltung steht in einem engen Zusammenhang mit dem Erfolgsbegriff. So führen Gewinne unmittelbar zur Kapitalmehrung, Verlust zur Kapitalminderung. Dem Grunde nach besteht somit diese Teilzielsetzung darin, den Unternehmenseignern nicht mehr auszuzahlen, als an Gewinnhöhe – nach Abzug der ertragsabhängigen Steuern – entstanden ist. Umgekehrt wird von Unternehmenseignern gefordert, entstandene Verluste durch Einzahlungen auszugleichen.

Ein besonderes Problem in Zusammenhang mit diesem Teilziel ergibt sich aus der Differenzierung zwischen der nominalen und der realen Kapitalerhaltung. Die reale Kapitalerhaltung wird nur dann erreicht, wenn die Geldwertverschlechterung (Inflation) Eingang in die Entnahme- bzw. Dividendenpolitik findet. Generell wird damit die Forderung aufgestellt, eine reale Kapitalerhaltung zu gewährleisten. Sobald der nominale Gewinn in voller Höhe entnommen bzw. ausgeschüttet wird, handelt es sich um die Entnahme bzw. Ausschüttung eines anteiligen Scheingewinns. Dieser Scheingewinn entsteht als Differenz zwischen dem Realkapital und dem Nominalkapital.

Antizyklische Dividendenpolitik

b) Verstetigung der Gewinn- und Dividendenentwicklung
Obwohl dieses Teilziel in erster Linie auf Kapitalgesellschaften ausgerichtet ist, kann es auch für die übrigen Rechtsformen von Bedeutung sein. Im Prinzip wird damit eine in der Höhe konstante Entnahme- bzw. Dividendenzahlung über mehrere Rechnungsperioden hinweg gefordert. Dies wiederum impliziert eine antizyklische Gewinndisposition, indem in den Jahren mit hohen Gewinnen entsprechende Rücklagen gebildet werden, die der Unternehmung in Jahren geringerer Gewinne oder in Verlustjahren zur Verfügung stehen, um konstante Entnahme- bzw. Dividendenzahlungen leisten zu können. Letztendlich trägt die freiwillige Bildung von Rücklagen auch zur Krisensicherung einer Unternehmung bei.

Minimierung des Steuerbarwertes

c) Steuerlastminimierung
Die Steuerlastminimierung im Sinne der Bilanzpolitik besteht nicht nur aus der Steuerverschiebung oder der steuertarifabhängigen Steuerersparnis, sondern insbesondere aus der Steuerbarwertminimierung (= Minimierung der künftigen Steuerzahlungen). Diese »setzen an der Bemessungsgrundlage der jeweiligen Einzelsteuerarten an. Handelsrechtliche Zielgrößen der Steuerbarwertminimierung sind der Jahresüberschuss, aus dem der steuerliche Gewinn abgeleitet wird, und die Differenz zwischen Vermögen und Schulden, auf welcher im Ergebnis der Einheitswert des Betriebsvermögens basiert« (Corsten/Reiß, S. 519).
Aus der obigen Definition wird ersichtlich, dass es sich bei der geforderten Steuerlastminimierung in Form der Steuerbarwertminimierung um eine strategische Aufgabenstellung handelt, die kurzfristige Dispositionen a priori ausschließt. Bereits im Zuge dieser Überlegungen muss offen bleiben, ob die jederzeitige Ausschöpfung aller Steuerersparnismöglichkeiten einen zielkonformen Lösungsansatz darstellt.

d) Pflege der Kreditwürdigkeit
Die Pflege der Kreditwürdigkeit verbietet den Ausweis einer realitätsfernen Ertragslage, verbunden mit einer entsprechenden Eigenkapitalposition. Sie stellt darüber hinaus hohe Anforderungen an die Solidität der Finanzierung, die primär in der Fristenkongruenz ihren Ausdruck findet. Nicht zuletzt soll mit dem Jahresabschluss eine jederzeit ausreichende Liquiditätslage dokumentiert werden.

Publizitätsbereitschaft

e) Aktive Publizität
Die aktive Publizität steht in keinem Zusammenhang mit dem Publizitätsgesetzt, das Unternehmen unter bestimmten Voraussetzungen dazu verpflichtet, ihre Jahresabschlüsse offen zu legen. Vielmehr ist damit die innere Bereitschaft einer Unternehmung zur offensiven Kommunikation ihrer Zahlenwerke, insbesondere ihrer Jahresabschlüsse, angesprochen. Im Falle der aktiven Publizität ist die Unternehmung auf Basis ihrer Unternehmensphilosophie zur Offenlegung und näheren Erläuterung ihrer Zahlenwerke aus eigener Motivation bereit.

f) Passive Publizität
Die restriktive Ausrichtung der Kommunikations- bzw. Berichtsbereitschaft wird als passive Publizität bezeichnet. Unternehmen, die eine solche Unternehmensphilosophie verfolgen, stehen weder mit den Anforderungen des Kreditwesengesetzes (§ 18 KWG) noch mit denen des Basel II-Akkords im Einklang.

Zusammenfassend muss »die Bilanzpolitik also im Sinne ihrer Optimierung stets auch die Auswirkungen in den Kalkül einbeziehen, die sich aus der Verwendung der Bilanz durch (unternehmensexterne) Informationsinteressenten ergeben, die die Bilanz als ein Instrument zur Erkenntnisgewinnung einsetzen« (Schierenbeck, S. 591).

2.3.2 Bilanzstruktur

2.3.2.1 Rechtliche Prämissen

Allgemeine Grundsätze der Bilanzierung

Die rechtlichen Prämissen rekrutieren sich im Rahmen der Rechnungslegung nach dem deutschen Handelsrecht explizit aus dem Handelsgesetzbuch. Sie sind auch maßgeblich für die steuerrechtlichen Ansätze (§ 5 Abs. 1 Satz 1 EStG). Das Handelsrecht unterscheidet dabei drei Kategorien von Grundsätzen:

1. Allgemeine Grundsätze:
   - Bilanzklarheit und Bilanzübersichtlichkeiten (§ 243 Abs. 2 HGB),
   - Bilanzwahrheit (nicht im HGB kodifiziert),
   - Einhaltung der Aufstellungsfristen (§§ 243 Abs. 3, 264 Abs. 1 Sätze 2 und 3 HGB).

2. Grundsätze für die Bilanzierung dem Grunde nach:
   - Bilanzidentität (§ 252 Abs. 1 Nr. 1 HGB),
   - »formales« Vorsichtsprinzip (§ 246 Abs. 1 HGB, §§ 284 f. HGB),
   - Darstellungsstetigkeit bzw. formale Bilanzkontinuität (§ 265 Abs. 1 HGB),
   - Verrechnungsverbot bzw. Bruttoprinzip (§ 246 Abs. 2 HGB).

3. Grundsätze für die Bilanzierung der Höhe nach:
   - Grundsatz der Unternehmensfortführung (§ 252 Abs. 1 Nr. 2 HGB),
   - Prinzip der Einzelbewertung (§ 252 Abs. 1 Nr. 3 HGB),
   - »materielles« Vorsichtsprinzip (§ 252 Abs. 1 Nr. 4 HGB),
   - Anschaffungskostenprinzip (§ 253 HGB),
   - Bewertungsstetigkeit bzw. materielle Bilanzkontinuität (§ 252 Abs. 1 Nr. 6 HGB).

Ergänzend hierzu sind noch die Gliederungsvorschriften für die Bilanz und die Gewinn- und Verlustrechnung zu beachten. Die Gliederung der Bilanz ist abschließend in § 266 HGB geregelt, diejenige für die Gewinn- und Verlustrechnung in § 275 HGB.

2.3.2.2 Vermögensstruktur

Gliederungsnormen für die Aktivseite der Bilanz

Die Vermögensstruktur ist gemäß § 266 Abs. 2 HGB grundsätzlich unterteilt in das Anlagevermögen, das Umlaufvermögen und den Posten der aktiven Rechnungsabgrenzung. Weitere Unterteilungen ergeben sich wie folgt:

a) Anlagevermögen
- Immaterielles Anlagevermögen,
- Sachanlagevermögen,
- Finanzanlagevermögen.

b) Umlaufvermögen
- Vorräte,
- Forderungen und sonstige Vermögensgegenstände,
- Wertpapiere,
- flüssige Mittel.

Diese Unterteilung spiegelt die Buchstabenuntergliederung sowie die Untergliederung nach römischen Ziffern in § 266 Abs. 2 HGB wieder. Die tiefer gehende Untergliederung nach arabischen Ziffern ist der Vorschrift direkt zu entnehmen.

Grundsatz der gesamten Gliederung ist die Aufstellung der Vermögensseite der Bilanz nach steigender Liquidität. So sind alle Vermögensgegenstände des Umlaufvermögens – neben den flüssigen Mitteln selbst – eher liquidierbar als die Vermögensgegenstände des Anlagevermögens.

Gliederungsnormen für die Passivseite der Bilanz

c) Struktur der Verbindlichkeiten

Auch die Struktur der Verbindlichkeiten ist in § 266 HGB explizit bestimmt. Nach § 266 Abs. 3 HGB ist die Passivseite der Bilanz nach Buchstaben unterteilt in Eigenkapital, Rückstellungen, Verbindlichkeiten und Rechnungsabgrenzungsposten. Die weitere Unterteilung nach römischen Ziffern stellt sich wie folgt dar:

Eigenkapital:
- Gezeichnetes Kapital
- Kapitalrücklage
- Gewinnrücklagen
- Gewinnvortrag/Verlustvortrag
- Jahresüberschuss/Jahresfehlbetrag

Alle weiteren Untergliederungen ergeben sich bereits nach arabischen Ziffern und sind aus der Vorschrift selbst zu entnehmen.

Die Passivseite der Bilanz – und damit die Struktur der Verbindlichkeiten – enthält einige Besonderheiten, auf die im Folgenden kurz eingegangen werden soll.

Eigenkapital als Schuld der Unternehmung

Zu Recht wird sich der fachlich nur wenig oder gar nicht vorinformierte Leser fragen, weshalb die Position »Eigenkapital« unter die Struktur der Verbindlichkeiten zu subsumieren ist. Eigenkapital ist doch im Allgemeinen als Vermögenswert definiert. Dies trifft dem Grunde nach zwar zu, aber nur aus der Sichtweise des Unternehmers bzw. Anteilseigners. Aus Sicht der Unternehmung jedoch kommt die Eigenkapitalposition einer Verbindlichkeit gegenüber dem Unternehmer/Anteilseigner gleich. Coenenberg formuliert daher diese Position wie folgt: »Das Eigenkapital umfasst die der Unternehmung von ihren Eigentümern ohne zeitliche Begrenzung zur Verfügung gestellten Mittel, die dem Unternehmen durch Zuführung von außen oder durch Verzicht auf Gewinnausschüttung von innen zufließen« (Coenenberg, S. 183).

Das Steuerrecht kennt in § 5 Abs. 2 Satz 2 EStG eine Umkehrung der handelsrechtlichen Maßgeblichkeit für die Steuerbilanz bzw. die steuerrechtliche Gewinnermittlung. Damit muss handelsrechtlich die normative Möglichkeit bestehen, bilanzielle Ansätze auf Basis des Steuerrechts übernehmen zu können. Nach § 247 Abs. 3 HGB dürfen Passivposten in der Handelsbilanz gebildet werden, die für Zwecke der Steuern vom Einkommen und vom Ertrag zulässig sind. Solche Passivposten sind als Sonderposten mit Rücklagenanteil auszuweisen.

Die steuerrechtlichen Grundlagen zur Bildung solcher Posten sind auf wenige Ausnahmefälle beschränkt. Zu ihnen zählen maßgeblich die Rücklagen nach den §§ 6b, 7g EStG und Rücklagen für Ersatzbeschaffung nach R 6.6 EStR. Dabei geht es inhaltlich entweder um die Nichtversteuerung aufgedeckter stiller Reserven (§ 6b EStG, R 6.6 EStR) oder um die ertragsteuerliche Subvention für geplante Investitionen (§ 7g EStG).

Sonderposten mit Rücklagenanteil – eine hybride Bilanzposition

Während im Rahmen der Buchstabengliederung des § 266 Abs. 3 HGB das bilanzielle Fremdkapital bereits mit dem Buchstaben »B«, nämlich den Rückstellungen beginnt, stellt der Sonderposten mit Rücklageanteil, der zwischen dem Eigenkapital und den Rückstellungen gesondert auszuweisen ist, eine Art hybriden Posten dar. Er wird weder dem Eigenkapital noch dem Fremdkapital zugerechnet. Hintergrund dieser Definition ist die Tatsache, dass er nach bestimmten Zeiträumen gewinnerhöhend aufzulösen ist, sofern keine Investitionen bzw. Ersatzinvestitionen durchgeführt wurden. Er gilt insoweit als anteilig steuerverhaftet. Kommt es nämlich zu der gewinnerhöhenden Auflösung, so sind darauf die im Zeitpunkt der Auflösung maßgeblichen Ertragsteuern zu entrichten. Erst der nach Abzug der Ertragsteuer verbleibende Restbetrag stellt Eigenkapital dar, da dieser Betrag den Jahresüberschuss (nach Steuern) erhöht bzw. einen Jahresfehlbetrag verringert. Der Prozentsatz der ertragsteuerlichen Belastung wird somit im Rahmen der Bilanzanalyse dem Fremdkapital-, der verbleibende Restbetrag dem Eigenkapital zugerechnet. Aus Vereinfachungsgründen wird »jahresabschlussanalytisch der Sonderposten mit Rücklagenanteil meistens zu je 50 % dem Eigen- und dem Fremdkapital zugerechnet ...« (Bieg/Kußmaul, S. 267).

Der Aufbau der Passivseite der Bilanz im Rahmen der Gesamtgliederung ist orientiert an der steigenden Fälligkeit der Verbindlichkeiten. So sind die unter der Bilanzposition »sonstige Verbindlichkeiten« auszuweisenden Schulden früher zur Zahlung fällig als das unter Buchstabe A des Gliederungsschemas auszuweisende Eigenkapital.

2.3.2.3 Grundsätzliche Möglichkeiten der Strukturbeeinflussung

Aus der Systematik der Buchführung und Bilanzierung ergeben sich sowohl erfolgswirksame als auch erfolgsneutrale Möglichkeiten, die Bilanzstruktur zu beeinflussen.

Grundsätze der erfolgswirksamen Beeinflussung der Bilanzstruktur

Erfolgswirksam sind die Maßnahmen stets dann, wenn die Bilanzansätze nach der Höhe im Fokus stehen. Allein das materielle Vorsichtsprinzip, wie es in § 252 Abs. 1 Nr. 4 HGB beschrieben ist, schafft Spielräume für zulässige »Unterbewertungen« von Vermögensgegenständen. Ebenso ermöglicht das in der gleichen Vorschrift beschriebene Imparitätsprinzip die zulässige Erhöhung der Schulden. In beiden Fälle werden so genannte stille Reserven gelegt. Mit Blick auf die Bilanz bedeutet die kombinative Anwendung beider Möglichkeiten in der Regel eine Verkürzung der Bilanzsumme bei gleichzeitiger Erhöhung der Fremdkapitalquote. Als Regelfall ist dabei eine Bilanz ohne Unterkapitalisierung (= negatives Eigenkapital) zu Grunde gelegt. In der Folge weist eine solche Bilanz ein geringeres Eigenkapital aus als sie bei Verzicht auf die Legung der stillen Reserven ausweisen würde. Quasi als Gegenbuchung dieser bilanziellen Ansätze wird die Gewinn- und Verlustrechnung berührt. Niedrige Vermögenswerte sind gleichbedeutend mit hohen Abschreibungen und/oder niedrigeren Wertansätzen. Hohe Abschreibungen entsprechen hohen Aufwendungen – und sind damit ergebnismindernd, niedrigere Wertansätze, z. B. bei der Bewertung unfertiger und fertiger Erzeugnisse und Leistungen, lassen Erträge aus Bestandsveränderungen geringer ausfallen – und sind damit ebenfalls ergebnismindernd. Bezeichnend ist in diesem Zusammenhang, dass die auf den jeweiligen Einzelabschluss bezogene Steueroptimierung stets diese Ansätze erfordert. Auf Basis der Anschaffungskosten oder Herstellungskosten für einen Vermögensgegenstand wird aber schnell deutlich, dass hohe Abschreibungen unmittelbar nach Beginn der erstmaligen Nutzung desselben in späteren Perioden der Nutzung zwangsläufig zu geringeren Abschreibungen führen müssen. Analoge Überlegungen lassen sich zu den unterbewerteten Vermögensgegenständen des Vorratsvermögens anstellen. Werden diese unterbewerteten Vermögensgegenstände in späteren Perioden zum üblichen Marktpreis veräußert, ergeben sich aus der Differenz zwischen dem erzielten Umsatz und den Bestandsminderungen durch Abgang dieser Vorratsgüter höhere Roherträge als bei einem a priori höheren bilanziellen Ansatz dieser Vermögensgegenstände. Auch die höchstmögliche Bildung von Rückstellungen – und damit die Maximierung der Schulden – führt dann zu außerordentlichen Erträgen in späteren Rechnungslegungsperioden, wenn die jeweils tatsächliche Belastung, die der einzelnen Rückstellungsbildung zu Grunde lag, niedriger ausfällt. In jedem dieser Fälle hätten somit die Aufwendungen und Erträge gleichmäßiger verteilt werden können als dargestellt. Inwieweit die Beispielsfälle tatsächlich zu dem erklärten und angestrebten Steueroptimum geführt hätten, wäre erst nach Ablauf aller Rechnungslegungsperioden beurteilungsfähig, in denen Steuerauswirkungen aus den Bewertungsansätzen messbar geworden wären. Unter Reflexion der bereits oben genannten Steuerbarwertminimierung müssten noch zusätzliche Faktoren, wie die Höhe des Abzinsungsfaktors, die zumindest mutmaßliche Entwicklung der zukünftigen Steuersätze und steuerlichen Bemessungsgrundlagen, etc. in den Kalkül einbezogen werden.

Die erfolgsneutralen Maßnahmen der Strukturbeeinflussung lassen sich in drei grundsätzliche Bereiche unterteilen. Im Einzelnen handelt es sich dabei um

- den leistungswirtschaftlichen Bereich,
- den Investitionsbereich und
- den Finanzierungsbereich

einer Unternehmung.

Grundsätze der erfolgsneutralen Beeinflussung der Bilanzstruktur

Im leistungswirtschaftlichen Bereich geht es neben den erfolgswirksamen Komponenten insbesondere um die Strukturen des Umlaufvermögens und der Verbindlichkeiten (ohne Beachtung der Rückstellungen und der Bankverbindlichkeiten). So würde z. B. eine Neuorientierung des Debitorenmanagements durch Inanspruchnahme einer Factoringmöglichkeit c.p. zu einer Erhöhung der Liquiditätsstände bei gleichzeitiger Verringerung der Debitorenstände führen. Dieser Vorgang wird im bilanztechnischen Sinne als Aktivtausch bezeichnet. Werden in einem zweiten Schritt die entstehenden Liquiditätszuwächse dazu verwendet, um Verbindlichkeiten aus Lieferungen und Leistungen oder sonstige kurzfristige Verbindlichkeiten vor ihrer Fälligkeit zu begleichen, so führt dies zu einer Verringerung (Verkürzung) der Bilanzsumme. Das bilanzielle Eigenkapital würde sich durch eine solche Maßnahme in seiner absoluten Höhe natürlich nicht verändern, sehr wohl aber in seiner Relation zur Bilanzsumme. Die so genannte Eigenkapitalquote wäre gestiegen. Der isolierte Blick auf die Liquiditätsentstehung im Sinne einer Kapitalflussrechnung rechtfertigt allerdings den vorzeitigen Ausgleich der Verbindlichkeiten nicht. Bereits an diesem Beispiel wird deutlich, dass explizit anhand des Einzellfalls entschieden werden muss, welche Strategie hinsichtlich der Bilanzstruktur zu verfolgen ist. Mit Blick auf eine Ratingoptimierung sollten diese Fragen im Vorfeld der unternehmerischen Entscheidung auch mit den involvierten Kreditinstituten erörtert werden.

Im Rahmen der Investitionspolitik sollte grundsätzlich die damit verbundene Finanzierungspolitik der Unternehmung gleichgewichtig fokussiert werden. Jede Investition bedarf einer Finanzierung, ob mit Eigen- oder Fremdkapital. Ebenso ist der Bereich der Desinvestition in den Kalkül einzubeziehen.

Grundsätzlich erfolgt die Finanzierung einer Investition im Zeitpunkt ihrer Durchführung erfolgsneutral. Beachtlich ist jedoch, dass die Finanzierung mit Fremdkapital zukünftige Aufwendungen durch Zinsforderungen der Kreditgeber verursacht und damit erfolgswirksam wird. Die Finanzierung mit Eigenkapital bedingt allerdings höhere Entnahmen/Ausschüttungen in der Zukunft, die durch zusätzliche Gewinne realisiert werden müssen, denn der Eigenkapitalgeber möchte trotz der finanzierten Investition(en) auch in Zukunft zumindest die bisherige Eigenkapitalrendite weiterhin realisieren. Dies gilt jedoch auch nur dann, wenn die Gesamtfinanzierung aus Eigen- und Fremdkapital so zusammengesetzt ist, dass sie den Bilanzrelationen entspricht und eine Änderung der Umschlagshäufigkeit des Gesamtkapitals nicht zu erwarten steht. Mit steigender bilanzieller Fremdkapitalquote müsste nämlich der Eigenkapitalgeber aus Sicht der klassischen Finanzierungstheorie (Modelle des optimalen Verschuldungsgrades) seinen Renditeanspruch wegen eines gestiegenen Risikos ebenfalls erhöhen. (vgl. Schierenbeck, S. 472 f.) Aber auch die zunächst erfolgsneutralen Investitionen werden im Regelfall zukünftige Veränderungen der Ergebnisse initiieren. Im Wesentlichen sind diese Veränderungen durch neue Abschreibungsreihen bedingt, wenngleich auch Investitionen vorstellbar sind, die keine Abschreibungsreihen auslösen (z. B. Investitionen in Grund und Boden). Die Veränderungen werden aber auch durch Instandhaltungsaufwendungen, höhere Versicherungsprämien, etc. verursacht. Insoweit ist die Frage zu beantworten, ob der Bereich der Desinvestitionen eine Kompensation der durch die Investitionen verursachten Ergebnisveränderungen schaffen kann. In diesem Zusammenhang muss allerdings der Begriff der Desinvestition genauer bestimmt werden. Angesprochen ist dabei nicht nur die Liquidation nicht betriebsnotwendiger, abgeschriebener oder unbrauchbar gewordener Vermögensgegenstände, sondern auch das so genannte Sale-and-lease-back-Verfahren. Im Rahmen dieses Verfahrens werden durchaus betriebsnotwendige Vermögensgegenstände an eine Leasinggesellschaft veräußert und gleichzeitig wieder geleast. Im Grunde liegt auch bei diesem Geschäft ein Aktivtausch vor (Vermögensgegenstände scheiden aus dem Betriebsvermögen aus, der Gegenwert führt zur Erhöhung der Liquiditätsstände). Gelingt es also im Idealfall, Aufwendungen und Erträge im Investitionsbereich mittel- bis langfristig zu neutralisieren und dabei exorbitante Ertragsteuerzahlungen zu vermeiden [z. B. durch die zulässige Bildung von Rücklagen (§§ 6b, 6c, 7g EStG)], so stehen explizit die Liquiditätsauswirkungen aus diesem Bereich im Mittelpunkt der Betrachtung. Dabei sind die Dispositionsalternativen analog denjenigen aus dem leistungswirtschaftlichen Bereich. Werden in der Betrachtung aller relevanten Rechnungslegungsperioden Liquiditätsüberschüsse erzielt und damit Fremdfinanzierungen vorzeitig getilgt, führt diese Maßnahme zur Bilanzverkürzung und zur Steigerung der Eigenkapitalquote; bei Verzicht auf die vorzeitige Rückführung des Fremdkapitals zu entsprechenden Liquiditätsvorteilen. Erwartbare Liquiditätsdefizite über die relevanten Rechnungslegungsperioden verbieten a priori die Durchführung der Maßnahmen.

Desinvestition

Die Unternehmensfinanzierung ist gekennzeichnet zum einen durch die Differenzierung von Eigen- und Fremdfinanzierung und zum anderen durch diejenige der Innen- und Außenfinanzierung. Während die Außenfinanzierung sowohl durch Eigen- als auch durch Fremdkapital erfolgen kann, ist die Innenfinanzierung nur durch Bildung von Eigenkapital möglich. Wie bereits oben erwähnt, sind alle Finanzierungsvorgänge im Zeitpunkt ihrer Durchführung zunächst ergebnisneutral. Sie wirken sich im Regelfall aber für die Zukunft erfolgswirksam aus. Demnach muss es – in Analogie zum Investitionsbereich – das Ziel unternehmerischer Finanzierungsentscheidungen sein, zukünftige Aufwendungen mit zukünftigen Erträgen auszugleichen. Z. B. führen zusätzliche Kreditaufnahmen c.p. zu erhöhten Zinsaufwendungen. Gelingt es andererseits der Unternehmung solche Tilgungsleistungen zu erbringen, die zu einem Abbau der Zinsaufwendungen in gleicher Höhe führen, bleiben nur noch die Liquiditätsauswirkungen aus den Finanzierungsentscheidungen von Interesse.

Finanzierungsformen: Innen- und Außen-, Eigen- und Fremdfinanzierung

Nach alledem erschließt sich, dass es das Ziel unternehmerischer Entscheidungen sein muss, aus der Kombination der ergebniswirksamen und ergebnisneutralen Maßnahmen zur Beeinflussung der Bilanzstruktur das Optimum zu finden. Zu diesen Zweck sollten nicht nur die Grundlagen des Value Controlling und kontinuierlich zu wiederholende Simulationen die zentrale Basis bilden, sondern in gleichem Maße die Ansprüche der Kreditgeber berücksichtigt werden, die mit diesen im Sinne einer kontinuierlichen Verbesserung des Unternehmensratings bzw. zu dessen Erhaltung ebenso ständig abzusprechen sind.

2.4 Bonitätsprüfung der Kreditinstitute im Kontext von Basel II

2.4.1 Kapitaldienstfähigkeit

Die Kapitaldienstfähigkeit als zentrales Kriterium der Kreditprüfung

Ein zentrales Beurteilungskriterium des Ratings nach dem Basel II-Akkord ist die Cashflow-Analyse (vgl. KfW-Akademie, S. 34). Diese endet jedoch nicht in der Ermittlung der einzelnen Cashflow-Kennzahlen (vgl. Kapitel 2.2.2), sondern mündet in die Berechnung der Kapitaldienstfähigkeit. Mit diesem Instrumentarium ist es den Kreditinstituten nicht nur möglich, zeitnahe Aktivitäten zu entwickeln, sollte die einzelne Unternehmung nicht mehr in der Lagen sein, die aktuell vereinbarten Annuitäten zu leisten, sondern ermöglicht es ihnen auch, weitere Kreditvergabemöglichkeiten zu fixieren.

Das Grundschema der Berechnung ist bei allen Kreditinstituten nahezu identisch. Es berücksichtigt jedoch im Regelfall nicht die Zahlungsströme aus Vorperioden, insbesondere nicht die zahlungswirksamen Veränderungen im Bereich des Umlaufvermögens und der kurzfristigen Verbindlichkeiten. Grundsätzlich rekrutieren sich die Einzelwerte der Berechnung entweder aus der einzelnen Betriebswirtschaftlichen Auswertung des Buchungsmonats, der unternehmerischen Planrechnungen für diverse Zeiträume und/oder aus der Jahresbilanz. In diesem Zusammenhang führen die ergänzenden, zahlungsstromrelevanten Positionen aus dem Umlaufvermögen und dem Bereich der kurzfristigen Verbindlichkeiten zu besseren Ergebnissen als diese üblicher Weise von den Kreditinstituten ermittelt werden. Sowohl die Unternehmungen als auch deren Steuerberater/innen sollten ihre Möglichkeiten zu einer besseren Ergebnisqualität gegenüber den Kreditinstituten im Rahmen einer offenen Kommunikation nutzen. Damit dokumentieren sie nicht nur den beschriebenen Qualitätsvorsprung, sondern vor allem, dass sie dieses hoch sensible Kriterium ihrer Bonitätsbeurteilung selbst mit der gebotenen Sensibilität kontrollieren. Ein Muster der Kapitaldienstfähigkeitsberechnung nebst Verprobungsrechnung auf Basis einer monatlichen Betriebswirtschaftlichen Auswertung zeigt das folgende Excel-Sheet.

Berechnung der Kapitaldienstgrenze zum		
Umsatzerlöse		
Wareneinsatz (nach kalkulatorischer Wertberichtigung)		
Rohertrag		– €
Sonstige ordentliche Erträge		– €
Betriebserträge		– €
Personalkosten		
> darin enthalten Ehegattengehalt/Ehegattengehälter	– €	
Raumkosten		
Abschreibungen		
Leasingkosten		
Zinsen		
Sonstige betriebliche Aufwendungen		
Gewinn/Verlust (./.)		– €
Abschreibungen		– €
Sonstige bewertungsbedingte Aufwendungen (+) / Erträge (./.)		
Cashflow		– €
Zinsen		– €
Erweiterter Cashflow		– €
Steuerlich nicht abzugsfähige EEV-Steuern (ESt, KiSt, SolZ bzw. KSt, SolZ)		
(Freie Privatentnahmen/Gewinnausschüttungen) – Privateinlagen		

Private Vorsorgeaufwendungen	– €
Investitionen	– €
Erhöhung Umlaufvermögen (./.) / Minderung Umlaufvermögen (+)	– €
Erhöhung kurzfristige Verbindlichkeiten (+) / Minderung kurzfristige Verbindlichkeiten (./.)	– €
Kapitaldienstgrenze	– €

Bezahlte kurzfristige Zinsen	
Kapitaldienst (gewerbliche Darlehen)	
Kapitaldienst (private Darlehen)	
Sondertilgungen	– €
Über-/Unterdeckung (./.)	– €
Kapitaldienstgrenze ausgeschöpft zu:	

Verprobung:

		Kasse	Lfd. Bankkonten (Kontokorrent)	
Stand				
Stand				
		– €	– €	– €

Verbleibender Saldo (notwendige Bedingung: Saldo = 0) – €

Ort, Datum (Stempel/Unterschrift) (Unterschrift Steuerberater/in)

Trotz dieses Berechnungsschemas und sonstiger Cashflow-Berechnungen darf nicht unerwähnt bleiben, dass die exakte Darstellung aller Zahlungsströme explizit im Rahmen einer Kapitalflussrechnung möglich ist. Dieses allerdings sehr aufwendige Rechenwerk, das im Übrigen die Zahlungsströme aus den strukturrelevanten Bereichen (leistungswirtschaftlicher Bereich, Investitionsbereich und Finanzierungsbereich) differenziert abbildet, wird in der Regel nur einmal pro Wirtschaftsjahr, nämlich auf Basis der Jahresbilanz, erstellt. Es sollte allerdings im Rahmen einer aktiven Publizitätspolitik fester Bestandteil des Jahresabschlusses sein, obwohl es nach den handelsrechtlichen Bilanzierungsvorschriften nicht – sehr wohl aber nach den IAS/IFRS-Rechnungslegungsvorschriften – gefordert wird.

2.4.2 Eigenkapitalanforderungen

Die Eigenkapitalquote als risikoorientiertes Ratingkriterium

Nach der Beurteilung der Kreditanstalt für Wiederaufbau ist »die Eigenkapitalquote ... das quantitative Ratingkriterium schlechthin« (KfW-Akademie, S. 31). Diese besondere Sensibilität der Kreditinstitute resultiert aus der Tatsache, dass gerade die mittelständischen Unternehmen mit relativ geringem Eigenkapital ausgestattet- und damit in hohem Maße auf die übliche Kreditfinanzierung angewiesen sind. »Nach Analysen der Creditreform weisen

- 39 % der mittelständischen Unternehmen eine Eigenkapitalquote von weniger als 10 % auf,
- 27 % der Unternehmen haben eine Eigenkapitalquote zwischen 10 und 20 %,
- 15 % der Unternehmen erreichen Eigenkapitalquoten zwischen 20 und 30 %,
- ebenfalls 15 % haben mehr als 30 % Eigenkapital«
  (vgl. Ostdeutscher Sparkassenverband, S. 6).

Je höher die Eigenkapitalquote einer Unternehmung ist, desto eher ist sie in der Lage, wirtschaftlichen Problemsituationen zu widerstehen. Solche Unternehmen sind damit in höherem Maße krisenresistent. Unter Bezugnahme auf das Schulnotensystem soll dies ein bankinterner Bewertungsbogen dokumentieren.

Beispiel eines bankinternen Bewertungsbogens

EK-Quote > 50 %	= 1
EK-Quote > 33 %	= 2
EK-Quote > 25 %	= 3
EK-Quote > 10 %	= 4
EK-Quote > 0 %	= 5
EK-Quote < 0 %	= 6

Unter Risikogesichtspunkten ist die Kreditvergabe an eine Unternehmung um so eher möglich, je besser sie mit Eigenkapital ausgestattet ist. Nach dem Basel II-Akkord entfaltet die am Eigenkapital orientierte Krisenresistenz einer Unternehmung extrem positive Auswirkungen auf das Kreditportfolio.

2.4.3 Kreditsicherheiten

Kein Bedeutungsverlust der Kreditsicherheiten im Rahmen des Basel II-Akkords

Grundsätzlich gehören Sicherheiten nicht zum Rating (vgl. Ostdeutscher Sparkassenverband, S. 6). Weder ihre Qualitäten noch ihre Quantitäten können eine Aussagekraft hinsichtlich der Ausfallwahrscheinlichkeit für ein Kreditengagement entfalten. Sie begrenzen lediglich die Verlustquote im Zeitpunkt des Kreditausfalls. Aus dieser Perspektive lässt sich die Auffassung vertreten, sie werden auch erst in diesem Zeitpunkt relevant. Allerdings bleibt die bisherige Praxis der Kreditvergabe hinsichtlich der Sicherheitengestellung auch im Kontext des Basel II-Akkords erhalten. Aus Sicht der Kreditgeber ist diese Praxis nicht nur verständlich, sondern im ökonomischen Sinne zwingend erforderlich. In diesem Zusammenhang kommt der Zielkonflikt zwischen Risiko und Gewinnchance zum Ausdruck. Je höher das Risiko des Totalverlustes für den Kreditgeber ist, desto höher muss seine Gewinnchance in Form des Zinssatzes sein. Letztendlich werden somit die Sicherheiten ihren wesentlichen Einfluss auf die Kreditkonditionen unverändert behalten. Auch in Zukunft wird ein mit erstklassigen Grundpfandrechten besicherter Kredit zur bestmöglichen Kreditkondition für den Kreditnehmer führen. Denn nach Auffassung der Kreditinstitute ist »die Ratingnote ... nicht der einzige Parameter bei der Konditionenfindung« (vgl. Ostdeutscher Sparkassenverband, S. 6). Sie ist zukünftig bei Kreditvergaben an Unternehmungen allerdings auch in keinem Falle entbehrlich.

2.5 Die Steuerberatung im Zuge des Wertewandels

2.5.1 Traditioneller Fokus der Steuerberatung

Der historische Beratungsansatz der Steuerberatung hinsichtlich der Kreditwürdigkeit ihrer Mandanten

Ausgehend von der eingangs zitierten Darstellung des Deutschen Steuerberaterverbandes liegt der traditionelle Fokus der Steuerberatung auf der Maximierung der Steuerersparnismöglichkeiten. Unbestritten entspricht diese Aufgabenstellung dem Berufsbild und den berechtigten Anforderungen der Auftraggeber (Mandanten). Diese Aufgabenstellung ist damit nicht nur legalisiert, sondern auch legitimiert im Sinne der allgemeinen Erwartungen, die an den Berufsstand gestellt werden.

Die in der Historie maßgeblichen Entscheidungsgrundlagen zur Kreditvergabe durch die Kreditinstitute ließen die Erfüllung dieser Aufgabe ohne umfassende Reflexion der Rahmenbedingungen und Interdependenzen zu. Obwohl die potenziellen und tatsächlichen Kreditnehmer nach § 18 KWG schon immer ihre wirtschaftlichen Verhältnisse offen legen mussten (vgl. Kirchhof, S. 30), reduzierte sich die Kreditentscheidung mehr oder weniger auf die Beurteilung der Kreditsicherheiten und der Kapitaldienstfähigkeit. Anstelle des Kreditausfallrisikos mit entsprechender Kalkulation des Zinssatzes stand das Verlustrisiko im Falle der Sicherheitenverwertung im Vordergrund. Die fehlende Berücksichtigung eines Ausfallrisikos im Rahmen der Zinskalkulation führte im Übrigen zu einer Gleichverteilung des Margenanspruchs aus der Kreditvergabe. Als Folge zahlte der bonitätsschwache Kreditnehmer den gleichen Zinssatz wie der bonitätsstarke Kreditnehmer. Gerade für bonitätsstarke Kreditnehmer ergaben sich, wenn überhaupt, nur geringe Verhandlungsspielräume hinsichtlich der Konditionengestaltung. Vielmehr war die Konditionenskalierung abhängig von den gestellten Kreditsicherheiten und damit letztendlich von der Art des Kredits.

Vor diesem Hintergrund waren Kreditwünsche auch bei einer eher unbefriedigenden Bilanzstruktur leichter realisierbar, als dies unter den Rahmenbedingungen des Basel II-Akkords möglich sein wird. Soweit der potenzielle Kreditnehmer sowohl quantitativ als auch qualitativ ausreichende Sicherheiten anbieten- und gleichzeitig den Nachweis darüber führen konnte, dass er seine daraus entstehenden Annuitäten zu bedienen in der Lage sein wird, durfte er im Grunde von einer Kreditzusage ausgehen. Entsprechend fanden steuerliche Gestaltungen bei den Kreditinstituten durchaus Akzeptanz, die einen gewissen Liquiditätsabfluss durch Ertragsteuern zu Gunsten der Kapitaldienstfähigkeit vermeiden konnten. Die dadurch geminderten Gewinne, die in der Folge zu einem Abbau des bilanziellen Eigenkapitals- oder sogar zu einer Unterbilanz führten, verursachten im Zeitpunkt der Kreditvergabe keine negativen Konsequenzen hinsichtlich der Kreditwürdigkeit. Vor allem aber wurde die Zinskondition nicht in Abhängigkeit der bilanziellen Struktur bzw. der geminderten Eigenkapitalposition angeboten. Die Steuerberatung war somit in der Lage, ihre Aufgabe hinsichtlich der Maximierung der Steuerersparnismöglichkeiten ebenfalls relativ unreflektiert zu erfüllen. Sie musste für ihre Mandanten keine Restriktionen aus ihren Gestaltungsempfehlungen befürchten, weder hinsichtlich deren Kreditwürdigkeit noch hinsichtlich der von ihnen zu leistenden Zinsaufwendungen.

2.5.2 Neue Restriktion versus neue Herausforderung

Positionierungsalternativen der Steuerberatung gegenüber dem Basel II-Akkord

Während sich die Kreditinstitute in der Vergangenheit – und eigentlich bis heute – wie typische Geldverleiher verhalten haben, indem sie primär die Kreditsicherheiten und die Kapitaldienstfähigkeit des Kreditnehmers fokussierten, ohne dabei ihre Ertragsvorstellung aus der Kreditvergabe am übernommenen Risiko zu messen, werden sie sich im Kontext des Basel II-Akkords zukünftig eher wie ein Investor verhalten müssen. Letzterer handelt explizit nach dem ökonomischen Prinzip, das wiederum den Zielkonflikt zwischen Risiko und Gewinnchance impliziert. Diese neu anzunehmende Grundhaltung im Aktivgeschäft (= Kreditgeschäft) und die damit verbundene Orientierung an betriebswirtschaftlichen Prinzipien wird möglicher Weise die eigentliche Kreditentscheidung nicht wesentlich beeinflussen, sehr wohl aber das an der Ratingnote zu orientierende Zinsangebot.

Die Steuerberatung wird sich in der Folge unweigerlich mit diesem Wertewandel auseinanderzusetzen haben. Wie bei nahezu allen Problemstellungen sind auch in diesem Fall mehrere Lösungsalternativen denkbar. Zumindest zwei gegensätzliche Positionen bedürfen in diesem Zusammenhang einer näheren Betrachtung. So lässt sich die neue Ausrichtung der Kreditinstitute einerseits als Restriktion hinsichtlich der Durchsetzung der maximalen Steuerersparnismöglichkeiten begreifen, andererseits kann daraus aber auch eine neue Herausforderung für die Steuerberatung abgeleitet werden, die deren betriebswirtschaftliche Kompetenz nicht nur dem Mandanten gegenüber, sondern auch gegenüber den externen Bilanzadressaten unter Beweis stellt.

Soweit Mitglieder des Berufsstandes in dieser Neuausrichtung der Kreditinstitute die angesprochene Restriktion erkennen, werden sie sich in letzter Konsequenz durch externe Einflussfaktoren in ihrer Berufsausübung mehr oder weniger beeinträchtigt fühlen müssen. Diejenigen Steuerberater/innen, die darin eine Herausforderung erkennen, werden ihre Beratungsstrategie zu modifizieren haben. Im Grunde haben sie eine Symbiose zu bilden aus dem beruflichen Auftrag und den am Rating orientierten Anforderungen an die Strukturen des Jahresabschlusses. Die Zieldefinition kann dabei nur im Umfeld betriebswirtschaftlicher Basisnormen zu finden sein und mündet in einer Optimierungsstrategie. Es bedarf also langfristiger Ausrichtungen in der Steuerberatung, die stets die maximale Steuerersparnis zu Lasten der Jahresabschlussstrukturen und die mögliche Zinsersparnis durch bessere Jahresabschlussstrukturen gegenüberstellen. Dazu wird es eines kontinuierlichen, operativen und zielgerichteten Controllings durch den Steuerberater/die Steuerberaterin bedürfen, das neben der Beachtung der Ratingkriterien fallweise Simulationsrechnungen, ständige BWA-Ergänzungsrechnungen nebst dazugehöriger Berichterstattung an die Kreditinstitute der Mandanten und intensiver Gespräche mit diesen Kreditinstituten beinhalten wird. Darüber hinaus wird es zu einer weiteren Intensivierung des Kommunikationsbedarfs mit den Mandanten kommen, woraus jedoch das Positivkriterium einer zunehmenden Mandantenbindung resultieren kann. Gelingt es nämlich dem Steuerberater/der Steuerberaterin, dem einzelnen Mandanten die jeweiligen Ersparnisgrößen aus der Gestaltungsempfehlung transparent zu gestalten, folgen daraus nicht nur ein Höchstmass an Zufriedenheit des Mandanten, sondern auch weitere betriebswirtschaftliche Beratungsaufträge und die vom Berufsstand hochgeschätzte Weiterempfehlung.

Als Quintessenz darf somit aus Sicht des Berufsstandes erwartet werden, dass die Akzeptanz des Wertewandels die Chance auf ein eigenes strategisches Geschäftsfeld eröffnet.

2.6 Schlussbetrachtung

Die Ausführungen in diesem Kapitel zielten darauf ab, den Einfluss des Basel II-Akkords auf die Bilanzpolitik und die Bilanzstruktur aus Sicht der Steuerberatung darzustellen. Zu diesem Zweck wurden vorab die zentralen Aufgabestellungen der Bilanz, nämlich die Zahlungsbemessungsfunktion und die Informationsfunktion beschrieben. Im Anschluss daran wurden die Bilanzpolitik definiert sowie die wesentlichen Grundzüge der Bilanzstruktur veranschaulicht. In diesem Kontext wurde insbesondere eingegangen auf Gestaltungsalternativen zum Zwecke der Schaffung einer ratingadäquaten Bilanzstruktur. Unterschieden wurden dabei solche Strukturveränderungen, die Auswirkungen auf das Gewinnergebnis haben, und solchen, die ergebnisneutral durchgeführt werden können.

Durch die Analyse und Dokumentation der drei wesentlichen Bonitätsprüfungskriterien der Kreditinstitute, die in der Prüfung der Kapitaldienstfähigkeit, der Positionierung des Eigenkapitals sowie der Kreditsicherheiten bestehen, wurde die Notwendigkeit der ratingadäquaten Bilanzpolitik und Bilanzstruktur unterlegt.

Im abschließenden Unterkapitel wurde über die Darstellung des traditionellen Fokus in der Steuerberatung der Wertewandel hin zur ratingbezogenen Beratung diskutiert. Insbesondere wurde hinterfragt, inwieweit die Anforderungen aus dem Basel II-Akkord eine weitere Restriktion oder eine neue Herausforderung für die Steuerberatung bedeuten. Anhand dieser Ausführungen lassen sich auch die eingangs des Kapitels gestellten zentralen Fragen wie folgt beantworten:

- Der Steuerberatung sollte in Zukunft eine Bilanzpolitik empfehlen, die in jedem Fall die Anforderungen aus dem Basel II-Akkord reflektiert.
- Das Beratungsziel der Steueroptimierung ist mit den Ratinganforderungen vereinbar, wenngleich letztere neue bzw. veränderte Rahmenbedingungen schaffen.
- In den Ratinganforderungen ist eine neue Herausforderung für die Steuerberatung zu sehen.
- Die Anforderungen aus dem Basel II-Akkord schaffen keinen Paradigmenwechsel in der Steuerberatung.

Zentrale Aufgabe der Steuerberatung: Mandantenbezogene Steueroptimierung

Aus diesen Antworten geht hervor, dass die mandantenbezogene Steueroptimierung unverändert die zentrale Aufgabenstellung der Steuerberatung ist. Die eingangs zitierte Definition des Deutschen Steuerberaterverbandes e.V. behält damit ihre Gültigkeit. Eine abweichende Aufgabendefinition stünde darüber hinaus mit dem aktuellen Berufsrecht der Steuerberater nicht im Einklang. Allerdings bleibt festzustellen, dass die Rahmenbedingungen für die steueroptimale Beratung mit dem Basel II-Akkord eine zusätzliche Komponente erhalten haben, die es in der Beratungspraxis zu beachten gilt. Denn die reine Steueroptimierung ohne Reflexion der weiteren wirtschaftlichen Existenzfähigkeit des beratenen Mandanten würde wohl das angestrebte Ziel verfehlen. Für den Berufsstand sind jedoch solch maßgebliche Neuausrichtungen in der Beratung kein Novum. Vielmehr ist er es seit Jahren gewohnt, die ständigen Neuerungen und Veränderungen in seinem Rechtsgebiet unverzüglich in die Beratungspraxis umzusetzen und angepasste Beratungsstrategien zu entwickeln. Insofern wird er auch die Anforderungen des Basel II-Akkords als neue Herausforderung begreifen und den Mandanten sachgerecht vermitteln.

Die neuen Anforderungen selbst können auf Grund der Ausführungen in diesem Kapitel als Rating-Revisionismus für die Steuerberatung bezeichnet werden.

Literatur

Bieg, H.; Kußmaul, H.: Externes Rechnungswesen, 3. Aufl., München, Wien 2003

Börner, D.; Krawitz, N.: Steuerbilanzpolitik, 2. Aufl., Herne, Berlin 1986

Buchmann, P.: Fit für das Rating, Deutscher Sparkassen Verlag, Stuttgart 2003

Clemm/Ellrottin: BeBiKomm, Anm. 22 zu § 285, zitiert in: Winnefeld, R.: Bilanz-Handbuch, München 1997

Coenenberg, A.: Jahresabschluss und Jahresabschlussanalyse, 20. Aufl., Stuttgart 2005

Corsten, H.; Reiß, M.: Betriebswirtschaftslehre, 3. Aufl., München/Wien 1999

KfW-Akademie: Rating für mittelständische Unternehmen – Problemfelder und praktische Umsetzung, Frankfurt a. M. 2004

Ostdeutscher Sparkassen-Verband: Rating in der Praxis: Das neue System der Sparkassen, Frankfurt a. M. 2004

Schierenbeck, H.: Grundzüge der Betriebswirtschaftslehre, 16. Aufl., München 2003

Teil B Ansätze zur Optimierung für das Rating

1 Bilanz- und Liquiditätsoptimierung durch Finanzierungsleasing

1.1 Einleitung

Die Unternehmensfinanzierung in Deutschland befindet sich im Umbruch. Betroffen sind vor allem die mittelständischen Unternehmen, die bisher ihren Focus bei der Finanzierung überwiegend auf Bankkredite gerichtet haben. Im Zuge von Basel II und den Strukturveränderungen auf dem deutschen und europäischen Bankenmarkt wird der kapitalmarktorientierten Unternehmensfinanzierung in den nächsten Jahren eine deutlich größere Bedeutung zukommen müssen.

Basel II setzt die Eigenkapitalquote unter Druck

Für die mittelständischen Unternehmen bedeutet dies, dass die klassische Finanzierung über den Bankkredit immer steiniger wird. Der Kostendruck von Seiten der Banken wird an die Kreditnehmer weitergegeben. Basel II wird ab 2007 mit der Neuregelung der Eigenkapitalvorschriften für Kreditinstitute diese Entwicklung weiter verstärken.

Die Eigenkapitalquote der deutschen Mittelständler hat sich seit 1999 kontinuierlich positiv entwickelt. Betrug das Eigenkapital im Verhältnis zur Bilanzsumme 1999 noch unter 4 %, konnte 2003 der Mittelstand schon eine Quote von 7,5 % ausweisen (vgl. Diagnose Mittelstand 2005, Deutscher Sparkassen- und Giroverband). Gleichzeitig nimmt die Zahl der Unternehmen, die eine Eigenkapitalquote von Null oder darunter ausweisen, ab. Die Verbesserung der Eigenkapitalausstattung hat mehrere Ursachen. Das Näherrücken des Starttermins von Basel II hat die Unternehmer dazu bewegt, an ihrer Eigenkapitalquote zu arbeiten. Vernachlässigen darf man bei der Auswertung dieser Kennzahl allerdings nicht, dass 2003 ca. 39.500 Unternehmensinsolvenzen zu beklagen waren. Das Ausscheiden dieser eigenkapitalschwachen Firmen bewirkte natürlich eine Erhöhung der Eigenkapitalquote der verbleibenden Marktteilnehmer (vgl. Diagnose Mittelstand 2005, Deutscher Sparkassen- und Giroverband). Eine Anhebung der Eigenkapitalquote von 10 % auf 20 % sehen die Banken als positives Zeichen, das sich letztlich auch stark auf das Rating auswirkt. Eine Quote unter 10 % stimmt die Kreditwirtschaft immer kritisch (vgl. Hoppenstedt).

Niedrige Eigenkapitalquote deutscher Unternehmer

Im internationalen Vergleich ist die Ausstattung deutscher Unternehmen mit Eigenmitteln allerdings im unteren Drittel anzutreffen. Die Gründe hierfür können in den Besonderheiten des deutschen Finanzsystems gefunden werden. Die Finanzierungsgewohnheiten der Unternehmer sind geprägt durch die Nachkriegsjahre, das Hausbankenprinzip und das Steuersystem mit den entsprechenden Rechnungslegungsvorschriften; die Fremdfinanzierung erschien dabei gegenüber der Eigenkapitalbildung für viele Unternehmen als »bessere« Alternative.

Wenn sich auch die Ausstattung mit Eigenmitteln in den letzen Jahren beim deutschen Mittelstand ständig verbessert hat, wird der Kreditzugang bei geringer Eigenkapitalquote immer schwieriger werden und Alternativen zum Bankkredit enorm an Bedeutung gewinnen.

Verbesserung der EK-Quote durch Leasing

Wie die Eigenkapitalquote und Liquidität verbessert und damit der finanzielle Bewegungsspielraum erweitert werden kann, soll nachfolgend mit der Finanzierungsform Leasing dargestellt werden.

1.2 Grundlagen Leasing

Der Aufstieg des Leasings in Deutschland

Der Begriff Leasing ist eine Ableitung des englischen Verbs »to lease« = mieten, pachten. Er bezeichnet die mittel- bis langfristige Vermietung von unbeweglichen (Immobilien) oder beweglichen (Mobilien) Wirtschaftsgütern gegen ein in Raten zu zahlendes Entgelt. Der Zeitraum hierfür kann von vornherein vereinbart oder auch unbestimmt sein.

In der Wirtschaftswunder-Wachstumsphase fand Leasing noch keinen großen Anklang beim deutschen Mittelstand. Erst Ende der achtziger Jahre wandelte sich die Stimmung und Leasing wurde immer öfters als seriöse Finanzierungsvariante gewählt. Das lässt sich an der Entwicklung der Investitionstätigkeit im Anlagevermögen erkennen, bei der Leasing im Vergleich zur Gesamtwirtschaft besser abschneidet und seit 1994 keine negativen Wachstumsraten verzeichnen musste. Das Leasing-Marktvolumen in Deutschland belief sich in 2005 auf 51,1 Mrd. €. Jeder fünfte investierte Euro stammte von einer Leasinggesellschaft.

Leasing als Alternative zum Investitionskredit

Leasing ist eine Alternative zum klassischen Investitionskredit der Bank. Es ermöglicht Investitionen ohne Einsatz von Eigen- und Fremdkapital. Nach dem »Pay-as-you-earn-Prinzip« werden die Leasingraten aus den erwirtschafteten Erträgen aus der Nutzung des Investitionsobjektes bestritten. Das Leasingobjekt bleibt allerdings im Eigentum der Leasinggesellschaft, die es auch aktiviert und abschreibt. Die Bilanzneutralität beim Leasingnehmer führt zunächst zur Verbesserung der Eigenkapitalquote und anderen wichtigen Bilanzkennzahlen.

1.3 Erscheinungsformen des Leasings

Die Leasingbranche arbeitet mit einer derartigen Fülle von Begriffen und Vertragsgestaltungen, dass der Kunde kaum ein überschaubares Bild der einzelnen Leasingformen erkennen kann.

1.3.1 Mobilien- und Immobilienleasing

Nach der Art der Leasingobjekte muss in Mobilienleasing und Immobilienleasing unterschieden werden.

Beim Mobilienleasing werden nahezu alle Bereiche mobiler Investitionsgüter erfasst, wie z. B. Fuhrparks, Büroeinrichtungen und Produktionsanlagen. Bebaute und unbebaute Grundstücke, sowie Betriebsanlagen, die fest mit einem Ort verbunden sind gehören zum Immobilienleasing. Der Unterschied zum Mobilienleasing besteht darin, dass dabei eine langfristige Gebrauchsüberlassung zu gewerblichen Zwecken im Mittelpunkt steht.

Die Vertragsdauer bei Immobilienleasingverträgen kann oft über 20 Jahre betragen. Die individuell abgeschlossenen Verträge, üblicherweise Teilamortisation bzw. Mietdarlehensverträge beinhalten fast immer eine Kauf- und/oder Mietverlängerungsoption.

In Deutschland, insbesondere beim Mittelstand, hat das Mobilienleasing deutlich größere Bedeutung als das Immobilienleasing.

1.3.2 Direktes und indirektes Leasing

Direktes Leasing = Hersteller-Leasing

Das direkte Leasing (Hersteller-Leasing) zeichnet sich dadurch aus, dass der Hersteller des Leasingobjektes auch Leasinggeber ist. Es wird oft in der Automobilbranche praktiziert, bei der das Leasingangebot über eine konzerneigene Leasingbank als absatzpolitisches Instrument eingesetzt wird. Eine Subventionierung der Leasingkonditionen und die Gewährung von Extrarabatten ist hierbei häufig anzutreffen.

Beim indirekten Leasing ist die Leasinggesellschaft ein vom Hersteller völlig unabhängiges Institut. Das Leasingunternehmen muss ohne finanzielle Unterstützung des Herstellers das Leasingobjekt kalkulieren.

Hier kann der Leasingkunde zwischen bankenunabhängigen Instituten (z. B. ALBIS Leasing AG als größte bankenunabhängige Leasinggesellschaft für den Mittelstand) oder den Leasingtochtergesellschaften der Banken (z. B. Deutsche Leasing) wählen.

1.3.3 Spezialleasing

Spezialleasing: Investitionsrisiko beim Leasingnehmer

Beim Spezialleasing sind Objekte Gegenstand des Leasingvertrages, die auf die speziellen Bedürfnisse des Leasingnehmers zugeschnitten sind und daher nach Ablauf des Vertrages von einem anderen Unternehmen nicht mehr genutzt werden können. Der Leasingnehmer trägt hierbei das volle Investitionsrisiko. Das führt dazu, dass steuerlich die Objekte regelmäßig dem Leasingnehmer als wirtschaftliches Eigentum zugerechnet werden. Er muss diese bilanzieren und nach der betriebsgewöhnlichen Nutzungsdauer abschreiben.

1.3.4 Operate Leasing

Das Operate Leasing konnte sich in Deutschland hauptsächlich für gängige Wirtschaftsgüter, hauptsächlich im Fahrzeug- und IT-Bereich durchsetzen.

Kurze Vertragsdauer beim Operate Leasing

Diese Leasingvariante ist gekennzeichnet durch eine kurze Vertragsdauer, von der Laufzeit unabhängige Leasingraten und kurzfristigen Kündungsmöglichkeiten. Nach §§ 535 ff. BGB liegt ein normaler Mietvertrag zu Grunde. Das Leasingobjekt wird der Leasinggesellschaft zugerechnet, die es auch aktiviert und abschreibt. Die Leasinggesellschaft trägt das volle Objektrisiko – die Amortisation der Investition tritt erst durch nachfolgende Leasingzeiten durch neue Leasingnehmer und/oder der Objektverwertung ein.

Da die Kosten des Leasingnehmers für Operate Leasing hoch sind, ist es nur dann interessant, wenn sich eine alternative Finanzierungsform wegen der Kurzfristigkeit der Nutzung nicht lohnt.

1.3.5 Finanzierungsleasing

Die sinnvolle Alternative der Finanzierung: Leasing

Finanzierungsleasing dient, wie der Name schon sagt, in erster Linie der Finanzierung von Anlagegütern. Der Leasingnehmer hat hierbei bereits bei einem Händler oder Hersteller seine Investition ausgewählt. Die Leasinggesellschaft tritt in den Kaufvertrag ein und schließt einen Leasingvertrag mit dem Kunden ab. Das Leasingobjekt wird dann direkt vom Händler oder Hersteller an den Leasingnehmer ausgeliefert.

Unkündbare Grundmietzeit beim Finanzierungsleasing

Beim **Finanzierungsleasing** wird zwischen dem Leasinggeber und Leasingnehmer eine feste, unkündbare Grundmietzeit vereinbart. Die Grundmietzeit muss aus rechtlichen Gründen mindestens 40 % und darf höchstens 90 % der betriebsgewöhnlichen Nutzungsdauer betragen (**Mobilien-Leasing-Erlass des Finanzministers** für Vollamortisationsverträge vom 19.04.1971 und Mobilien-Leasing-Erlass für Teilamortisationsverträge vom 22.12.1975). Der Leasinggegenstand hat also nach Ablauf der Grundmietzeit, je nach Vertragsgestaltung, oft noch einen relativ hohen Zeitwert. Hat der Leasingnehmer kein Optionsrecht, so ist der Gegenstand von der Leasinggesellschaft zu bilanzieren. Im Fall einer Kauf- oder Mietverlängerungsoption nach der Grundmietzeit muss der Gegenstand vom Leasingnehmer aktiviert werden. Das gilt, wenn die Ausübung für ihn besonders günstig ist, also der Kaufpreis geringer als der Buchwert oder die Anschlussmiete niedriger als die lineare Abschreibung.

Beträgt die Grundmietzeit weniger als 40 % oder mehr als 90 % der betriebsgewöhnlichen Nutzungsdauer, so ist der Leasinggegenstand stets dem Leasingnehmer zuzurechnen, gleichgültig, ob er ein Optionsrecht auf Kauf oder Mietverlängerung hat oder nicht hat. Im Mobilien-Leasing-Erlass wird unterstellt, dass bei einer Grundmietzeit von weniger als 40 % der betriebsgewöhnlichen Nutzungsdauer das Objekt beim Leasingnehmer verbleibt, damit sich die hohen Leasingraten in der Grundmietzeit, die bis zu 80 % der Anschaffungskosten betragen, decken. Liegt die Grundmietzeit über 90 % ist der Leasinggegenstand für den Leasinggeber nur noch von geringem Wert. Eine versteckte Teilzahlung könnte bei einem solchen Vertragsmodell angenommen werden.

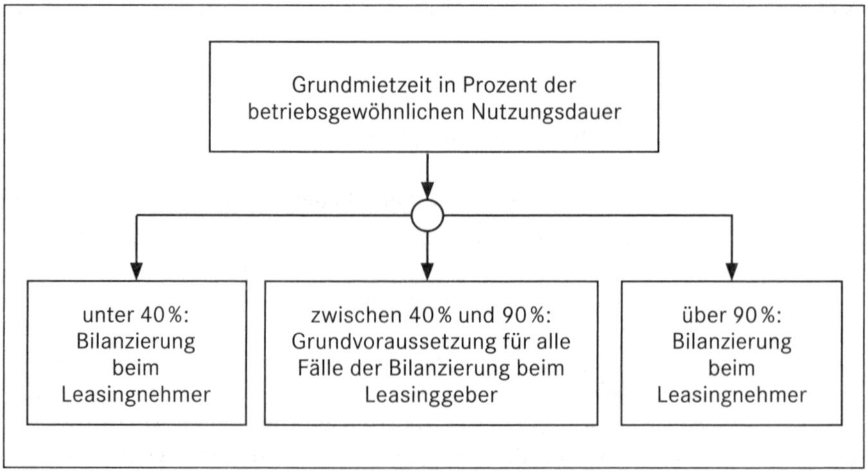

Abbildung 4: Aktivierung des Leasinggutes bei Finanzierungsleasing

1.3.5.1 Vertragsgestaltung beim Finanzierungsleasing

Ergebnissteuerung mit Vertragsvarianten

Dem Leasingnehmer stehen mehrere Vertragsvarianten für eine individuelle Leasingfinanzierung zur Verfügung. Hierbei werden in Vollamortisations- und Teilamortisationsverträgen, je nach Deckung des Gesamtaufwands durch Leasingraten während der Grundmietzeit, unterschieden. Weitere Varianten erfahren diese Vertragstypen noch mit den Rechten nach Ablauf der Grundmietzeit.

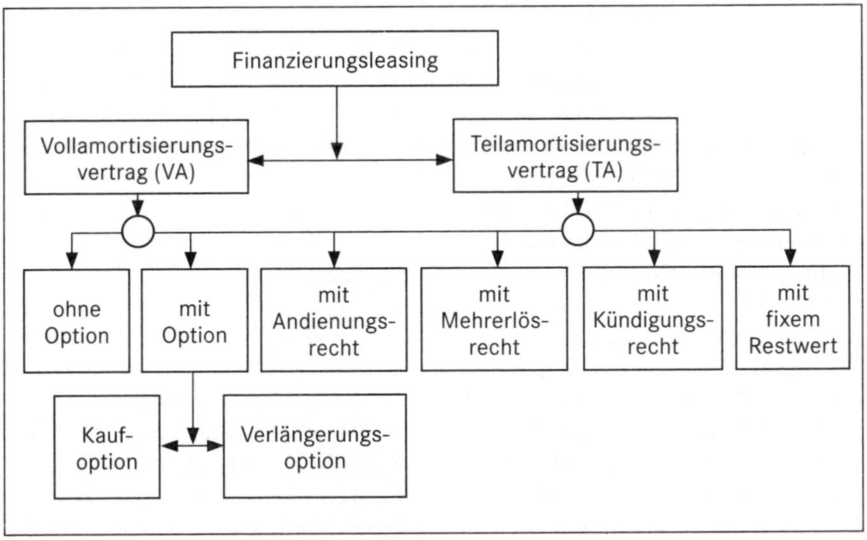

Abbildung 5: Vertragsmodelle bei Finanzierungsleasing

1.3.5.1.1 Vollamortisationsverträge

Abdeckung der Gesamtinvestitionskosten in der Grundmietzeit

Bei Vollamortisationsverträgen werden die Gesamtinvestitionskosten des Leasinggebers einschließlich seiner Zins- und Verwaltungsaufwendungen sowie seines Gewinnes durch die vereinbarten Leasingraten in der Grundmietzeit abgedeckt. Der Leasinggeber kommt also voll auf seine Kosten.

Was nach der Grundmietzeit mit dem Objekt passiert, wird durch den Mobilien-Leasing-Erlass geregelt. Der Leasingnehmer kann Folgendes vereinbaren:

- keinerlei Recht,
- Kaufoption auf das Leasingobjekt,
- Verlängerungsoption für den Leasingvertrag.

Hat der Leasingnehmer keinerlei Recht mehr, bedeutet dies, dass er das Objekt voll bezahlt hat, aber nicht in sein Eigentum übergeht. Zwar sind Verhandlungen mit der Leasinggesellschaft über den Erwerb des Objektes möglich, doch der Angebotspreis liegt meist über dem Marktpreis.

Bei der Wahrnehmung der Kauf – oder der Verlängerungsoption zahlt der Leasingnehmer einen vorher festgelegten Kaufpreis, beziehungsweise weitere, oft allerdings geringere, Leasingraten. Der definierte Kaufpreis orientiert sich aus steuerrechtlichen Gründen an der betriebsgewöhnlichen Nutzungsdauer aus der AfA-Tabelle, die den Buchwert oder den niedrigeren gemeinen Wert zum Zeitpunkt der Veräußerung zu Grunde legt.

Bei der Mietverlängerungsoption wird eine neue Leasingrate festgelegt, die dem Werteverzehr des Leasinggegenstandes gerecht wird. Die Berechnung erfolgt über den Buchwert und der Restnutzungsdauer nach der AfA-Tabelle.

Oft werden dem Leasingnehmer Kauf- und Verlängerungsoption eingeräumt. Diese Form ist besonders interessant, wenn die erwartete Nutzungsdauer länger als betriebsgewöhnliche AfA-Dauer ist.

1.3.5.1.2 Teilamortisationsverträge

Teilweise Abdeckung der Gesamtkosten in der Grundmietzeit

Bei Teilamortisationsverträgen werden die Gesamtkosten der Leasinggesellschaft in der Grundmietzeit nur teilweise gedeckt. Der Leasinggeber wird aber die Differenz zur Vollamortisation über die Ausübung des Andienungsrechts, einer Vertragsverlängerung oder Verkauf des Objektes realisieren. Der Teilamortisations-Erlass sieht folgende Regelungen zur Sicherung einer vollen Amortisation für den Leasinggeber vor:

- Verträge mit Andienungsrecht,
- Verträge mit Aufteilung des Mehrerlöses,
- kündbare Verträge.

Andienungsrecht

Beim Andienungsrecht ist der Leasingnehmer nach Ablauf der Grundmietzeit verpflichtet, den Leasinggegenstand zu erwerben, wenn dies der Leasinggeber verlangt. Die Leasinggesellschaft hat also eine Verkaufsoption gegenüber dem Leasingnehmer. Optionspreis ist der kalkulierte und bekannte Restwert.

Aufteilung des Mehrerlöses

Bei Verkauf des Objektes nach Ablauf der Grundmietzeit durch den Leasinggeber, wird der Leasingnehmer an einem Mehrerlös beteiligt. Amortisiert sich durch den Verkauf des Objektes der Leasingvertrag nicht, muss der Leasingnehmer diese Lücke mit einer Abschlusszahlung schließen. Soll diese Variante steuerlich anerkannt werden, darf der an den Leasingnehmer abgegebene Anteil am Mehrerlös nicht mehr als 75 % betragen.

Kündbare Verträge

Der Vertrag ist nach einer Mindestlaufzeit kündbar. Je früher die Kündigung, desto höher ist die Abschlusszahlung. Der Verwertungserlös kann auf die Abschlusszahlung angerechnet werden.

Für die steuerliche Anerkennung darf dieser Verwertungserlös mit maximal 90 % auf die Abschlusszahlung angerechnet werden.

1.4 Vorteile des Leasings

Leasing statt Eigentum

Die Grundidee des Leasings: die Nutzung eines Investitionsobjektes bringt Erträge, nicht das Eigentum daran. Dadurch entstehen viele Vorteile für den Leasingnehmer.

- **Kreditspielraum**
  Bestehende Kreditlinien und somit die Dispositionsfreiheit bei der Hausbank bleiben erhalten – der unternehmerische Spielraum kann erweitert werden. Dieser Vorteil gilt allerdings nur, wenn der Vertragspartner eine bankenunabhängige Leasinggesellschaft ist. Bei »Bankentöchtern« wird das Leasingvolumen dem Bankenengagement zugerechnet. Zudem schafft Leasing eine strategische Reserve, statt Eigenkapital in mobile Investitionen zu binden.

- **Liquiditätsvorteil**
  Leasing ist eine 100-prozentige objektbezogene Finanzierung. Die Liquidität bleibt erhalten, die für andere Vorhaben genutzt werden kann.
- **Nutzungskongruente Leasingdauer**
  Pay-as-you-earn
  Nach dem »Pay-as-you-earn-Prinzip« lassen sich die Leasingraten aus den erwirtschafteten Erträgen des Investitionsobjekts bezahlen. Dadurch wird der höchstmögliche Finanzierungseffekt erreicht
- **Kostentransparenz und Flexibilität**
  Feste Leasingraten
  Die Leasingraten werden über die gesamte Laufzeit fest vereinbart. Jegliche Auswirkungen von Veränderungen bei den Rahmenbedingungen wie z. B. Zinsschwankungen können ausgeschlossen werden. Die Wahl bei der Vertragsgestaltung für nicht linearer Ratenverläufe, ermöglicht die Optimierung des Erfolgsausweises in der Gewinn- und Verlustrechnung. Mit individuellen Vertragsgestaltungen, die der Wertentenwicklung des Objekts aber auch den spezifischen Bedürfnissen des Unternehmens gerecht werden, kann dem Investierenden eine optimale Finanzierungsform angeboten werden. Damit liegt eine klare Grundlage für die Planung der Kalkulation und somit auch des Ergebnisses vor.
- **Bilanzpolitik**
  Bilanzneutralität des Leasings
  Leasing ist bilanzneutral. Die Bilanzstruktur wird nicht unnötig mit Anlagevermögen und Dauerschulden belastet. Die Bilanzneutralität führt zu einer Verbesserung wichtiger Bilanzkennzahlen und wirkt sich positiv auf das Rating aus.
  Dieser Vorteil gilt allerdings nur nach deutschen Rechnungslegungsvorschriften. Bei der Bewertung von Leasinggeschäften nach den internationalen Standards IFRS und US-GAAP kann es je nach Klassifizierung des Leasingverhältnisses zu Verschiebungen des Bilanzbildes kommen.
- **Kostenvorteil**
  Vermeidung von Folgekosten
  Mit Leasing werden anfallende Folgekosten, z. B. Kreditnebenkosten, Eigenkapitalkosten, Gewerbesteuer, Verwaltungskosten und Gebühren verschiedener Art, die beim Kauf und/oder der Kreditfinanzierung anfallen, vermieden.
- **Serviceleistungen**
  Möglichkeit des Outsourcing
  Von Wartungsarbeiten über Versicherungsleistungen bis hin zum Full-Service-Vertrag reicht die Palette im Mobilienleasing, die zusätzlich angeboten werden kann. Somit hat der Leasingnehmer auch die Möglichkeit zum umfassenden Outsourcing vieler mit der Investition verbundenen Funktionen.

1.5 Praktisches Beispiel zur Bilanzstrukturoptimierung

Auswirkung des Leasings auf die Bilanz

Die Analyse, welche Effekte eine alternativ durch im Finanzierungsleasing oder kreditfinanzierten Kauf realisierte Investition auf die Bilanzstruktur eines Unternehmens hat, zeigt das nachfolgende praktische Beispiel. Im Vordergrund steht die Entwicklung der Eigenkapitalquote eines im Maschinenbau tätigen mittelständischen Unternehmens (siehe auch detaillierte Bilanz und Ertragsstruktur im Vorwort).

Das Unternehmen hat zum 01.01.2006 folgende Bilanzstruktur:

Aktivseite	**in €**	**Passivseite**	**in €**
A. Anlagevermögen		**A. Eigenkapital**	
I. Immaterielle Vermögensgegenstände	26.000	I. Gezeichnetes Kapital	440.000
II. Sachanlagen		IV. Gewinnvortrag	3.347.000
1. Grundstücke und Gebäude	3.371.000	V. Jahresüberschuss	147.000
2. Technische Anlagen und Maschinen	74.000		
3. andere Anlagen, BGA	222.000	**B. Rückstellungen**	863.000
III. Finanzanlagen	243.000	**C. Verbindlichkeiten**	
B. Umlaufvermögen		2. Verbindlichkeiten gg. Kreditinstitute	1.488.000
I. Vorräte	4.479.000	3. erhaltene Anzahlungen auf Bestellungen	4.470.000
II. Forderungen und sonstige Vermögensgegenstände		4. Verbindlichkeiten aus Lieferungen und Leistungen und sonstige Verbindlichkeiten	840.000
1. Forderungen aus Lieferungen und Leistungen	473.000		
4. sonstige Vermögensgegenstände	43.000		
IV. Kassenbestand, Guthaben bei Kreditinstituten	2.293.000		
C. Rechnungsabgrenzungsposten	371.000		
Bilanzsumme	**11.595.000**	**Bilanzsumme**	**11.595.000**

Berechnung der Eigenkapitalquote zum 01.01.2006:

$$\text{Eigenkapitalquote} = \frac{\text{Eigenkapital}}{\text{Gesamtkapital}} = \frac{(440.000\,€ + 3.347.000\,€ + 147.000\,€)}{11.595.000\,€} = 0{,}3393 = 33{,}93\,\%$$

Für das Geschäftsjahr 2006 steht folgende Investition an:

Das alte Bearbeitungszentrum aus dem Jahr 1997 wird durch ein neues CNC gesteuertes Bearbeitungszentrum ersetzt. Anschaffungskosten betragen netto 800.000 €, Lieferdatum ist in der ersten Januarwoche 2006.

Das alte Bearbeitungszentrum wird unter der Position »Technische Anlagen und Maschinen« mit einem Restbuchwert von 74.000 € bilanziert und gleichzeitig zu diesem Wert im Januar verkauft.

Der Unternehmer kann sich bei der Finanzierung zwischen den Alternativen Finanzierungsleasing oder einem Investitionskredit bei seiner Hausbank entscheiden.

1.5.1 Finanzierungsleasing

Das Bearbeitungszentrum wird über einen **Leasing-Teilamortisationsvertrag (TA)** finanziert.

Vertragsdaten:

- Anschaffungskosten: 800.000 €
- Laufzeit: 72 Monate
- Restwert: 10 %

Für die Leasingkalkulation werden die folgenden Annahmen getroffen:
- Zinssatz: 5 % für den Kapitaldienst
- Marge der Leasinggesellschaft: 2 %
- Abschreibungsdauer nach der amtlichen AfA Tabelle: 96 Monate

Hieraus ergibt sich:
- Leasingfaktor: 1,52 %
- Monatliche Leasingrate: 12.160 €, zuzüglich der gesetzlichen Umsatzsteuer
- Restwert: 80.000 €, zuzüglich der gesetzlichen Umsatzsteuer, fällig zum 31.12.2011

1.5.1.1 Auswirkung des Leasingvertrages auf den Jahresabschluss 2006

Das alte Bearbeitungszentrum geht zum Restbuchwert im Januar ab, dagegen steht der Verkauferlös in gleicher Höhe.

Da ein leasingerlasskonformer Vertrag vorliegt, muss das Objekt nicht bilanziert werden.

Ergebniswirksam werden die 12 Leasingraten = 145.920 € als Kosten verbucht.

Unter der Annahme, dass in 2006 keine sonstigen Geschäftsvorfälle gebucht werden, entwickelt sich die Bilanz folgendermaßen:

Jahresabschluss zum 31.12.2006 – Finanzierungsleasing:

Aktivseite	**in €**	**Passivseite**	**in €**
A. Anlagevermögen		**A. Eigenkapital**	
I. Immaterielle Vermögensgegenstände	26.000	I. Gezeichnetes Kapital	440.000
II. Sachanlagen		IV. Gewinnvortrag	3.494.000
1. Grundstücke und Gebäude	3.371.000	V. Jahresüberschuss	-145.920
2. Technische Anlagen und Maschinen	0		
3. andere Anlagen, BGA	222.000	**B. Rückstellungen**	863.000
III. Finanzanlagen	243.000	**C. Verbindlichkeiten**	
B. Umlaufvermögen		2. Verbindlichkeiten gg. Kreditinstitute	1.488.000
I. Vorräte	4.479.000	3. erhaltene Anzahlungen auf Bestellungen	4.470.000
II. Forderungen und sonstige Vermögensgegenstände		4. Verbindlichkeiten aus Lieferungen und Leistungen und sonstige Verbindlichkeiten	840.000
1. Forderungen aus Lieferungen und Leistungen	473.000		
4. sonstige Vermögensgegenstände	43.000		
IV. Kassenbestand, Guthaben bei Kreditinstituten	2.221.080		
C. Rechnungsabgrenzungsposten	371.000		
Bilanzsumme	**11.449.080**	**Bilanzsumme**	**11.449.080**

Berechnung der Eigenkapitalquote zum 31.12.2006:

$$\text{Eigenkapitalquote} = \frac{\text{Eigenkapital}}{\text{Gesamtkapital}} = \frac{(440.000\,€ + 3.494.000\,€ + \;\; 145.920\,€)}{11.449.080\,€} = 0{,}3309 = 33{,}09\,\%$$

Bilanzneutralität des Finanzierungs-Leasings

Die Finanzierungsalternative Leasing hat das zu bilanzierende Vermögen des Leasingnehmers nicht vermehrt. Weder im Anlagevermögen auf der Aktivaseite, noch auf der Passivaseite ergeben sich Veränderungen, sodass die Bilanzsumme konstant bleibt. Lediglich die gezahlten Leasingraten, die in voller Höhe als Aufwand in der Gewinn- und Verlustrechnung verrechnet werden, beeinflussen über den Jahresüberschuss das Eigenkapital und die Position Kassenbestand auf der Aktivseite.

Der Vorteil der Bilanzneutralität hat zur Folge, dass die Eigenkapitalquote des Unternehmens nahezu unverändert bleibt.

Diese »Off-Balance-Finanzierung« hat für den Leasingnehmer zudem noch den Vorteil, dass die Kreditwürdigkeit durch den Abschluss des Leasingvertrages nicht beeinträchtigt wird. Bestehende Kreditlinien bleiben erhalten, der Finanzierungsspielraum des Unternehmens wird erweitert und zusätzliche Investitionen können jederzeit getätigt werden.

1.5.1.2 Auswirkung des Leasingvertrages auf die Jahresabschlüsse 2007 bis 2010

Lediglich die zu zahlenden Leasingraten von jährlich 145.920 € haben Einfluss auf die nachfolgenden Jahresabschlüsse 2007 bis 2010. Das Anlagevermögen bleibt weiterhin unberührt, nur die Leasingraten, die von den erwirtschafteten Erträgen bestritten werden, beeinflussen als Kosten das Ergebnis (vgl. Kapitel 1.5.3).

1.5.1.3 Auswirkungen des Leasingvertrages auf den Jahresabschluss 2011

Möglichkeiten der Weiterbehandlung des Vertragsverhältnisses

Wie in den vorangegangenen Jahren zahlt der Leasingnehmer für die Monate Januar – Dezember die Leasingrate. Je nach Vertragsgestaltung beim Abschluss des Teilamortisationsvertrages können im Dezember 2011 verschiedene Möglichkeiten der Weiterbehandlung des Vertragsverhältnisses in Frage kommen:

- Die Leasinggesellschaft macht von ihrem Andienungsrecht Gebrauch und dient das Bearbeitungszentrum zum Restwert 80.000 € an. Der Leasingnehmer kauft und aktiviert das Investitionsobjekt und schreibt es auf die Restnutzungsdauer über 24 Monate ab.
- Die Leasinggesellschaft verkauft das Bearbeitungszentrum und beteiligt den Leasingnehmer am Mehrerlös. Bei einer Lücke zur Vollamortisation muss der Mindererlös vom Leasingnehmer an die Leasinggesellschaft gezahlt werden.
- Es ist auch möglich, dass die Leasinggesellschaft dem Leasingnehmer einen Verlängerungsvertrag über den Restwert von 80.000 € anbietet. Dieser kann als Teilamortisationsvertrag abgeschlossen werden:
  - Anschaffungskosten: 80.000 €
  - Laufzeit: 12 Monate
  - Restwert: 10 %
  - Zinssatz: 5 % für den Kapitaldienst

  Hieraus ergeben sich folgende Werte:
  - Leasingfaktor: 7,88 %
  - Monatliche Leasingrate: 6.307.76 €, zuzüglich der gesetzlichen Umsatzsteuer
  - Restwert: 8.000 €, zuzüglich der gesetzlichen Umsatzsteuer, fällig zum 31.12.2011

Wie bei dem Ursprungsvertrag würde der Verlängerungsvertrag keinen Einfluss auf das Anlagevermögen des Leasingnehmers haben. Nach Ablauf der Verlängerung über zwölf Monate kann die Leasinggesellschaft das Bearbeitungszentrum dem Leasingnehmer für 8.000 € zum Kauf anbieten. Das Investitionsobjekt wird somit beim Nutzer, dann neuer Eigentümer mit 1 % der ursprünglichen Anschaffungskosten aktiviert und abgeschrieben.

1.5.2 Investitionskreditfinanzierung

Die Alternative zum Finanzierungsleasing: der Kredit!

Das Bearbeitungszentrum wird über einen **Investitionskredit** bei der Hausbank finanziert.

Vertragsdaten des Darlehens

- Darlehensbetrag: 800.000 €
- Laufzeit: 96 Monate
- Zinssatz: 5 %

Hieraus ergibt sich:

- Annuität: 10.128 €/Monat = 121.536 € jährlich (davon Tilgungsanteil: 83.430 € und Zinsaufwand: 38.106 € für 2006)
- Abschreibung: 100.000 €, lineare Methode (Abschreibungsdauer nach der amtlichen AfA-Tabelle: 96 Monate)
- Gewerbesteuerbelastung aus Dauerschuldzinsen = 3.620 € (angenommener Hebesatz 380 %)

1.5.2.1 Auswirkungen des Investitionskredites auf den Jahresabschluss 2006

Auswirkung des Kredits auf die Bilanz

Das alte Bearbeitungszentrum geht zum Restwert im Januar ab, dagegen steht der Verkaufserlös in gleicher Höhe.

Das Objekt wird mit 800.000 € im Januar 2006 aktiviert, wobei es zum Jahresende nach Abzug von 100.000 € Abschreibung mit einem Restbuchwert von 700.000 € in den Büchern steht. Dagegen steht das Darlehen auf der Passiva nach Abzug der Tilgungen von 716.570 €.

Ergebniswirksam wird die Abschreibung 100.000 €, sowie die Zinsen für das Darlehen 38.105 € gebucht.

Des Weiteren wird das Ergebnis mit Gewerbesteuer von 3.620 € für die gewerbesteuerlichen Dauerschuldzinsen aus dem Darlehen belastet.

Unter der Annahme, dass in 2006 keine sonstigen Geschäftsvorfälle gebucht werden, entwickelt sich die Bilanz folgendermaßen:

Jahresabschluss zum 31.12.2006 – Investitionskredit:

Aktivseite	in €	Passivseite	in €
A. Anlagevermögen		**A. Eigenkapital**	
I. Immaterielle Vermögensgegenstände	26.000	I. Gezeichnetes Kapital	440.000
II. Sachanlagen		IV. Gewinnvortrag	3.494.000
1. Grundstücke und Gebäude	3.371.000	V. Jahresüberschuss	-141.725
2. Technische Anlagen und Maschinen	700.000		
3. andere Anlagen, BGA	222.000	**B. Rückstellungen**	863.000
III. Finanzanlagen	243.000	**C. Verbindlichkeiten**	
B. Umlaufvermögen		2. Verbindlichkeiten gg. Kreditinstitute	2.204.570
I. Vorräte	4.479.000	3. erhaltene Anzahlungen auf Bestellungen	4.470.000
II. Forderungen und sonstige Vermögensgegenstände		4. Verbindlichkeiten aus Lieferungen und Leistungen und sonstige Verbindlichkeiten	840.000
1. Forderungen aus Lieferungen und Leistungen	473.000		
4. sonstige Vermögensgegenstände	43.000		
IV. Kassenbestand, Guthaben bei Kreditinstituten	2.241.845		
C. Rechnungsabgrenzungsposten	371.000		
Bilanzsumme	**12.169.845**	**Bilanzsumme**	**12.169.845**

Berechnung der Eigenkapitalquote zum 31.12.2006:

$$\text{Eigenkapitalquote} = \frac{\text{Eigenkapital}}{\text{Gesamtkapital}} = \frac{(440.000\,€ + 3.494.000\,€ + 141.725\,€)}{12.169.845\,€} = 0{,}3116 = 31{,}16\,\%$$

Erhöhung der Bilanzsumme beim Investitionskredit

Unter der Zugrundelegung der gleichen Prämissen wie bei einer Leasingfinanzierung ist ersichtlich, dass bei Finanzierung von Anlagevermögen die Bilanzsumme größer wird und somit die Eigenkapitalquote sinkt.

Um die Vergleichbarkeit zu gewährleisten, wurde eine 100 %-Finanzierung angenommen. Die Banken können allerdings in der Praxis den Einsatz von Eigenmitteln von 20 %–40 % der Anschaffungskosten fordern. Dies wirkt sich dann natürlich wiederum auf die Liquidität aus.

1.5.3 Entwicklung der Finanzierungsalternativen Finanzierungsleasing und Kredit

Nachfolgende Zusammenfassung zeigt alle relevanten Größen beider Finanzierungsalternativen von 2006–2012.

	Leasing (€)		Investitionskredit (€)						
Jahr	Leasing-raten	Restwert	Darlehen	Annuität	Tilgung	Zins	Gewerbe-steuer-belasung	Aktiviertes Objekt/RBW	Abschrei-bung
	Summe				Summe	Summe	Summe		Summe
			800.000					800.000	
2006	145.920		716.570	121.536	83.430	38.106	3.620,07	700.000	100.000
2007	145.920		628.871	121.536	87.699	33.836	3.214,42	600.000	100.000
2008	145.920		536.687	121.536	92.184	29.351	2.788,35	500.000	100.000
2009	145.920		439.783	121.536	96.904	24.632	2.340,04	400.000	100.000
2010	145.920		337.925	121.536	101.858	19.677	1.869,32	300.000	100.000
2011	145.920	80.000	230.854	121.536	107.071	14.464	1.374,08	200.000	100.000
2012			118.307	121.536	112.547	8.988	853,86	100.000	100.000
2013			0	121.536	118.307	3.228	306,66	0	100.000
	875.520	80.000		972.288	800.000	172.282	16.366,79		800.000

1.5.4 Auswirkung der Finanzierungsalternativen auf Bilanzkennzahlen

Verbesserung wichtiger Bilanzkennziffern

Außer der Eigenkapitalquote verbessern sich ebenfalls durch den Einsatz des bilanzneutralen Leasings gegenüber einer fremdfinanzierten und bilanzwirksamen Investition noch andere wichtige Bilanzkennziffern.

	Finanzierungsleasing	Kredit	+/./.
$\text{Deckungsgrad} = \dfrac{\text{Eigenkapital} \times 100}{\text{Anlagevermögen}}$	105,45 %	88,34 %	./. 17,11 %
$\text{Anspannungskoeffizient} = \dfrac{\text{Fremdkapital} \times 100}{\text{Bilanzsumme}}$	59,37 %	61,75 %	+ 2,38 %
$\text{Verschuldungsgrad} = \dfrac{\text{Fremdkapital} \times 100}{\text{Eigenkapital}}$	179,43 %	198,15 %	+ 18,72 %
$\text{Anlageintensität} = \dfrac{\text{Anlagevermögen} \times 100}{\text{Bilanzsumme}}$	31,38 %	35,28 %	+ 3,90 %

1.6 Sonderform: Sale-and-lease-back-Vertrag

Gerne angedacht – aber schwer zu realisieren: der SLB Vertrag

Der Sale-and-lease-back-Vertrag (SLB) verkörpert kein eigenständiges Leasing-Vertragsmodell. Er ist vielmehr eine besondere Abwicklungsform des Leasinggeschäftes. Der zukünftige Leasingnehmer verkauft hierbei einen bisher in seinem Eigentum befindlichen Gegenstand an den Leasinggeber, der diesen wiederum an den Verkäufer verleast. Dies kann auf Mobilien aus dem Anlagevermögen aber auch auf Immobilien zutreffen.

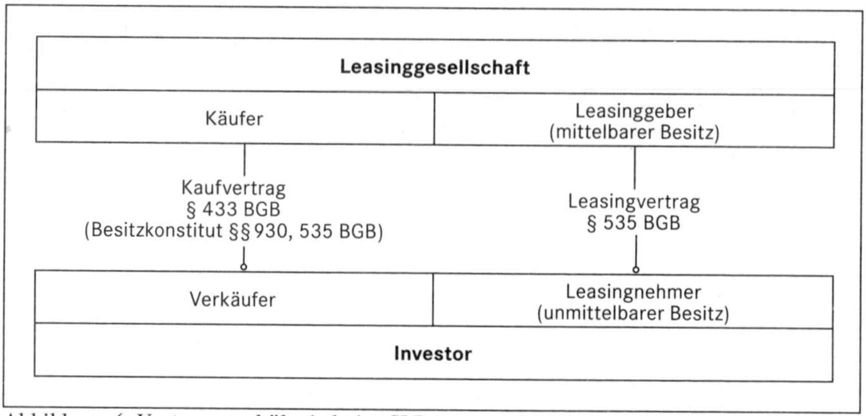

Abbildung 6: Vertragsverhältnis beim SLB

SLB-Geschäfte werden von der Leasinggesellschaft im Vorfeld sorgfältig überprüft, da sie natürlich ein sehr hohes Sicherungsbedürfnis beim Kauf gebrauchter Objekte hat. Zudem steht die Motivation des Leasingnehmers für ein SLB im Vordergrund. Es wird immer die Frage zu beantworten sein, ob dieser seine Bilanzrelationen optimieren oder »Sanierungsleasing« betreiben will.

1.6.1 Motive für einen Sale-and-lease-back-Vertrag

Liquiditätsbeschaffung mit SLB

In der Regel will der Unternehmer mit SLB **Liquidität** beschaffen. Durch den Verkauf einer Maschine aus dem Anlagevermögen wird investiertes Kapital freigesetzt, ohne dass das Objekt abgeht. Der Nutzen bleibt bestehen – das Objekt kann weiter im Produktionsprozess Geld verdienen. Mit dem freigesetzten Kapital können teuere kurzfristige Bankkredite oder andere Verbindlichkeiten bedient werden. Aber auch für Neuinvestitionen kann die neu gewonnene Liquidität dienen.

Gewinnrealisierung mit SLB

Ein ähnliches Motiv liegt mit der **Gewinnrealisierung** bei Verkauf von Anlagevermögen über dem Buchwert vor. Je nach Abschreibungspolitik und Werthaltigkeit der Maschinen, werden erhebliche stille Reserven über ein SLB-Geschäft aufgedeckt. Auf diese Weise wird wieder Liquidität beschafft, aber auch eine Ergebnisverbesserung kann verbucht werden, um eventuell verfallende Verlustvorträge auszunutzen

Die Liquiditätsschöpfung durch den Verkauf von Anlagevermögen und die damit einhergehende Hebung stiller Reserven macht nur dann Sinn, wenn der Verkaufserlös durch die Nutzung von Verlustvorträgen nicht wesentlich durch die Ertragsbesteuerung abgeschöpft wird. Erst dann wirkt sich die Verringerung des bilanziellen Anlagevermögens positiv auf die relevanten Bilanzkennziffern aus.

Steuer- und Bilanzpolitik mit SLB

SLB ist aus der Sicht des Leasinggebers praktizierbar, wenn **Steuer- und Bilanzpolitik** als Motive angeführt werden. Durch den Einsatz der gewonnenen Liquidität für Schuldenabbau nehmen Aktiva und Passiva ab. Diese Bilanzverkürzung kann durchaus gewollt sein, um über die Größenklassenmerkmale für Kapitalgesellschaften in andere Rechnungslegungs- und Offenlegungspflichten zu fallen.

Wird das durch SLB-Geschäfte verbesserte Ergebnis in die Rücklagen gebucht, wird dadurch die Bilanzstruktur durch die höhere Eigenkapitalquote deutlich verbessert.

Liegen die Motive für SLB allerdings nur in der Liquiditätsbeschaffung, bzw. Gewinnrealisierung ohne bestehenden Verlustvortrag, wird eine seriöse Leasinggesellschaft ein SLB-Geschäft grundsätzlich ablehnen.

Unabhängig von der Wahl des Motivs für SLB muss der Verkäufer/Leasingnehmer sich über die Folgeauswirkungen klar sein. SLB kostet Geld und wird in Zukunft durch die Zahlung der Leasingraten das Ergebnis weiterhin verschlechtern.

1.6.2 Die Abwicklung eines Sale-and-lease-back-Vertrages

Zwei Verträge beim SLB-Geschäft

Beim SLB-Geschäft müssen zwei Verträge abgeschlossen werden: Kaufvertrag und Leasingvertrag. Nach § 930 BGB wird ein Besitzkonstitut in Form eines Leasingvertrages vereinbart. Zwischen Leasingnehmer und Leasinggeber findet keine Übergabe des Objektes statt – der Leasinggeber kann also nach BGB kein gutgläubiges Eigentum erwerben (§ 933 BGB), denn er wird nie unmittelbarer Besitzer. Er ist daher zu besonderer Vorsicht veranlasst.

Risiken des SLB-Geschäftes

Der Leasingnehmer könnte nicht existierende Objekte einer Leasinggesellschaft verkaufen und mit gefälschten Rechnungsbelegen das Eigentum nachweisen.

Aber auch ein Mehrfachverkauf von Objekten an unterschiedliche Leasinggesellschaften wäre möglich.

Des Weiteren könnte ein Leasingnehmer Anlagevermögen verkaufen, das er unter Eigentumsvorbehalt gekauft, aber noch nicht bezahlt hat.

Deswegen erfordert es von einer Leasinggesellschaft besondere Sorgfalt bei der Prüfung der Rahmenbedingungen zur Abwicklung eines SLB-Geschäfts.

Mindestanforderungen sind deshalb die Vorlage des Verkäufers von Originalrechnung und den Nachweis der Begleichung der Rechnung gegenüber dem Lieferanten.

Ist eine Bank infolge einer Sicherungsübereignung Eigentümer von Anlagevermögen, dann muss diese als Dritte (§ 267 BGB) die Übereignung vornehmen. Ein weiteres Problem im Vorfeld eines SLB-Geschäftes stellt die lastenfreie Übereignung von Gegenständen dar. Oft können diese durch ein Vermieterpfandrecht (§ 559 BGB) belastet sein. Die Leasinggegenstände verbleiben normalerweise nach der SLB-Transaktion in den Räumen des Leasingnehmers. Nach § 560 BGB erlischt dabei das Vermieterpfandrecht nicht automatisch. In diesem Fall wird sich die Leasinggesellschaft eine Freistellungserklärung des Vermieters/Grundstückseigentümers und eine Freistellungsverpflichtung des Leasingnehmers geben lassen.

Es wird ersichtlich, dass ein SLB-Geschäft immer hinsichtlich Objekt und lastenfreier Übergang untersucht werden muss. Da für die Leasingeselischaft immer noch ein Restrisiko verbleibt, wird eine seriöse Gesellschaft ein solches Geschäft nur mit bonitätsstarken und erstklassigen Kunden abschließen.

1.6.2.1 Preisfindung

Die Ermittlung des Kaufpreises des von der Leasinggesellschaft zu erwerbenden Gegenstandes kann sich als problematisch erweisen. Die Leasinggesellschaft wird sich am Restbuchwert oder bei bereits abgeschriebenen bzw. generalüberholten Maschinen am Verkehrswert orientieren. Bei größeren Maschinen werden hierfür Wertgutachten von unabhängigen Sachverständigen eingeholt.

Für die Leasinggesellschaft stellt der Verkehrswert die Preisobergrenze dar. Um das eigene Risiko zu minimieren, werden in der Regel keine 100 % finanziert, oder eine Mietsonderzahlung am Anfang der Grundmietzeit vereinbart.

1.6.3 Steuerrechtliche Besonderheiten

Steuerliche Anerkennung der SLB-Verträge

Grundsätzlich sind SLB-Verträge als Finanzierungsleasingverträge steuerlich anerkannt.

Da die Investitionsobjekte schon einen großen Teil der betriebsgewöhnlichen Nutzungsdauer im Eigentum des Leasingnehmers waren, sind die steuerlichen Zeitgrenzen nach der amtlichen AfA-Tabelle einzuhalten. Die Restnutzungsdauer zum Abschlusszeitpunkt des Leasingvertrages muss mindestens 40 % der gesamten Nutzungsdauer, der Restwert nach Ablauf des Leasingvertrages muss mindestens 10 % des ursprünglichen Wertes (Anschaffungskosten) betragen.

Der Verkäufer/Leasingnehmer kann das Objekt natürlich auch unter Restbuchwert verkaufen, um einen steuerlich wirksamen Verlust zu realisieren. Bei dem Verkauf unter Wert macht der Leasingnehmer unter Umständen einen geringeren Verlust, da die kalkulierten Leasingraten entsprechend niedriger ausfallen als bei dem höheren Kaufpreis. Demgegenüber kann der realisierte Verlust im Jahr des SLB-Geschäftes sofort zu einem wirksamen Vorteil führen.

1.7 Schlussbetrachtung

Zukunftslösung Leasing

Steuerlich anerkanntes Finanzierungsleasing ist für den Leasingnehmer im Gegensatz zur Darlehensfinanzierung bilanzneutral. Das von der Leasinggesellschaft aktivierte Objekt erscheint nicht auf der Aktivseite des Leasingnehmers und entsprechend wird auf der Passivseite kein Fremdkapitalbetrag passiviert.

Bilanzpolitische Vorteile

Eine geringere Bilanzsumme führt zu einer Erhöhung aller wichtigen Leistungskennzahlen der Bilanzanalyse, insbesondere die der Eigenkapitalquote. Dies wird eine positive Wirkung auf das Rating haben. In diesem Zusammenhang darf allerdings nicht verschwiegen werden, dass Banken dazu übergehen, bei der Kreditvergabe nicht nur die Bilanzrelationen, sondern auch die allgemeine Ertragskraft und Gesamtverschuldung des Unternehmens zu untersuchen. Leasingverträge werden dann im Rahmen einer »als-ob-Betrachtung« in die Bilanz eingerechnet. Mittelgroße und große Kapitalgesellschaften müssen zudem nach § 285 Nr. 3 HGB im Anhang der Bilanz den Gesamtbetrag der zukünftigen Leasingraten und Restwerte als sonstige finanzielle Verpflichtungen angeben, da diese Angabe für die Beurteilung der Finanzlage von Bedeutung ist.

Marktmacht der Leasinggesellschaft

Über die bilanzpolitischen Vorteile hinaus, sind die potentiellen Marktkenntnisse und Macht der Leasinggesellschaften nicht zu unterschätzen. Als Großkunde kann eine Leasinggesellschaft oft niedrigere Einkaufspreise durchsetzen. Zudem können Leasinggesellschaften bei ihren Refinanzierungen bessere Zinskonditionen durchsetzen als mittelständische Unternehmen für ihre Investitionskredite.

Für die Leasinggesellschaft stellt das Motiv, das einen Leasingnehmer veranlasst, ein Sale-and-lease-back-Geschäft abzuschließen, das wichtigste Kriterium für die Engagementbeurteilung dar. Der Versuch durch den Verkauf von Anlagevermögen eine drohende Illiquidität abzuwenden, trifft auf Grund der elementaren Bonitätsanforderungen auf die Absage der Leasinggesellschaft.

Grundsätzlich kann es Sinn machen, gebundene stille Reserven des Anlagevermögens aufzulösen. Allerdings ist hierbei immer zu überprüfen, ob über den Veräußerungserlös ein positives Bilanzergebnis erzielt wird, das Steuerzahlungspflicht auslöst und dann die Liquidität zu Lasten der Rentabilität geht.

Die dargestellten Finanzierungsmöglichkeiten Finanzierungsleasing und Investitionskredit schließen sich nicht gegenseitig aus, sondern sie verfolgen teilweise unterschiedliche Zielrichtungen. Letztlich muss jeder Unternehmer entscheiden, welche Finanzierung für seine Strategie optimal ist.

Literatur

Bender, H. J.: Kompakt-Training Leasing, Braunschweig 2000
Deutscher Sparkassen- und Giroverband: Diagnose Mittelstand 2005
Hoppenstedt, D. H.: Fit for Business in: Pro Firma, Das Magazin für den innovativen Mittelstand, November 2005
Kratzer, J.: Leasing Kompakt, Ein Leitfaden für Banker, Köln 2005
Kratzer, J./Kreuzmair, B.: Leasing in Theorie und Praxis, Leitfaden für Anbieter und Anwender, 2. Aufl., Gabler Fachverlag GmbH, Wiesbaden 2002
Westphalen, F. Graf von: Der Leasingvertrag, 5. Aufl., Köln 1998
Zantow, R.: Finanzierung, Die Grundlagen modernen Finanzmanagements, München 2004

2 Bilanzoptimierung durch Forderungsverkauf (Factoring)

2.1 Ausgangssituation

Problem: Schaffung einer anhaltenden Liquidität

Im Zuge der sinkenden Zahlungsmoral in Deutschland, des immer schärfer werdenden Wettbewerbes und der zunehmenden Globalisierung stehen immer mehr kleine und mittlere Unternehmen vor einem existenzbedrohenden Problem: Wie kann, gerade auch unter Berücksichtigung der von den Geschäftsbanken anzuwendenden Eigenkapital- und Bonitätsrichtlinien gemäß Basel II-Abkommen, eine zuverlässige und anhaltende Liquidität geschaffen werden, die das Fortbestehen und Wachstum des Gesellschaft nachhaltig sichert.

Vielfach unterschätzen gerade kleine Betriebe eine Bilanzposition, die, wenn sie sich in die falsche Richtung entwickelt, zu einer tickenden Zeitbombe werden kann: Die auf der Aktivseite ausgewiesenen Forderungen aus Lieferung und Leistung, die oftmals einen unverhältnismäßig hohen Anteil des Vermögenswertes ausmachen.

Während größere Firmen in der Regel eine Mahn- und Rechtsabteilung haben, die sich um die offenen Posten kümmert, ist dies bei dem Mittelständler mit kleineren Umsatzgrößen aus Kostengründen nicht darstellbar.

Häufig uneffektives Mahnwesen

Folgende Beweggründe führen oftmals zu einem unzureichenden und uneffektiven Mahnwesen:

1. Bei vielen inhabergeführten Unternehmen, gerade auch im ländlichen Bereich, spielt der persönliche Kontakt zu den Kunden eine äußerst wichtige Rolle, der sich aber bei der Einforderung der offenen Posten als äußerst hinderlich erweisen kann. Einen Bekannten oder Freund aus dem Umkreis, der möglicherweise Vereinskamerad ist, fragt man ungern, wann denn nun endlich die längst überfälligen Rechnungen bezahlt werden.
2. In kleinen Familienunternehmen liegt die Buchhaltung in der Verantwortung der Ehefrau des Inhabers, die häufig nur halbtags arbeitet, weil sie noch andere, familiäre Verpflichtungen hat. Darum wird dann gemahnt, wenn Zeit ist, denn andere Dinge sind in dem Moment wichtiger und unaufschiebbarer.
3. Oftmals sind solche Betriebe als Zulieferer oder Dienstleister an einige wenige Großkunden gebunden, die sich wiederum bei ihren Einkaufsbedingungen lange Forderungslaufzeiten einräumen und die AGB der Lieferanten nicht akzeptieren. Hier entsteht sehr schnell eine Abhängigkeit, die auch dazu führt, dass man selbst bei Zielüberschreitung nicht wagt, diesen vermeidlich unantastbaren Debitoren zu mahnen.
4. Die Öffnung der europäischen Märkte führt zunehmend zu Auslandsaktivitäten. Die Risiken der gerade in südeuropäischen Ländern üblichen Forderungslaufzeiten von 60–90 Tagen werden häufig unterschätzt. Gleichzeitig gibt es sprachliche Barrieren bei der Durchsetzung der Ansprüche aus fälligen Forderungen. Auf die unterschiedliche Rechtsprechung wird in der Regel überhaupt nicht geachtet.

2.2 Lösungsansätze

Möglichkeiten der Liquiditätsausstattung mittelständischer Unternehmer

Welche Möglichkeiten stehen nun diesem mittelständischen Unternehmer zur Verfügung, seine Firma auf gesunde Füße zu stellen und mit der notwendigen Liquidität auszustatten?

- **Leasing:** Gebrauchsüberlassung eines Investitionsgutes auf Zeit. Hier wird gebundenes Kapital, in der Regel des Anlagevermögens, freigesetzt. Vgl. Kapitel 1.
- **Forfaitierung:** Auf längeren Zeitraum ausgerichteter Ankauf von Einzelforderungen, ursprünglich im Außenhandelsbereich, gegen entsprechende Sicherheiten; der Forderungskäufer übernimmt die Finanzierung und das Forderungsausfallrisiko (à forfait = in Bausch und Bogen). Die Kosten der Forfaitierung sind recht hoch.
- **Asset Backed Securities (ABS):** Forderungsverkauf an speziell zu diesem Zwecke gegründete Finanzierungs-(Einzweck-)gesellschaften, die sich auf dem Kapitalmarkt durch Ausgabe von Wertpapieren finanziert. ABS-Programme eignen sich aber nur für Umsatzgrößen ab 10 Mio. € und sind mit hohen Anlaufkosten verbunden.
- **Zentralregulierung mit Delkredereübernahme:** Gebündelter Rechnungsausgleich an den Vertragslieferanten durch den Regulierer. Durch das Erreichen längerer Zahlungsziele und die Übernahme des Mahnwesens wird die Liquidität verbessert.
- **Factoring:** Lösungsansatz für mittelständische Unternehmen; hierauf wird in dem nachfolgenden Kapitel intensiv eingegangen.
- **Mezzanine Finanzierungsform:** Mezzanine = it.: Zwischengeschoss; Mischform zwischen Eigenkapital- und Fremdkapitalbeschaffung. Erscheinungsformen sind z. B. die stille Beteiligung, Genussscheine, Wandeloptionsanteile.

2.3 Factoring

Factoring als effektives Refinanzierungsinstrument

Neben den zuvor genannten Möglichkeiten entwickelt sich die Finanzierungsform des Factoring immer mehr als effektives Refinanzierungsinstrumentarium, das viele Komponenten im Bereich Liquiditätsbeschaffung und Forderungsmanagement eines Unternehmens in sich vereint.

2.3.1 Entstehungsgeschichte und Entwicklung

»Factoring Houses«

Schon im 18. Jahrhundert ist Factoring (lat. facere = machen, tun) in seiner ursprünglichen Form bekannt. Lieferanten hatten bereits zu dieser Zeit die Möglichkeit, ihre Forderungen aus Warenlieferung oder Dienstleistung an einen solventen Dritten zu verkaufen, der dann den Kaufpreis bevorschusst.

Im Laufe der Jahre entstanden dann in Nordamerika vorrangig in der Textilbranche so genannte »Factoring Houses«, die zusätzlich zu der Vorfinanzierung auch das Ausfallrisiko übernahmen.

Die Mittelrheinische Kreditbank Dr. Horbach & Co. KG in Mainz bot erstmalig im Jahr 1958 Factoringleistungen in Deutschland an.

Im Jahr 1962 betrugen die Factoringumsätze nur umgerechnet ca. 150 Mio. €, 1977 bereits 2 Mrd. €.

In den letzten Jahren verzeichnete Factoring gerade in Deutschland immer stärkere Zuwächse, die die weltweiten Steigerungsraten noch übertreffen.

Starke Zuwächse des Factoring in Deutschland

Jahr	Umsatz Deutschland in Mrd. €	Umsatz weltweit in Mrd. €
2001	29	690
2002	30	725
2003	35	762
2004	45	860

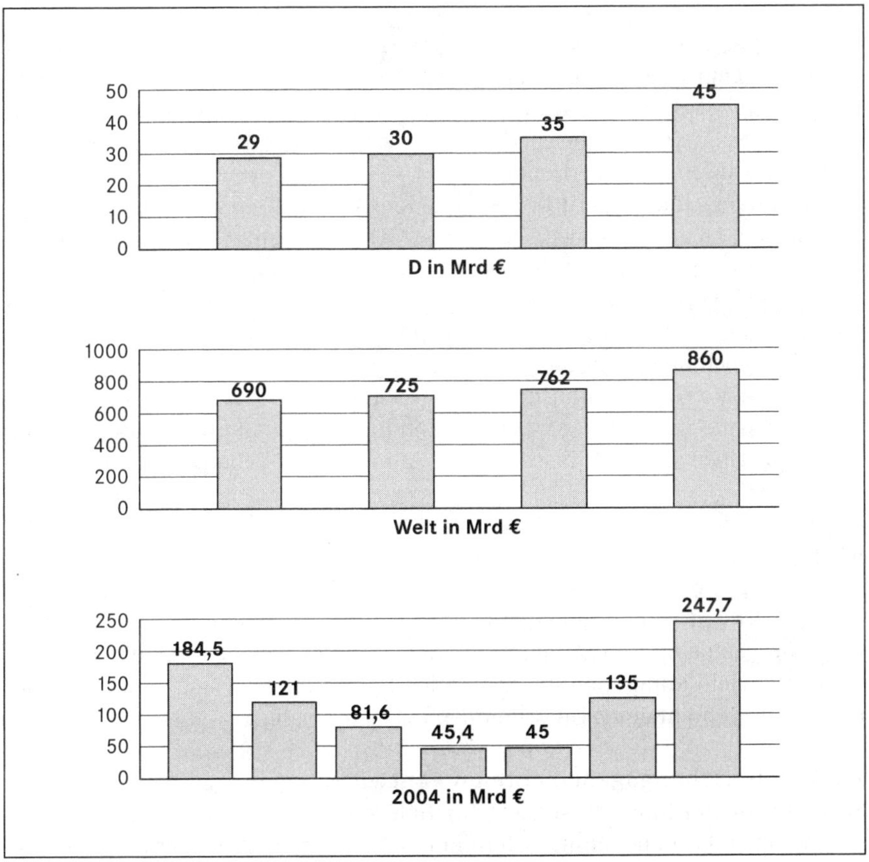

Abbildung 7: Entwicklung des Factorings 2001 – 2004

Eine ganz wesentliche, positive Entwicklung zeichnet sich im Jahr 1994 ab, als mit § 354a HGB das Abtretungsverbot aufgehoben wurde. Dieses zuvor bestehende Verbot stellte eine sehr hohe Hürde für das Factoring dar, denn der Schuldner konnte dem Gläubiger den Verkauf der Forderung untersagen. Seither können Forderungen abgetreten werden, obwohl die Allgemeinen Geschäftsbedingungen ein Verbot beinhalten.

Einer der Hauptgründe, warum Factoring in anderen Ländern viel stärker genutzt wird als in Deutschland, ist die Tatsache, dass zum Beispiel in England, Frankreich, Italien und Spanien vielfach Zahlungsziele bis zu 90 Tagen eingeräumt werden.

Die derzeitige durchschnittliche Zahlungsdauer betrug im Jahr 2005 in:

- Europäische Union: 55 Tage
- Italien: 83 Tage
- Deutschland: 36 Tage

Hinzu kommt, dass die gesetzlichen Bestimmungen für das Factoring in Deutschland wesentlich strenger sind als in anderen europäischen Ländern.

2.3.2 Definition und Formen des Factoring

2.3.2.1 Definition Factoring

Factoring = fortlaufender Ankauf kurzfristiger Forderungen

Factoring ist der fortlaufende Ankauf von kurzfristigen, neu entstehenden Forderungen aus voll umfänglich erbrachter und einredefreier Warenlieferung und/oder Dienstleistung.

Die Lieferung oder Leistung erfolgt von gewerblich tätigen Lieferanten oder Händlern an gewerbliche Abnehmer (sog. B2B-Geschäftsbeziehung). Bei dem Endkunden sollte es sich in der Regel um Mehrfachabnehmer handeln, nicht aber um Privatpersonen oder Arbeitsgemeinschaften (ARGE), die sich nur zum Zwecke der Abwicklung eines einzigen Projektes zusammengetan haben. Diese Form findet man häufiger im Baugewerbe.

Neben der Finanzierung übernimmt die Factoringgesellschaft auch die Risikoabsicherung und das Debitorenmanagement einschließlich Mahn- und Inkassowesen.

2.3.2.2 Formen des Factoring

Factoringformen

2.3.2.2.1 Echtes Factoring – Factoring mit Delkredereübernahme

Der fortlaufende Ankauf von Forderungen aus Lieferung und Leistung i. S. v. Kap. 2.3.2.1 **mit** Übernahme des Forderungsausfall-(Delkredere-)risikos wird als echtes Factoring bezeichnet.

2.3.2.2.2 Unechtes Factoring – Factoring ohne Delkredereübernahme

Der fortlaufende Ankauf von Forderungen aus Lieferung und Leistung i. S. v. Kap. 2.1 **ohne** Übernahme des Forderungsausfallrisikos wird als unechtes Factoring bezeichnet.

2.3.2.2.3 Honorarfactoring

Den fortlaufenden Ankauf von Forderungen aus Leistungen der Freiberufler nennt man Honorarfactoring. Als nicht abtretbar gelten aus Gründen des Datenschutzes die Honorare von Ärzten, Steuerberatern und Wirtschaftsprüfern (OLG Köln 27 U 76/90), wobei die ärztlichen Verrechnungsstellen den Factoringgesellschaft in ihrer Abwicklung sehr ähneln.

2.3.2.2.4 Inhouse-Factoring, auch Bulk-Factoring genannt

Kunde nutzt nur Finanzierung und Risikoabsicherung

Der fortlaufende Ankauf von Forderungen aus Lieferung und Leistung, wobei der Factoringkunde (auch Anschlusskunde genannt) nur die Finanzierung und Risikoabsicherung nutzt wird als Inhouse-Factoring bezeichnet. Er übernimmt allerdings treuhänderisch für den Factor Dienstleistungen wie Debitorenbuchhaltung, Mahn- und Inkassowesen. Der Factor stimmt dieser Variante aber nur dann zu, wenn er sicher sein kann, dass der Factoringkunde ein gut funktionierendes Debitorenmanagement besitzt. Das Risiko des Inhouse-Factoring liegt für den Factor darin, dass er wenig Einfluss auf das Mahnwesen seines Kunden hat und darum hierfür verstärkte Kontrollmechanismen vorsehen muss.

2.3.2.2.5 Maturity-(Fälligkeits-)Factoring

Keine Forderungsfinanzierung durch Factor

Beim Maturity-Factoring übernimmt der Factor das Delkredererisiko und Debitorenmanagement, aber **nicht die Forderungsfinanzierung**. Er zahlt erst nach Ausgleich der Forderung durch den Debitor oder nach Erreichen der Fälligkeit.

2.3.2.2.6 Offenes Factoring

Information der Debitoren

Beim offenen Factoring werden die Debitoren – Kunden des Lieferanten- mit dem zeitlichen Beginn des Factoringvertrages über die künftige Zusammenarbeit des Lieferanten mit dem Factor informiert; dieser tritt auch offen als Refinanzierer auf den angekauften Rechnungen auf.

2.3.2.2.7 Stilles Factoring

Keine Information der Debitoren

Im Gegensatz zum offenen Factoring werden die Debitoren beim stillen Factoring nicht über die Zusammenarbeit zwischen Factor und Lieferant informiert. Diese Form schließt in der Regel die Delkrederehaftung aus.

2.3.2.2.8 Passivfactoring

Vertragsgegenstand: Warenverbindlichkeiten

Gegenstand des Vertrages sind hier die Warenverbindlichkeiten des Factoringkunden. Der Factor garantiert dem Lieferanten seines Kunden die Zahlung der Rechnung und zahlt diese unter Ausnutzung der höchsten Skonti. Im Gegenzug verzichtet der Vorlieferant generell auf einen Eigentumsvorbehalt.

2.3.2.2.9 Standardfactoring

Standard-Factoring = Full-Service-Factoring

Hierbei werden vom Factor im Rahmen des echten Factoring alle Leistungen erbracht, die in Zusammenhang mit der Abwicklung der abgetretenen Forderungen stehen: Refinanzierung, komplette Risikoabsicherung und Debitorenmanagement. Man nennt diese Form deshalb auch Full-Service-Factoring.

In Deutschland findet überwiegend das offene und echte Factoring Anwendung.

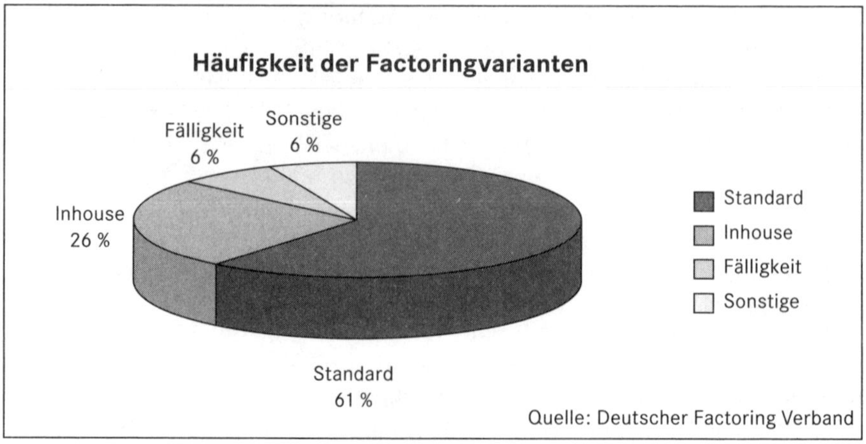

Abbildung 8: Häufigkeit der Factoringvarianten

2.3.3 Funktionen des Factoring

Die klassischen Funktionen des Factoring bestehen aus:

- Liquiditätsbeschaffung,
- Sicherheitsfunktion,
- Service (Debitorenmanagement, Inkasso etc.).

2.3.3.1 Liquiditätsbeschaffung

Sinn und Zweck des Factoring ist es, dass der Unternehmer durch den Verkauf seiner Forderungen an einen Factor in der Lage ist, aufgrund der Bevorschussung der Rechnungsbeträge schnell seinen eigenen Lieferantenverbindlichkeiten nachzukommen und sich schnell zusätzliche Liquidität zu beschaffen, die dem Wachstum seines Unternehmens dient.

Im Allgemeinen kauft der Factor die Bruttorechnung inkl. der derzeit gültigen MWSt an. Er zahlt, nach Prüfung der eingereichten Rechnungen, zwischen 70–90 % des Bruttorechnungsbetrages sofort aus. Die Factoringgebühr wird von diesem Auszahlungsbetrag abgezogen. Beispiel: Crefo Factoring zahlt im Normalfall 80 % aus. Die Auszahlung an den Factoringkunden sollte im Allgemeinen spätestens innerhalb von zwei bis drei Tagen nach Rechnungserhalt auf sein Geschäftskonto erfolgen.

Der Factor legt großen Wert darauf, dass er, wenn er nicht bereits die Fakturierung für seinen Kunden selbst übernommen hat, die Originalrechnungen zusammen mit den Liefer- oder Erbracht-Nachweisen erhält; so hat er die zusätzliche Sicherheit, dass die Rechnungen korrekt erstellt und pünktlich an den Debitoren verschickt werden. Nach erfolgter Prüfung bucht er die Rechnungen ein und veranlasst die Auszahlung.

Der zunächst einbehaltene Betrag von 10–30 % verbleibt so lange auf einem Sperrkonto, bis der Debitor den offenen Posten vollständig an den Factor bezahlt hat.

Zu diesem Zweck richtet der Factor eigens für seinen Kunden ein separates Bankkonto ein, auf das sämtliche Kundenzahlungen des jeweiligen Anschlusskunden geleistet werden. Kontoinhaber ist aber der Factor, da er die Forderung inne hält; sein Vertragspartner hat keine Verfügungsberechtigung.

Nach dem Vollausgleich der Rechnung wird der einbehaltene Sperrbetrag sofort an den Anschlusskunden ausgezahlt. Sollte der Debitor innerhalb der Zahlungsziele von einer eingeräumten Skontierungsmöglichkeit Gebrauch gemacht haben, wird das einbehaltene Skonto vom auszuzahlenden Sperrbetrag abgezogen.

Strenge Anforderungen an Rechnungsausstellung

Die eingereichten Rechnungen des Factoringnehmers an seine Kunden müssen sämtlichen handels- und steuerrechtlichen Anforderungen entsprechen und haben ungedingt zusätzlich folgende Hinweise:

- Zahlungsziele, Fälligkeit der Forderung; an diese Daten hält sich der Factor für die Errechnung der Fälligkeit.
- Hinweis, dass Zahlungen mit schuldbefreiender Wirkung nur auf das Konto des Factors geleistet werden dürfen; zahlt der Debitor in Kenntnis der Forderungsabtretung an seinen Lieferanten, erfolgt keine Schuldbefreiung.
- Kontoverbindung des Factors, wobei die eigenen Kontoangaben entfernt oder unkenntlich gemacht werden sollten; es soll auch optisch vermieden werden, dass der Schuldner versehentlich an den Lieferanten direkt bezahlt.

Erfolgen dennoch Zahlungen direkt an den Factoringkunden oder erhält er Schecks bzw. Wechsel, sind diese in voller Höhe unverzüglich an den Factor weiterzuleiten.

Abwicklung mit und ohne Factoring

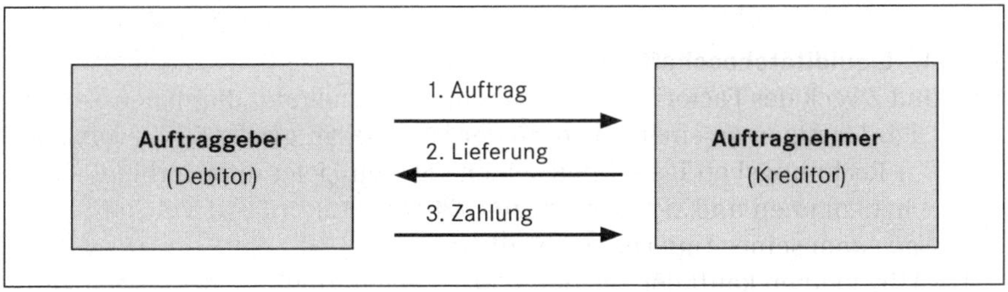

Abbildung 9: Abwicklung ohne Factoring

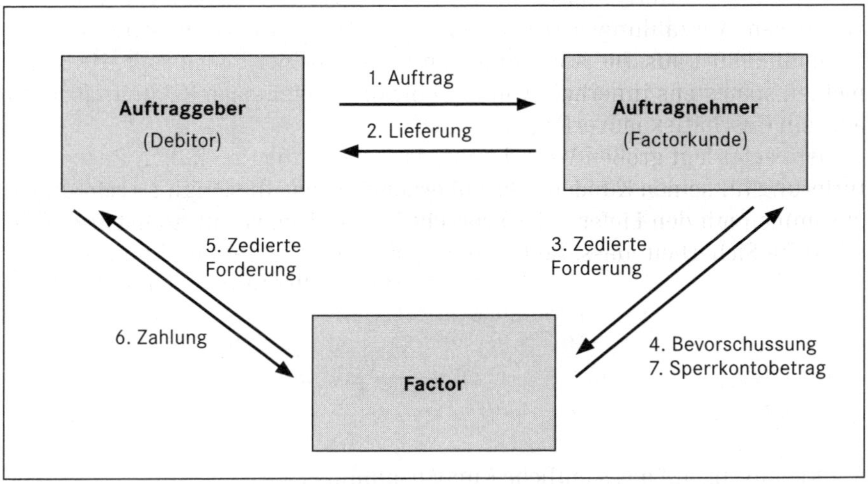

Abbildung 10: Abwicklung mit Factoring

2.3.3.2 Sicherheitsfunktion

Die beiden größten Risiken des Factors zum Zeitpunkt des Forderungsankaufes liegen zum einen in der Verifizierung der Forderungen und in der Bonität des Schuldners.

2.3.3.2.1 Veritätsprüfung

Der Factor muss sicher sein, dass die der Forderung zu Grunde liegende Lieferung oder Leistung zum Zeitpunkt der Rechnungsstellung vollständig erbracht, einredefrei und frei von Rechten Dritter ist. Er lässt sich diese Eigenschaften im Vorfeld von dem Inhaber oder Gesellschafter/Geschäftsführer garantieren und sichert dieses Risiko während der Vertragslaufzeit aktiv durch eigene Sicherheitsvorkehrungen ab. Ausführlich hierzu vgl. Kapitel 2.3.4.

2.3.3.2.2 Bonitätsprüfung

Factor trägt volles Delkredererisiko

Mit Ankauf der Forderung trägt im Falle des »echten« Factoring der Factor das volle Delkredererisiko. Das bedeutet, dass er, z. B. im Insolvenzfalle des Debitors, auch nach einer gewissen, vertraglich vereinbarten Frist, den Sperrbetrag in voller Höhe an den Factoringkunden auskehrt. Im Allgemeinen liegt dieser Zeitraum bei 120–150 Tagen ab Fälligkeit der notleidend gewordenen Forderung. Im Gegensatz zur Warenkreditversicherung trägt dieser keinen Eigenanteil. Die Forderung ist also im Delkrederefall immer zu 100 % beim Factoringnehmer ausgeglichen. Zum Zwecke der Kalkulierbarkeit des Ausfallrisikos hat der Factor zwingend eine eigene Warenkreditversicherung abgeschlossen und rechnet dann im Schadensfall mit dieser ab.

Dieser, gerade in den letzten Jahren immer größer werdende Insolvenzgefahr versucht der Factor durch eine verstärkte Bonitätsprüfung der Debitoren im Vorfeld der Rechnungstellung entgegen zu wirken.

Rechnungsankauf nur bis zum Höchstkreditlimit

Er holt sich bei einer vom Warenkreditversicherer anerkannten Wirtschaftsauskunftei oder direkt beim Versicherer eine schriftliche Bonitätsauskunft jedes, vom Anschlusskunden angefragten Debitoren, bei der die Vergabe eines Höchstlimits angegeben sein muss. Es werden nur Rechnungen bis zu dem Höchstkreditlimit angekauft, dass der Factor seinem Kunden für diesen Debitor eingeräumt hat. Der größte und anerkannteste Anbieter von Wirtschaftsauskünften im gewerblichen Bereich in Deutschland ist der Verband der Vereine Creditreform, der auch im Inkassobereich zu den leistungsfähigen Partnern zählt.

Der Factor behält sich vor, den Ankauf einer Forderung aufgrund schlechter Bonität des Debitoren abzulehnen, da das Ausfallrisiko zu groß und die Forderung nicht versichert ist.

Die Limitprüfung durch den Factor hat für seinen Kunden den Vorteil, dass er bereits in der Akquisephase Informationen über die Kreditwürdigkeit seiner Debitoren erhält. Dies führt zu dem positiven Nebeneffekt, dass er die Gesamtheit seiner Abnehmer viel besser unter qualitativen Gesichtspunkten analysieren und beurteilen kann

2.3.3.2.3 Abgrenzung zur Warenkreditversicherung

Im Gegensatz zu einer Warenkreditversicherung, die ebenfalls nur Forderungen gegenüber Unternehmen mit ausreichender Bonität versichert, gibt es beim Factoring weder einen Einbehalt, der sich in der Regel bei 20–35 % bewegt, noch ein Risiko aus gewissen Obliegenheitspflichten gegenüber dem Versicherer, wie z. B. Meldung der Kreditzielüberschreitung. Dieser gesamte Pflichtenkatalog wird auf den Factor übertragen.

2.3.3.3 Service

Großes Leistungsspektrum beim Full-Service-Factoring

Neben den klassischen, zuvor erläuterten Funktionen des Factoring haben viele Anbieter noch ein viel größeres Leistungsspektrum. Im Rahmen des »Full-Service-Factoring« übernehmen sie auch folgende Tätigkeiten für ihre Kunden:

- Debitorenbuchhaltung,
- Mahn- und Inkassowesen,
- laufende Bonitätsüberwachung,
- umfangreiche Auswertungen bis hin zu verkaufsfördernden Statistiken.

2.3.3.3.1 Debitorenbuchhaltung

Debitorenmanagement

Der Factor richtet für jeden Debitoren, für den der Anschlusskunde ein Höchstlimit beantragt, einen Stammsatz ein, der alle rechnungsrelevanten Daten sowie das eingeräumte Kreditlimit beinhaltet.

Die eingereichten Rechnungen bucht er in seinem EDV-System mit den Rechnungsdaten seines Kunden ein: Kundennummer, Rechnungsnummer, Rechnungsdatum, Fälligkeiten einschließlich Skontierungsmöglichkeiten.

Die einzelnen Geschäftsvorfälle, wie Bevorschussung der Rechnungsbeträge, Zahlungseingänge der Debitoren, Auszahlung aus dem Sperrkonto, Skontoabzüge, Gutschriften etc., werden tagesgenau gebucht und dem Factoringkunden zur Verfügung gestellt. Mit einem individuellen Konvertierungsprogramm können die Daten sogar zwischen den EDV-Systemen ausgetauscht werden.

2.3.3.3.2 Mahn- und Inkassowesen

Striktes, effizienteres Mahnwesen durch Factoringgesellschaft

Nach Erreichen der Fälligkeit übernimmt der Factor das Mahnwesen. Er mahnt in seinem Namen die Rechnung seines Kunden an, ohne dass er auf mögliche freundschaftliche Beziehungen zwischen Lieferant und Kunden eingehen muss.

Sein Mahnwesen ist erheblich strikter; viele Factoringgesellschaften mahnen täglich.

Bei der 2. Mahnstufe wird der Debitor häufig zusätzlich telefonische angemahnt.

Sollte auch die 2. Mahnung ergebnislos sein, wird der Factor das außergerichtliche und auch das gerichtliche Mahnverfahren veranlassen. Die hierdurch entstehenden Kosten trägt bei angekauften Forderungen der Factor.

In der Regel übernimmt er auch bei nicht angekauften Rechnungen das Mahnwesen als Dienstleister für seinen Kunden. Sollte er im Auftrag seines Kunden nach der 2. Mahnung weiterhin tätig bleiben, trägt der Anschlusskunde die weiteren Inkasso- und Gerichtskosten.

2.3.3.3.3 Laufende Bonitätsüberwachung

Wie schon erwähnt werden sämtliche in- und ausländische Kunden auf ihre ausreichende Bonität und das damit versicherte Höchstlimit überprüft, und

Laufende Überwachung des Zahlungsverhaltens der Kunden

zwar bevor die jeweiligen Rechnungen angekauft werden. In der Regel sind, bei Prüfungen durch Creditreform oder den Warenkreditversicherer, automatische Nachträge für die Dauer von ca. einem Jahr ab Auskunftseinholung mit dem Factor vereinbart; das bedeutet, sobald die Witschaftsauskunftei Kenntnis über Veränderungen im Zahlungsverhalten, der Gesellschafterstruktur oder den wirtschaftlichen Verhältnissen der Debitoren erlangt, wird diese Information an den Factor weitergegeben, der dann die entsprechenden Maßnahmen einleiten kann. Dies gilt nicht nur für negative sondern auch für positive Veränderungen.

Der Factor wiederum informiert umgehend seinen Kunden über die mögliche Änderung der Limithöhe.

Nicht nur die Zahlungserfahrungen der Auskunfteien sondern auch die der Factoringgesellschaften -Crefo Factoring verfügt beispielsweise über eine eigene, für alle ihre Gesellschaften zugängliche Debitorendatenbank, in der die Zahlungserfahrungen der gemeinsamen Endkunden gespeichert sind – werden gespeichert und fließen in eine eigene Risikobetrachtung ein, die individuell für den Anschlusskunden wichtig sein kann.

2.3.3.3.4 Auswertungen und Statistiken

Viele Factors bieten, je nach Leistungsfähigkeit ihrer Software, über das Debitorenmanagement mit Mahn- und Offene-Posten-Listen hinaus gehende Auswertungen an, die dem Factoringkunden, der nicht unbedingt über ein komplexes EDV-Programm mit Buchhaltung und Warenwirtschaftssystem verfügt, durchaus für marketing- oder verkaufsstrategische Entscheidungen hilfreich sein können.

Crefo Factoring z. B. bietet unter anderem folgende Reports an, die wegen ihrer tagesaktuellen Buchungsständen ihre Kunden immer auf dem neuesten Stand hält:

- Umsätze je Kunde/Monat, unterteilt nach Ländern,
- Anzahl der Rechnungen je Kunde/Monat,
- durchschnittliche Forderungslaufzeiten – gewichtet und nicht gewichtet,
- aktuelle/durchschnittliche Limit-Inanspruchnahme,
- letzte Rechnungsstellung je Debitor mit Angabe der Rechnungsgröße,
- Mahnstatistiken.

2.3.4 Abwicklung mit Factoring

2.3.4.1 Voraussetzung für die Abwicklung

Eine im Rahmen eines abgeschlossenen Factoringvertrages zum Ankauf angediente Forderung wird angekauft, wenn folgende Voraussetzungen vorliegen:

- Es liegt kein Abtretungsverbot vor.
- Der Debitor wurde geprüft und es wurde ein Limit vergeben.
- Es besteht ein rechtswirksames Auftragsverhältnis zwischen Lieferant und Kunde.
- Es muss eine auftragskonforme Lieferung oder Leistung erbracht sein.

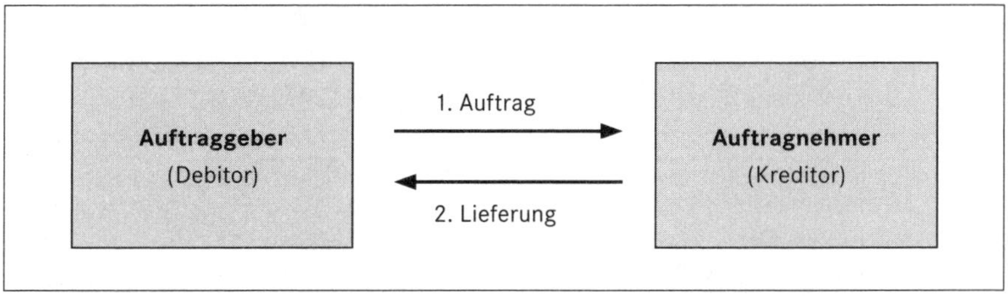

Abbildung 11: Bestell-/Liefervorgang

- Es besteht eine Ankaufspflicht des Factors im Rahmen der vereinbarten und zugesagten Limite.
- Der Kunde muss alle seine Forderungen andienen.
- Die Hausbank(en) muss dem Factor schriftlich bestätigen, dass die Forderungen nicht an sie abgetreten sind (Globalzession).
- Der Inhaber/Geschäftsführer des Factoringkunden haftet für den Bestand der Forderung (sog. Veritätshaftung).

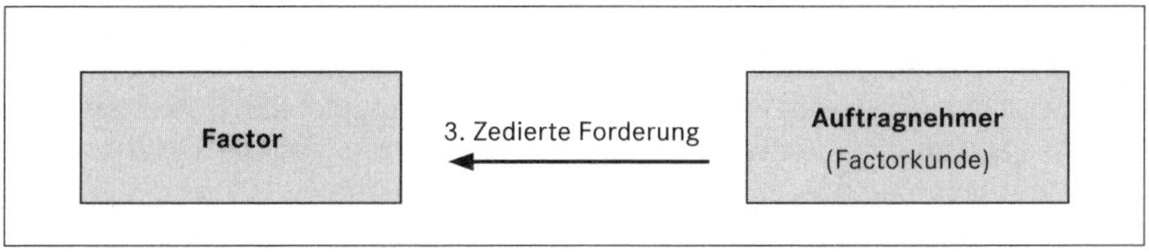

Abbildung 12: Forderungsübertragung

2.3.4.2 Auszahlung/Bevorschussung

Der Factor zahlt nach Überprüfung und Einbuchung der im Rahmen des Limits angekauften Forderungen 70–90 % des Bruttorechnungsbetrages abzüglich der vereinbarten Factoringgebühr sofort an seinen Kunden aus.

Den vorübergehend einbehaltenen Sperrbetrag zahlt er ohne weitere Abzüge dann aus, wenn der Debitor die Rechnung vollständig, eventuell unter Skontoabzug, an den Factor bezahlt hat. Hierzu richtet der Factor für seinen Kunden ein eigenes Bankkonto ein, das der Anschlusskunde auf seinen Rechnungen angeben muss. Im Delkrederefall, also wenn die Forderung notleidend wird oder vollständig ausfällt, zahlt der Factor ebenfalls den Sperrbetrag ohne weitere Abzüge aus. Die Zahlung erfolgt zwischen 120 und 150 Tagen nach Fälligkeit der Rechnung.

Seine Legitimation zur Geltendmachung der Forderung gegenüber dem Debitor erhält der Factor durch die schriftliche Mitteilung des Factoringkunden und hauptsächlich durch den Abtretungsvermerk auf den Rechnungen.

Sollte die Forderung gegenüber dem Lieferanten bestritten werden – z. B. Minderlieferung, Fehlmengen oder nicht vollständig erbrachte Leistungen -, kann die Behebung des Mangels und die damit verbundene Nichtzahlung der Offenen Posten nicht zu Lasten des Factors unnötig verzögert werden. In diesen Fällen erfolgt eine Rückbelastung des kompletten Vorganges. Somit ist diese Forderung nicht mehr bevorschusst und kreditversichert. Das Ausfallrisiko liegt dann vollständig beim Lieferanten.

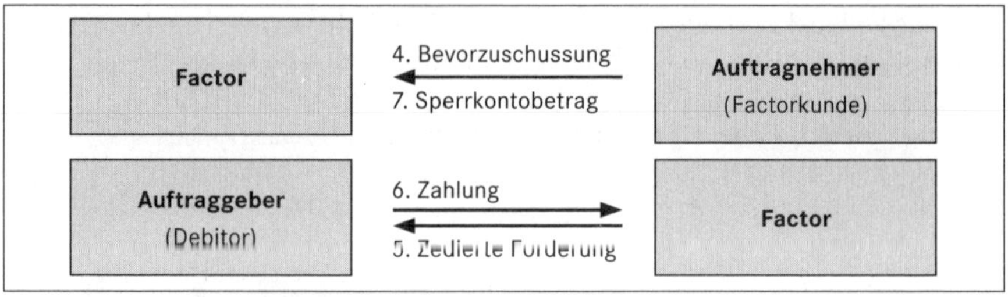

Abbildung 13: Zahlungsströme

2.3.5 Kosten des Factoring

Die Gebühren, die eine Factoringgesellschaft für den Forderungsankauf berechnet, richtet sich nach den speziellen Bedürfnissen und Gegebenheiten des Interessenten.

Die Kosten setzen sich aus folgenden Komponenten zusammen:

- Factoringgebühr,
- Refinanzierungszinsen,
- Limit-/Bonitätsprüfungskosten.

2.3.5.1 Factoringgebühr

Factoringgebühr: 0,5 %–3 % des Bruttoumsatzes

Die Factoringgebühr, die im Normalfall auch die Nutzung des Delkredererisikos, also auch die Kosten der Warenkreditversicherung und das Debitorenmanagement beinhaltet, liegt in den meisten Fällen zwischen **0,5 und 3,0 %** des Bruttoumsatzes. Sie kann aber auch bei umfangreicheren Dienstleistung in Ausnahmefällen auf bis zu 5 % steigen.

Folgende Einflussgrößen spielen hierbei eine ausschlaggebende Rolle:

- Jahresumsatz des Kunden,
- Anzahl der jährlichen Rechnungen,
- durchschnittliche Rechnungsgröße,
- Branchen und Struktur der Debitoren,
- Struktur des Forderungsbestandes,
- vom Factor kalkuliertes Delkredererisiko,
- Leistungsumfang des Factoringvertrages,
- Möglichkeit der elektronischen Datenverarbeitung.

2.3.5.2 Refinanzierungszinsen

Für die Bevorschussung der Forderung sowie die Bereitstellung des Kreditrahmens, den der Factor seinem Kunden einräumt, werden bis zum Zahlungsausgleich durch den Debitoren Zinsen erhoben, die sich an den marktüblichen Gegebenheiten orientieren. Anhaltspunkte sind hier die Kontokorrentzinssätze der Banken sowie der 3- bzw. 6-Monats-Euribor (Euro-Geldmarktzins) plus ein entsprechender Aufschlag. Die derzeitigen Sätze – Stand Oktober 2006 – liegen im 3-Monatsbereich bei etwa 3,53 % und im 6-Monatsbereich bei etwa 3,66 %.

2.3.5.3 Limit-/Bonitätsprüfungskosten

Für die laufende Bonitätsprüfung und Limitüberwachung erhebt der Factor eine Gebühr, die je nach Qualität der Beauskunftung von Anbieter zu Anbieter unterschiedlich sein kann. Sie reicht von einer Kurzauskunft für ca. 5 € bis hin zu einer Vollauskunft einschließlich Nachtragspflicht für etwa ein Jahr, die bei Inlandskunden bis zu 30 € betragen kann. Im Auslandsauskunftsbereich können sogar Kosten bis zu 70 € bzw. 80 € je Auskunft und Jahr anfallen, die aber, falls man sie direkt bei einer Auskunftei bezieht, durchaus höher sein können, denn der Factor kann auf Grund seiner Vielzahl der Auskünfte bessere Konditionen erzielen, die er auch an seine Kunden weiter gibt.

»All-In-Gebühr«

Viele Factors bieten auch eine sogenannte »All-In-Gebühr« an, die auf einer Mischkalkulation beruht und sämtliche Kosten des Factoring beinhaltet. Sie bietet dem Interessenten eine einzige Größe, mit der er kalkulieren kann.

Oftmals wird auch zu Beginn eines »Factoringjahres« eine Mindestgebühr vereinbart, die aber verrechnet wird und dem Factor eine gewisse Kalkulationssicherheit gibt. Begründet wird diese Gebühr zu Recht mit der Tatsache, dass gerade bei neu gegründeten Firmen, die dringend Liquidität benötigen, historische Werte fehlen und der Factor auf die Angaben des Interessenten vertrauen muss. Weichen Vorstellung und Realität stark voneinander ab, würden für den Factor die Kosten höher als die Einnahmen sein.

2.3.6 Einsparpotenziale und weitere Vorteile des Factoring

Nachfolgend sollen die möglichen Kosteneinsparungen durch Factoring aufgezeigt werden und auch einige Vorteile genannt werden, die das Factoring zusätzlich zu den bereits genannten Ausführungen bieten kann.

2.3.6.1 Einsparmöglichkeiten

Die nachfolgende Tabelle zeigt beispielhaft das Einsparpotenzial, das allerdings je nach individueller Situation des Kunden noch viel höher sein kann.

Angenommen wird eine »All-In«-Gebühr von 3,8 %, einem skontierfähigen Wareneinsatz von etwa 2/3 des Umsatzes und weiterhin zu erwartenden Zinssatzsteigerungen:

Messbare Faktoren:	Kosten in % vom Umsatz:	Einsparungen in % vom Umsatz:
3,8 % Factoringgebühren aus 1,5 Mio. € Umsatz	3,8 %	
Wenn Kunden nach durchschnittlich 45 Tagen bezahlen, ergibt sich ein durchschnittlicher Forderungsbestand von ca. 190.000 €. Bei einem aktuellen Zinssatz von ca. 9,5% ergibt sich ein Einsparungspotential an Zinsen in Höhe von :		1,2 %
Sofern der obige Umsatz mit einem Zukauf von ca. 1 Mio. € erwirtschaftet wird, ergibt sich bei 3 % Skonto ein Einsparungspotential in Höhe von:		2,0 %
Sie sparen Verwaltungskosten wie Kosten für die Prüfung Ihrer Kunden, Mahnkosten, Buchhaltungskosten usw.		0,7 %
Wegfall von Kosten aus Forderungsausfällen		1,0 %
Gesamt:	**3,8 %**	**4,9 %**
Erwartete Einsparungen:		1,1 % oder ca. 16.500 €

Vorteil der Zeitersparnis

Darüber hinaus spielt die für den Unternehmer sehr wichtige Zeitersparnis eine bedeutende Rolle: Bedingt durch den Wegfall der teilweise sehr lästigen, langwierigen und unerfreulichen Telefonate mit seinen säumigen Zahlern kann sich der Geschäftsmann viel intensiver auf seine Kernkompetenzen wie Akquise, Umsatzerhöhung und Service am Kunden konzentrieren.

In einigen Fällen ist durch das Tätigwerden des Factors als Debitorenmanager auch die Möglichkeit der Personalkosteneinsparung gegeben.

2.3.6.2 Weitere Vorteile des Factoring

Neben den nochmals zusammenfassend aufgeführten, bereits genannten Vorteilen sind nachfolgend auch einige Punkte aufgeführt, die nicht unmittelbar und sofort spürbar sind, aber für den Unternehmer einen durchaus positiven Effekt mit Außenwirkung erbringen:

- Schutz vor Forderungsausfällen,
- bankenunabhängige, umsatzkongruente Finanzierung,
- verbesserte Liquidität,
- drastische Reduzierung des Forderungsbestandes,
- Skontonutzung bei Lieferantenrechnungen,
- bessere Einkauf- und Lieferkonditionen,
- Bonitätsprüfung und Finanzierungszusagen bereits in der Akquisitionsphase,
- Ausgliederung von Verwaltungsfunktionen; dadurch mehr Kapazität für die eigene Entwicklung,
- Verkürzung der Bilanzsumme, Verbesserung der Bilanzstruktur,
- verbesserte Eigenkapitaldarstellung,
- möglicher Wegfall von steuerlicher Hinzurechnung der Dauerschuldzinsen,
- neutrales Auftreten eines Factors bei vermeindlich befreundeten Kunden, die diesen Status ausnutzen und nur sehr schleppend zahlen,
- Verbesserung des eigenen Bonitätsindexes mit Außenwirkung bei Wirtschaftsauskunfteien durch stark verbessertes Zahlungsverhalten.

2.3.7 Voraussetzungen für die Zusammenarbeit/Branchen

2.3.7.1 Grundlagen für die Nutzung von Factoring

Folgende Voraussetzungen sollte ein Unternehmer mitbringen, der sich für eine Zusammenarbeit mit einem Factor interessiert:

Checkliste

- ✔ Der Brutto-Jahresumsatz sollte nach der Entstehungsphase 250.000 € nicht unterschreiten.
- ✔ Die durchschnittliche Rechnungsgröße sollte über 200 € liegen.
- ✔ Sein Kundenstamm sollte regelmäßige gewerbliche Abnehmer, keine Einmal- oder Privatkunden aufweisen.
- ✔ Ein hoher Wareneinsatz mit eventueller Skontiermöglichkeit ist ebenfalls Voraussetzung.
- ✔ Der Forderungsbestand sollte möglichst hoch sein.
- ✔ Die eingeräumten Zahlungsziele liegen maximal bei 90 Tagen, auch bei Auslandskunden.
- ✔ Das Unternehmen sollte ein gutes Wachstumspotenzial aufweisen.
- ✔ Keine oder wenige Kunden sollten ein Abtretungsverbot in ihren AGB haben oder es, trotz Abschaffung, aufgrund ihrer Marktposition strikt anwenden.
- ✔ Die Forderungen müssen frei von Rechten Dritter sein.
- ✔ Das Unternehmen sollte einer Branche angehören, die der Factor akzeptiert. Das Bau- und Baunebengewerbe sowie Branchen mit langen Gewährleistungsfristen, hohen Gutschrifts- und Reklamationsrisiken sowie üblichen Verrechnungen von Forderung und Gegenforderung werden häufig abgelehnt.

2.3.7.2 Branchen

Grundsätzlich sind, mit Ausnahme der in Kap. 2.3.7.1 genannten Bereiche, alle Branchen für das Factoring geeignet, die gewerbliche Kunden als Endkunden haben und sich nicht im Projekt- oder Kommissionsgeschäft bewegen oder den Beschränkungen der Kreditversicherung unterliegen.

Die bevorzugten Branchen sind unter anderem: Baustoffe, Chemische Industrie, EDV, Gebäudereinigung, Glas-Porzellan, Holz, Leder, Medizintechnik, Metallverarbeitung, Papier- und Druckerzeugnisse, Personaldienstleister, Spielwaren, Textil.

2.3.7.3 Benötigte Unterlagen

Der Factoringinteressent sollte zur Vorlage eines aussagefähigen Angebotes sowie im laufenden Vertrag dem Factor alle notwendigen Unterlagen zur Verfügung stellen, die dieser streng vertraulich zu behandeln hat. Diese umfassen:

Checkliste

- ✔ Angabe des Jahresumsatzes,
- ✔ Liste der aktiven Kunden mit exakten Adress- und Firmierungsangaben,
- ✔ Handelsregisterauszug,
- ✔ Bilanz und GuV des letzten – wenn möglich auch vorletzten – Geschäftsjahres,
- ✔ aktuelle BWA mit Summen- und Saldenliste,
- ✔ aktuelle Offene-Posten-Liste Debitoren und Kreditoren,
- ✔ Allgemeine Geschäfts-, Liefer- und Zahlungsbedingungen,
- ✔ Produktinformation, Werbematerial.

2.3.8 Häufige Fragen

Die häufigsten Fragen, die sich ein Interessent stellt, bevor er sich zum Abschluss eines Factoringvertrages entschließt, sind die folgenden:

Checkliste

- ✔ Wie nehmen mich meine Kunden und Geschäftspartner als Factornehmer wahr?
- ✔ Wie geht der Factor mit meinen Kunden um?
- ✔ Können einzelne (schnell zahlende) Kunden aus einem Factoringvertrag ausgeklammert werden?
- ✔ Kann ich einzelne Forderungen an den Factor verkaufen?
- ✔ Kann ich fällige oder bereits titulierte Forderungen verkaufen bzw. abtreten?
- ✔ Was kostet mich das Factoring?
- ✔ Welche Kosten kann ich einsparen?
- ✔ Wird durch das Einbinden eines Factors der ganze Ablauf komplizierter?
- ✔ Wie schnell zahlt der Factor?

2.3.9 Fazit und Anwendung auf die Musterbilanz

2.3.9.1 Fazit

Positiver Einfluss auf Liquidität, Rentabilität und Kunden-/Lieferantenbeziehungen

Factoring wirkt sich, soweit es richtig eingesetzt wird, positiv auf die Liquidität eines Unternehmens aus und dient weiterhin der Steigerung der Rentabilität.

Factoring hat ebenfalls einen positiven Einfluss auf die Lieferanten-/Kundenbeziehung, denn diese wird von dem »Schauplatz« des Forderungseinzuges entlastet. Der Factoringkunde kann sogar seinen eigenen Kunden längere Zahlungsziele einräumen und wird somit noch interessanter für ihn.

Der Unternehmer kann sich auf seine Kernkompetenzen in Produktion und Vertrieb konzentrieren, weil er sich der ungeliebten und zeitraubenden Verwaltungstätigkeit wie Debitorenbuchhaltung und Mahnwesen entledigen kann.

Factoring ist mit Sicherheit ungeeignet für die Überbrückung kurzfristiger Liquiditätsengpässe oder für Unternehmen, die kurz vor der Insolvenz stehen.

2.3.9.2 Anwendung auf die Musterbilanz

Factoring bei geringem Forderungsbestand nicht sinnvoll

Nimmt man nun die vorliegende Musterbilanz als Grundlage der Überlegung, die Liquidität des Unternehmens sowie die Bilanzstruktur mittels Factoring zu verbessern, kommt der Unternehmer sehr schnell zu dem Ergebnis, dass diese Finanzierungsform nicht unbedingt den idealen Lösungsansatz darstellt, denn die offenen Posten betragen weniger als 5 % der Gesamtsumme, wogegen die erhaltenen Anzahlung auf der Passivseite mehr als doppelt so hoch sind.

Die Liquiditätsbeschaffung stünde also bei diesem Unternehmen nicht im Vordergrund, sondern eher die Risikoabsicherung sowie die zusätzlichen Dienstleistungen des Factors.

Deshalb soll an dieser Stelle auch nicht näher auf die Auswirkungen der Gewinn- und Verlustrechnung eingegangen werden.

2.3.9.3 Alternative Bilanzanwendung

Anhand der nachfolgenden, nur für diesen Bereich erstellten Musterbilanz eines kleineren produzierenden Unternehmens (GmbH) mit einem Jahresumsatz von etwa 2.000.000 € soll die positive Auswirkung von Factoring dargestellt werden.

AKTIVA			**PASSIVA**		
	€	**€**		**€**	**€**
A. Anlagevermögen			A. Eigenkapital		
I. Immaterielle Vermögensgegenstände		7.800,00	I. Gezeichnetes Kapital		51.129,19
			II. Verlustvortrag		12.000,00
			III. Jahresüberschuss		17.000,00
II. Sachanlagen					
1. Technische Anlagen und Maschinen	5.500,00		B. Sonderposten mit Rücklagenanteil		21.000,00
2. Andere Anlagen, Betriebs und Geschäftsausstattung	20.200,00				
		25.700,00	C. Rückstellungen		
B. Umlaufvermögen			1. Gewerbesteuer-Rückstellungen	7.000,00	
1. Vorräte			2. sonstige Rückstellungen	42.000,00	
1. Roh-, Hilfs- und Betriebsstoffe		201.129,19			49.000,00
			D. Verbindlichkeiten		
II. Forderungen und sonstige Vermögensgegenstände			1. Verbindlichkeiten gegenüber Kreditinstituten	276.000,00	
1. Forderungen aus Lieferungen und Leistungen	218.000,00		2. Verbindlichkeiten aus Lieferungen und Leistungen	61.000,00	
2. sonstige Vermögensgegenstände	21.000,00		3. sonstige Verbindlichkeiten	28.000,00	
		239.000,00			365.000,00
III. Kasse, Schecks, Guthaben bei Kreditinstituten		14.000,00			
C. Rechnungsabgrenzungsposten		3.500,00			
		491.129,19			**491.129,19**

Wird unterstellt, dass etwa 10 % der Forderungen aus Lieferungen und Leistungen (Aktiva B.II.1.) nicht factoringfähig sind, verbleibt ein Betrag von 196.200 €.

Bei einer Bevorschussung von 80 % der ursprünglichen Offenen Posten reduziert sich dieser Betrag um 156.960 €. Somit verbleibt am Bilanzstichtag die Summe von 21.800 € + 39.230 € = 61.030 € als Bilanzposition der Aktivseite stehen. Dies bedeutet, dass nicht nur die Forderungen, sondern auch die Bilanzsumme insgesamt um 156.970 € reduziert wird.

Geht man davon aus, dass mit der Bevorschussung der Forderungen etwa 75 % der Lieferantenverbindlichkeiten (Passiva D.2.) beglichen werden können, verbleibt ein Betrag von 111.220 € zur Reduzierung der Verbindlichkeiten gegenüber Kreditinstituten.

Die Bilanz stellt sich bei dem Einsatz von Factoring zum Stichtag wie folgt dar:

AKTIVA			**PASSIVA**		
	€	**€**		**€**	**€**
A. Anlagevermögen			A. Eigenkapital		
I. Immaterielle Vermögensgegenstände		7.800,00	I. Gezeichnetes Kapital		51.129,19
			II. Verlustvortrag		12.000,00
			III. Jahresüberschuss		17.000,00
II. Sachanlagen					
1. Technische Anlagen und Maschinen	5.500,00		B. Sonderposten mit Rücklagenanteil		21.000,00
2. Andere Anlagen, Betriebs und Geschäftsausstattung	20.200,00				
		25.700,00	C. Rückstellungen		
B. Umlaufvermögen			1. Gewerbesteuer-Rückstellungen	7.000,00	
1. Vorräte			2. sonstige Rückstellungen	42.000,00	
					49.000,00
1. Roh-, Hilfs- und Betriebsstoffe		201.129,19	D. Verbindlichkeiten		
II. Forderungen und sonstige Vermögensgegenstände			1. Verbindlichkeiten gegenüber Kreditinstituten	164.780,00	
1. Forderungen aus Lieferungen und Leistungen	61.030,00		2. Verbindlichkeiten aus Lieferungen und Leistungen	15.250,00	
2. sonstige Vermögensgegenstände	21.000,00		3. sonstige Verbindlichkeiten	28.000,00	
		82.030,00			208.020,00
III. Kasse, Schecks, Guthaben bei Kreditinstituten		14.000,00			
C. Rechnungsabgrenzungsposten		3.500,00			
		334.159,19			**334.159,19**

Ohne weiter im Detail auf die Auswirkungen in der Gewinn- und Verlustrechung einzugehen, liegt im vorliegenden Fall zudem ein erhebliches Einsparpotenzial bei der Skontierbarkeit im Bereich des Wareneinkauf und den Zinsersparnissen in Folge der geringeren Kreditinanspruchnahme.

Literatur

Bette, K.: Factoring, Köln 2001
Hermann, J.: Handbuch Factoring, Bonn 2006
Roth, C.: Factoring, Interna Aktuell 2005
Schwarz, W.: Factoring, 4. Aufl., Stuttgart 2002

3 Bilanzoptimierung durch Bestandsoptimierung der Roh-, Hilfs- und Betriebsstoffe

3.1 Die Bestandsoptimierung als grundlegendes betriebswirtschaftliches Problem und ihre Bedeutung für die Bilanzoptimierung

Die Bestandsoptimierung zählt zu den klassischen Untersuchungsobjekten der betriebswirtschaftlichen Teildisziplinen »Logistik/Materialwirtschaft« und »Industriebetriebslehre/Produktionswirtschaft«. Die Bestandsoptimierung wird dort üblicherweise in die Teilbereiche

- Bestellmengenoptimierung,
- Losgrößenoptimierung und
- Durchlaufzeitoptimierung

unterteilt bzw. unter diesen Oberbegriffen behandelt (vgl. Arnolds/Heege/Tussing/Lebefromm/Schulte).

Akzeptanzprobleme im Mittelstand

In die Ratingliteratur einerseits und in die Bilanzierungsliteratur andererseits hat der umfangreiche Optimierungsmethodenvorrat der oben genannten betriebswirtschaftlichen Teildisziplinen allerdings noch keinen Einzug gehalten. Im vorliegenden Beitrag soll der praxisrelevante Teil dieses Methodenvorrats für die Bilanzoptimierung nutzbar gemacht werden. Die Betonung liegt hier auf dem Adjektiv »praxisrelevant«, da die Optimierungsmethoden im Laufe der betriebswirtschaftlichen Entwicklungsgeschichte stark mathematisiert und theoretisiert wurden und daher lange Zeit an der unternehmerischen Praxis insgesamt und speziell am Mittelstand vorbeigingen. Für denjenigen praxisrelevanten Teil der Optimierungsmethoden, der Eingang in moderne Standardanwendungssoftware gefunden hat, haben die Nutzungsmöglichkeiten und die Akzeptanz in der unternehmerischen Praxis allerdings in den letzten zwei bis drei Jahrzehnten einen deutlichen Wandel erfahren (Hoppe). Durch den Wegfall manueller Rechentätigkeiten und die Möglichkeit der Übernahme von Daten aus Vorsystemen, was beides zu einer erheblichen Rationalisierung bei der Nutzung von Optimierungsmethoden führt, kann auch der Mittelstand sinnvoll und kosteneffizient auf die entsprechenden bewährten betriebswirtschaftlichen Methoden zurückgreifen und diese u.a. für die Bestandsoptimierung (meist Reduktion) und damit auch für die Bilanzoptimierung einsetzen.

Im Folgenden wird es darum gehen, die betriebswirtschaftliche Substanz der ausgewählten grundlegenden Optimierungsmethoden aus dem Blickwinkel der Bilanzoptimierung in kompakter und allgemein verständlicher Form herauszuarbeiten. Die dadurch gewonnenen Erkenntnisse sind für die Praktiker in kleinen und mittelständischen Unternehmen und auch deren Berater die unverzichtbare Grundlage zur Bestandsoptimierung. Im weiteren Schritt ist die Funktion der Bestandoptimierung auch ein wichtiges Kriterium für Marktvergleiche von Standardanwendungssoftware und anschließende Investitionsentscheidungen. Die Fragestellungen, bei einer entsprechenden Investitionsentscheidung, die nicht nur für die Bilanzoptimierung Bedeutung hat, sondern für die Logistik des Unternehmens insgesamt, lauten dann:

1. Welchen praxisrelevanten Optimierungsmethodenvorrat gibt es und wie funktionieren die Methoden?
2. Welche davon können für das eigene Unternehmen sinnvoll genutzt und implementiert werden?
3. Welcher Softwarehersteller bietet für das eigene Unternehmen die hier sinnvoll nutzbaren Produkte zum angemessenen Preis?

Für Mittelständler, die zunächst ohne Festlegung auf eine gewerbliche Standardanwendungssoftware die Anwendung der Bestandsoptimierung in Angriff nehmen wollen, haben die Autoren auf den Internetseiten des Schäffer-Poeschel Verlages ein einfach zu bedienendes, kostenfreies Optimierungsprogramm zur Verfügung gestellt (vgl. http://www.schaeffer-poeschel.de/isbn/978-3-7910-2109-6.htm).

Einfache, kostenfreie Software zum Einstieg

3.2 Eine Grundvoraussetzung: die Planung der Gesamtkosten der Roh-, Hilfs- und Betriebsstoffe

3.2.1 Notwendigkeit der Bestandsplanung und des Bestandscontrollings

Ein elementares Problem des Mittelstands ist bereits die schlichte Kenntnis der Materialbestände und Materialkosten. Häufig werden Materialeingangsrechnungen direkt als Aufwand in der Finanzbuchhaltung bzw. Kosten in der Kostenrechnung verbucht, auch wenn das Material nicht unmittelbar in der Produktion verarbeitet wird, sondern zunächst in ein Wareneingangslager geht. Diese häufig bei kleinen und mittelständischen Unternehmen anzutreffende Praxis wird von den Banken toleriert, obwohl dadurch die monatlichen BWA verfälscht werden. Der Materialaufwand, der auf diese Weise monatlich ausgewiesen wird, ist ein »Normalaufwand«, der sich aus der Inventur des Vorjahres bzw. der Vorjahre ergibt und dem Ansatz der Normalkostenrechnung vergleichbar ist. Handels- und Steuerrecht tolerieren ihrerseits wiederum leichte Ungenauigkeiten bei der Erfassung der Roh-, Hilfs- und Betriebsstoffe in der Inventur, da der Grundsatz der Einzelerfassung und Einzelbewertung den der § 240 Abs. 1 HGB für die Inventur vorschreibt, bereits in Abs. 3 und 4 beim Vorliegen bestimmter Voraussetzungen wieder durchbrochen wird. Es dürfen dann so genannte Festwert- oder Gruppenbewertungsverfahren als Inventurvereinfachungsverfahren durchgeführt werden, deren Anwendung von den Finanzverwaltungen auch teilweise großzügig toleriert wird. In diesen Fällen kommt also zusätzlich zur Ungenauigkeit eines aus der vergangen Inventur abgeleiteten »Normalaufwandes« noch die (systemimmanente und legale) Ungenauigkeit der Inventurvereinfachungsverfahren. Die Banken und Finanzverwaltungen nehmen mit ihrer vergleichsweise großzügigen Haltung (noch) Rücksicht auf die Tatsache, dass in nur wenigen kleinen und mittelständischen Unternehmen Warenwirtschaftssysteme implementiert sind, mit deren Hilfe u.a. Materialentnahmen aus dem Lager in die Produktion korrekt zum Zeitpunkt der Entnahme verbucht werden können, bzw. eine permanente Inventur durchgeführt werden kann.

Verfälschung der BWA

Noch großzügige Haltung von Banken und Finanzverwaltungen

In dem unten dargestellten Berechnungsansatz der gesamten Materialkosten spielt die zeit- und wertgenaue Erfassung der Materialentnahmen aus dem Lager allerdings eine untergeordnete Rolle. Dies entspricht damit durchaus der Verfahrensweise in der mittelständischen Praxis. Die Formel (1) arbeitet mit einer »Bestandsfiktion«, die unterstellt, dass sich immer die Hälfte des bestellten Materials im Lager befindet und die andere Hälfte bereits in der Produktion verarbeitet wurde. Wenn zusätzlich Sicherheitsbestände berücksichtigt werden sollen, so würden sich die Durchschnittsbestände entsprechend erhöhen. Mithilfe des Formelausdrucks lassen sich die Kosten einer Materialart bestimmen, also einer Sorte Roh-, Hilfs- oder Betriebsstoffe, für die ein Plan- oder Istpreis bekannt ist. Da mit dem Ausdruck eine optimale Bestandsplanung der Roh-, Hilfs- und Betriebsstoffe erreicht werden soll, ist das Durchrechnen mit einem Plan- bzw. Festpreis für diesen Zweck unabdingbar. Der Plan- bzw. Festpreis im hier gemeinten Sinne ist ein mit einem bestimmten Lieferanten für eine bestimmte Planperiode (z. B. ein Jahr) ausgehandelter Preis oder dessen bestmögliche Schätzung. Es gilt allerdings in derartigen Rahmenlieferverträgen häufig eine Preisanpassungsklausel für den Fall unvorhersehbarer bzw. außergewöhnlicher Kostensteigerungen beim Lieferanten. Im Sinne eines Bestandscontrollings kann der Formelausdruck nach Ablauf, oder während der Planperiode zusätzlich mit dem tatsächlichen Istpreis bzw. den Istkosten durchgerechnet werden und eine Abweichungsanalyse zwischen den Plankosten und den Istkosten durchgeführt werden. Dies wird allerdings nicht für die Gesamtheit aller Roh-, Hilfs- und Betriebsstoffe sinnvoll sein, sondern i.d.R. nur für die sogenannten A-Materialien. Auch kleine und mittelständische Industrieunternehmen können durchaus mit mehreren hundert oder sogar tausend verschiedenen Roh-, Hilfs- und Betriebsstoffen arbeiten. Unten wird anhand einer weiterentwickelten ABC-Analyse gezeigt, mit welchen Methoden diejenigen Roh-, Hilfs- und Betriebsstoffe ausgewählt werden können, für die eine Bestandsoptimierung und ein Bestandscontrolling tatsächlich Sinn machen, d. h. dem Gebot der Wirtschaftlichkeit der Kostenrechnung entsprechen. Die folgende Formel (1) zur Erfassung der Gesamtkosten der Roh-, Hilfs- und Betriebsstoffe einer Materialart m in einer Periode (z. B. dem Geschäftsjahr) wird in den untenstehenden Kapiteln in ihre Bestandteile zerlegt und analysiert.

Sicherheitsbestände erhöhen die Durchschnittsbestände

Formel für die Gesamtkosten der Materialwirtschaft einer Materialart

Der Formelausdruck bezieht sich auf die Dimension Geldeinheiten in der betrachteten Periode GE/Pe und wird hier für die einzelne Materialart m gezeigt. Für die Berechnung der Periodengesamtkosten der Gesamtheit aller Materialarten m = 1, ..., mn wäre die Formel durch entsprechende Summenzeichen zu ergänzen. Die folgende Formel (1) setzt sich aus den vier Komponenten Einkaufskosten, Transportkosten, Bestellkosten und Lagerhaltungskosten zusammen:

$$(1)\quad MK_m = GB_m \times p_m + TK_m \times S_m \times G_m + GB_m/BM_m \times BK_m + BM_m/2 \times (p_m \times (i_Z + i_W)/100 + d_m)$$

MK_m: Materialkosten für das Material m in der betrachteten Periode in €/Pe
m: Index der Roh-, Hilfs- und Betriebsstoffarten/Materialarten m = 1, ..., mn (mn ist das letzte betrachtete Material)
GB_m: Gesamtbedarf der Materialfaktorart m in der Periode, in FE/Pe
p_m: (Netto-)Einkaufspreis der Materialfaktorart m, in €/FE
TK_m: Transportkosten pro Tonnenkilometer für die Materialart m
S: Transportstrecke in km
G: Transportgewicht in Tonnen

BM_m: Bestellmenge pro Bestellung der Materialfaktorart m, in FE/Be
BK_m: Bestellfixe (= durch einen Bestellprozess verursachte) Kosten der Materialfaktorart m, in GE/Be,
i_Z: kalkulatorischer Zinssatz der Periode
i_W: Verrechnungssatz sonstiger wertabhängiger Lagerkosten
d_m: Verrechnungssatz für stück-/volumen-/lagertypabhängige Kosten der Materialart m

Häufig werden in Literatur und Praxis i_Z, i_W und d_m zu einem Verrechnungssatz i zusammengefasst, beziehungsweise d_m vernachlässigt und es wird vereinfachend unterstellt, dass sich volumen-/lagertypabhängige Kosten auch wertabhängig verhalten.

Höhere Planungsgenauigkeit bei kürzeren Planperioden

Für die Plangenauigkeit des obigen Ausdrucks ist u.a. der zugrunde liegende Planungszeitraum entscheidend. Der Gesamtbedarf GB_m wird bei einer langen Planperiode von z. B. zwei, drei oder fünf Jahren tendenziell ungenauer sein, als bei einer relativ kurzen Planperiode von z. B. einem Jahr. Weiterhin ist für die Plangenauigkeit wesentlich, wie der Gesamtbedarf ermittelt wird. Wenn er aus Stücklisten, Bauplänen, Rezepturen etc. hervorgeht, die mit einem feststehenden Absatzmengenplan gewichtet werden, kann er als bestimmte (deterministische) Variable gelten, die aus einem analytischen Planungsverfahren hervorgegangen ist. Wenn der Periodengesamtbedarf lediglich geschätzt wird, handelt es sich um eine heuristische Variable bzw. um eine Näherungslösung und wenn der Periodengesamtbedarf zufallsbedingt schwankt, um eine so genannte stochastische Variable.

3.2.2 Die unmittelbaren Einkaufskosten

Zunächst werden die Gesamtkosten einer Roh-, Hilfs- und Betriebsstoffart anhand der gesamten zu beschaffenden Menge dieser Art (GB_m) multipliziert mit dem Plannettoeinkaufspreis (p_m) errechnet. Es sind hierbei zwei Fälle zu unterscheiden.

a) Einerseits können die (Netto-)Einkaufspreise (p_m) der Materialarten für die Planperiode mit den Lieferanten ausgehandelt und somit für den verhandelten Zeitraum konstant sein. Preisnachlässe sind also bereits im Rahmen der Preisverhandlungen mit den Lieferanten durchgesetzt und manifestieren sich für die Dauer des Rahmenvertrages mit den Lieferanten in einem mehr oder weniger günstigen Einkaufspreis (p_m).
b) Andererseits können kaum für alle Materialarten derartige Verhandlungen geführt werden, so dass die Einkaufspreise in Abhängigkeit von Rabattausnutzungen schwanken können. Das unten zunächst darzulegende Grundmodell der optimalen Bestellmenge geht von ausgehandelten und damit für die Planperiode festen Einkaufspreisen p_m aus. Das zweite elementare Modell, das Bestellmengenmodell mit Rabatten geht von fallweisen Rabattausnutzungen aus und beinhaltet daher keinen festen Einkaufspreis p_m.

Für einen Einkäufer oder eine Einkaufsabteilung sollten sich sowohl die Planmenge als auch der Planpreis für eine Planungsperiode (z. B. das Geschäftsjahr) aus echten Planungstätigkeiten ergeben, das heißt aus engen Abstimmungen mit dem Absatzplan und dem Produktionsplan. Ein routinemäßiges Wieder-

Bedeutung der Einkaufstätigkeiten

auffüllen leergefahrener Lager, z. B. durch das Erreichen eines Melde- oder Sicherheitsbestandes und einer damit einhergehenden automatischen Bestellauslösung in Höhe einer immer gleichen Bestellmenge reicht als Einkaufsplanungstätigkeit für das nächste Geschäftsjahr oft nicht aus. Letzteres kann dann unterjährig auf der Basis der durchgeführte Planung und der errechneten optimalen Bestellmengen durchaus geschehen. Hier ist im Einzelfall zu berücksichtigen, ob in den jeweiligen mittelständischen Unternehmen überhaupt eine eigenständige Einkäuferstelle oder Einkaufsabteilung existiert. Falls dies nicht der Fall ist und Einkaufstätigkeiten von Mitarbeitern mit anderen Funktionen nebenher erledigt werden, wird es naturgemäß schwerer (aber nicht unmöglich) sein, eine Bestandsoptimierung der Roh-, Hilfs- und Betriebsstoffe durchzuführen. Ausgangspunkt der Planung der Roh-, Hilfs- und Betriebsstoffmengen sollte der Vertriebs- und/oder Produktionsplan sein. Außerdem müssen fundierte Kenntnisse des Beschaffungsmarktes und der Lieferantenstruktur vorliegen.

3.2.3 Die variablen und bestellfixen Transportkosten der Roh-, Hilfs- und Betriebsstoffe

Frachtrechnungen auf Basis von Tonnenkilometern

Zusätzlich zu den unmittelbaren Einkaufskosten werden von den Roh-, Hilfs- und Betriebsstoffen Transportkosten vom Lieferanten bis zum eigenen Unternehmen verursacht ($TK_m \times S \times G$). Diese Transportkosten werden von den jeweiligen Frachtverkehrsdienstleistern üblicherweise auf der Basis von Tonnenkilometern bei nationalen Frachtverkehren in Rechnung gestellt. Der Begriff Tonnenkilometer gibt an, dass sowohl die Transportstrecken S (in Kilometer) als auch das Transportgewicht T (in Tonnen) berücksichtigt werden. Bei einer ganz exakten Kostenerfassung müsste der Transportkostensatz noch in Abhängigkeit der Bestellmenge angesetzt werden.

Es ist hierbei grundsätzlich unerheblich, ob die Transportkosten im Fuhrpark des Lieferanten entstehen, bei einer eigenständigen Spedition oder im eigenen Fuhrpark des beschaffenden Unternehmens. Wenn der Lieferant mit eigenem Fuhrpark ausliefert, wird teilweise die Rechnungsstellung dahingehend unterteilt, dass die unmittelbaren Einkaufskosten und die Transportkosten gesondert ausgewiesen werden, teilweise werden die Transportkosten aber auch in die Rabattstaffeln mit eingerechnet. Auch in den unten zu besprechenden festen Kosten pro Bestellung und Anlieferung können anteilige fixe Transportkosten enthalten sein. Dies kann ein Grundpreis pro Ladevorgang und Transport sein oder der Preis für eine physische Frachteinheit, etwa einen Seecontainer. Bei der Seefracht spielt sowohl das Gewicht als auch die Entfernung im Vergleich zu den festen Kosten pro Ladevorgang eine im Vergleich zur Straßen- und Luftfracht geringere Rolle. Festzuhalten bleibt, dass die Transportkosten zwar zum überwiegenden Teil variable Kosten sind, aber je nach Branche beziehungsweise Art des Frachtverkehrsdienstleisters und den dort jeweils vorherrschenden Kalkulations- und Fakturierungsmethoden auch erhebliche fixe Kostenbestandteile enthalten können.

Fixe Transportkosten bei verschiedenen Frachtdienstleistungen

Zur Veranschaulichung der obigen Aussagen wird im Folgenden ein kurzer Überblick über die Fixkosten im Transportbereich der Speditionen gegeben (Krekel).

- **Luftfracht**

Gebührenregelungsbeauftragter	6 € pro Air Way Bill
AMS Filing (USA)	8 € pro Air Way Bill
Fuel surcharge	0,60 € per kg
Risk surcharge	0,15 € per kg
ATLAS-Gebühren	8,50 € pro Air Way Bill

- **Seefracht**

Terminal Handling Costs	
Hamburg	153 € je Container
Antwerpen	115 € je Container
Rotterdam	137 € je Container

- **International Ship & Port Facility Security**

Port	9 € je Container
Ship	6 US-Dollar je Container
AMS Filing (USA)	25 € je Bill of Loading

  Anmeldung vor Verladung beim US-Zoll je Bill of Loading

- **Less Than Container Load Charge (LCL)**

Hamburg	27,50 € per Tonne
Antwerpen & Rotterdam	22 € per Tonne

- **Binnenschifffahrt**

  Kleinwasser-Zuschlag (KWZ) (= Niedrigwasser-Zuschlag) z.B. Rhein bei Pegel Kaub für Mittelrheinservice

kleiner gleich 150 cm	15 € per 1.000 €
kleiner gleich 110 cm	30 € per 1.000 €
kleiner gleich 95 cm	50 € per 1.000 €
kleiner gleich 80 cm	75 € per 1.000 €
kleiner gleich 60 cm	125 € per 1.000 €
kleiner gleich 50 cm	Freie Vereinbarung

- **Straße**

  Maut (Deutschland) durchschnittlicher Mautsatz 12,4 Cent pro Kilometer. Der Mautsatz wird in der Praxis teilweise auch als fixer Pauschalsatz pro Fracht in Rechnung gestellt, wenn durchschnittliche Entfernungen vernünftig geschätzt werden können.

- **Allgemeine Speditionsleistungen**

Ausfuhrbescheinigungen	
Straße und Luft	4,50 € pro Auftrag
Seeverkehr	12,50 € pro Auftrag

3.2.4 Die festen Kosten pro Bestellung und Anlieferung (Bestellfrequenzkosten)

Neben den oben erwähnten fixen Kostenbestandteilen der Transportkosten bei den Frachtdienstleistern oder im eigenen Fuhrpark setzen sich die festen

Kosten pro Bestellung und Anlieferung (Bestellprozess) (BK_m) aus den eigenen Personal- und Sachkosten für folgende Teilprozesse zusammen:

Mögliche Teilprozesse bei einer Bestellung

Tätigkeit	Zeitbedarf		Kosten	
Markterkundung	5	min/Be	3,33	€/Be
Angebote einholen	10	min/Be	6,67	€/Be
Lieferanten auswählen	10	min/Be	6,67	€/Be
Terminüberwachung	5	min/Be	3,33	€/Be
Wareneingang	15	min/Be	10,00	€/Be
Qualitätskontrolle	0	min/Be	0,00	€/Be
Einlagerung	15	min/Be	10,00	€/Be
Einbuchung	5	min/Be	3,33	€/Be
Rechnungskontrolle	5	min/Be	3,33	€/Be
Rechnung bezahlen	5	min/Be	3,33	€/Be
Sonstige		min/Be	0,00	€/Be
Sonstige		min/Be	0,00	€/Be
Summe	**75**	**min/Be**	**50,00**	**€/Be**

Branchen-, material- und unternehmensspezifisch können noch weitere Teilprozesse hinzukommen (siehe Zeile »Sonstige«) oder es können einzelne wegfallen.

Einsatz der Prozesskostenrechnung (Activity based costing)

Diese einzelnen Tätigkeiten werden in ihrer Gesamtheit auch als »Bestellprozess« bezeichnet, und sind in der einschlägigen Kostenrechnungs- und Controllingliteratur das am häufigsten verwendete Demonstrationsbeispiel für den Einsatz der Prozesskostenrechnung (Activity based costing). Spätestens seit der »Modewelle« der Prozesskostenrechnung stehen also Instrumente zur Verfügung, um die festen Kosten pro Bestellung und Anlieferung detailliert zu kalkulieren. Mit welchem Feinheitsgrad die Kosten der Bestellprozesse in der mittelständischen Praxis jeweils kalkuliert werden sollten, muss im konkreten Einzelfall beurteilt werden. Für die obigen Tätigkeiten sind beispielhaft Zeiten angegeben. Diese müssen mit den tatsächlichen Kosten pro Arbeitsstunde bewertet werden, welche sich nach der bewährten Faustregel »mal 2« ergeben, wenn die Brutttostundenlöhne mit dem Faktor 2 multipliziert werden, weil über die Löhne hinaus noch der sogenannte zweite Lohn anfällt (13. Gehalt, Prämien, Arbeitgeber-Sozialabgaben, Urlaub, Krankzeit, Feiertage usw.) (vgl. zu den Details der Personalkostenermittlung: Hoberg). In der Tabelle sind 40 € pro tatsächlich gearbeiteter Stunde angenommen.

Berechnung der Bestellkostenfrequenz

Wie oft die festen Kosten pro Bestellung BK_m verursacht werden, hängt von der Häufigkeit der Bestellauslösung und sich anschließender Anlieferung (Bestellfrequenz) ab. Diese gesamten Bestellfrequenzkosten GBK haben die Dimension Geldeinheiten pro Periode.

$$(2)\quad GBK_m = \underbrace{GB_m/BM_m}_{\text{Bestellhäufigkeit}} \times \underbrace{BK_m}_{\text{Kosten pro Bestellung}}$$

Durch jeden Bestellprozess wächst die so genannte Bestellfrequenzkostenfunktion GBK um eine Einheit sprungfixer Kosten BK_m. Die Bestellfrequenz (= Häufigkeit der Bestellauslösung und Anlieferung) ergibt sich aus dem Verhältnis von Periodengesamtbedarf einer Materialart GB_m zur Größe der ausgelösten Bestellmenge BM_m. Je größer die Bestellmenge geplant wird, desto seltener wird ein Bestellprozess notwendig und desto kleiner sind die Bestellfrequenzkosten. Würde isoliert nur die Bestellfrequenzkostenfunktion betrachtet, ergäbe sich eine Tendenz zur Bestellmengenmaximierung, d.h. zur Anlieferung möglichst großer Bestellmengen. Dieses würde zu Bestandserhöhungen führen, d.h. die Bilanzposition Roh-, Hilfs- und Betriebsstoffe würde erhöht.

Eigenschaften der Bestellfrequenzkostenfunktion

3.2.5 Die Zins- und Lagerhaltungskosten

Die Zins- und Lagerhaltungskosten sind in die wertabhängigen, d.h. auf den Einkaufspreis p_m der jeweiligen Roh-, Hilfs- oder Betriebsstoffart m bezogenen, und in die nicht wertabhängigen Kosten zu unterteilen. Die wertabhängigen Kosten zerfallen wiederum in die kalkulatorischen Zinskosten und die sonstigen wertabhängigen Lagerkosten wie z.B. derjenigen Versicherungskosten, die nicht nach der Lagergröße sondern dem Wert der versicherten Lagergüter in Rechnung gestellt werden. Darüber hinaus kann noch eine Kostenart (d_m) für nicht wertabhängige Lagerhaltungskosten berücksichtigt werden. Der Verrechnungssatz für volumen-/lagertypabhängige Kosten (d_m) ist eine aggregierte Variable, die mehrere unterschiedliche Kostenarten zusammenfassen kann wie z.B. Heizung, Kühlung, Beleuchtung, Reinigung, Bewachung, Abschreibung, Miete, Personalkosten der Lagerarbeiter, nicht wertbezogene Versicherung, Instandhaltung etc. Speziell in der mittelständischen Praxis dürfen diese verschiedenen Kostenarten durchaus pragmatisch zu einer einzigen Kostenart zusammengefasst werden. Im Endergebnis ergibt sich dann ein einheitlicher Materialgemeinkostenzuschlagssatz, der hinlänglich aus den einschlägigen Zuschlagskalkulationsmethoden bekannt ist. Die einstufigen und mehrstufigen Zuschlagskalkulationsverfahren rechnen ebenfalls auf die jeweiligen Materialeinzelkosten eines Kostenträgers einen Materialgemeinkostenzuschlag und sind mit dieser Verfahrensweise sowohl handelsrechtlich gem. § 255 HGB als auch steuerrechtlich gem. § 33 EStR zulässig. Beide Rechtsquellen besagen, dass: »... angemessene Teile der notwendigen Materialgemeinkosten«, zu denen nach herrschender Meinung die oben angegebenen Materialgemeinkostenarten gehören, »eingerechnet« werden dürfen. Insofern greift die hier dargestellte Planung der Periodengesamtkosten der Roh- Hilfs- und Betriebsstoffkosten bei der Planung der Gemeinkostenarten auf einen bewährten und gesetzlich zulässigen Ansatz zurück.

Unterscheidung zwischen wertabhängigen und wertunabhängigen Kosten

Einsatz der Zuschlagskalkulation

(3) Lagerhaltungskosten: $BM_m/2 \times (p_m \times (i_Z + i_W)/100 + d_m)$

Der Einkaufspreis p_m, gewichtet mit den Zins- und Lagerhaltungskosten, wird mit der durchschnittlich im Lager gebundenen Menge ($BM_m/2$) multipliziert. Dies ist eine Bestandsfiktion, die unterstellt, dass im Durchschnitt der betrachteten Periode immer jeweils die Hälfte dieser Bestellmenge im Lager liegt und die andere Hälfte bereits in der Produktion verbraucht wurde. Hierzu ist aller-

Bestellmengenminimierung versus Bestellmengenoptimierung

dings noch ein unternehmensindividueller, angemessener Sicherheitsbestand zu rechnen, auf den trotz aller Bestandsoptimierungsbemühungen zur Absicherung gegen Produktionsausfälle nicht verzichtet werden sollte. Würde die Zins- und Lagerhaltungskostenfunktion isoliert betrachtet, dann ergäbe sich die Tendenz zur Bestellmengenminimierung, d. h. zur Anlieferung möglichst kleiner Bestellmengen. Dieses würde aber wiederum zu einer Kostensteigerung bei den Bestellfrequenzkosten führen. Wie später noch gezeigt wird, tendiert die fertigungssynchrone Anlieferung bzw. das Just in time-System zu einer Bestandsreduktion und damit zu einer vorrangigen bzw. einseitigen Minimierung der Zins- und Lagerhaltungskosten.

Mit der obigen Darstellung konnte gezeigt werden, welche Kostenarten zu den Periodengesamtkosten des Einkaufs, des Transports und der Lagerung der Roh-, Hilfs- und Betriebsstoffe gehören und zunächst geplant und später als Istkosten erfasst werden müssen. Eine Bestandsoptimierung ist damit aber noch nicht erreicht. Optimierungsmöglichkeiten ergeben sich unter anderem durch die Berechnung optimaler Bestellmengen.

3.3 Das Grundmodell der optimalen Bestellmenge

3.3.1 Die optimierungsfähigen Kosten zur Herleitung des Grundmodells der optimalen Bestellmenge

Es stellt sich zunächst die Frage, bei welchen Kostenarten der Gesamtkosten die Bestandsoptimierungen der Roh-, Hilfs- Betriebsstoffe ansetzen können: grundsätzlich bei allen Kostenarten! Zwischen den beiden ersten Summanden der Formel (1) also den unmittelbaren Einkaufskosten und den Transportkosten einerseits und den letzten beiden Summanden, also den Bestellfrequenzkosten und den Lagerhaltungskosten andererseits, bestehen allerdings grundsätzliche Unterschiede bei den Optimierungsmöglichkeiten. Eine wertmäßige Reduzierung der Beschaffungskosten kann durch das Aushandeln günstigerer Einkaufspreise bei bestehenden Lieferanten oder durch das Finden neuer Lieferanten im Rahmen einer Beschaffungsmarktforschung erreicht werden. Ebenfalls können durch das Durchsetzen günstigerer Transportkosten bei bestehenden Speditionen, oder durch den Aufbau von Geschäftsbeziehungen zu neuen Speditionen in der nächsten Planperiode die Transportkosten gesenkt werden. Falls in einem mittelständischen Unternehmen bereits eine eigenständige Einkaufsabteilung existiert, sollte davon ausgegangen werden können, dass die Optimierungsmöglichkeiten an diesen Stellen ausgeschöpft werden. Falls dies nicht der Fall ist, handelt es sich entweder um ein Personalqualifikationsproblem oder um ein Personalkapazitätsproblem. Die letzten beiden Probleme sind auch typischerweise gegeben, wenn die Einkaufstätigkeiten von Mitarbeitern durchgeführt werden, die eigentlich andere Hauptaufgaben haben. Die grundsätzliche Frage nach der Vorteilhaftigkeit der Erweiterung oder des Aufbaus einer eigenen Einkaufsabteilung könnte mit einer Gemeinkostenwertanalyse angegangen werden. Festzuhalten bleibt an dieser Stelle, dass Senkungen der unmittelbaren Einkaufskosten und Transportkosten zwar den Wert, aber nicht die mengenmäßigen Bestände der lagernden Roh-, Hilfs- und Betriebsstoffe reduzieren können. Wünschenswert ist natürlich beides; ein allgemeingültiger Optimierungsansatz kann hier jedoch nur für die mengen-

Marktforschungen und Preisverhandlungen der Einkäufer

mäßigen Bestandsreduzierungen durch die fokussierte Berücksichtigung der Bestellfrequenz- und Lagerhaltungskosten gezeigt werden.

Die unmittelbaren (Netto)Einkaufspreise p_m und die Transportkosten werden daher im Folgenden als für die mengenmäßigen Bestandsreduzierungen nicht optimierungs- bzw. entscheidungsrelevant aus der Betrachtung ausgeklammert. Es ergibt sich dann der im nächsten Kapitel dargestellte verkürzte Formelausdruck, bei dem unterschiedliche Rabattstaffeln noch nicht berücksichtigt sind.

3.3.2 Schaubildliche Übersicht der Bestandsoptimierung

Bei der hier dargestellten Formel (4) handelt es sich um die für die mengenmäßigen Bestandsreduzierungen entscheidungsrelevanten Kosten (KME) einer Materialart m, also die Bestellfrequenz- und Lagerhaltungskosten.

$$(4)\quad KME_m = \underbrace{GB_m/BM_m \times BK_m}_{\text{Bestellfrequenzkosten}} + \underbrace{BM_m/2 \times (p_m \times (i_Z + i_W)/100 + d_m)}_{\text{Zins- und Lagerhaltungskosten}}$$

Die grafischen Verläufe der Kostenfunktionen

Die beiden Kostenfunktionen werden zum Zweck der grafischen Herleitung des mengenmäßigen Bestandsoptimums in ein Koordinatensystem mit der Bestellmenge auf der Abszisse und der Bestellfrequenz sowie Zins- und Lagerhaltungskostenfunktion auf der Ordinate eingezeichnet. Bei der folgenden Darstellung handelt es sich um idealtypisch verallgemeinerte Kostenkurven. Die Kostenkurven können im Detail in unterschiedlichen Einkaufsituationen anders verlaufen. Grundsätzlich fällt die Bestellfrequenzkostenkurve aber immer von links oben nach rechts unten, also mit steigenden Bestellmengen. Dieser Verlauf besagt, dass die höchstmöglichen Bestellfrequenzkosten bei den kleinstmöglichen Bestellmengen entstehen und dass die kleinstmöglichen Bestellfrequenzkosten bei den höchstmöglichen Bestellmengen entstehen. Im Falle der Lagerhaltungskostenfunktion entstehen die geringsten möglichen Kosten bei kleinstmöglichen Bestellmengen und die höchstmöglichen Lagerhaltungskosten werden durch die größtmögliche Bestellmenge verursacht. Es handelt sich also um zwei, von ihrer betriebswirtschaftlichen Grundlogik her, gegenläufige Kostenfunktionen. Werden diese beiden Kostenfunktionen zu einer Summenkurve aufaddiert, so liegt im Minimum dieser Summenkurve das Bestellmengenoptimum der Roh-, Hilfs- und Betriebsstoffe.

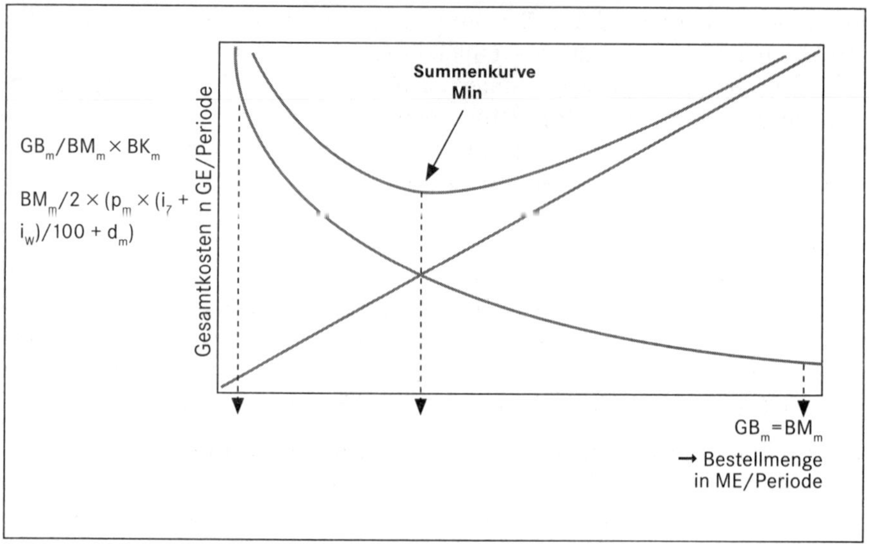

Abbildung 14: Grafische Ermittlung des Bestellmengenoptimums

3.3.3 Algebraische Herleitung der allgemeinen Formel des Grundmodells der optimalen Bestellmenge

Ermittlung der optimalen Bestellmenge

Zur algebraischen Herleitung der optimalen Bestellmenge ist das Minimum der Zielfunktion der entscheidungsrelevanten Kosten (KME) zu bestimmen:

$$(4a)\quad KME_m = GB_m/BM_m \times BK_m + BM_m/2 \times (p_m \times (i_Z + i_W)/100 + d_m) \rightarrow Min$$

Zur Vereinfachung der weiteren Ausführungen wird d_m vernachlässigt und der Index für die Materialart nicht mehr aufgeführt. Die wertabhängigen Faktoren $i_Z + i_W$ werden zu i zusammengefasst. Damit ergibt sich die vereinfachte Funktion (4b) :

$$(4b)\quad KME = GB/BM \times BK + p \times BM/2 \times i/100 \rightarrow Min$$

Um die kostenminimale Bestellmenge zu finden, ist die erste Ableitung nach der Bestellmenge BM zu bilden:

$$(5)\quad \frac{dKME}{dBM} = -\frac{GB}{BM^2} \times BK + \frac{p \times i}{200} \rightarrow 0$$

Bestellmengenformel nach Harris/Andler

Durch Auflösen nach BM ergibt sich die »klassische« Bestellmengenformel nach Harris und Andler, die als »Programmierervorlage« heute in die meisten Standardsoftwaresysteme für die Materialwirtschaft Eingang gefunden hat:

$$(6)\quad BM_{opt} = \sqrt{\frac{GB \times BK \times 200}{p \times i}}$$

Das Ergebnis der klassischen Bestellmengenformel ist ein mengenmäßiger Bestellvorschlag BM_{opt}, der ggf. vom Einkäufer überarbeitet werden sollte. Denn die sinnvolle Umsetzung dieses Bestellvorschlags ist an eine Reihe von Voraussetzungen geknüpft, die abgeprüft werden müssen:

Prüfung des Bestellvorschlages erforderlich

- **Lagerkapazitätsbeschränkungen**
  Das Grundmodell teilt den Planperiodengesamtbedarf in optimale Bestellmengen ein, ohne dass es vorher Informationen über die Kapazitäten der Lager bekommen hat. Es muss daher ein Abgleich der Lagerkapazitäten mit den optimalen Bestellmengen durchgeführt werden. Falls sehr große Bestellmengen vorgeschlagen werden und die Lagerkapazitäten sehr klein sind, kann es vorkommen, dass optimale Bestellmengen aufgrund mangelnder Lagerkapazitäten nicht umgesetzt werden können.

Abgleich der Bestellmenge mit der Lagerkapazität

- **Finanzierungsbeschränkungen/Liquiditätsrestriktionen**
  Es ist zu prüfen, ob überhaupt genügend Liquidität vorhanden ist, um alle Lieferantenrechnungen als Folge der bestellten Mengen bezahlen zu können. Insofern muss ein Abgleich der Bestellmengenplanung mit der Finanzplanung durchgeführt werden. Allerdings ergeben sich i.d.R. nur bei sehr großen Bestellmengen, etwa wenn der Planperiodengesamtbedarf eines Jahres auf einmal geliefert werden soll, Liquiditätsengpässe. Bei gleichmäßigeren Bestellfrequenzen werden die Zahlungsziele im Zuge der Rahmenverträge mitverhandelt und es wird eine gleichmäßige unterjährige Liquiditätsbelastung angestrebt.

Abgleich der Bestellmenge mit der Finanzplanung

- **Mengen-/Lieferterminbeschränkungen**
  Es wird unterstellt, dass der Periodengesamtbedarf seitens des Zulieferers in jeder gewünschten optimierten Bestellmenge, also auch auf einmal oder in sehr kleinen Bestellmengen, geliefert werden kann. Dies setzt flexible Lieferanten voraus und macht eine eingehende Planung und Absprache der Bestellmengen mit den Lieferanten notwendig. Es kann vorkommen, dass ein Lieferant die vorgeschlagenen optimalen Bestellmengen z.B. aus Kapazitätsgründen nicht liefern kann, man aber trotzdem mit diesem Lieferanten weiterhin zusammenarbeiten möchte. In diesem Fall bestimmen also nicht die optimalen Bestellmengen die Bestellfrequenz, sondern die produktionstechnischen Möglichkeiten des Lieferanten. In der Praxis müssen Bestellmenge und Bestellfrequenz (neben vielen anderen Punkten wie z.B. auch Qualität) daher immer mit dem Lieferanten besprochen werden; es muss ein Abgleich der Bestellmengenplanung mit der Produktions- und Lagerplanung des Zulieferunternehmens durchgeführt werden. Falls die Zulieferunternehmen unzuverlässig sind und vereinbarte optimale Bestellmengen nicht liefern, wird die optimale Bestellmenge BM_{opt} zur zufallsabhängigen (stochastischen) Variablen und die Optimierung mit Bestellmengenmodellen für die Materialarten der entsprechenden Lieferanten schwieriger. Hierbei ist zu berücksichtigen, dass der Sicherheitsaspekt der Lagerhaltung umso stärker aufgegeben wird, je kleiner die Bestellmenge ist. Große Bestellmengen wirken zumindest am Anfang wie eine Art zusätzlicher Sicherheitsbestand und sichern gegen unvorhergesehenen Mehrverbrauch des entsprechenden Materials. Auf der anderen Seite kann die Bestellmenge häufig nicht höher sein als das Fassungsvermögen des Transport-

Notwendigkeit der Absprachen mit Lieferanten

mittels, also z. B. 25 t beim LKW. Es existieren so genannte »Bestellmengenmodelle mit Berücksichtigung von Nebenbedingungen«, die einige der obigen Restriktionen formelmäßig erfassen, jedoch hinsichtlich Komplexität und Rechenaufwand für die Praxis kaum Bedeutung erlangt haben (Hüttemann; v. Zwehl). Wenn aber der Bestellvorschlag in Form der optimalen Bestellmenge umgesetzt wird, dann lassen sich die minimalen Gesamt- und Stückkosten der Beschaffung einer Materialart errechnen. Zur Ermittlung der Gesamtkosten kann die optimale Bestellmenge in Formel 4b eingesetzt werden.

3.4 Bestellmengenmodell mit Rabattstaffeln

3.4.1 Grundsätzliches

Das Grundmodell der optimalen Bestellmenge geht davon aus, dass im Rahmen von Preis- und Vertragsverhandlungen ein Liefervertrag für eine bestimmte Planperiode, z. B. ein halbes Jahr oder ein Jahr zu Stande kommt, während dessen der Preis sich nicht verändert, bzw. vertraglich festgelegt wird. Aufgrund der dem Lieferanten zugesicherten Gesamtabnahmemenge (Planperiodengesamtbedarf) sind Rabatteffekte bzw. sonstige Preisnachlässe im verhandelten, für die Periode festen Preis bereits beinhaltet. Aus unterschiedlichen Gründen kommt es aber in der Praxis vor, dass man sich für solche, relativ langen Zeiträume hinsichtlich des Planperiodengesamtbedarfs nicht festlegen kann oder will, oder das unvorhersehbare Ereignisse auftreten. Dies kann der Fall sein, wenn Zusatzbedarf, den der Stammlieferant nicht befriedigen kann, kurzfristig auftritt, wenn also der Planperiodengesamtbedarf unterschätzt wurde. Ebenso kann der Fall eintreten, dass der Stammlieferant die vereinbarte Bestellmenge in der vorgegebenen Zeit nicht vollständig liefern kann. Oder die Einkaufspolitik sucht bewusst nach dem Ausnutzen von Konkurrenz auf bestimmten Beschaffungsmärkten. Es kann vorkommen, dass der Bedarf an einer Materialart unvorhergesehen, kurzfristig und/oder einmalig auftritt, so dass aus zeitlichen Gründen keine Beschaffungsmarktforschung und keine ausgiebigeren Vertragsverhandlungen möglich oder sinnvoll sind. Schließlich kann es sein, dass die Bedeutung einer Materialart hinsichtlich Wert, Qualitätsanforderungen, Lagerkosten etc. keine aufwendigen Beschaffungsmarktforschungen und Preisverhandlungen rechtfertigt.

Gründe für das Ausnutzen von Rabattstaffeln

Die Arbeitsweise der Bestellmengenmodelle mit Rabattstaffeln, welche auf die Optimalitätsprüfung der Ausnutzung von Rabatten hinausläuft, wird an Hand des folgenden Beispielfalles verdeutlicht:

3.4.2 Kostenminimale Heizölbeschaffung

Optimale Bestellmenge bei Rabattstaffeln

Die Vorgehensweise zur Optimierung der Bestellmenge im Falle von Rabattstaffeln möge nun an einem Beispiel gezeigt werden, das praktisch jeden Haushalt und jedes Unternehmen betrifft. Es geht um die Heizölbeschaffung. Wie allgemein bekannt sinkt der Preis pro Liter, wenn der Kunde größere Mengen ordert. Das Beispiel ist weiter gut geeignet, weil der Ölverbrauch zwar jahreszeitlich schwankt, aber ansonsten eher gleichmäßig ist. Zudem sind die Fristen für die Wiederbeschaffung sehr gering. Innerhalb einer Woche lässt sich fast immer eine Anlieferung vereinbaren. Die Daten dieses Beispiels finden Sie auch in dem Excel-Spreadsheet auf den Seiten des Poeschel-Verlages (vgl. http://www.schaeffer-poeschel.de/isbn/978-3-7910-2109-6.htm).

Praxisbeispiel Heizölbeschaffung

Es sei von einem Jahresverbrauch von 4.000 Litern ausgegangen. Die Bestellfixkosten mögen entsprechend den Werten der Tabelle 1 ermittelt worden sein und daher 50 € pro Bestellung betragen. Die Preise fallen, wenn jeweils die nächste Tausendergrenze erreicht ist. So sind für Mengen bis 999 Litern 66,04 Cents zu zahlen, während ab 1.000 Liter nur noch 64,04 Cents fällig werden (Stand: Anfang 10/2006). Als Zinssatz i wird 10 % angenommen.

Mengenstaffel	Symbol	Dim	1	2	3	4	5
Jahresbedarf	GB	l/Pe	4.000	4.000	4.000	4.000	4.000
Preis gültig ab		l/Be	500	1.000	2.000	3.000	4.000
Preis gültig bis		l/Be	999	1.999	2.999	3.999	4.999
Preis	p	€/l	0,6604	0,6404	0,6006	0,5874	0,5808
Kostensatz Kapital	i	%	10 %	10 %	10 %	10 %	10 %
Bestellkosten	BK	€/Be	50,00	50,00	50,00	50,00	50,00
Optimale Bestellmenge 1 (rechnerisch)	BM_1	l/Be	2.461	2.499	2.581	2.610	2.624
Optimale Bestellmenge 2 (wegen Mengengrenzen)	BM_2	l/Be	999	1.999	2.580,7	3.000	4.000
Bestellabstand in Tagen		d	91	182	235	274	365
Preis einer Bestellung	$BM_2 \times p$	€/Be	660	1.280	1.550	1.762	2.323
Anzahl Bestellungen	GB/BM_2	Be/Pe	4,004	2,001	1,550	1,333	1,000
Kosten							
× Warenbezug	$p \times BM_2$	€/Pe	2.642	2.562	2.402	2.350	2.323
× Bestellkosten	$GB/BM_2 \times BK$	€/Pe	200	100	77	67	50
× Kosten Kapital	$p \times BM_2/2 \times i$	€/Pe	33	64	77	88	116
Summe Kosten		€/Pe	2.875	2.726	2.557	2.504	2.489
Verbesserung			0,0 %	5,2 %	11,0 %	12,9 %	13,4 %

Gang der Optimierung

Die Optimierung läuft nun wie folgt. Mittels der Formel (6) werden für jede Stufe der Mengenstaffel die jeweils optimalen Bestellmengen ermittelt. Für Stufe 1 (500 – 999 Liter) sei dies in der Formel (6a) gezeigt:

$$\text{(6a)}\quad BM_{opt1} = \sqrt{\frac{4.000 \times 50 \times 200}{0{,}6604 \times 10}} = 2.461$$

Isoliert für die Mengenstufe 1 betrachtet wäre also eine Bestellmenge BM_1 von jeweils 2.461 Litern optimal. Da diese Menge aber außerhalb der Menge liegt, für die der Preis gilt, muss die Bestellmenge auf die Intervallobergrenze, sprich 999 Liter reduziert werden. Diese nun gültige zweite Bestellmenge hat das Symbol BM_2 und führt zu Kosten von 2.642 € für den Warenbezug, 200 € für die 4 Bestellungen und 33 € für die Kapitalkosten, also insgesamt zu 2.875 € für das Gesamtjahr. Dieser Wert kann nun mit den Kosten der jeweils optimalen Bestellmengen der anderen Rabattstufen verglichen werden. Es zeigt sich, dass die höchste Rabattstufe optimal ist, weil sie – trotz hoher Kapitalkosten – sehr günstige Warenkosten und insbesondere sehr geringe Bestellfrequenzkosten aufweist. Im Beispiel lassen sich gegenüber der vierteljährigen Beschaffung über 13 % der Kosten sparen.

3.4.3 Allgemeine Optimalitätsprüfungsformel bei Rabatten

Abschließend wird noch die Formel, mit der sich die in analysierten Sachverhalte allgemein prüfen lassen, dargestellt.

$$\Delta MK_m = GB_m\,(p_{m1} - p_{m\,min}) + \frac{BM_{m1}}{2}\left(d_m + p_{m1}\frac{i_z + i_w}{100}\right) - \frac{BM_{mopt}}{2}\left(d_m + p_{m\,min}\right)\frac{i_z + i_w}{100} + \frac{GB_m}{BM_{m1}}\,BK_m - \frac{GB_m}{BM_{m\,opt}}\,BK_m$$

ΔMK_m: Differenz der Materialkosten für das Material m in der betrachteten Periode in €/Pe beim Vergleich eines »Normalpreises« p_1 mit einem rabattierten Preis p_{min}

m: Index der Roh-, Hilfs- und Betriebsstoffarten / Materialarten m = 1, ..., mn (mn ist das letzte betrachtete Material)

GB_m: Gesamtbedarf der Materialfaktorart m in der Periode, in FE/Pe

p_m: (Netto-)Einkaufspreis der Materialfaktorart m, in €/FE

p_{min}: (Netto-)Einkaufspreis der Materialfaktorart m im Kostenminimum, in €/FE

BM_m: Bestellmenge pro Bestellung der Materialfaktorart m, in FE/Be

BM_{opt}: Bestellmenge pro Bestellung der Materialfaktorart m bei Ausnutzung des optimalen rabattierten Preises, in FE/Be

i_Z: Kalkulatorischer Zinssatz der Periode

i_W: Verrechnungssatz sonstiger wertabhängiger Lagerkosten

d_m: Verrechnungssatz für stück-/volumen-/lagertypabhängige Kosten der Materialart m

Wann lohnt sich die Rabattausnutzung?

Wenn die Differenz der Materialkosten ΔMK_m positiv bzw. größer null ist, lohnt sich die Rabattausnutzung, d. h. der unmittelbare Beschaffungskostenvorteil der sich in dem ersten Klammerausdruck manifestiert, schlägt durch. Wenn die Differenz der Materialkosten ΔMK_m negativ bzw. kleiner null ist, lohnt sich die Rabattausnutzung nicht, d. h. die Zins- und Lagerhaltungskostensteigerungen aufgrund der notwendigerweise höheren eingelagerten Bestellmenge schlagen durch.

Im Rahmen einer einfachen Sensibilitätsanalyse können die folgenden allgemeingültigen Aussagen zum Verhalten der Zins- und Lagerhaltungskosten gegenüber den unmittelbaren Beschaffungskosten gemacht werden:

- je geringer die Preisunterschiede zwischen den Rabattstaffeln,
- je höher die Mindestmengensteigerungen zwischen den Rabattstaffeln,
- je höher der Zins- und Lagerhaltungskostenzuschlagssatz,
- je geringer der Planperiodengesamtbedarf,

desto eher schlagen die Zins- und Lagerhaltungskosten durch und überkompensieren den unmittelbaren Beschaffungskostenvorteil. In der Praxis schlagen die unmittelbaren Beschaffungskostenvorteile in den meisten Fällen jedoch durch und machen größere Bestellmengen vorteilhaft.

3.5 Das »Just in Time-System« und seine Bedeutung für die Bestandsoptimierung

3.5.1 Grundsätzliches zum Just in Time-System

Ziel des Just in Time-Systems: Bestandsreduktion

Die Begrifflichkeiten unter denen der im Folgenden zu behandelnde Ansatz der Optimierung der Roh-, Hilfs- und Betriebsstoffe bisher in Literatur und Praxis behandelt wurde, sind mannigfaltig: Just in Time-System (Wildemann; Schmidt), Kanban-System, Fertigungssynchrone Anlieferung (Wildemann; Grochla), Toyota Production System (Shingo, S.), Minimum inventory production system, Material as needed system, Upstream management etc. Natürlich unterscheiden sich diese Systeme im Detail durchaus; sie wollen aber im betriebswirtschaftlichen Kern alle das Gleiche: nämlich eine Bestandsreduktion, möglichst bis auf Null. In den letzten Jahren scheint sich die Bezeichnung »Just in Time-System« als Oberbegriff durchzusetzen, wie die allenthalben im Straßenverkehr sichtbaren entsprechenden Werbeaufdrucke auf den LKW der Speditionen nahe legen. Im Kern geht es um nichts anderes, als um eine auch zeitlich exakte Anlieferung. Dies kann zu einer Erhöhung der Bestellhäufigkeit führen, führt aber in jedem Fall zu einer entsprechende Minimierung der Bestände beim beschaffenden Unternehmen.

Das Just in Time-System ist nur bei großen Mengen interessant. In der Automobilindustrie werden folglich auch weiterhin komplette LKW von den Zulieferanten angeliefert. Ansonsten entspräche dies beim beschaffenden Unternehmen einer isolierten Betrachtung der Kapitalbindungskostenfunktion im Grundmodell der optimalen Bestellmenge und einer Vernachlässigung der Bestellfrequenzkostenfunktion bei der Gesamtoptimierung.

Kanban-System und Just in Time-System

Das Kanban-System geht über das »Just in Time-System« hinaus, da es sich um ein System selbst steuernder vermaschter Regelkreise zwischen allen Produktionsstufen handelt. Daher werden nicht nur Bestellmengen und damit Roh-, Hilfs- und Betriebsstoffe optimiert, sondern auch die Zwischenlagerbestände bzw. die Durchlaufzeit des Materials durch das gesamte Unternehmen. Das Kanban-System ist daher das weitergehende System im Vergleich zum Just in Time-System bzw. zur fertigungssynchronen Anlieferung. »Kanban« bedeutet im japanischen »Karte« oder »Schild«. Ein Kanban beinhaltet alle Informationen, die für den Transport und die Fertigung des Materials zwischen den Fertigungsstufen notwendig sind. In der Endstufe soll es dazu führen, dass die Kapazitäten so miteinander abgestimmt werden, dass praktisch keine Zwischenlager mehr notwendig sind.

Übernahme der Transportkosten durch die Lieferanten

Wenn es dem beschaffenden Unternehmen gelingt, die Kosten einer Erhöhung der Bestellhäufigkeit den Lieferanten aufzuoktroyieren, ist das Optimierungskriterium des Grundmodells der optimalen Bestellmenge außer Kraft gesetzt. An Stelle dieses Optimierungskriteriums tritt dann die Verhandlungsmacht des beschaffenden Unternehmens, das gleichzeitig einen niedrigen Bestand an Roh-, Hilfs- und Betriebsstoffen und geringe Bestellfrequenzkosten verwirklichen kann. Wenn die Lieferanten die Transportkosten übernehmen müssen, funktioniert dies allerdings nur, solange die Lieferanten mit den zusätzlichen Transportkosten noch überleben können. Wenn die Transportkosten nicht vom Lieferanten übernommen werden müssen, ist die Einführung eines Just in Time-Systems für die Lieferanten transportkostenneutral. Allerdings ist dem letzten Fall das Optimierungskriterium des Grundmodells wieder in Kraft gesetzt.

Konsequenzen für die Zulieferer

Die Analyse der Bestandsoptimierung der Roh-, Hilfs- und Betriebsstoffe muss also grundsätzlich unterteilt werden in eine entsprechende Analyse des Zulieferers und des Abnehmers. Bei einem Zulieferer, der das Just in Time-System von einem entsprechend verhandlungsstarken Kunden angewiesen bekommt, kann das Just in Time-System zu höheren Fertigwarenlagerbeständen und sogar zu höheren Beständen an Roh-, Hilfs- und Betriebsstoffen führen. Letzteres passiert dann, wenn der Abnehmer Produktions- und Nachfrageschwankungen über den Zulieferer abpuffert, aber von diesem jederzeitige Lieferbereitschaft erwartet. Der Zulieferer muss dann nicht nur im Fertigwarenlager sondern ggf. auch in den Zwischenlagern und dem Wareneingangslager für Roh-, Hilfs- und Betriebsstoffe entsprechende Sicherheitsbestände vorhalten.

Wohin das kurzfristige Ausspielen ökonomischer Verhandlungsmacht führen kann, hat der ehemalige Opel- und VW-Einkaufsmanager Ignacio Lopez in den achtziger Jahren gezeigt: nämlich zu einem Massensterben in der deutschen Automobilzuliefererindustrie. Es gibt allerdings auch zahlreiche Beispiele einer langfristig orientierten, partnerschaftlichen und beiderseitig erfolgreichen Kooperation von Unternehmen, die mit ihren Lieferanten nach dem Just in Time-System (JIT) zusammenarbeiten. Somit darf das JIT-System nicht von vornherein als ein reines »Knebelsystem« der Großen für die Kleinen abgetan werden.

3.5.2 Just in Time-System = Fertigungssynchrone Anlieferung

Fallbeispiel Lear/Opel

Dass Zulieferanten in bestimmten Ausnahmefällen sogar ihrerseits darüber nachdenken, bestehende JIT-Systeme aufzukündigen oder grundlegend zu verändern, zeigen u.a. die Überlegungen des Automobilzulieferers Lear Corporation in Gustavsburg bei der Belieferung von Opel in Rüsselsheim, die gerade während der Fertigstellung dieses Buches aktuell wurden (vgl. Rhein-Main Presse, 18.10.2006). Der US-Konzern Lear Corporation prüfte eine Verlagerung der Produktion nach Polen, was am Standort Gustavsburg den direkten Wegfall von 300 Arbeitsplätzen zur Folge gehabt hätte, d.h. ohne die Arbeitsplatzeffekte bei den Zulieferanten des Zulieferanten Lear. Die Lear Corporation erzielte im Geschäftsjahr 2005 mit 115.000 Mitarbeitern an 286 Standorten in 34 Ländern einen Konzernumsatz von 15 Milliarden €. Das Unternehmen gehört damit zu den weltweit größten Automobilzulieferanten und hat seinerseits eine erhebliche Verhandlungsmacht, die allerdings nicht typisch für die überwiegend mittelständisch geprägte deutsche Automobilzulieferindustrie ist. Das Werk in Gustavsburg ist komplett auf den benachbarten Rüsselsheimer Autohersteller Opel ausgerichtet: es werden ausschließlich Sitzgarnituren für die Modelle Vectra und Signum hergestellt, die in Rüsselsheim vom Band laufen. Für diese beiden Opel-Modelle werden die Sitzgarnituren fertigungssynchron vom nur wenige Kilometer entfernten Gustavsburg angeliefert.

Eine Verlagerung der Produktion wurde von Lear ins 1.000 km entfernte polnische Tichy erwogen. Dort liegt der Lohn pro bezahlter Minute bei acht Eurocent, in Gustavsburg bei 34 Cent, also beim rund Vierfachen. Dieser Lohnkostenvorteil in Polen wirkt sich in der Gesamtkalkulation bei der lohnkostenintensiven Produktion von Sitzgarnituren deutlich aus. Wenn Lear nur einen Teil dieses Lohnkostenvorteils preislich an Opel weitergegeben hätte, so hätte dies die evtl. entstehenden Kapitalbindungskosten einer kurzen Lagerhaltung von Sitzgarnituren bei Opel kompensiert. Die Transportlosgröße der LKW die von Tichy nach Rüsselsheim gefahren wären, hätte voraussichtlich 90 statt bisher 60 Sitzgarnituren betragen. Es wären also mehrere LKW pro Tag notwendig gewesen.

Ein Wareneingangslager im eigentlichen Sinne, in das ein- und auskommissioniert wird, wäre auch dann bei Opel nicht notwendig geworden. Es ist überhaupt fraglich, ob bei Opel Kapitalbindungskosten entstanden wären, da dies von den vereinbarten Zahlungszielen abhängt. Wenn z. B. zweiwöchentlich insgesamt 1.600 Sitzgarnituren geliefert und bezahlt werden, dann macht es hinsichtlich der Kapitalbindung und Bestandsoptimierung bei Opel keinen Unterschied, ob diese täglich oder im Zweitagesturnus angeliefert werden. Insofern ist der ganze Fall eher ein internes kostenrechnerisches Problem bei Lear, das die höheren Transportkosten von Polen nach Rüsselsheim den niedrigeren polnischen Lohnkosten gegenrechnen muss. Ein großer Nachteil bei Opel hätte in der reduzierten Flexibilität gelegen. Heute kann ggf. mit zwei Stunden Vorlauf die Reihenfolge der Sitzgarnituren geändert werden. Im polnischen Modell müsste wesentlich früher disponiert werden und Sicherheitsbestände wären wohl auch unvermeidlich.

Ökologische, volkswirtschaftliche und politische Aspekte des Just in Time-Systems

Es soll an dieser Stelle angemerkt werden, dass das Just in Time-System über die erwähnten betriebswirtschaftlichen Aspekte hinaus ökologische, volkswirtschaftliche und politische Implikationen aufwirft. Die zunehmenden Just in Time-Verkehre von Ost- nach Westeuropa führen zu einer erhöhten Belastung des deutschen Straßensystems und zu höheren Schadstoffemissionswerten bzw. einer höheren Belastung der Umwelt. Bei kleinen Mengen steigen die Transportkosten, weil mehr Anlieferungen notwendig werden. Trotzdem gibt es wegen der geringen Mengen keinen Anreiz, in der Nähe der Abnehmer zu bauen. Kauft der Abnehmer große Mengen, werden volle LKW angeliefert und es entsteht ein großer Anreiz, in der Nähe zu bauen (Kosten und Flexibilität). Dadurch fallen tendenziell die gefahrenen Kilometer und auch die Kosten.

Dem deutschen Logistikdienstleister, der bisher die fertigungssynchrone Anlieferung zwischen Gustavsburg und Rüsselsheim organisiert hat, wäre wahrscheinlich der Auftrag verloren gegangen. Stattdessen hätte voraussichtlich eine polnische Spedition den Auftrag erhalten, die wie alle osteuropäischen Speditionen hohe Kostenvorteile gegenüber deutschen Spediteuren hat. Diese Kostenvorteile untergliedern sich in niedrigere Lohnkosten, eine niedrigere Steuer- und Abgabenlast und geringere Sicherheitsauflagen. Bei den Arbeitern, die in Gustavsburg die Sitzgarnituren produzieren, handelt es sich zum großen Teil um ungelernte Kräfte aus Osteuropa. Diese hätten nach Wegfall ihrer Arbeitsplätze das deutsche Sozialversicherungssystem in Anspruch genommen. Gleichzeitig subventioniert der deutsche Steuerzahler als größter Nettobeitragzahler in der EU die neuen Osteuropäischen EU-Beitrittsländer über die Umverteilung im Brüsseler EU-Haushalt.

3.5.3 Konsequenzen für die Zulieferer

Die Konsequenzen der Implementierung des Just in Time-Systems und des Kanban-Systems für die Zulieferer lassen sich grundsätzlich in »autonomiegefährdende Elemente« und »autonomieneutrale Elemente« unterteilen (Varnholt).

Zu den autonomiegefährdenden Elementen gehört die einseitige Ausrichtung des Produktionsprogramms auf eines oder einige wenige Abnehmerunternehmungen, mit denen eine JIT-Anlieferung vereinbart wird. Die Analyse einer mehr oder weniger starken Abhängigkeit von einem oder wenigen Kunden gehört auch zur Standardanalyse im Rahmen der qualitativen Faktoren des Ratings. Der Wegfall eines großen Kunden im Rahmen einer oligopolistischen Kundenstruktur (= Lieferbeziehung mit nur wenigen großen bzw. bedeutenden Kunden) kann auch durchaus Existenz gefährdend und nicht nur Autonomie gefährdend sein. Dies wird teilweise dadurch ausgeglichen, dass die Zulieferer einen Vertrag über die gesamte Laufzeit einer Modellreihe erhalten.

Abhängigkeit von Großkunden

Die Standortverlagerung zum, bzw. Niederlassungsgründung beim Kunden ist normalerweise für weniger verhandlungsstarke und international diversifizierte Unternehmen als die oben erwähnte Lear Corporation, ebenfalls ein Autonomie gefährdendes Element des Just in Time-Systems, durch die die Verhandlungsmacht eines zu beliefernden Unternehmens nochmals deutlich steigt. Schließlich sind als Autonomie gefährdende Elemente des Zulieferers noch langfristige vertragliche Bindungen in Rahmenverträgen und die Inanspruchnahme von Finanzierungshilfen zu nennen.

3.6 Die Auswahl der für den Einsatz der Bestandsoptimierungsansätze geeigneten Roh-, Hilfs- und Betriebsstoffe

3.6.1 Grundsätzliches

Eine vollständige Optimierung der Bestände aller Roh, Hilfs- und Betriebsstoffe eines mittelständischen Unternehmens ist nicht Sinn und Zweck der hier dargestellten praxisorientierten Bestandsoptimierung. Das mittelständische Maschinenbauunternehmen, dessen Bilanz diesem Beitrag zugrunde gelegt wird, arbeitet mit einer vierstelligen Zahl zugekaufter Roh-, Hilfs- und Betriebsstoffe sowie Halbfertigfabrikate. Würden die Bestände tausender Materialarten optimiert, so geriete die Bestandsoptimierung zum Selbstzweck. Es müssen daher diejenigen Roh-, Hilfs- und Betriebsstoffe aus der Gesamtheit ausgesucht werden, für die eine Bestandsoptimierung sinnvoll ist. Das klassische Instrument hierfür ist die ABC-Analyse. Sie teilt die Roh-, Hilfs- und Betriebsstoffe in drei Wertkategorien ein, wobei Materialarten mit einem hohen Einkaufswert in die Kategorie A, Materialarten mit einem mittleren Einkaufswert in die Kategorie B und Materialarten mit einem relativ niedrigen Einkaufswert in die Kategorie C eingeteilt werden. Die Einteilung in Kategorien kann grundsätzlich auch feiner vorgenommen werden, etwa in vier, fünf oder sechs Kategorien. Es ist aber gerade Aufgabe der ABC-Analyse eine sehr einfache und übersichtliche Einteilung der Materialarten herbeizuführen. Daher hat sich auch in der softwaretechnischen Umsetzung die zunächst relativ grob erscheinende ABC-Einteilung durchgesetzt (Hoppe). Wenn die reine ABC-Analyse als Entscheidungskriterium herangezogen würde, ergäbe sich für alle drei oben dargestellten Bestandsoptimierungsinstrumente die Konsequenz, die Materialarten der Kategorie A zu optimieren, d. h. für Materialarten der Kategorie A. Bestellmengenrechnungen durchzuführen oder eine Just in Time-Anlieferung einzurichten. Ob für die Materialarten der Kategorie B auch Bestandsoptimierungen durchgeführt werden, hängt von der Kapazität des Einkäufers, beziehungsweise der Einkaufsabteilung ab. Für die Materialarten der Kategorie C werden keine Bestandsoptimie-

ABC-Analyse als klassisches Instrument der Bestandsoptimierung

rungen durchgeführt, d. h. evtl. überhöhte Bestände werden hier akzeptiert, da sie wertmäßig in der entsprechenden Bilanzposition nur eine relativ geringe Auswirkung haben.

Erweiterung der ABC-Analyse

Die reine ABC-Analyse reicht als Entscheidungsinstrument aber nicht aus. Zusätzlich sind die Materialarten noch nach dem Grad der Vorhersagegenauigkeit ihres Verbrauchs einzuteilen. Es ergibt sich dann die Erweiterung zur so genannten ABC-RSU-Analyse, die teilweise auch als ABC-XYZ-Analyse bezeichnet wird (Grocha; Kilger). R-Material ist durch einen regelmäßigen, stetigen, relativ gleich bleibenden und gut prognostizierbaren Verbrauch gekennzeichnet. Bei S-Materialien ist die Vorhersagegenauigkeit schlechter ausgeprägt. Es kann sich hierbei um trendförmig steigende oder sinkende oder saisonal schwankende Verbräuche handeln. U-Materialien weisen einen unregelmäßigen, sporadischen oder nicht vorhersehbaren Verbrauch auf. Für derartigen Materialverbrauch macht es kaum Sinn, Vertragsverhandlungen mit dem Ziel von Rahmenverträgen zu führen, auf deren Basis dann optimale Bestellmengen abgerufen werden. Insofern kommen Bestandsoptimierungen mit dem Grundmodell der optimalen Bestellmenge hier nicht in Betracht. Ebenso macht es weniger Sinn, eine Just in Time-Anlieferung einzurichten, wenn die Vorhersagegenauigkeit gegenüber den Lieferanten sehr gering ist. In diesem Fall kann aber das Bestellmengenmodell mit Rabatten geeignet sein.

3.6.2 Die Materialauswahl mit Hilfe der »Volumenorientierten ABC-Analyse«

Materialvolumen als Auswahlkriterium

Ein drittes Auswahlkriterium ist das Volumen des Materials. Auch großvolumiges aber geringwertiges Material verursacht Lagerhaltungs- bzw. Kapitalbindungskosten. Hierbei spielen allerdings weniger die Zinsen auf die Materialbestände selbst eine Rolle, sondern die Abschreibung und die Zinsen auf die Lagerinfrastruktur d. h. die Zinsen auf das in die Lagergebäude und die Lagerausstattung investierte Kapital. Diese Kostenarten werden in der Formel für die Gesamtkosten der Materialwirtschaft durch die Variable:

d_m = Verrechnungssatz für stückzahl-/volumen-/lagertypabhängige Kosten der Materialfaktorart m

berücksichtigt.

Einteilung des Materials in Volumenklassen

In Anlehnung an die übersichtliche Dreiteilung der Wertigkeit und der Vorhersagegenauigkeit lässt sich das Material in groß-, mittel- und kleinvolumiges (GMK) Material einteilen. Damit ist die ursprüngliche, lediglich die Wertigkeit erfassende ABC-Analyse zur gesamthaften ABC-RSU-GMK-Analyse erweitert (vgl. Varnholt 1983; Krycha). Allerdings erscheint die von uns ehemals vorgeschlagene Bezeichnung ABC-XYZ(RSU)-GMK-Analyse zwar systematisch, aber etwas sperrig, so dass im Folgenden die Bezeichnung »Volumenorientierte ABC-RSU-Analyse« benutzt wird. Mit diesem einfachen Instrument lässt sich die Gesamtheit der Roh-, Hilfs- und Betriebsstoffe pragmatisch dahingehend analysieren, für welches Material eine Bestandsoptimierung durchgeführt werden soll. Schaubildlich lässt sich dies anhand eines dreidimensionalen Koordinatensystems darstellen, wobei auf der vertikalen Achse die Wertigkeit in

Form der Klassen ABC abgebildet wird. Horizontal wird die Verbrauchsvorhersagegenauigkeit in Form der Klassen RSU abgetragen und die dritte Achse bildet die Volumina in Form der Klassen GMK ab.

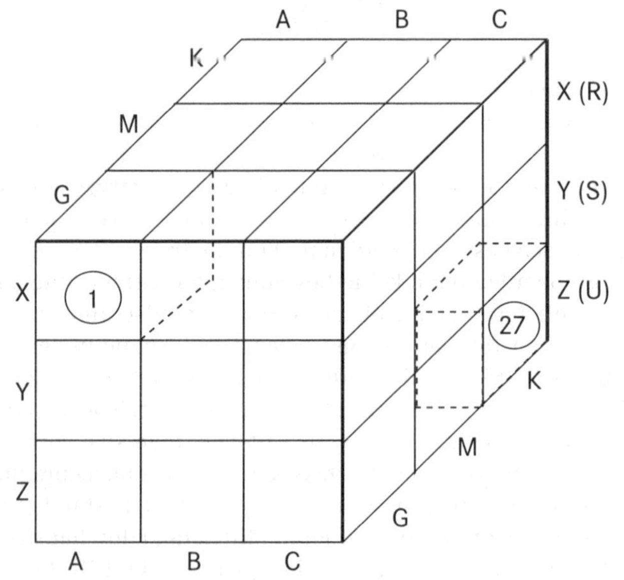

Abbildung 15: Volumenorientierte ABC-Analyse

G = Groß	(R) x = regelmäßiger Verbrauch
M = Mittelgroß	(S) y = schwankender Verbrauch
K = Klein	(U) z = unregelmäßiger Verbrauch
A = hoher Verbrauchswert	
B = mittlerer Verbrauchsweret	
C = niedriger Verbrauchsweret	

Welche Materialarten sind für die Optimierung geeignet?

Grundsätzlich sind Roh-, Hilfs- und Betriebsstoffe, die durch ARG (= hoher Wert, hohe Vorhersagegenauigkeit und großes Volumen) gekennzeichnet sind, am besten für eine Bestandsoptimierung geeignet. Am wenigsten geeignet für eine Bestandsoptimierung sind die Materialien, die durch CUK (= geringwertig, niedrige Verbrauchsvorhersagegenauigkeit und ein kleines Volumen) gekennzeichnet sind. Es muss unternehmensspezifisch entschieden werden, welche der 27 möglichen Merkmalskombinationen einer Bestandsoptimierung zugeführt werden.

Weitere Kriterien, die Berücksichtigung finden sollten, sind die folgenden:
- Zeitraum, der für die Wiederbeschaffung notwendig ist,
- Sicherheit, dass der Liefertermin eingehalten wird,
- Wahrscheinlichkeit, dass die Ware fehlerfrei geliefert wird.

3.7 Die Anwendung der dargestellten Bestandsoptimierungsansätze auf die Bilanz des mittelständischen Maschinenbauunternehmens

In dem Unternehmen beträgt zum Abschlussstichtag 31.12.2005 der Bestand an Roh-, Hilfs- und Betriebsstoffen und optimierbaren Halbfertigfabrikaten 1.510.000 €; dies sind 15,7 % der Bilanzsumme. Der Betrieb ist in beengten Gebäudeteilen in der Stadt angesiedelt. Lagerflächen sind also knapp und am bestehenden Standort kaum erweiterbar. Daher wurde mithilfe der Volumenorientierten ABC-Analyse eine Auswahl der zu optimierenden RHB-Stoffe ermittelt. Es ergab sich als Ergebnis dieser Analyse, dass von rund 930 unterschiedlichen RHB-Stoffsorten 180 einer Optimierung zugeführt werden sollen. Zu berücksichtigen ist, dass im Sondermaschinenbau typischerweise viele U-Teile, also Teile mit geringer Vorhersage- bzw. Plangenauigkeit vorkommen, die entsprechend sporadisch beschafft werden und für die trotz evtl. hohem Beschaffungswert und großem Volumen keine Bestellmengenoptimierung oder fertigungssynchrone Anlieferung sinnvoll ist. Durch Bestandsoptimierungsmaßnahmen der ausgewählten 180 Sorten konnte der RHB-Bestand in der Bilanz 2006 auf insgesamt 639.000 € gesenkt werden. Dies entspricht einer Senkung des RHB-Bestandes um 900 T€. Eine so deutliche und erfolgreiche Bestandsoptmierung war allerdings nur möglich, weil das Unternehmen sich vorher mit dem Thema Bestandsoptimierung nicht befasst hat und eine ausgeprägte Neigung zum Anlegen von vermeintlich notwendigen Sicherheitsbeständen bestand. Beide Phänomene sind aber für den kleineren Mittelstand durchaus typisch. Darüber hinaus ist zu berücksichtigen, dass die Wertigkeit der RHB-Bestände von Branche zu Branche stark schwanken. Im Sondermaschinenbau liegen mit einem hohen Anteil an zugekauften Maschinenteilen typischerweise werthaltigere Bestände auf Lager als etwa in holzverarbeitenden Unternehmen der Bauzulieferindustrie.

Analyseergebnis im Fallbeispiel

Softwareauswahl

Das Teilprojekt Bestandsoptimierung begann mit der Analyse und Auswahl einer für die spezielle Unternehmensgröße und Branche geeigneten Logistiksoftware. Hierbei waren Kosten und Nutzen bzw. notwendige Funktionalitäten gegeneinander abzuwägen. Bedingung war, dass auch die ABC-RSU-Analyse damit durchführbar ist. Die Volumenanalyse GMK ist leider noch in keiner Standardanwendungssoftware verfügbar und muss als Sonderanalyse mit einem Tabellenkalkulationsprogramm durchgeführt werden. Anschließend mussten die organisatorischen und personellen Zuständigkeiten festgelegt werden. Hier war die Bedingung, dass keine zusätzlichen Personalkapazitäten für die Pflege der Software bzw. die Bestandsoptimierung insgesamt aufgebaut werden sollten. Dies gelang dahingehend, dass in die bestehenden Bestellprozesse die Bestandsoptimierung für die festgelegten 180 Materialsorten als Teilprozess integriert wird. Dies heißt aber nicht zwingend, dass in jedem Geschäftsjahr die 180 RHB-Sorten optimiert werden müssen. Wenn die Zeitreserven der Einkäufer nicht ausreichen, werden schlicht und einfach weniger RHB-Sorten optimiert. Von den optimierungswürdigen Materialsorten konnten nur rund 14 Sorten (im Wesentlichen Elektromotoren) als fertigungssynchrone Anlieferung beschafft werden, was für einen Sondermaschinenbauer noch eine relativ hohe Zahl ist, da die fertigungssynchrone Anlieferung für Serienfertiger grundsätzlich gut bis sehr gut geeignet ist, aber für Einzelfertiger eigentlich die große Ausnahme darstellt (Varnholt).

Beispiel für die Optimierung einer Materialart

Natürlich können in diesem Beitrag nicht alle Detailprobleme der Datenerfassung und Bestellmengenrechnung des durchgeführten Projektes angesprochen werden. Auch kann die Optimierung aller 180 RHB-Stoffe nicht gesamthaft gezeigt werden. Daher soll beispielhaft eine Materialart, bei der besonders signifikante Optimierungserfolge erzielt werden konnten, vorgeführt werden. Aufgrund der erforderlichen Anonymisierung werden die RHB-Stoffe nur mit laufenden Nummern bezeichnet; die Mengen, Preise und Kosten sind gerundet, entsprechen aber den realen Größenordnungen. Die Planperiode ist jeweils ein Jahr.

1. Bestandssenkung
   Planperiodengesamtbedarf: 1.380 kg pro Jahr
   Einkaufspreis: 106 €/kg
   Bestellfixe Kosten: 448 €/Be (Ergebnis der internen Prozesskostenanalyse)
   Kalkulatorischer Zinssatz 6 %
   Sonstige wertabhängige Kosten 2 %

$$BM_{opt} = \sqrt{\frac{1.380 \times 448 \times 200}{106 \times (6 + 2)}} = 381{,}85$$

Bestellfrequenz = 1.380 /381,85 = 3,61 Bestellungen pro Jahr. Unter der Voraussetzung, dass das Material auch noch in der nächsten Periode benötigt wird (offene Bestellperiode) würde alle 365/3,61 = 101 Tage bestellt.

Wenn hingegen nur der Bedarf eines Jahres ohne Überhang gedeckt werden soll (geschlossene Bestellperiode), muss die Bestellmenge angepasst werden. Da 3,61 mal nicht geliefert werden kann, muss dann auf ganze Zahlen bzw. Bestellungen kaufmännisch gerundet werden und der Planperiodengesamtbedarf wiederum durch diese gerundete Bestellfrequenz geteilt werden. Im vorliegenden Fall ergeben sich dadurch vier Bestellungen mit 345 kg plus Sicherheitsbestand.

Frühere nicht optimale Bestellmenge

Tatsächlich wurde am 01.12.2004 der gesamte Jahresbedarf für das Geschäftsjahr 2005 bestellt. Die Entnahme aus dem Lager erfolgt unterjährig relativ gleichmäßig, so dass eine durchschnittliche monatliche Entnahme von 115 kg vorliegt. Allerdings erfolgt die Entnahme monatlich nicht auf das kg genau, so dass sich ein realer Inventurendbestand zum 31.12.2004 von 1.216 kg ergab. Im Dezember erfolgte also eine etwas überdurchschnittliche Entnahme von 164 kg. Um überhaupt eine Vergleichbarkeit des optimierten Bestandes mit dem Bestand aufgrund nicht optimaler Bestellmengen herbeiführen zu können, wird bei der Vergleichsrechnung davon ausgegangen, dass eine optimale Bestellmenge mit 345 kg ebenfalls zum 01.12.2004 beschafft wurde. Bei genau durchschnittlichem Lagerabgang, der als Verbrauchsfiktion zugrunde gelegt wird, wären von dieser Bestellmenge zum 31.12.2004 noch 230 kg im Lager gewesen. Diese Fiktion ist notwendig, da ja zum damaligen Stichtag noch keine optimalen Bestellmengen berechnet wurden und kein echter Inventurendbestand auf Basis einer optimalen Bestellmenge vorhanden war. Die mengenmäßige Differenz aufgrund dieser Bestell- und Verbrauchsfiktion im Dezember 2004 beträgt dann zum 31.12.2004 1.035 kg und die wertmäßige Differenz beträgt 109.710 €. Grundsätzlich ist diese Vergleichsrechnung die einzige Möglichkeit, um den Effekt einer Bestandsoptimierung bei einer einzelnen Materialart zu zeigen. Da eine einzelne Materialart aber nicht gleichzeitig optimiert und nicht optimiert bestellt wird, muss bei einer der beiden Möglichkeiten für die hier beabsichtigte Veranschaulichung mit einer Fiktion gearbeitet werden. Ansonsten bliebe nur die Möglichkeit auf den Gesamterfolg der Bestandssenkung um 900.000 € hinzuweisen, der sich sukzessive im Laufe von anderthalb Jahren ergeben hat, ohne dass man aber zeigen könnte, aus welchen einzelnen Erfolgen dieser sich zusammensetzt. Ein weiterer großer Vorteil ergibt sich aus der verringerten Obsoleszenzgefahr. Wenn sich das Absatzprogramm so ändert, dass der Einsatzstoff nicht mehr benötigt wird, würden Sonderabschreibungen fällig. Auch ist der Maschinenbauer besser vorbereitet, wenn der Lieferant ein verbessertes Folgeprodukt auf den Markt bringt. Als letzter Vorteil sei noch erwähnt, dass auch bestimmte Risiken der Lagerhaltung wie z. B. Beschädigung, Diebstahl, Korrosion etc. geringer werden.

Erfolg der Bestandsoptimierung

2. Es ergab sich bei einigen wenigen Materialsorten bei der Bestandsoptimierung auch eine Bestandserhöhung als Folge größerer optimaler Bestellmengen. Die eingesparten Bestellfrequenzkosten und Rabatte waren also in diesen Fällen höher als die zusätzlichen Kapitalbindungskosten. Die Bilanzoptimierung ist nur ein Teilbereich der betriebswirtschaftlichen Gesamtoptimierung. Grundsätzlich sollte die Erhöhung der Eigenkapitalquote als angestrebtes Ergebnis der Bilanzoptimierung nicht durch unverhältnismäßig große Kostensteigerungen bei den Bestellfrequenzkosten erkauft werden. Dem Mittelständler wurde daher empfohlen, auch die zu Bestanderhöhungen führenden optimalen Bestellmengen umzusetzen. Die überhöhten Bestellfrequenzkosten würden sich ansonsten in der Gewinn und Verlustrechnung niederschlagen und den Jahresüberschuss schmälern, was sich auf das Rating wiederum negativ auswirken würde. Die Bestandserhöhungen waren aber die Ausnahmen, die die Bestandssenkungen keinesfalls kompensierten, wie die insgesamt erreichte Bestandssenkung von 900 T€ zeigt.

Bestandserhöhungen in Einzelfällen

Literatur

Andler, K.: Rationalisierung der Produktion und optimale Losgröße, München 1929
Arnolds, H.; Heege, F.; Tussing, W.: Materialwirtschaft und Einkauf, 10. Aufl., Wiesbaden 1998, Nachdruck 2001
Coenenberg, A. G.: Kostenrechnung und Kostenanalyse, 5. Aufl., Stuttgart 2003
Ehrmann,H.:Logistik, 3. Aufl., Ludwigshafen 1995
Grochla, E.: Grundlagen der Materialwirtschaft, 3. Aufl., Wiesbaden 1978
Hahn,D.; Hungenberg, H.: PUK Planung und Kontrolle, 6. Aufl., Wiesbaden 2001
Harris, F.W.: Operations and Costs, Chicago 1915
Hüttemann, H.: Modelle der dynamischen Programmierung zur Bestimmung optimaler Beschaffungsmengen, Göttingen 1971
Hoberg, P.: Warum Überstunden so billig sind, in: Controller Magazin 1/2003, S. 12–19
Hoppe, M.: Bestandsoptimierung mit SAP, Bonn 2005
Kilger, W.: Industriebetriebslehre, Band I, Wiesbaden 1986
Krekel, Ch.: Unveröff. Zusammenstellung der Internationalen Speditionsgesellschaft Krekel mbH; Alsheim/Rheinland-Pfalz, Stand Ende 2006
Kremin-Buch, B.: Strategisches Kostenmanagement, 3. Aufl., Wiesbaden 2004
Krycha, K.-Th.: Materialwirtschaft, München 1986
Lebefromm, U.: Produktionsmanagement, 5.Aufl., München, Wien 2003
Liker,.J. K.: The Toyota Way – 14 Management Principles from the World's Greatest Manufacturer, McGraw-Hill 2004.
Oeldorf, G.; Olfert, K.: Materialwirtschaft, 7. Aufl., Ludwigshafen 1995
Olfert, K.: Kostenrechnung, 13. Aufl., Ludwigshafen 2005
Schmidt, K. J.: Handbuch Logistik u. Produktionsmanagement Band 1 und 2, 2. Aufl., Landsberg/Lech 2001
Schulte, G.: Material und Logistikmanagement, 2. Aufl., München 2001
Shingo, S.: Study of Toyota Production System, Tokyo 1981
Steiner, J.: Optimale Bestellmengen bei variablem Bedarfsverlauf, Wiesbaden 1975
Varnholt, N. T.: Förderleistungsoptimierung in Handelsgenossenschaften, Köln 1989
Varnholt, N. T: Die Diskussion um Kanban, Kurzlebige Modeerscheinung oder doch mehr, in: Beschaffung aktuell, März 1983, S. 20 ff
Wildemann, H.: Just-in-Time-Produktion, Bd. 1 und 2, 2. Aufl., München 1987
Wildemann, H.: Produktionssynchrone Beschaffung, Einführungsleitfaden, 2. Aufl., München 1988
Zwehl v., W.: Kostentheoretische Analyse des Modells der optimalen Bestellmenge, Wiesbaden 1973

4 Finanzierungsoptimierung durch den Einsatz öffentlicher Förder- und Finanzierungsinstrumente

4.1 Vorbemerkung

Einfluss von Basel II auf Kreditvergabe

In den letzten Jahren hat die Diskussion um die »Kreditversorgung des Mittelstandes« einen breiten Raum eingenommen. In der Tat war zu beobachten, dass in den ersten Jahren des neuen Jahrtausends die Kreditzusagen und -bestände deutlich zurückgegangen sind. Als eine Ursache für diese Entwicklung wurde von verschiedenen Seiten immer wieder die Regulierungen im Bankensektor genannt, vor allem die unter dem Stichwort »Basel II« bekannt gewordenen Regelungen für die Kreditvergabe und in diesem Zusammenhang an erster Stelle das Thema »Rating« und die daran orientierte risikogerechte Bepreisung von Krediten. An dieser Stelle soll nicht darauf eingegangen werden, inwieweit dies zu der rückläufigen Entwicklung beigetragen hat oder ob nicht andere Gründe mit ausschlaggebend waren. Erfreulich ist, dass in jüngster Zeit offenbar erste Anzeichen für eine Trendwende zu beobachten sind. So stellt die KfW-Bankengruppe in ihrer jüngsten Unternehmensbefragung (veröffentlicht im September 2006) fest, dass die Banken den Mittelstand neu entdecken, gleichwohl der Kreditzugang für kleine Unternehmen nach wie vor schwierig bleibt.

Banken entdecken den Mittelstand

Festzuhalten ist jedoch in jedem Fall, dass sich die Unternehmen künftig mit dem Thema Rating auseinandersetzen müssen. Die vorgenannte Befragung der KfW kommt zu dem Ergebnis, dass zwischenzeitlich mehr als die Hälfte der befragten Unternehmen von ihrem Kreditinstitut intern geratet werden. Drei Fünftel der Unternehmen kennen die Ratingkriterien der Kreditinstitute und drei Viertel der Betriebe kennen auch ihre Ratingnoten.

Für die Betriebe wird es künftig von zentraler Bedeutung sein, entsprechend zu reagieren, verbunden mit der Zielsetzung das Rating zu verbessern. Die Einflussfaktoren für das Rating betreffen nahezu alle Unternehmensebenen. Fast jede unternehmerische Entscheidung kann sich auf das Rating auswirken. Von zentraler Bedeutung ist aber naturgemäß das Thema »Unternehmensfinanzierung«.

Hausbanken ist und bleibt zentraler Finanzierungspartner

Dabei ist zum einen zu fragen, inwieweit alternativ oder ergänzend zur klassischen Hausbankfinanzierung – zumindest für Teilbereiche – innovative Instrumente herangezogen werden können. Zum anderen haben Unternehmen die Möglichkeit, auf eine Vielzahl von öffentlichen Förder- und Finanzierungsprogrammen zurückzugreifen, die das Rating verbessern und die Hausbanken bei ihrem Kreditengagement entlasten können. Festzuhalten ist dabei jedoch, dass die zu Verfügung stehenden Finanzierungsalternativen die Kreditfinanzierung durch die Hausbank nie ersetzen können. Auch künftig wird die Hausbank i.d.R. der zentrale Finanzierungspartner vor allem der mittelständischen Wirtschaft sein. Finanzierungsalternativen können dazu beitragen die Unternehmensfinanzierung zu optimieren, das Rating zu verbessern, und das Kreditrisiko auf mehrere Schultern zu verteilen.

Dieses Kapitel wird sich schwerpunktmäßig mit dem Thema öffentliche Förder- und Finanzierungsprogramme befassen. Dies erfolgt am Beispiel des Landes Rheinland-Pfalz, in dem die Zuständigkeit für die betriebliche Wirtschaftsförderung bei der landeseigenen Investitions- und Strukturbank Rheinland Pfalz (ISB) GmbH liegt. Da in den meisten andern Bundesländern ähnliche Förderstrukturen wie in Rheinland-Pfalz bestehen, können die erarbeiteten Ergebnisse auch grundsätzlich auf andere Bundesländer übertragen werden. Daneben werden in dem Beitrag auch wichtige Instrumente der bundesweit tätigen KfW-Förderbank vorgestellt.

4.2 Alternative Finanzierungsinstrumente

4.2.1 Mezzanine Finanzierungen

Eigen- und Fremdkapitalcharakter von Mezzaninen Finanzierungen

Mezzanine Finanzierungsinstrumente sind Mischformen zwischen Eigen- und Fremdkapital. Mezzanine Finanzierungen weisen Elemente beider Finanzierungsformen auf. Fremdkapitalcharakter erhalten sie dadurch, dass sie i.d.R. eine feste Laufzeit haben und oftmals mit einem gewinnunabhängigen regelmäßigen Beteiligungsentgelt – ähnlich einer Zinszahlung – verbunden sind. Eigenkapitalcharakter erfahren Mezzaninfinanzierungen dadurch, dass hierfür keine Sicherheiten bereitgestellt werden müssen und dass sie mit einer sog. Nachrangklausel versehen sind, d. h. im Verwertungsfall erst nach dem Fremdkapital bedient werden. Die Vergabe von Mezzaninkapital ist ferner oftmals an eingeschränkte Mitsprache- und Informationsrechte des Kapitalgebers gebunden. Typische Formen von Mezzaninkapital sind stille Beteiligungen, Genussrechte oder Nachrangdarlehen. In den letzten Jahren waren es vor allem die öffentlichen Förderinstitute, die Mezzanine Finanzierungsprodukte aufgelegt haben. Daneben gibt es heute aber auch zahlreiche private Institutionen und Banken bzw. deren Beteiligungstöchter, die diese Finanzierungsform anbieten.

Je nach Ausgestaltung wird Mezzaninkapital beim Rating dem Eigenkapital zugeordnet, trägt also zu Verbesserung der Eigenkapitalquote und somit des Ratings insgesamt bei.

4.2.2 Factoring

Factoring und Leasing als etablierte Finanzierungsinstrumente

Factoring ist kein neues Finanzierungsinstrument. Gerade im Hinblick auf Basel II dürfte diese Form jedoch wieder stärker in den Blickpunkt rücken. Factoring bedeutet, dass die Unternehmen ihre Forderungen an Spezialkreditinstitute (sog. Factoringbanken) verkaufen. Es erfolgt ein sofortiger Liquiditätszufluss in das Unternehmen, wobei i.d.R. 10 % bis 15 % des Rechnungsbetrages seitens der Factoringbank einbehalten werden. Daneben wird ein Factoringentgelt von 0,8 % bis 2,5 % des Rechnungsbetrages erhoben. Dem gegenüber steht die sofortige Verbesserung der Liquiditätssituation des Unternehmens und die Schonung der vorhandenen Kreditlinien. Hohe Außenstände, die gerade in der mittelständischen Wirtschaft ein Problem darstellen, können so abgebaut werden.

4.2.3 Leasing

Auch beim Leasing handelt es sich um ein seit vielen Jahren etabliertes Finanzierungsinstrument, das in den letzten Jahren an Bedeutung zugenommen hat. Dabei haben sich auch Unternehmen, die Schwierigkeiten hatten, Kredite zu erhalten, als Alternative des Leasings bedient. Hier spielte vor allen Dingen das sog. Herstellerleasing eine Rolle, bei dem der Produzent des verleasten Wirtschaftsgutes das Ausfallrisiko übernimmt. Dies erfolgt i. d. R. bei solchen Wirtschaftsgütern, die sich durch eine gute Verwertbarkeit auszeichnen. Insofern stellt diese Form des Leasings eine echte Alternative zur Kreditfinanzierung da.

Anders sieht es aus, wenn das Leasing über eine Leasinggesellschaft erfolgt. Hier steht – wie bei einem Bankkredit – die Bonität des Leasingnehmers im Vordergrund. In vielen Fällen – vor allem bei Immobilieninvestitionen – refinanzieren sich die Leasinggesellschaften auch bei Kreditinstituten, die dann wiederum bei ihrer Risikobetrachtung auf den Leasingnehmer abstellen. In diesen Fällen kann Leasing nicht als echte Alternative zum Bankkredit gesehen werden.

Je nach Ausgestaltung des Leasingvertrages erscheinen die geleasten Wirtschaftsgüter nicht in der Bilanz des Leasingnehmers und tragen zu einer Bilanzverkürzung und somit einer Erhöhung der Eigenkapitalquote bei. Inwieweit dies beim Rating entsprechend berücksichtigt wird, bleibt jedoch der Hausbank überlassen. Die Erfahrung zeigt, dass geleaste Wirtschaftsgüter oftmals »fiktiv« in die Bilanzbetrachtung aufgenommen werden, so dass der Eigenkapitaleffekt nicht mehr zu Tage tritt.

4.3 Begleitung durch öffentliche Förder- und Finanzierungsinstrumente

4.3.1 Einführende Bemerkungen

Abwicklung von Förderprogrammen durch Förderbanken

Zur finanziellen Unterstützung der mittelständischen Wirtschaft steht in der Bundesrepublik eine Vielzahl von Förderprogrammen zur Verfügung. Förderprogramme werden von Seiten der EU, von Seiten des Bundes und von Seiten der Länder angeboten. Zum Teil werden dabei auch EU-Mittel und Bundesmittel von den Landesinstitutionen verwaltet und vergeben. In den meisten Bundesländern wurde die Durchführung und Abwicklung der Förderprogramme in die Hände von sog. Förderbanken gegeben. Diese Institute befinden sich oftmals in Besitz oder Teilbesitz der öffentlichen Hand (i.d.R. der Länder). Neben diesen sog. Landesförderinstituten existiert als bundesweit tätige Förderbank die KfW-Bankengruppe als die Förderbank des Bundes, der 80 % der Anteile hält.

Förderinstitute sind keine Konkurrenz zu Hausbanken

Die öffentlichen Förderinstitute verstehen sich nicht als Konkurrenz zu den Hausbanken. Vielmehr arbeiten diese Institute eng mit den Kreditinstituten zusammen. Förderdarlehen werden üblicherweise in einem sog. Hausbankverfahren vergeben. Dies bedeutet, dass die Förderbank die Hausbank des Unternehmens zu günstigen Konditionen refinanziert und die Hausbank dann den Kredit zumindest teilweise in eigenem Risiko an die Betriebe weiterreicht.

Mit den Förder- und Finanzierungsprogrammen will die öffentliche Hand vor allem einen Beitrag zur Sicherung und Schaffung von Arbeitsplätzen in mittelständischen Unternehmen leisten. Um dieser Zielsetzung gerecht zu werden, werden z. B. betriebliche Investitionsvorhaben, betriebliche Entwicklungs- und Innovationsprojekte oder Existenzgründungen gefördert. Nicht zuletzt vor dem Hintergrund der immer schwieriger werdenden Kreditversorgung des Mittelstandes sind von den öffentlichen Förderinstituten in den letzten Jahren verstärkt innovative Finanzierungsinstrumente aufgelegt worden, um für die mittelständische Wirtschaft günstige Finanzierungsbedingungen zu sichern.

Im Weiteren werden am Beispiel der in Rheinland-Pfalz agierenden Investitions- und Strukturbank Rheinland-Pfalz (ISB) GmbH – im Folgenden ISB –

die einschlägigen Förderinstrumente dargestellt. Daneben wird auch auf wichtige Förderprogramme der KfW eingegangen. Dabei lassen sich die Programme in zwei große Gruppen unterteilen, und zwar in:

- Förderinstrumente mit Eigenkapitalcharakter,
- Förderinstrumente mit Fremdkapitalcharakter.

Zu den Förderinstrumenten mit Eigenkapitalcharakter gehören die öffentlichen Beteiligungsprogramme, Zuschussprogramme sowie Nachrangdarlehen. Fördermittel mit Fremdkapitalcharakter sind die sog. Förderdarlehen sowie die Bürgschaftsprogramme.

4.3.2 Förderinstrumente mit Eigenkapitalcharakter

4.3.2.1 Beteiligungsprogramme

Mittelständische Beteiligungsgesellschaften

Die bekannteste Form öffentlicher Beteiligungsgesellschaften sind die sog. mittelständischen Beteiligungsgesellschaften (MBGn), die nahezu in jedem Bundesland existieren und sich üblicherweise an der Finanzierung von Investitionen in mittelständischen Betrieben beteiligen. Daneben gibt es in einigen Bundesländern, u.a. in Rheinland-Pfalz, sog. Venture-Capital-Gesellschaften (Wagnisfinanzierungsgesellschaften), deren Focus auf technologieorientierten Unternehmen liegt. Üblicherweise stellen die öffentlichen Beteiligungsgesellschaften typisch stille Beteiligungen zur Verfügung, also Mezzaninkapital. Im Venture-Capitel-Bereich werden verstärkt auch offene Beteiligungen, d.h. direkte Beteiligungen am Gesellschaftskapital der Unternehmen, gezeichnet.

4.3.2.1.1 MBG Mittelständische Beteiligungsgesellschaft Rheinland-Pfalz mbH

Finanzierung von Investitionsvorhaben, Existenzgründungen und Betriebsübernahmen

Die MBG Rheinland-Pfalz GmbH, ein Tochterunternehmen der ISB, stellt mittelständischen Unternehmen mit max. 500 Mitarbeitern und Umsatzerlösen von max. 75 Mio. € Beteiligungskapital zur Verfügung. Finanziert werden vor allem Investitionsvorhaben von Betrieben, daneben aber auch Existenzgründungen und Betriebsübernahmen. Ferner kann sich die MBG auch beim Ausscheiden von Gesellschaftern am Unternehmen beteiligen.

Die Beteiligungsform der MBG ist eine »typisch stille Beteiligung«, die Laufzeit beträgt zehn Jahre und der Beteiligungshöchstbetrag liegt in der Regel bei 1 Mio. € (Ausnahmeregelungen sind möglich). Bei Existenzgründungen liegt die Beteiligungsobergrenze bei 250.000 €. Die Höhe der MBG-Beteiligung bemisst sich an dem im Unternehmen vorhandenen Eigenkapital. Dabei gilt der Grundsatz, dass die MBG-Beteiligung nie höher sein darf als das vorhandene bzw. eingebrachte Eigenkapital (Grundsatz der Kapitalparität). Das Beteiligungsentgelt setzt sich zusammen aus einer gewinnunabhängigen Komponente (z.Zt. 5% – 6,8%) sowie einer gewinnabhängigen Komponente (z.Zt. 2,7%).

4.3.2.1.2 Venture-Capital-Beteiligungen (Wagniskapital)

Finanzierung von technologieorientierten und innovativen Vorgaben

Unter dem Dach der ISB sind verschiedene landesweit und regional tätige Venture-Capital-Gesellschaften angesiedelt. Anders als die MBG finanzieren die Venture-Capital-Gesellschaften vor allem technologieorientierte und innovative Vorhaben von Unternehmen, d.h. Vorhaben, die sich durch einen besonders hohen Risikogehalt auszeichnen. Schwerpunkt bilden dabei die technologieorientierten jungen Unternehmen. Diese Gründungen zeichnen sich oftmals durch einen vergleichsweise hohen Kapitalbedarf und durch relativ hohe Anlaufverluste aus. In der Regel können derartige Vorhaben vor diesem Hintergrund im Wesentlichen nur über Eigenkapital finanziert werden. Eine Finanzierung über Fremdkapital scheidet hier in den meisten Fällen von vornherein aus.

Konkret richten sich die Venture-Capital-Gesellschaften der ISB an mittelständische Unternehmen mit max. 250 Beschäftigten und max. 50 Mio. € Umsatzerlöse. Finanziert werden die Entwicklung und Markteinführung innovativer Produkte, Produktionsverfahren und Dienstleistungen sowie die damit im Zusammenhang stehenden Investitionen. Begleitet werden können aber auch sog. »Non-tech«-Unternehmen«, wenn sie wachstumsträchtig sind und sich durch die Schaffung von wettbewerbsfähigen und zukunftsträchtigen Dauerarbeitsplätzen auszeichnen.

Häufig: Offene Beteiligungen

Im Unterschied zur MBG beteiligen sich die Venture-Capital-Gesellschaften oftmals auch direkt am Gesellschaftskapital der Unternehmen (offene Beteiligung), wobei nie mehr als 25 % des Kapitals gehalten werden. In der Regel erfolgt hier eine Kombination von offener und stiller Beteiligung. Für die stillen Beteiligungen liegt die Laufzeit bei max. zehn Jahren, die Beteiligungsobergrenze liegt pro Venture-Capital-Gesellschaft in der Regel bei 500.000 €, wobei durch das gemeinsame Investieren von mehreren Gesellschaften höhere Gesamtbeträge erzielt werden können. Auch im Venture-Capital-Bereich gilt die Regel der sog. Eigenkapitalparität, d. h. das Beteiligungsvolumen der ISB-Venture-Capital-Gesellschaften ist nicht höher als das vom Unternehmen bzw. von anderen privaten Investoren eingebrachte Eigenkapital. Das Beteiligungsentgelt setzt sich auch hier aus einer gewinnunabhängigen und gewinnabhängigen Komponente zusammen, die gewinnunabhängige liegt in einer Bandbreite von 8,5 %–10 %, das gewinnabhängige Beteiligungsentgelt in einer Bandbreite von 1,5 %–3 %.

4.3.2.2 Nachrangdarlehen

Vergabe durch Hausbanken

Anders als Beteiligungsprogramme werden öffentliche Nachrangdarlehen über die Hausbanken vergeben. Nachrangdarlehen sind normalerweise dadurch gekennzeichnet, dass der Darlehensgeber im Rang hinter die Forderungen aller übrigen Fremdkapitalgeber zurücktritt. Ferner sind üblicherweise keine Sicherheiten zu stellen. Auf diese Weise erhält das Nachrangdarlehen einen dem Eigenkapital ähnlichen Charakter. Bei Förderkrediten, die als Nachrangdarlehen ausgereicht werden, wird die durchleitende Hausbank i. d. R. von der Haftung freigestellt, d. h. das Kreditrisiko für das Nachrangdarlehen verbleibt bei der Förderbank. Ein öffentliches Nachrangdarlehen wird dabei meist mit einer Fremdkapitaltranche kombiniert, die im Risiko der Hausbank steht und von dort aus banküblich abzusichern ist. Ähnlich wie die stillen Beteiligungen verbessern Nachrangdarlehen die Eigenkapitalausstattung eines Unternehmens und verschaffen ihm so leichteren Zugang zu weiteren Finanzierungsmitteln.

4.3.2.2.1 ISB-Darlehen für Technologie und Energie

Mit dem Darlehensprogramm richtet sich die ISB an gewerbliche Unternehmen, die Investitionen im Technologiebereich umsetzen. Zu denken ist hier an Investitionen in die unternehmenseigene FuE-Infrastruktur (z. B. Laborausstattung) oder Qualitätssicherung. Ferner kann die Aufnahme neuartiger Produktionsverfahren finanziert werden sowie Investitionen, die zur Fertigung von innovativen Produkten getätigt werden.

Ferner können im Energieteil des Darlehensprogramms Vorhaben von Unternehmen, von natürlichen Personen und von juristischen Personen des öffentlichen Rechts gefördert werden, vor allem im Bereich der erneuerbaren Energien (z. B. Tiefengeothermie, Biomasseprojekte) bzw. Pilot- und Demonstrationsvorhaben.

Die Förderung erfolgt über zinsgünstige Darlehen, die im Hausbankverfahren ausgereicht werden. Die Darlehen können bis zu 90 % der Investitionskosten betragen bei einer Darlehensobergrenze von 2 Mio. € im Technologie- und 5 Mio. € im Energiebereich. Die Darlehenslaufzeit liegt bei zehn Jahren. Auf Grund der besonderen Risikostruktur bei technologieorientierten Vorhaben können die Darlehen in dieser Sparte in Höhe von 60 % der Darlehenssumme als Nachrangdarlehen ausgestaltet werden. Für diesen Darlehensteil wird die Hausbank in vollem Umfang von der Haftung freigestellt, d. h. das Kreditrisiko liegt bei der ISB. Dabei tritt die ISB – wie bei Nachrangdarlehen üblich – mit ihrer Forderung hinter die Forderung aller anderen Gläubiger zurück. Der Zinssatz für diese Nachrangtranche hängt ab von der Bonität des Kreditnehmers. Die verbliebenen 40 % des Darlehens werden von der ISB unter der vollen Haftung der Hausbank ausgereicht, die diesen Anteil banküblich absichern kann.

4.3.2.2.2 Nachrangkapital der KfW

Die bundesweit tätige KfW bietet verschiedene Nachrangprodukte in ihrer Förderpalette an. Im Folgenden werden zwei wichtige Instrumente kurz dargestellt, das Programm »Kapital für Arbeit und Investition« sowie das »ERP-Innovationsprogramm«.

Programm »Kapital für Arbeit und Investition«

Mit dem Programm »Kapital für Arbeit und Investition« richtet sich die KfW an mittelständische Unternehmen mit einem Umsatz von max. 500 Mio. € und finanziert Investitionen in Deutschland und im Ausland. Dabei können bis zu 100 % der Kosten übernommen werden bei einem Höchstbetrag von 4 Mio. € pro Vorhaben. Der Kredit wird zu 50 % als Fremdkapitaltranche und zu 50 % als Nachrangtranche vergeben. Für die Nachrangtranche sind keine Sicherheiten zu stellen, das durchleitende Kreditinstitut ist in voller Höhe von der Haftung freigestellt.

ERP-Innovationsprogramm

Das ERP-Innovationsprogramm richtet sich an Unternehmen, die innovative Produkte, Verfahren oder Dienstleistungen entwickeln bzw. am Markt einführen. Bei Forschungs- und Entwicklungsprojekten können bis zu 100 % der Kosten finanziert werden, max. 5 Mio. € pro Vorhaben. Für Markteinführungsvorhaben liegt der Finanzierungsanteil bei 80 % (Höchstbetrag 2,5 Mio. €) in den neuen Ländern und Berlin bzw. bei 50 % (Höchstbetrag 1 Mio. €) in den alten Ländern. Auch hier wird das Darlehen als Finanzierungspaket aus einer Fremdkapital- und einer Nachrangtranche vergeben. Die Nachrangtranche beträgt bis zu 60 % des Gesamtkredits, bei Unternehmen mit einem Umsatz von mehr als 50 Mio. € 50 %. Für die Nachrangtranche sind keine Sicherheiten von der durchleitenden Bank zu stellen, die für diesen Teilbetrag von der Haftung freigestellt wird.

4.3.2.3 Zuschussprogramme

Keine Rückzahlung der Mittel

Für bestimmte Vorhaben können Unternehmen von Seiten der öffentlichen Hand bzw. der öffentlichen Förderinstitute Zuschüsse erhalten. Diese Mittel müssen vom Unternehmen – sofern die Fördervoraussetzungen erfüllt werden – nicht zurückgezahlt werden und wirken sich positiv auf die Ertragslage und somit auf das Eigenkapital des Unternehmens aus. Zuschussprogramme werden vor allem im Rahmen der so genannten Regionalförderung und im Rahmen der Technologieförderung angeboten.

4.3.2.3.1 Regionalförderung

Unterstützung strukturschwacher Gebiete

Mit dem Instrument der Regionalförderung sollen Unternehmen in strukturschwachen Gebieten bei der Durchführung von Investitionsvorhaben finanziell unterstützt werden. Diese Förderung erfolgt auf Basis eines bundesweit einheitlich geregelten Förderrahmenplanes, innerhalb dessen sich die einzelnen Bundesländer bei der Ausgestaltung ihrer Förderkriterien bewegen können. In Rheinland-Pfalz werden über dieses Programm Produktionsbetriebe, Beherbergungsbetriebe sowie überregional tätige Dienstleister und Handwerksunternehmen begleitet. Gefördert werden die Errichtung und die Erweiterung sowie die Rationalisierung von Betrieben, daneben aber auch der Erwerb von stillgelegten oder von der Stilllegung bedrohter Unternehmen. Je nach Vorhaben kann der Zuschuss bis zu 21 % der förderfähigen Kosten (Investitionskosten ins Anlagevermögen) betragen. Durch die Einbindung eines Zuschusses in eine Investitionsfinanzierung reduziert sich zwangsläufig der Bedarf an Fremdmitteln. In der Bilanz wird der Zuschuss meist von den Anschaffungskosten abgesetzt, so dass sich eine Bilanzverkürzung ergibt. Alternativ kann der Zuschuss als Sonderposten mit Rücklageanteil passiviert und sukzessive aufgelöst werden. In jedem Fall wirkt sich dieser Zuschuss positiv auf die Eigenkapitalquote des Unternehmens aus.

4.3.2.3.2 Technologieförderung

Zuschuss zu Entwicklungskosten innovativer Produkte

Im Rahmen der Technologieförderung erhalten Unternehmen, die innovative Produkte entwickeln, Zuschüsse zu den Entwicklungskosten. Auch hier steht der mittelständische Betrieb mit max. 250 Beschäftigten und 50 Mio. € Jahresumsatz im Blickpunkt, wobei in Ausnahmefällen auch größere Unternehmen unterstützt werden können.

Konkret gefördert wird die Entwicklung von innovativen Produkten und Produktionsverfahren, die auch EU-weit Neuigkeitsaspekte aufweisen. Bemessungsgrundlage für die Förderung sind die FuE-Kosten im Unternehmen, vor allem die Personalkosten, daneben aber auch Materialkosten, Kosten für Instrumente und Ausrüstungen sowie externe Beratungsleistungen.

Die Förderung erfolgt über einen Zuschuss zu den FuE-Kosten. Die Höhe des Zuschusssatzes hängt ab von dem Innovationsgrad des Vorhabens, von der Unternehmensgröße, von evtl. Kooperationen mit Fachhochschulen und Universitäten. Theoretisch möglich ist dabei ein Zuschusssatz von bis zu 75 % der FuE-Kosten, in der Praxis liegt der Zuschuss zwischen 30 % und 50 %.

Von seiner Auswirkung auf die Gewinn- und Verlustrechnung ist der Zuschuss als Ertrag zu sehen und wirkt sich somit positiv auf das Eigenkapital aus. Er vermindert die Kosten eines FuE-Vorhabens und trägt somit dazu bei, dass Unternehmen bei der Durchführung dieser – oftmals risikobehafteten – Vorhaben entlastet werden.

4.3.3 Förderinstrumente mit Fremdkapitalcharakter

4.3.3.1 Darlehensprogramme

Ziel: Günstige Finanzierung im Vergleich zum Marktzins

Darlehensprogramme gehören zu den bekanntesten Formen der öffentlichen Förderung. Auf Bundesebene und in zahlreichen Ländern werden derartige Förderinstrumente schon seit vielen Jahren angeboten. Die Zielsetzung der meisten öffentlichen Darlehensprogramme besteht darin, den Unternehmen eine im Vergleich zum Marktzins günstigere Finanzierung zu verschaffen. Dies wird in der Regel dadurch erreicht, dass aus öffentlichen Haushalten eine so genannte »Zinssubvention« in das Darlehen eingebracht wird.

Öffentliche Förderdarlehen werden üblicherweise im so genannten Hausbankverfahren ausgereicht. Dies bedeutet, dass die Förderbank den Kredit nicht direkt dem Unternehmen zur Verfügung stellt, sondern über dessen Hausbank. Dabei hat die Hausbank in der Regel das volle Kreditrisiko zu übernehmen und somit banküblich abzusichern. Die Förderbank stellt lediglich die günstigen Refinanzierungsmöglichkeiten zur Verfügung.

Haftungsfreistellung

Daneben gibt es Darlehensvarianten, bei denen von den Förderbanken ergänzend eine sogenannte »Haftungsfreistellung« für einen Kreditteilbetrag angeboten wird. Das Risiko für den haftungsfreigestellten Betrag verbleibt dabei bei der Förderbank. Die Hausbank wird entsprechend entlastet.

Öffentliche Darlehen sind sehr gut geeignet, den Konsequenzen, die sich aus dem Rating ergeben, zu begegnen. Eine mögliche aus dem Rating resultierenden Konditionenverschlechterung kann durch diese günstige Refinanzierungsform zumindest teilweise kompensiert werden. Kommt noch eine Haftungsfreistellung hinzu, verbessert die Hausbank ihre Sicherheitenposition und kann ggf. hierauf mit der Konditionenverbesserung reagieren. Die wichtigsten Darlehen in Rheinland-Pfalz sind die so genannten »ISB-Mittelstandsdarlehen«, die »ISB-Darlehensschaffung von Ausbildungsplätzen« sowie die »ISB-Konsortialdarlehen«.

4.3.3.1.1 ISB-Mittelstandsdarlehen

Finanzierung von Investitionskosten

Zielgruppe der ISB-Mittelstandsdarlehen sind kleinere und mittlere Unternehmen der gewerblichen Wirtschaft (max. 250 Beschäftigte, max. 50 Mio. € Jahresumsatz) sowie Freiberufler, Existenzgründer und natürliche Personen, die Gewerbeimmobilien verpachten. Gefördert werden können nahezu alle Unternehmen aus den Bereichen Produktion, Handwerk, Handel und Dienstleistung.

Finanziert werden Investitionskosten einschließlich Lagerinvestitionen sowie Betriebsmittel. Daneben kann auch der Erwerb von Betrieben unterstützt werden.

Die Darlehen können bis zu 75 % der Kosten betragen, bei Darlehen bis zu 1 Mio. € sogar 100 %. Die Zinssätze liegen dabei im Durchschnitt rd. 1 % unter dem Marktzinsniveau und sind abhängig von der Bonität des Endkreditnehmers.

Die Darlehenslaufzeit liegt bei Krediten bei Investitionen (einschl. Warenlager) bei zehn Jahren, bei Betriebsmitteln bei sechs Jahren. Maximal können

Darlehen von bis zu 2 Mio. € bereitgestellt werden. Die Darlehen werden im Rahmen eines vereinfachten Verfahrens mit durchschnittlichen Zusagezeiten von fünf Tagen vergeben.

Bei den Mittelstandsdarlehen handelt es sich um klassische Hausbankkredite, d. h. die Darlehen werden über die Hausbank ausgereicht, die die volle Haftung für den Kredit übernimmt.

4.3.3.1.2 ISB-Ausbildungsplatzdarlehen

Förderung von Ausbildungsplätzen

Für Unternehmen, die neue Ausbildungsplätze schaffen, werden in Rheinland-Pfalz zinsgünstige Darlehen bereitgestellt. Das Programm richtet sich an Betriebe mit bis zu 50 Beschäftigte, an Existenzgründer und Existenzsicherer sowie an Betriebe, die schwer vermittelbare Auszubildende einstellen.

Die Darlehen werden über die Hausbank ausgereicht und können bis zu 35.000 € pro geschaffenem Ausbildungsplatz betragen bei einer Laufzeit von fünf Jahren. Für die Hausbank, die das Darlehen an den Endkreditnehmer durchleitet, besteht die Möglichkeit einer 50 %igen Haftungsfreistellung, d. h. Risikoentlastung durch die ISB.

4.3.3.1.3 ISB-Konsortialdarlehen

Finanzierung von Vorhaben mit strukturpolitischer Bedeutung

Auch bei den Konsortialdarlehen kooperiert die ISB eng mit den Kreditinstituten. Anders als bei den klassischen Förderdarlehen refinanziert hier die Förderbank jedoch nicht das Kreditinstitut, sondern finanziert gemeinsam mit den Hausbanken in einem Konsortium. Mit dem Instrument richtet sich die ISB an mittelständische Unternehmen mit einem Rating, das mindestens »BB« (gemäß der Einstufung von Standard and Poor's) entspricht. Finanziert werden dabei Vorhaben von strukturpolitischer Bedeutung für das Land Rheinland-Pfalz, konkret Investitionen und Betriebsmittel.

Über das Konsortialdarlehen kann die ISB einen Anteil von max. 30 % an einem Gesamtkredit übernehmen.

Mit den Konsortialdarlehen bietet sich die ISB, gerade bei größeren Finanzierungsvolumina, den Hausbanken als einen möglichen neutralen Finanzierungspartner an.

4.3.3.2 Bürgschaftsprogramme

Ersatz für fehlende Sicherheiten

Öffentliche Bürgschaften kommen zum Einsatz, wenn Hausbanken bei der Finanzierung von Betrieben Sicherheiten in nicht ausreichendem Umfang zur Verfügung stehen. In diesem Fall besteht die Möglichkeit, dass die öffentliche Hand bzw. eine öffentliche Förderinstitution fehlende Sicherheiten durch eine Bürgschaft ersetzt.

Die Bürgschaftsprogramme richten sich an Unternehmen der gewerblichen Wirtschaft und können bei der Investitionsfinanzierung und bei der Betriebsmittelfinanzierung eingesetzt werden. Daneben können auch Avalkredite über die öffentlichen Bürgschaftsprogramme abgesichert werden.

Bei Investitionskrediten kann die Bürgschaft bis zu 80 % des Kredits betragen, bei Betriebsmittelkrediten bis zu 60 %.

Bürgschaften können auch zur Absicherung von öffentlichen Förderkrediten, die zunächst in vollem Hausbankrisiko ausgereicht werden, eingesetzt werden (z. B. für die ISB-Mittelstandsdarlehen – vgl. Kapitel 4.3.3.1.2). Auf diese Weise kann die Hausbank wiederum Teile des Risikos auf die öffentliche Hand verlagern.

Positiver Effekt auf Kreditkonditionen

Gerade im Zeichen des Ratings sind öffentliche Bürgschaften von besonderer Bedeutung für die Unternehmen. Bedenkt man, dass sich die Kreditkonditionen im Wesentlichen zusammensetzen aus der Bonität des Kreditnehmers und der Besicherung, so kann durch die Einbindung einer öffentlichen Bürgschaft, die von den Banken aus absolut werthaltig eingestuft wird, eine deutliche bessere Besicherung erreicht werden, was sich wiederum positiv auf die Konditionen auswirkt.

4.4 Zusammenfassung

Als Fazit kann festgehalten werden, dass öffentliche Förder- und Finanzierungsinstrumente einen wichtigen Beitrag im Rahmen der Unternehmensfinanzierung leisten können. Dabei tragen die Instrumente dazu bei, die Eigenkapitalausstattung des Unternehmens zu verbessern, Fremdfinanzierungsanteile zu reduzieren, Bankenrisiken zu vermindern und die Kreditkonditionen zu verbessern. In allen Bundesländern und auf Bundesebene gibt es Förderbanken bzw. Förderinstitutionen, die derartige Instrumente anbieten. Wichtig ist, dass sich die Unternehmen frühzeitig über derartige Möglichkeiten informieren und diese Möglichkeiten in ihre Finanzierungsüberlegungen von vornherein mit einbauen.

Adressenverzeichnis Förderbanken in Deutschland

Bremer Aufbau-Bank GmbH
Kontorhaus am Markt
Langenstraße 2-4
28195 Bremen
Tel.: 0421/96 00-40
Fax: 0421/96 00-8 40
Internet: www.bab-bremen.de

Investitionsbank Berlin
Bundesallee 210
10719 Berlin
Tel.: 030/21 25-0
Fax: 030/21 25-20 20
Internet: www.investitionsbank.de

Investitionsbank Hessen (IBH)
Schumannstraße 4-6
60325 Frankfurt
Tel.: 069/13 38 50 78-0
Fax: 069/13 38 50 78-55
Internet: www.ibh-hessen.de

Investitions- und Strukturbank Rheinland-Pfalz (ISB) GmbH
Holzhofstraße 4
55116 Mainz
Tel.: 06131/9 85-0
Fax: 06131/9 85-1 99
Internet: www.isb.rlp.de

Investitionsbank Schleswig-Holstein
Fleethörn 29-31
24103 Kiel
Tel.: 0431/99 05-0
Fax: 0431/99 05-33 83
Internet: www.ib-sh.de

KFW Bankengruppe
Palmengartenstraße 5-9
60325 Frankfurt am Main
Tel.: 069/ 7431-0
Fax: 069 7431-2944
Internet: www.kfw.de

L-Bank Landeskreditbank Baden-Württemberg
Schloßplatz 10
76113 Karlsruhe
Tel.: 0721/1 50-0
Fax: 0721/1 50-10 01
Internet: www.l-bank.de

LfA Förderbank Bayern
Königinstraße 17
80539 München
Tel.: 089/21 24-0
Fax: 089/21 24-24 40
Internet: www.lfa.de

NBank – Investitions- und Förderbank Niedersachsen GmbH
Günther-Wagner-Allee 12-14
30177 Hannover
Tel.: 0511/3 00 31-0
Fax: 0511/3 00 31-3 00
Internet: www.nbank.de

NRW.BANK
Kavalleriestraße 22
40213 Düsseldorf
Tel.: 0211/9 17 41-0
Fax: 0211/9 17 41-18 00
Internet: www.nrwbank.de

Sächsische Aufbaubank – Förderbank
Pirnaische Straße 9
01069 Dresden
Tel.: 0351/49 10-0
Fax: 0351/49 10-40 00
Internet: www.sab.sachsen.de

Thüringer Aufbaubank
Gorkistraße 9
99084 Erfurt
Tel.: 03 61/74 47-0
Fax: 03 61/74 47-5 71
Internet: www.aufbaubank.de

5 Rentabilitätsorientierte Kapitalstruktur

5.1 Einführung

Rentabilitätsorientierung, insbesondere bei ertragsstarken Unternehmen

Die vorangegangenen Kapitel des Buches behandeln primär die Fragestellungen zum Liquiditätsmanagement und zum Kapitalstrukturmanagement eines Unternehmens. Anhand des Ratingbeispiels wurden die Optimierungsmöglichkeiten innerhalb dieser Segmente nachvollziehbar dokumentiert.

Relativ unreflektiert blieb bislang jedoch die Rentabilitätsüberlegung, die sich selbstverständlich auch in Zusammenhang mit der Ratingoptimierung stellt. Bei renditestarken Unternehmen – zu denen das dem Ratingbeispiel zu Grunde liegende Unternehmen entsprechend einer bewussten Auswahl nicht gehört – ergeben sich im Zuge einer fortgesetzten Rentabilitätsmaximierung gegebenenfalls Gestaltungsmodifikationen für die Kapitalstruktur. Dabei muss allerdings eine weitere Verbesserung der Unternehmenssituation ermöglicht werden.

Es stellt sich somit die Frage, ob ein praxisrelevantes Verfahren existiert, das diesem renditeabhängigen Optimierungskalkül folgt.

5.2 Grundlegende Theorien zur optimalen Kapitalstruktur

Optimale Kapitalstruktur und Kapitalkosten

Unter der optimalen Kapitalstruktur versteht die Betriebswirtschaftslehre die optimale Zusammensetzung von Eigen- und Fremdkapital in der Weise, dass die Kapitalkosten minimiert sind. Im Zentrum der Betrachtung stehen somit die Kapitalkosten, die primär vom Verschuldungsgrad eines Unternehmens abhängig sind. Dabei reduzieren sich die Kapitalkosten nicht auf die Höhe des Fremdkapitalzinses, sondern implizieren die von der Risikoposition des Unternehmens abhängige Renditeerwartung der Investoren (Anteilseigner, Inhaber). Somit könnte die Verschuldung eines Unternehmens der alleinige Maßstab zur Beurteilung der Risikoposition und damit zur Ermittlung der Kapitalkosten sein. Diesem Ansatz folgt auch die traditionelle (klassische) These des »Optimalen Verschuldungsgrades«. Hierbei soll – vereinfacht dargestellt – derjenige Verschuldungsgrad festgestellt werden können, bei dem die Risikoposition der Investoren minimiert und die Kapitalrentabilität maximiert ist.

Neoklassische Finanzierungstheorie

Im Gegensatz dazu sind Modigliani/Miller – als wesentliche Vertreter der neoklassischen Finanzierungstheorie – der Auffassung, dass die durchschnittlichen Kapitalkosten vom Verschuldungsgrad des Unternehmens auf Grund einsetzender Arbitrageprozesse unabhängig sind. Dieser Arbitrageprozess sorgt dafür, dass die Eigenkapitalkosten der Unternehmung bei alternativen Verschuldungsgraden stets so hoch sind, dass rentabilitätsbezogene (Leverage) Effekte der Verschuldung sich nicht auf den Marktwert der Unternehmung auswirken können. Das nachfolgende Zahlenbeispiel soll die Modigliani/Miller-These verdeutlichen (entnommen aus Schierenbeck (2002), S. 477):

Modigliani/Miller-These von der Nicht-Existenz eines optimalen Verschuldungsgrads

	Unternehmung I in €	Unternehmung II (vor Arbitrageprozess) in €	Unternehmung II (nach Arbitrageprozess) in €
Gesamtkapital (nominal)	100.000	100.000	100.000
Eigenkapital (nominal)	100.000	70.000	70.000
Fremdkapital (nominal)	-	30.000	30.000
Bruttogewinn	10.000	10.000	10.000
Fremdkapitalzins (5 %)	-	1.500	1.500
Reingewinn	10.000	8.500	8.500
kEK	0,1	0,1	0,121
Eigenkapital (zum Marktwert)	100.000	85.000	70.000
Gesamtkapital (zum Marktwert)	100.000	115.000	100.000
Durchschnitt k	0,1	0,087	0,1

Beweis:	vor Arbitrageprozess	im Arbitrageprozess
1. 1 % Anteil von U II verkaufen	850,00	700,00
2. Kredit zu 5 % aufnehmen	150,00	300,00
3. 1 % Anteil von U I kaufen	1.000,00	1.000,00
4. Transaktionserfolg		
a) erwarteter Gewinnbei U I	100,00	100,00
b) abzüglich Kreditzinsen	7,50	15,00
	92,50	85,00
c) Vergleich zu U II	85,00	85,00
d) Arbitrageerfolg	7,50	0,00

Modigliani/Miller argumentieren allerdings mit einer Modellsituation, indem sie u.a. das Insolvenzrisiko ausschließen, identische Verschuldungsmöglichkeiten für Unternehmen und Privatpersonen unterstellen und die entstehenden Transaktionskosten unbeachtet lassen. Daher ist die praktische Anwendung dieses Modells a priori nicht möglich.

Im Rahmen der Ratingpraxis ist daher die These vom »Optimalen Verschuldungsgrad« auf Grund ihrer Anwendbarkeit zu bevorzugen, wenngleich auch dieser traditionelle Ansatz ein Element der neoklassischen Finanzierungstheorie, nämlich das Capital Asset Pricing Model, beinhaltet.

5.3 Das Postulat des finanziellen Gleichgewichts

Die Komponenten zur Definition des finanziellen Gleichgewichts

»Eine Unternehmung befindet sich ... in einem finanziellen Gleichgewicht, wenn sowohl die Erfüllung der finanziellen Ansprüche der Unternehmungsträger an die Unternehmung als auch die Existenz der Unternehmung selbst kurz- und längerfristig gesichert erscheinen.«

Aus dieser Definition des finanziellen Gleichgewichts lassen sich drei Komponenten ableiten, die jeweils partielle Gleichgewichtszustände repräsentieren. Dabei handelt es sich um die kurzfristige Liquiditätsdimension, die langfristige Liquiditätsdimension und die Rentabilitätsdimension.

Die kurzfristige Liquiditätsdimension ist definiert als die jederzeitige Aufrechterhaltung der Liquidität. Unter der Liquidität ist in diesem Kontext die Fähigkeit der Unternehmung zu verstehen, die zu einem bestimmten Zeitpunkt zwingend fälligen Zahlungsverpflichtungen uneingeschränkt erfüllen zu können. »Die Liquidität ist (somit) ein Postulat, dessen Verletzung den Bestand jeder Unternehmung regelmäßig in Frage stellt ...«

Im Rahmen der langfristigen Liquiditätsdimension bleiben die kurzfristigen Zahlungsverpflichtungen unberücksichtigt. Sie erfasst vielmehr die strukturellen Zusammenhänge zwischen Kapitalausstattung und Kapitalverwendung und basiert auf dem Grundgedanken, dass die Zahlungsfähigkeit zumindest längerfristig gefährdet ist, wenn die finanzielle Struktur der Unternehmung bestimmten Anforderungen nicht entspricht. »Zwar sind solche Strukturmaximen theoretisch äußerst fragwürdig ..., aber ihre Einhaltung hat den für die Liquidität der Unternehmung unschätzbaren Vorteil, als »erste Adresse« mit zweifelsfreier Bönität zu gelten und Kapital jederzeit zur Verfügung gestellt zu bekommen, wenn es benötigt wird.«

Schließlich betont die Rentabilitätsdimension des finanziellen Gleichgewichts die Notwendigkeit der Einhaltung eines Gleichgewichts zwischen den Ansprüchen, die die Kapitalgeber an die Unternehmung stellen, und den Möglichkeiten der Unternehmung, diese unter Berücksichtigung ihrer eigenen Existenzbedingungen zu gewährleisten. Zur Diskussion steht damit der Zielkonflikt aus Dividendenbegehren und Thesaurierungsnotwendigkeit. Das finanzielle Gleichgewicht dieser Dimension ist dann hergestellt, wenn die Kapitalgeber eine »angemessene« Gewinnausschüttung erhalten, ohne damit die Thesaurierungsnotwendigkeiten der Unternehmung zu verletzten oder sogar deren »Substanz« anzugreifen. Dabei ergeben sich die Thesaurierungsnotwendigkeiten aus der Kapitalstrukturprämisse, die wiederum einem eigenen Optimierungskalkül, wie z. B. dem optimalen Verschuldungsgrad, entnommen ist.

5.4 Die rentabilitätsorientierte Komponente der Finanzierung

5.4.1 Der Leverage-Effekt als Basiskalkül

Definition des Leverage-Effekts

»Bei einer Analyse des (Investitions- und Finanzierungs-) Erfolgs einer Unternehmung ist die Höhe und Entwicklung der Eigenkapital- und Gesamtkapitalrentabilitäten von besonderer Bedeutung. Der Zusammenhang zwischen Ihnen und die Abhängigkeit der Eigenkapitalrentabilität vom Kapitalkostensatz und von der Kapitalstruktur kommt in einer als klassisch zu bezeichnenden Beziehung zum Ausdruck: der Leverage-Formel.«

Dabei ist die Grundlage für die Ermittlung der Leverage-Formel die statische Gesamtkapitalrentabilität, die wie folgt definiert ist:

$$r_{GK} = \frac{G + i \times FK}{EK + FK}$$

Ermittlung der Gesamtkapitalrentabilität

wobei:
r_{GK}: Gesamtkapitalrentabilität
G: Gewinn
i: Sollzinsfuss
FK: Fremdkapital
EK: Eigenkapital

Leverage-Formel

Nach einfachen Umformungen der Ausgangsgleichung ergibt sich die eigentliche Leverage-Formel:

$$r_{EK} = r_{GK} + (r_{GK} \;./.\; i)\,\frac{FK}{EK}$$

wobei: $\frac{FK}{EK}$ = Verschuldungskoeffizient

Hieraus lässt sich sodann die Erkenntnis ableiten, dass in den Fällen, in denen die Gesamtkapitalrentabilität r_{GK} größer ist als der Sollzinsfuss i, die Eigenkapitalrentabilität r_{EK} linear zum Verschuldungskoeffizienten steigt. Umgekehrt sinkt die Eigenkapitalrentabilität r_{EK} linear, wenn der Sollzinsfuss größer ist als die Gesamtkapitalrentabilität.

Eigenkapitalrentabilität nach Steuern

In einer realitätsnahen Modifikation der Leverage-Formel lassen sich selbstverständlich die ertragsabhängigen Steuern implementieren. Hiernach ergibt sich die Formel wie folgt:

$$r_{EK}^{nSt} = r_{GK}^{nSt} + [r_{GK}^{nSt} \;./.\; i\,(1 \;./.\; s)]\,\frac{FK}{EK}$$

wobei:

r_{EK}^{nSt}: Eigenkapitalrentabilität nach Steuern

r_{GK}^{nSt}: Gesamtkapitalrentabilität nach Steuern

s: marginaler Ertragsteuersatz

Anwendung der Leverage-Formel am Beispiel

Die Anwendung dieser um die Ertragsteuerkomponente erweiterte Leverage-Formel soll am nachstehenden Beispiel verdeutlicht werden (entnommen aus: Corsten/Reiß/Becker (Hg.) (1999), S. 976):

	GE
Aufwand in t = 0	100
Fremdkapital in t = 0	80
Eigenkapital in t = 0	20
Ertrag in t = 0	12

	%
Sollzinsfuss	10
Opportunitätskostensatz	8
Ertragsteuersatz	60

Daraus ergibt sich folgender Gewinn nach Steuern (entnommen aus: Corsten/Reiß/Becker (Hg.) (1999), S. 977):

	GE
Ertrag	112,0
Aufwand (ohne Zinsen)	100,0
Zinsen	8,0
Gewinn vor Steuern	4,0
Ertragsteuern	2,4
Gewinn nach Steuern	1,6

Aus diesen Beispieldaten lässt sich die Gesamtkapitalrentabilität nach Steuern errechnen:

$$r_{GK} = \frac{(1 ./. 0{,}6) \times (4 + 8)}{100} = 0{,}048 = 4{,}8\ \%$$

Die Eigenkapitalrentabilität nach Steuern beträgt:

$$r_{EK} = \frac{1{,}6}{20} = 0{,}08 = 8\ \%$$

Die Leverage-Formel zeigt nun den Zusammenhang zwischen beiden Rentabilitätsmaßen unter Berücksichtigung des Verschuldungskoeffizienten und der Sollzisen:

$$r_{EK} = 0{,}048 + [0{,}048 \;./.\; 0{,}1 \times (1 \;./.\; 0{,}6)] \times \frac{80}{20} = 0{,}08 = 8\ \%$$

5.4.2 Die These von der Existenz der optimalen Verschuldung

Die Höhe der Verschuldung im Kontext des klassischen Finanzierungsansatzes

Unter Fortführung der Überlegungen zur Leverage-Formel ergibt sich nun eine Verschuldung der Unternehmung, bei der die Eigenkapitalrentabilität r_{EK} optimal ist. Dieser klassische Finanzierungsansatz fordert eine zunehmende Verschuldung der Unternehmung, und zwar so lange, wie der Zinssatz für das Fremdkapital kleiner ist als die Gesamtkapitalrentabilität r_{GK}. Anders ausgedrückt: Erst ab derjenigen Verschuldungsgröße, zu der der Zinssatz für das Fremdkapital größer zu werden droht als an Gesamtkapitalrentabilität r_{GK} erwirtschaftet werden kann, muss die Unternehmung mit Eigenkapital finanziert werden.

In diesem Kontext ist weiterhin beachtenswert, dass der optimale Marktwert des Eigenkapitals nicht zwingend dem optimalen Marktwert des Gesamtkapitals (Marktwert der Unternehmung) entsprechen muss. Dieser Unterschied ergibt sich aus den unterschiedlichen Kostenentwicklungen für das Eigen- und Fremdkapital in Abhängigkeit der Verschuldungskoeffizienten. So ist es in der Praxis durchaus üblich, dass mit den wesentlichen Fremdkapitalgebern (Banken) Zinsfestschreibungen vereinbart werden, die unabhängig vom Verschuldungskoeffizienten gelten. Diese Fremdkapitalgeber sind somit nicht in der Lage, zeitnah auf veränderte Risikopositionen der Unternehmung mit Zinsanpassungen zu reagieren.

Zielkonflikt Risiko-Rendite

Die Eigenkapitalgeber (Unternehmer, Anteilseigner) stellen umso höhere Renditeansprüche, je höher das durch die Unternehmung eingegangene Risiko zu bewerten ist. Dieser ökonomisch bedeutsame Zielkonflikt zwischen Risiko und Rendite kommt bei den Eigenkapitalgebern viel stärker zum Ausdruck als bei den Fremdkapitalgebern und wird auch zeitnah eingefordert.

Während jedoch der vereinbarte Zinssatz mit den Fremdkapitalgebern gleichermaßen die Fremdkapitalkosten definiert, ist die Bestimmung der jeweils »angemessenen« Renditeforderung der Eigenkapitalgeber von besonderen Schwierigkeiten geprägt. Ausgangspunkt der Überlegungen ist in diesem Zusammenhang immer die Reflexion des Kapitalmarktes und die dortige Bestimmung des risikofreien Zinses. In der Folge hat der Eigenkapitalgeber einen Risikoaufschlag auf den risikofreien Zins zu bestimmen, der ihm die Investition in das risikobehaftete Gebilde »Unternehmung« ökonomisch sinnvoll erscheinen lässt. Zur Beantwortung der Frage, wie hoch dieser Risikoaufschlag im Einzelfall sein muss, wurden verschiedene betriebswirtschaftliche Modelle entwickelt. Das Eingehen auf die Modelle würde jedoch den Rahmen dieser Ausführungen sprengen. Dennoch soll der in der Praxis weit verbreitete Ansatz des Capital Asset Pricing Model (CAPM) vorgestellt werden, damit die notwendige Transparenz hinsichtlich der Bestimmung der Eigenkapitalkosten geschaffen wird.

Aus theoretischer Sicht wird der CAPM-Ansatz der neoklassischen Finanzierungstheorie zugewiesen, so dass an dieser Stelle mit dem optimalen Verschuldungsgrad und dem CAPM eine Verquickung finanzierungstheoretischer Ansätze stattfindet. Auf Grund der systematischen Stringenz ist dieses Vorgehen jedoch zulässig.

5.4.2.1 Ratingabhängiges Capital Asset Pricing Model

Zusammenhang zwischen der Bestimmung des Beta-Faktors und der sicheren Ermittlung der Eigenkapitalkosten

Das CAPM geht von folgender Gleichung aus:

$$i = ß\,(r_M \;./.\; i_f)$$

wobei:

i:	Kapitalkostensatz
ß (Beta):	unternehmensbezogener Risikofaktor, definiert als Bruch aus Kovarianz der Rendite der Wertpapiere (Anteile) des betrachteten Unternehmens mit der Rendite des Marktportfolios und Varianz der Rendite des Marktportfolios
$r_M \;./.\; i_f$:	Marktrisikoprämie im Sinne des Erwartungswertes der Rendite aus dem Marktportfolio abzüglich des sicheren Zinses

Während die Marktrisikoprämie im Sinne des Erwartungswertes der Rendite aus dem Marktportfolio durch statistische Aufzeichnungen von Kammern, Verbänden, Banken und branchenorientierten Ratingagenturen (z. B. Feri) erhältlich ist und der risikofreie Zins aus den Tageszeitungen entnommen werden kann, stellt die Ermittlung des Beta-Faktor das entscheidende Problem bei der Anwendung des CAPM dar. Aus diesem Grund wurden diverse Modelle zu seiner Bestimmung entwickelt, von denen primär

- die Analyse des Investitions-Betas,
- die gewinnstrukturspezifische Ermittlung von Beta-Faktoren und
- die empirisch getesteten Beta-Faktoren

zu nennen sind. Ohne auf die Inhalte im Einzelnen einzugehen, gilt für alle genannten Modelle, »dass die empirischen Tests hinsichtlich der Validität des CAPM zu unterschiedlichen Ergebnissen kommen. Solange aber die Validität des CAPM nicht zweifelsfrei bestätigt werden kann, stehen alle hierauf aufbauenden Modelle auf einem eher wackeligen Fundament. Trotzdem ist festzustellen, dass aus der Reihe von kapitalmarkttheoretischen Modellen zur Bestimmung von Eigenkapitalkosten das CAPM als am ehesten geeignet hervorzuheben ist«.

Wenn also einerseits die Zielsetzung des Beta-Faktors darin besteht, das unternehmensspezifische Risiko abzubilden, und andererseits das Unternehmensrating den Risikofaktor als adäquaten Zuschlag auf den bis dahin kalkulierten Zinssatz ermittelt, kann durch Addition des Risikozuschlags zur Ziffer »Eins« das unternehmensspezifische Risiko als Beta-Faktor abgebildet werden. Dabei entspricht die Ziffer »Eins« dem Risiko des Marktportfolios. Z. B. hätte eine Unternehmung, die mit »BB« geratet wurde, einen Risikoaufschlag von

1,3 % auf den bis dahin kalkulierten Zinssatz zu erwarten. Der Beta-Faktor ergäbe sich damit wie folgt:

$$\beta = 1 + (i_{risk} \times 100)$$

$$= 1 + (1{,}3\,\% \times 100)$$

$$= 2{,}3$$

Ermittlung der Eigenkapitalkosten

Wären im Übrigen ein risikofreier Zinssatz von 3,5 % und eine aus dem Marktportfolio zu erwartende Eigenkapitalrentabilität r_{EK} von 8 % anzunehmen, würden sich unter Anwendung der obigen Formel 13,85 % an Eigenkapitalkosten k_{EK} ergeben.

Wirtschaftsjahr	**2006**
Zinssatz für risikofreie Kapitalanlagen (Staatsanleihen)	3,50 %
EK-Renditeerwartung des Gesamtmarktes	8,00 %
Beta-Faktor:	
Ratingergebnis nach ICR (=systematisches Risiko)	BB
>> Faktor	2,3
Anzusetzende EK-Kosten	13,85 %

Das dargestellte Vorgehen zur Ermittlung des Beta-Faktors entbehrt ebenfalls der empirischen Verifikation. Es reflektiert jedoch in besonderem Maße die ratingabhängige Risikobeurteilung des Banken- und Sparkassensystems. Darüber hinaus ist es von einer systematisch stringenten Vorgehensweise gekennzeichnet, die auf Basis der zugrunde liegenden Ratingergebnisse für einheitliche und nachvollziehbare Grundlagen sorgt.

Die nachfolgende Masterskala (entnommen aus Lübbering/Neubacher/Niestrath/Schmitter (2003), S. 7) beinhaltet die Risikozuschläge im Einzelnen:

Masterskala für Risikozuschläge

Masterskala				
Klassen	S & P	Moody's	PD-Wert	Risikozuschlag
	AAA	Aaa	1	0,08 %
	AA+	Aa1	2	0,08 %
	AA	Aa2	3	0,08 %
1	AA-	Aa3	4	0,08 %
	A+	A1	5	0,08 %
	A	A2	7	0,08 %
	A-	A3	8	0,08 %
2	BBB+	Baa1	12	0,12 %
3		Baa2	17	0,17 %
4	BBB		30	0,30 %
5	BBB-	Baa3	40	0,40 %
6	BB+		60	0,60 %
7		Ba1	90	0,90 %
8	BB	Ba2	130	1,30 %
9	BB-		200	2,00 %
10	B+	Ba3	300	3,00 %
11		B1	440	4,40 %
12	B	B2	670	6,70 %
13	B-	B3	1.000	10,00 %
14			1.500	15,00 %
15		CCC	2.000	20,00 %
16			EWB	Kreditausfall
17			Eröffnetes	Kündigung
18	D		InsO-Verf.	InsO

Ergänzend zu dieser Masterskala sei darauf hingewiesen, dass der PD-Wert (probability of default) die Ausfallwahrscheinlichkeit aus Sicht der Banken und Sparkassen darstellt.

5.4.2.2 Ermittlung der optimalen Verschuldung

Nach den oben dargestellten Grundlagen, insbesondere der Berechnung der Eigenkapitalkosten, soll nunmehr die optimale Verschuldung einer Unternehmung ermittelt werden. Die Vorgehensweise basiert auf dem Leverage-Effekt und dokumentiert dessen praxisrelevante Anwendung.

Ausgangspunkt der Betrachtung ist folgende Tabellenstruktur (entnommen aus Schierenbeck (2000), S. 475):

Tabellenstruktur zur »traditionellen« These von der Existenz eines optimalen Verschuldungsgrades

Wirtschaftsjahr
Gesamtkapital (nominal)
Eigenkapital (nominal)
Fremdkapital (nominal)
Gewinn vor Fremdkapitalzinsen
Fremdkapitalkosten kFK
Fremdkapitalzinsen
Gewinn nach Fremdkapitalzinsen
Eigenkapitalrentabilität
Eigenkapitalkosten kEK
Eigenkapital (Marktwert) absolut
in % des nominellen EK
Gesamtkapital (zu Marktwerten)
durchschnittliche Kapitalkosten k

Diese Tabellenstruktur wird in einem zweiten Schritt um die ertragsteuerliche Komponente (Gewerbesteuer, Körperschaftsteuer und Solidaritätszuschlag zur Körperschaftsteuer) erweitert. Bei der Berechnung der Gewerbesteuer wird zudem angenommen, dass sämtliche Fremdkapitalzinsen so genannte Dauerschuldzinsen sind und somit nach § 8 Nr. 1 des GewStG zur Hälfte dem Gewerbeertrag hinzugerechnet werden müssen, um die Berechnungsgrundlage für die Gewerbesteuer zu erhalten. Der Gewerbesteuer-Hebesatz wird mit 400 % angenommen.

Die erweitere Tabellenstruktur hat damit folgendes Aussehen:

Erweiterung der Tabelle um ertragsteuerliche Komponenten

Wirtschaftsjahr
Gesamtkapital (nominal)
Eigenkapital (nominal)
Fremdkapital (nominal)
Gewinn vor Fremdkapitalzinsen
Fremdkapitalkosten kFK
Fremdkapitalzinsen
Gewinn nach Fremdkapitalzinsen
Gewerbesteuer
Körperschaftsteuer und SolZ
Gewinn nach EEV-Steuern
Eigenkapitalrentabilität
Eigenkapitalkosten k_{EK}
Eigenkapital (Marktwert) absolut
in % des nominellen EK
Gesamtkapital (zu Marktwerten)
durchschnittliche Kapitalkosten k

Wie bereits oben dargestellt, wird das Rating-Ergebnis für die Berechnung des Beta-Faktors im Rahmen des CAPM zur Ermittlung der Eigenkapitalkosten herangezogen. Das Rating-Ergebnis selbst rekrutiert sich zum einen aus den qualitativen Faktoren des in diesem Buch verwendeten Musterunternehmens und zum anderen aus quantitativen Faktoren, die es ermöglichen, die Transparenz der Ergebnisse wesentlich zu erhöhen.

Ermittlung der Eigenkapitalkosten nach CAMP

Wirtschaftsjahr	t = 1	t = 2	t = 3	t = 4	t = 5	t = 6
Zinssatz für risikofreie Kapitalanlagen (Staatsanleihen)	3,50 %	3,50 %	3,50 %	3,50 %	3,50 %	3,50 %
EK-Renditeerwartung des Gesamtmarktes	8,00 %	8,00 %	8,00 %	8,00 %	8,00 %	8,00 %
Beta-Faktor:						
Ratingergebnis nach ICR (= systematisches Risiko)	BBB	BBB	BBB	BBB-	BBB-	BBB
>> Faktor	1,3	1,3	1,3	1,4	1,4	1,3
Anzusetzende EK-Kosten	9,35 %	9,35 %	9,35 %	9,80 %	9,80 %	9,35 %

Wie der Beispielsfall zeigt, wird über mehrere Perioden der Zinssatz für die risikofreien Kapitalanlagen in Höhe von 3,5 % angenommen. Ebenso wird über den gleichen Zeitraum die Renditeerwartung des Marktes in Höhe von 8,0 % unterstellt. Diese Annahmen entsprechen in der Regel nicht der Realität. Vielmehr ist davon auszugehen, dass sich die angenommenen Werte im Zeitverlauf verändern. Dennoch schafft ihre Konstanz im Beispielsfall eine höhere Transparenz, da als einzige Variable zur Berechnung der Eigenkapitalkosten der Beta-Faktor in Abhängigkeit des Ratingergebnisses verbleibt.

Zusammenhang zwischen Ratingergebnis, Finanzlage und Rentabilität

Auf Grundlage der vollständigen Eigenkapitalfinanzierung im Zeitraum t = 0 erhält die Unternehmung ein Ratingergebnis von »BBB«. Entsprechend der Masterskala beträgt der Zuschlag 0,3 zum Basiswert 1. Der Beta-Faktor beträgt damit 1,3. Die zunehmende Verschuldung bis einschließlich des Verschuldungskoeffizienten von 0,43 im Zeitraum t = 3 führt zu keiner Veränderung des Ratingergebnisses. Damit bleibt der Beta-Faktor bis dahin ebenfalls unverändert. Erst in den Zeiträumen t = 4 und t = 5 erhöht sich das Risikopotenzial der Unternehmung durch die weiter zunehmende Verschuldung. Das Ratingergebnis wird in der Folge auf »BBB-« reduziert. Entsprechend erhöht sich der Beta-Faktor auf 1,4. Im Zeitraum t = 6 hat die Verschuldung bis zu einem Koeffizienten von 2,33 zugenommen. Die Verschuldungszunahme wird nun nicht mehr allein über mittel- und langfristige Darlehen abgebildet, sondern bedingt neben diesen Darlehen eine Finanzierung im kurzfristigen Bereich (Kontokorrentbereich). Dadurch steigen die durchschnittlichen Zinsaufwendungen auf 7,0 % Die Ertrags- und Vermögenslage der Unternehmung werden in der Folge weiter reduziert, die Finanzlage – insbesondere im Bereich der verfügbaren Liquidität – jedoch wesentlich erhöht. Damit kann das Ratingergebnis insgesamt wieder verbessert und auf den Ausgangswert von »BBB« zurückgeführt werden. Der verbesserte Finanzbereich überkompensiert somit die verschlechterten Positionen im Ertrags- und Vermögensbereich.

Welche Auswirkungen der dargestellte Verlauf der Eigenkapitalkosten auf die Bestimmung der optimalen Verschuldung einer Unternehmung hat, zeigt folgende Tabelle:

Ermittlung der optimalen Verschuldung

Wirtschaftsjahr	t = 1	t = 2	t = 3	t = 4	t = 5	t = 6
Gesamtkapital (nominal)	1.000,00	1.000,00	1.000,00	1.000,00	1.000,00	1.000,00
Eigenkapital (nominal)	1.000,00	900,00	700,00	500,00	400,00	300,00
Fremdkapital (nominal)	0,00	100,00	300,00	500,00	600,00	700,00
Gewinn vor Fremdkapitalzinsen	100,00	100,00	100,00	100,00	100,00	100,00
Fremdkapitalkosten kFK	5,00 %	5,00 %	5,00 %	5,00 %	5,00 %	7,00 %
Fremdkapitalzinsen	0,00	5,00	15,00	25,00	30,00	49,00
Gewinn nach Fremdkapitalzinsen	100,00	95,00	85,00	75,00	70,00	51,00
Gewerbesteuer	16,70	16,30	15,40	14,60	14,20	12,60
Körperschaftsteuer und SolZ	22,00	20,80	18,40	15,90	14,70	10,10
Gewinn nach EEV-Steuern	61,30	57,90	51,20	44,50	41,10	28,30
Eigenkapitalrentabilität	6,13 %	6,43 %	7,31 %	8,90 %	10,28 %	9,43 %
Eigenkapitalkosten kEK	9,35 %	9,35 %	9,35 %	9,80 %	9,80 %	9,35 %
Eigenkapital (Marktwert) absolut	655,61	619,25	547,59	454,08	419,39	302,67
in % des nominellen EK	65,56 %	68,81 %	78,23 %	90,82 %	**104,85 %**	100,89 %
Gesamtkapital (zu Marktwerten)	655,61	719,25	847,59	954,08	**1.019,39**	1.002,67
durchschnittliche Kapitalkosten k	9,35 %	8,92 %	8,05 %	7,40 %	**6,92 %**	7,71 %

Auf den Grundlagen des Leverage-Effekts zeigt dessen erweiterte Version die optimale Verschuldung der Unternehmung. Im Beispielsfall ergibt sich der optimale Verschuldungskoeffizient bei einem Verhältnis des Fremdkapitals zum Eigenkapital von 1,5. Diese Kapitalrelation realisiert die Unternehmung im Zeitraum t = 5. In diesem Zeitraum ist die Rentabilität des Gewinns nach Abzug der ertragsabhängigen Steuern in Bezug auf das eingesetzte Eigenkapital größer als die Eigenkapitalkosten ($r_{EK} > k_{EK}$). Obwohl diese Relation auch im Zeitraum t = 6 noch festgestellt werden kann, ist das Optimum bereits überschritten. Auch die relativen Werte des Eigenkapitals und des Gesamtkapitals sind im Zeitraum t = 5 am größten. Folglich sind in diesem Zeitraum die durchschnittlichen Kapitalkosten k am geringsten.

Bei der weiteren Analyse des Ergebnisses ist besonders hervorzuheben, dass der optimale Verschuldungsgrad in einer Periode resultiert, in der das schlechtere von zwei möglichen Ratingergebnissen zum Ansatz kommt. Allerdings resultieren die beiden möglichen Ratingergebnisse auf einem relativ hohen Niveau. Ein völlig anderes Bild ergibt sich demnach, wenn die möglichen Ratingergebnisse auf einem wesentlich niedrigeren Niveau basieren. Ohne an dieser Stelle die Untersuchungen weiter ausdehnen zu wollen, sollte jedoch die grundlegende Erkenntnis von jeder Unternehmung unbedingt berücksichtigt werden, dass Ergebnis-Alternativen des Ratings auf einem hohen Niveau angesiedelt sein sollten, damit die rentabilitätsorientierte optimale Verschuldung auch auf Basis des schlechteren Ratings mit den Hausbanken umgesetzt werden kann. Schließlich bleibt zu beachten, dass gute Ratingergebnisse nicht zuletzt von den qualitativen Faktoren beeinflusst werden. Gerade in diesem Bereich des Risikomanagements haben die Unternehmungen im Regelfall kurzfristiger umsetzbare Verbesserungspotenziale aufzuweisen als im Bereich der quantitativen Faktoren.

Im Rahmen einer praktischen Untersuchung müssten die konstanten Faktoren des Beispielsfalls (Zinssatz für risikofreie Kapitalanlagen und EK-Renditeerwartung des Gesamtmarktes) um die periodengerechten Marktwerte ersetzt werden. Hiernach ließe sich die optimale Verschuldung für jede Unternehmung feststellen und als Zielgröße im Rahmen des Controllings definieren.

5.4.2.3 Time-lag-Vorteile bei Fremdfinanzierung

Verzögerte Anpassung der Fremdkapitalkosten durch Zinsfestschreibungen

Wie der obige Beispielsfall zeigt, passen sich die Eigenkapitalkosten k_{EK} relativ kurzfristig den veränderten Risikopositionen einer Unternehmung an. Dabei bleibt beachtlich, dass die Zunahme der Verschuldung innerhalb einer bestimmten Grenze nicht unmittelbar zu einer erhöhten Risikoposition der Unternehmung führt. Die Anpassung der Fremdkapitalkosten erfolgt dagegen – wenn überhaupt – nur mit einer zeitlichen Verzögerung. Im Beispielsfall wurden die mit einer Zinsbindung versehenen Darlehen im Zeitraum t = 6 durch eine Kontokorrentlinie ergänzt, die wiederum zu einem höheren Durchschnittszinssatz für die gesamten Fremdmittel führte.

Die Besonderheit in Verbindung mit Bankdarlehen liegt damit auf der Hand. Durch die mit Zinsbindungsfristen versehenen Darlehen können die Banken ihren Zinssatz nur mit zeitlicher Verzögerung an die veränderten Risikopositionen einer Unternehmung anpassen, so lange kein Grund für eine Vertragskündigung vorliegt. Ein solcher Grund wiederum wäre nur dann gegeben, wenn die Darlehen entweder nicht mehr durch die vereinbarten Raten pünktlich zurückgeführt würden oder die vereinbarten Sicherheiten nicht bestellt wären bzw. sich wesentlich verschlechtert hätten. Da im Regelfall die Bestellung der vereinbarten Sicherheiten eine wesentliche Auszahlungsvoraussetzung für ein Darlehen ist, kann es nur um die Verschlechterung der Sicherheiten gehen, wenn die Bank trotz pünktlicher Ratenzahlung kündigt. Sie stützt in diesem Fall ihre Kündigung regelmäßig auf Ziff. 13 Abs. 2 AGB-Banken/Sparkassen. Dieser Kündigungsgrund lässt sich jedoch nur schwer durchsetzen, da die Bank die Wesentlichkeit der Sicherheitenverschlechterung nachweisen muss.

Für den Regelfall lässt sich feststellen, dass die Banken und Sparkassen nur mit zeitlicher Verzögerung eine Anpassung ihres Zinssatzes an die veränderte Risikoposition der finanzierten Unternehmung vornehmen können. Grund dafür sind die mit Zinsfestschreibungen für einen bestimmten Zeitraum versehenen Darlehen. Damit wird der Grundgedanke des Basel II-Akkords zwar nicht konterkariert aber auf periodisch vorbestimmte Zeitpunkte reduziert. Anders verhält es sich bei den Kontokorrentlinien und bei Darlehen ohne Zinsbindungsfristen. Im Rahmen dieser Finanzierungsposition können die Banken und Sparkasse jederzeit ein Anpassung vornehmen.

Ziel einer jeden Unternehmung muss es daher sein, möglichst ohne Inanspruchnahme der Kontokorrentlinien und nur mit zinsgebundenen Darlehensabschlüssen zu agieren, um das Time-lag im Bereich der Fremdfinanzierung optimal zu nutzen.

5.5 Zusammenfassung

Eingangs dieses Kapitels wurden die grundlegenden Theorien zur Kapitalstruktur und zur rentabilitätsorientierten Finanzierung vorgestellt. Aus dem Postulat des finanziellen Gleichgewichts heraus wurde die rentabilitätsorientierte Komponente der Finanzierung ausführlich behandelt. Dabei wurde der Leverage-Effekt in seiner grundlegenden Definition sowohl verbal erklärt als auch in mathematischer Formulierung dargestellt. In der Folge wurde einer wesentlichen Komponente zur Ermittlung der Eigenkapitalkosten unter Berücksichtigung der unternehmerischen Risikoposition, nämlich dem Capital Asset Pricing Model (CAPM), Rechnung getragen. In der Darstellung selbst erfuhr dieses Modell eine besondere Modifikation, indem der zur Risikobestimmung maßgebliche Beta-Faktor über die Ergebnisse des Ratingverfahrens definiert wurde.

Eine Kombination des klassischen Modells der optimalen Verschuldung mit dem neoklassischen Capital Asset Pricing Modell führte sodann zu einer Darstellung eines optimalen Verschuldungsgrades, der sich risiko- bzw. ratingabhängig ergibt. In diesem Zusammenhang ergab sich die Feststellung, dass sich der optimale Verschuldungsgrad gegebenenfalls unter Ansatz des schlechteren von zwei möglichen Ratingergebnissen ergibt. Allerdings kann von dieser Erkenntnis nur ausgegangen werden, wenn die beiden möglichen Ratingergebnisse auf einem relativ hohen Niveau zu Stande kommen.

Als Erkenntnis dieses Kapitels lässt sich festhalten, dass mit der dargestellten Ermittlung des optimalen Verschuldungsgrades ein praxisrelevantes Optimierungskalkül zur rentabilitätsorientierten Unternehmensfinanzierung existiert.

Literatur

Ballwieser, W.: Unternehmensbewertung. Prozess, Methoden und Probleme, Stuttgart 2004

Corsten, H.; Reiß, M.; Becker, J. (Hg.): Betriebswirtschaftslehre, 3. vollst. überarb. und wesentl. erw. Aufl. 1999, Müchen, Wien

Lübbering, B.; Neubacher, B.; Niestrath, C.; Schmitter, T.: Rating – Herausforderung und Chance zugleich, Stuttgart 2003

Modigliani, F. ;Miller, M. H.: The Cost of Capital, Corporation Finance and the Theory of Investment, in: AER, 1958, Vol. 53, S. 433–443

Schierenbeck, H.: Grundzüge der Betriebsschaftslehre, 15. überarb. und erw. Aufl. 2000, München, Wien, S. 313

Schierenbeck, H.; Lister, M.: Value Controlling: Grundlagen Wertorientierter Unternehmensführung, 2. unveränd. Aufl. 2002, München, Wien

Kintscher

Teil C Auswirkungen der Bilanzoptimierung der Aktivseite auf das Rating

1 Internes Bankenrating

1.1 Grundüberlegungen zum Rating

Die Beurteilung der wirtschaftlichen Lage von Unternehmen ist in vielen Situationen notwendig. Nicht nur in Banken.

Gläubigern allgemein stellt sich dabei die Frage: »Ist das Unternehmen, zu dem ich wirtschaftliche Beziehungen unterhalte, ein wirtschaftlich potenter Partner? Kann ich dem Unternehmen A, zu dem ich erst seit kurzem Geschäftsbeziehungen unterhalte, den gewünschten Lieferantenkredit einräumen, oder muss ich die Forderung gegenüber dem Kunden B absichern?«

Betriebswirtschaftliches Risiko

Mit diesen Fragen werden Unternehmen, die sich in ganz alltäglichen Geschäftsprozessen befinden, konfrontiert. Auch für Banken gehört die Frage nach dem betriebswirtschaftlichen Risiko, und nichts anderes ist die Beurteilung der Kundenbilanzen und das Rating der Kunden, seit jeher zum täglichen Kreditgeschäft.

Die Banken sind verpflichtet, jeden Unternehmenskredit, aus Banksicht das unternehmerische Risiko, mit Eigenkapital zu unterlegen. In der Vergangenheit wurden die Kredite an Unternehmen unabhängig von deren Bonität mit acht Prozent Eigenkapital unterlegt (Stichwort Basel I). An die Stelle dieser Pauschalregelung tritt eine bonitätsabhängige Regelung (Stichwort Basel II).

Unterlegung des Risikos durch Eigenkapital

D. h., die prozentuale Unterlegung der Kredite an Unternehmen ist von der zugrunde liegenden Bonität der Kreditnehmer abhängig. Betrachtet man diesen Umstand näher und beschäftigt sich mit den Instrumentarien der Banksteuerung, die hinter diesem Ansatz stehen, erschließt sich einem sehr schnell die Logik, die sich aus den anzuwendenden Ratingprozessen ergibt. Aus den konkreten Bonitätsbeurteilungen für die Kreditnehmer ergeben sich genau adressierbare Risikokosten für die Bank, die sich auf der anderen Seite in gestiegenen oder gesunkenen Finanzierungskosten auf Kreditnehmerseite widerspiegeln.

Im folgenden Kapitel werden die sich verändernden Rahmenbedingungen des Kreditgeschäftes aus Bankensicht dargestellt und dabei auf die Problematik der asymmetrischen Information sowie auf die aufsichtsrechtlichen Vorgaben eingegangen, bevor das Rating im genossenschaftlichen Bankensystem vorgestellt wird. Die bereits im ersten Teil des Buches vorgestellte Musterbilanz sowie ihre bilanztechnische Veränderung wird geratet und die sich aus der Bilanzoptimierung ergebenden Ratingveränderungen kritisch gewürdigt. Im letzten Teil des Kapitels wird die aktuelle Entwicklung der Firmenkundenberatung in Bezug auf das Rating dargestellt.

1.1.1 Das Problem der asymmetrischen Information

Eine der meist genannten Hauptursachen für die Entstehung von Kreditrisiken ist das asymmetrische Informationsverhalten zwischen Kreditgeber und Kreditnehmer. Der Kreditnehmer ist dabei in der Regel über seine wirtschaftlichen Verhältnisse bzw. über die alternativen Investitionsmöglichkeiten für das beantragte Kapital besser informiert als der Kreditgeber. Hieraus entstehen die aus der Principal-Agent-Theorie bekannten Probleme der adversen Selektion und des moral hazard (vgl. Süchting/Paul, S. 16 ff; Schiller/Zytko S. 33 ff.).

Unterschiedliche Informationsstände führen zu ggf. falschen Entscheidungen

Informationsnachteile des Kreditgebers sind die Ursache für das erste Problem. Bestimmte Eigenschaften und Daten, die zu einer entsprechenden Risikobeurteilung notwendig wären, sind dem Kreditgeber unbekannt. Das Problem des moral hazard besteht in der Regel erst nach Vertragsabschluss. Der Kreditgeber kann die Anstrengungen des Kreditnehmers nicht ausreichend beurteilen, da der Kreditnehmer dem Kreditgeber die hierfür notwendigen Informationen vorenthält bzw. diese ihm nicht in ausreichender Qualität zur Verfügung stellt (vgl. Büschgen, S. 927 f.; Picot/Reichwald/Wigand, S. 56 ff.).

Zur Reduzierung dieser Asymmetrien gibt es verschiedene Lösungsansätze. So kann zum Beispiel der Kreditnehmer freiwillig bewertungsrelevante Informationen dem Kreditgeber bereitstellen. Des Weiteren kann bei Vertragsabschluss die Stellung von Kreditsicherheiten zur Risikoreduzierung vereinbart werden. Auch die Vereinbarung von financial covenants, die in der Regel als vertragliche Vereinbarungen innerhalb des Kreditvertrages vereinbart werden, können zum Abbau der Informationsasymmetrien beitragen (vgl. Schiller/Tytko (2001), S. 39 ff.). Die genannten Informationsasymmetrien lassen sich jedoch durch vertragliche Vereinbarungen nie vollständig ausschließen, sodass sich das Kreditrisiko auch nicht ausschließen lässt.

1.1.2 Definition des Kreditrisikos

In der gängigen Literatur sind unterschiedliche Definitionen für das Kreditrisiko zu finden. Einigkeit besteht in den meisten Fällen darin, dass das Kreditrisiko, die Unsicherheit der zukünftigen Zahlungsfähigkeit des Schuldners beinhaltet. Büschgen spricht dabei von einem Kreditrisiko im engeren Sinne, das sich vor allem auf das klassische Kreditgeschäft bezieht. Das so genannte Eindeckungsrisiko tritt nach Büschgen im Bereich der Termingeschäfte auf (vgl. Büschgen, S. 923). Das in der Folge relevante Risiko ist das Kreditrisiko oder auch Adressrisiko.

Adressenausfallrisiko; Verlustrisiko seitens der Bank bei Nichterfüllung der vertraglichen Vereinbarungen

Das Kreditrisiko kann im Allgemeinen in ein Ausfall- und ein Bonitätsrisiko unterteilt werden. Das Ausfallrisiko bezeichnet dabei den möglichen Ausfall bei einer Insolvenz des Unternehmens, während das Bonitätsrisiko einen möglichen Wertverlust aufgrund einer Verschlechterung der Bonität abbildet (vgl. Schierenbeck, S. 257). Häufig wird in diesem Zusammenhang nur das Bonitätsrisiko genannt, das den Extremfall des Kreditausfalls mitbeinhaltet.

Eine weitere Komponente des Kreditrisikos stellt die Gefahr des Wertverlustes von Kreditsicherheiten dar. Dies wird auch als Besicherungsrisiko bezeichnet. Bei international tätigen Kreditinstituten besteht neben den genannten Risiken als weiteres Risiko das Länderrisiko. Es bildet die Gefahr der Verhinderung von Zahlungen des Kreditnehmers durch dessen Domizilland ab (vgl. Gödel, S. 332 f.; Schierenbeck, S. 257).

1.1.3 Aufgaben und Instrumente des Kreditrisikomanagements

Kernaufgabe des Kreditrisikomanagements ist die Bewertung, die Steuerung und Antizipation der bestehenden Risiken im Kreditgeschäft (vgl. Oehler, S.V.). Hierzu stehen den Kreditinstituten die unterschiedlichsten Instrumente zur Verfügung. Diese Instrumente können in der Regel in ursachen- und wirkungsbezogene Instrumente unterschieden werden.

Möglichkeiten zur Reduzierung und Ermittlung des Kreditausfalls und dessen Bepreisung

Durch ursachenbezogene Maßnahmen wird versucht, die Wahrscheinlichkeit des Eintritts von Kreditverlusten bzw. deren Höhe zu beeinflussen (vgl. Schierenbeck, S. 296 ff; Schmoll, S. 877 ff.). In diesem Zusammenhang sind die unterschiedlichen Arten der Kreditprüfung zu nennen. Trotz ständiger Verbesserungen dieser Verfahren sind Kreditverluste nicht zu verhindern. Aus diesem Grund kommen zur Abfederung und Kompensation dieser Kreditverluste zusätzlich wirkungsbezogene Verfahren zur Anwendung. Dies kann zum Beispiel auf einzelgeschäftsbezogener Basis die risikoadjustierte Bepreisung sein. Als gesamtgeschäftsbezogene Maßnahme sei die Diversifikation von Kreditrisiken durch Portfoliosteuerung genannt (vgl. Dietrich/Kramar, S. 1187 f.; Schierenbeck, S. 296 ff.; Schmoll, S. 877).

1.2 Bankenaufsichtsrechtliche Regelungen zum Kreditgeschäft

Zur Begrenzung der Risiken aus dem Kreditgeschäft wurden von bankenaufsichtsrechtlicher Seite wichtige Regelungen implementiert und mit der neuen Baseler Eigenkapitalvereinbarung, die endgültig 2007 in Kraft getreten ist, in nationales Recht umgewandelt. Nachfolgend sollen deshalb die wichtigsten Regelungen und Entwicklungen kurz skizziert werden.

1.2.1 Derzeitige Regelungen in Grundsatz I und KWG

Kredite zählen im Allgemeinen zur Risikoaktiva im Bankgeschäft. Diese sind gemäß den Vorschriften des Grundsatz I, geregelt in den §§ 4, 6-13 KWG, mit Eigenkapital zu unterlagen (Definition der Risikoaktiva und deren Anrechnung vgl. Grundsatz I, §§ 4, 6-13 KWG). Die Risikoaktiva einer Bank wird gem. § 3 Grundsatz I in verschieden Bonitätsklassen unterteilt, denen jeweils Gewichtungen zugeordnet werden (vgl. Gruber, S. 431 ff.). Gemäß § 2 KWG ist die gewichtete Risikoaktiva einer Bank täglich zum Geschäftsschluss mit mindestens 8 % haftendem Eigenkapital unterlegen. Eine weitere aufsichtsrechtlich bedeutende Regelung findet sich in § 13 KWG. Demnach müssen Kredite die 10 % des haftenden Eigenkapitals erreichen oder überschreiten an die Deutsche Bundesbank angezeigt werden, wobei die Obergrenze von 25 % des haftenden Eigenkapitals pro Kreditnehmer nicht überschritten werden darf. Weiterhin dürfen alle Großkredite zusammen das Achtfache des haftenden Eigenkapitals nicht übersteigen.

Risikobegrenzungsnormen

Kriterien, die im Regelfall die Angemessenheit der Eigenkapitalunterlegung beurteilen

Ein weiterer wesentlicher Bestandteil des Kreditgeschäftes einer Bank ist die Offenlegung der wirtschaftlichen Verhältnisse ihrer Kreditnehmer. Gemäß des § 18 KWG darf eine Bank Kredite von mehr als 750.000 € (750.000 € seit 01.07.2005, vorher 250.000 €) nur nach Offenlegung der wirtschaftlichen Verhältnisse des Kreditnehmers gewähren.

1.2.2 Die neue Baseler Eigenkapitalvereinbarung (Basel II)

Die bisherigen Regelungen zur Eigenkapitalunterlegung berücksichtigten nur unzureichend die Entwicklung von neuartigen Produkten und Verfahren im Risikomanagement (vgl. Nouy/Cordeener, S. 1091). Einer der Hauptkritikpunkte an der seitherigen Praxis ist die zu grobe Unterteilung der Bonitätsgewichte bei der Anrechnung der Risikoaktiva. Unter anderem aus diesem Grund hat der Basler Ausschuss für Bankenaufsicht die seit 1988 bestehende Eigenkapitalverordnung überarbeitet. Das Konzept der neuen Basler Eigenkapitalverordnung beruht im Wesentlichen auf drei Säulen.

Folgende Tabelle veranschaulicht das Konzept von Basel II (eigene Darstellung in Anlehnung an Hellwig (2002), S. 79):

Neue Regelung zur Unterlegung des Adressrisikos durch Eigenkapital

Säule 1	Säule 2	Säule 3
Mindestkapital-anforderungen	Überprüfung durch die Aufsicht	Marktdisziplin
Mit Eigenkapital zu unterlegen sind:	Kontrolle der Einhaltung der Mindestanforderungen	Offenlegungsempfehlung
• Kreditrisiko • Marktrisiko • Operationelles Risiko	• Überprüfung und Sicherung der Qualität der Risikomanagementsysteme	• Offenlegungspflichten

In der ersten Säule werden die Eigenkapitalanforderungen an die Kreditinstitute definiert. Die zweite Säule regelt die Überprüfungsverfahren, die auf Grund der zu implementierenden Risikomessverfahren zur Überprüfung und Sicherung der Qualität des Risikomanagements, seitens der Bankenaufsicht anzuwenden sind. Die dritte Säule beschäftigt sich mit der Verbesserung der Marktdisziplin und Markttransparenz durch bestimmte Offenlegungspflichten (zu den Inhalten der neuen Basler Eigenkapitalvereinbarung vgl. Basler Ausschuss für Bankenaufsicht).

In den weiteren Betrachtungen soll nur das Kreditrisiko berücksichtigt werden.

1.2.3 Umsetzung von Basel II auf EU-Ebene

Als grundlegendes Element zur Stabilisierung der Kapitalmärkte wurde die Basler Eigenkapitalverordnung (Basel I) sehr schnell als Standard in mehr als 100 Ländern eingeführt.

Die Einführung der neuen Basler Eigenkapitalverordnungen, auch in Ländern, die Basel I nicht eingeführt haben, wird derzeit auf allen Ebenen diskutiert, zumal es auch bei den Mitgliedsländern unterschiedlichste Überlegungen hinsichtlich der Anwendung gibt. Große Unterschiede hinsichtlich der Anwendungen gibt es zum Beispiel zwischen den USA und der Europäischen Union (EU). Die USA planen die Regelungen nur auf große, international tätige Unternehmen anzuwenden, hingegen plant die EU die Anwendung für alle Banken und Wertpapierfirmen. Die EU begründet diese allumfassende

Anwendung mit der Schaffung gleicher Wettbewerbsbedingungen für alle Marktteilnehmer sowie der Vollendung eines einheitlichen Binnenmarktes für Finanzdienstleistungen. Die Entwürfe der überarbeiteten EU-Richtlinien enthalten die von der EU vorgesehenen Anwendungsbereiche und Methoden (Capital Requirements Directive, CRD oder auch CAD III). Hierzu gibt es unterschiedliche Umsetzungsverfahren in Basel und Brüssel. Der wesentlichste Unterschied zwischen Basel und Brüssel liegt in der Durchsetzbarkeit der aufgestellten Regeln.

EU-Recht vs. nationales Recht

Basel II ist eine Rahmenvereinbarung, die nicht auf einer gesetzlichen Grundlage beruht und deren Durchsetzbarkeit ausschließlich durch moralischen Druck und bis zu einem gewissen Grad durch Marktdisziplin erreicht werden kann. Die EU hingegen arbeitet auf Basis des Vertrages der Europäischen Gemeinschaft (EG-Vertrag), und eventuell in Zukunft auf Basis einer einheitlichen Verfassung. Der Vertrag der Europäischen Gemeinschaft bildet die Grundlage für ein rechtliches Rahmenwerk, für dessen rechtliche Umsetzung in letzter Instanz der europäische Gerichtshof zuständig ist.

Die von der EU bisher veröffentlichten Entwürfe zur Umsetzung von Basel II bauen im Wesentlichen auf dem Drei-Säulen-Modell auf, wobei in der ersten Säule die Methoden für die Kalkulation der Mindestkapitalanforderungen vorgegeben werden. Im Einzelnen wird aber auch den europäischen Besonderheiten insoweit Rechnung getragen, als zum Beispiel eigene Regelungen für Pfandbriefe und für Großkredite Berücksichtigung finden. Detaillierte Vorgaben zur zweiten Säule, aufsichtsrechtlicher Überwachungsprozesse (SRP), sucht man in den Vorgaben der EU allerdings vergebens. Die in der dritten Säule verankerten Veröffentlichungsvorschriften sind in der EU auf Institutsebene beziehungsweise auf übergeordneter Institutsgruppe anzuwenden.

Probleme bei der Umsetzung und deren Lösung

Im Juni 2005 hat das CEBS (Committee of European Banking Supervisors) ein Konsultationspapier zum aufsichtsrechtlichen Überwachungsprozess veröffentlicht. Die Kernelemente des SRP sind demnach das interne Überwachungssystem eines Kreditinstitutes und seine Anwendungen im Rahmen seines ökonomischen Kapitalmodells (Internal Capital Adequancy Assessment Process, ICAAP).

Bis spätestens 2007 müssen die EU Mitgliedsstaaten die geplanten Richtlinien in nationales Recht umsetzen. Für das deutsche Bankensystem hat dies zur Folge, dass neben dem Kreditwesengesetz auch die Vorschriften über die Einhaltung der Eigenkapitalanforderungen (bisher Grundsatz I, zukünftig Verordnung über die Solvabilität der Institute, SolvV beziehungsweise E-SolvV), die Großkreditverordnung und Millionenkreditverordnung (GroMikV) von den erforderlichen Änderungen betroffen sind.

In der folgenden Abbildung werden die nationale Umsetzung und Basel II gegenübergestellt. Die Eigenkapitalanforderungen der Säule I und III werden dabei im Wesentlichen von der SolvV abgedeckt. Diese enthält Vorgaben für die konkrete Ausgestaltung der zulässigen Risikomessverfahren für Adress-, Marktpreis- und operationelle Risiken, die Voraussetzungen für die Anwendung der verschiedenen Ansätze sowie die Offenlegungsvorschriften sind.

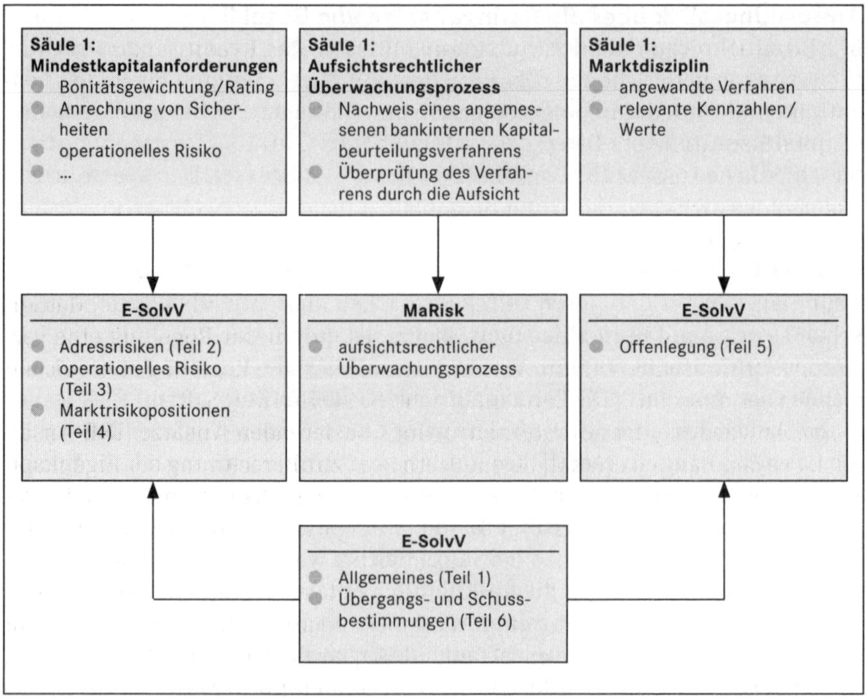

Abbildung 16: Gegenüberstellung Basel II und nationale Umsetzung (eigene Darstellung in Anlehnung an Borgel/Loch/Thelen-Pischke, S. 21)

Die in den EU-Richtlinien vorgesehenen Änderungen hinsichtlich des Eigenkapitalbegriffs betreffen insbesondere die Verpflichtung der so genannten IRB-Banken, Unterschiede zwischen den erwarteten Verlusten und den gebildeten Wertberichtigungen bei der Ermittlung des haftenden Eigenkapitals zu berücksichtigen.

Neufassung geltender Regelungen und Gesetze

Für die nationale Umsetzung ist die Neufassung des § 25a KWG besonders entscheidend. Dieser stellt unter anderem die Rechtsgrundlage für die Säule II und damit für den aufsichtsrechtlichen Überwachungsprozess dar und enthält unter anderem die Anforderung, dass die Institute über Verfahren zur Ermittlung und Sicherstellung der Risikotragfähigkeit (ICAAP) verfügen müssen. Das heißt, dass die Institute über angemessene interne Kontrollverfahren sowie eine dem Institutscharakter entsprechende Risikostrategie verfügen müssen. Konkretisiert werden diese Regelungen und Pflichten in dem vorliegenden Entwurf für die Mindestanforderungen an das Risikomanagement (MaRisk) (im Folgenden wird auf den Entwurf vom 02.02.2005 Bezug genommen).

Mit der Umsetzung von Basel II in nationales Recht hat die aufsichtsrechtliche Regulierung der Institute in Deutschland eine neue Dimension erreicht. Ob dadurch auch eine bessere Stabilität der Finanzmärkte und gleicher Wettbewerb für alle erreicht werden kann, bleibt abzuwarten.

1.2.4 Überblick über die Ratingansätze von Basel II

Verfahren zur Messung der Kreditrisiken

Mit Basel II werden den Instituten zur Messung des Kreditrisikos drei Verfahren angeboten. Neben der Standardmethode sind dies zum einen der Basisansatz und zum anderen der fortgeschrittene Ansatz, die beide auf internen Ratings beruhen.

Die Standardmethode ist die Überarbeitung und Weiterentwicklung der aus dem Jahr 1988 stammenden Eigenkapitalverordnung. Hierbei werden die Risikogewichte auf Basis externer Bonitätsbeurteilungen ermittelt. Die Risikogewichte werden von der Aufsichtsbehörde festgelegt und sind derzeit in die Stufen 0 %, 20 %, 50 %, 100 % und 150 % eingeteilt (vgl. Boos/Schulte-Mattler, S. 347; Nouy/Cordewener, S. 1094). Ziel ist es, mit dieser Regelung eine verbesserte Risikosensitivität im Vergleich zur bisherigen Regelung zu erreichen (vgl. Basler Ausschuss für Bankenaufsicht, S. 14; Hellwig, S. 81).

Bei Anwendung der auf internen Ratings basierenden Ansätze (IRB-Ansätze) ist es den Banken erlaubt, eigene Methoden zur Berechnung der Eigenkapitalunterlegung anzuwenden. Dabei wird zwischen sechs verschiedenen Forderungsklassen unterschieden (vgl. Basler Ausschuss für Bankenaufsicht, S. 16; Hellwig, S. 87). Die jeweiligen Bonitätsgewichte werden mittels einer stetigen Funktion, die von der Ausfallwahrscheinlichkeit des Kreditnehmers, dem ausstehenden Forderungsbetrags bei Ausfall (Exposure at Default = EAD), dem Verlust bei Ausfall (Loss Given Default = LGD) sowie der Restlaufzeit abhängt, ermittelt (vgl. Boos/Schulte-Mattler, S. 470; Günter/Korn/Mayer, S. 123).

IRB-Basisansatz vs. fortgeschrittener IRB-Ansatz

Weiterhin wird zwischen dem IRB-Basisansatz und dem fortgeschrittenen IRB-Ansatz unterschieden. Beim Basisansatz wird nur die Ausfallwahrscheinlichkeit der Kreditnehmer geschätzt. Alle weiteren Parameter werden vorgegeben. Beim fortgeschrittenen Ansatz sind sämtlich Parameter selbst zu bestimmen (zur Schätzung der Parameter vgl. Beck/Lesko/Stückler, S. 156; Hellwig, S. 89 f.).

Sowohl bei der Standardmethode als auch bei den IRB-Ansätzen kann durch bestimmte Instrumente das Kreditrisiko gemindert werden. So können weitere Sicherheiten, Garantien, Kreditderivate sowie Nettingvereinbarungen zur Verringerung des Kreditrisikos und damit zur Reduktion der Eigenkapitalunterlegung beitragen (vgl. Basler Ausschuss für Bankenaufsicht, S. 16 ff.; Boos/Schulte-Mattler, S. 416 ff.; Boos/Schulte-Mattler, S. 470 ff.; Hellwig, S. 82 ff., S. 90 ff.).

1.2.5 Auswirkungen von Basel II auf das Kreditrisikomanagement

Ratinglücke in Deutschland

Auf Grund der sehr geringen Anzahl extern gerateter Unternehmen wird von einer so genannten Ratinglücke in Deutschland gesprochen. Deshalb kann davon ausgegangen werden, dass sich die meisten Banken auf einen der IRB-Ansätze konzentrieren werden. Hierfür werden allerdings bestimmte Mindestanforderungen vorausgesetzt (vgl. Basler Ausschuss für Bankenaufsicht, S. 22 ff.). Um diese Anforderungen zu erfüllen, wurden von den Banken beziehungsweise Institutsgruppen und Verbänden entsprechende Ratingsysteme entwickelt, sowie Risikomanagementsysteme modifiziert. Durch die Weiterentwicklung der Ratingsysteme hinsichtlich der Trennschärfe sowie Anzahl und Differenzierung der Ratingklassen genügen sie den gestellten Anforderungen. Die zusätzlich geforderte Überwachung der Ratingsysteme und -prozesse soll zu einer möglichst genauen Schätzung der Ausfallwahrscheinlichkeit führen. Im Verlauf der Umsetzung von Basel II in den Instituten werden vermehrt bankinterne Kreditrisikomodelle entwickelt. Durch die Berücksichtigung von Branchen- und Bonitätskorrelationen stellen sie ein sehr anspruchsvolles Instrument zur Kreditrisikomessung dar.

1.3 Bonitätsanalyse mittels Rating in Genossenschaftsbanken

Der überwiegende Teil der Firmenkundschaft bei den genossenschaftlichen Bankinstituten ist dem Mittelstand zuzurechnen. Bei der Analyse und Auswertung der vorhandenen betriebswirtschaftlichen Unterlagen wie BWA und Bilanzen, aber auch bei Einkommensteuererklärungen und sonstigen Unterlagen ist hierauf besonders Rücksicht zu nehmen.

Gliederung und Aufarbeitung von Jahresabschlüssen zur Bilanzanalyse

Das vom Genossenschaftsverband zur Bilanzanalyse eingeführte Programm Geno-FBS (Genossenschaftliches Finanz-Beratungs-System) dient in erster Linie der Erfassung und Gliederung von Jahresabschlussunterlagen von mittelständischen Unternehmen und zur Erstellung aussagefähiger Jahresabschlussanalysen. Mit den Geno-FBS Auswertungen ist es möglich sowohl Struktur- und Abweichungsanalysen in Form von Zeit- oder Branchenvergleichen aber auch Bewegungsbilanzen, zu erstellen. Kernmodul ist jedoch die Erstellung korrekter Bilanzkennzahlen als Grundlage für das Rating. Nachfolgende Tabelle zeigt die Kurzinformation zur Bilanzgliederung des Musterunternehmens sowie die ermittelten Bilanzkennzahlen vor der Optimierung.

Kurzinformationen								
Bilanz		Steuer-bilanz 2003 T€	%	Steuer-bilanz 2004 T€	%	Abweich Vorjahr %	Branche 2004 %	Abweich Branche %
Anlagevermögen	**1079**	**4.067,0**	**42,40**	**3.930,0**	**33,90**	**-3,2**	**27,1**	**25,3**
Immat. Verm. u. Sachanlagen	1039	3.806,0	39,7	3.693,0	31,8	-3,0	23,0	38,5
Finanzanl. Verb. U. u. Bet-U.	1049							
Umlaufvermögen	**1179**	**5.496,0**	**57,3**	**7.288,0**	**62,9**	**32,6**	**71,1**	**-11,6**
Vorräte	1109	3.417,0	35,6	4.479,0	38,6	31,1	31,8	21,5
Forderungen aus Lief. U. Leist.	1131	782,0	7,9	473,0	4,1	-37,9		
Langfristiges Kapital	**2089**	**5.560,0**	**58,0**	**5.467,0**	**46,1**	**-1,7**	**46,7**	**-3,2**
Bilanzielles Eigenkapital	2049	3.899,0	40,6	3.934,0	33,9	0,9	26,8	26,6
Langfristiges Fremdkapital	2079	1.661,0	17,3	1.533,0	13,2	-7,7		
Verbindl. gg. Kreditinstituten	2062	1.620,0	16,9	1.488,0	12,8	-8,1		
Kurzfristiges Kapital	**2119**	**4.032,0**	**42,0**	**6.128,0**	**52,9**	**52,0**	**51,3**	**3,0**
Verb. gg. Kredi.: RLZ bis 1 J.	2101							
Verb. a. L. u. L.: bis 1 J.	2104	204,0	2,1	373,0	3,2	82,8	12,7	-74,7
Bereinigte Bilanzsumme	**1200**	**8,592,0**	**100,0**	**11.595,0**	**100,0**	**20,9**		
Gewinn- und Verlustrechnung								
Umsatzerlöse	**3009**	**9.580,0**	**97,2**	**10.500,0**	**91,5**	**9,6**	**98,9**	**-7,4**
Gesamtleistung	**3019**	**9.856,0**	**100,0**	**11.476,0**	**100,0**	**16,4**	**100,0**	
Rohergebnis	3059	5.598,0	56,8	5.980,0	52,1	6,8	53,0	-1,7
Betriebsergebnis brutto	3099	440,0	4,5	316,0	2,8	-28,2	4,1	-32,8
Finanzergebnis	3109	-178,0	-1,8	-74,0	-0,6		-0,9	
Betriebsergebnis v. EE-Steuern	**3119**	**262,0**	**2,7**	**242,0**	**2,1**	**-7,8**	**3,2**	**-34,1**
Unreg. u. außerord. Ergebnis	3129	36,0	0,4				0,7	
Steuern v. Einkom. u. Ertrag	3139	122,0	1,2	95,0	0,8	-22,1	1,1	-24,7
Jahresüberschuss/-fehlbetrag	**3149**	**176,0**	**1,6**	**147,0**	**1,3**	**-16,5**	**2,8**	**-54,3**
Cash Flow	**8601**	**545,0**	**5,5**	**496,0**	**4,3**	**-9,0**		

Kennziffern		Steuer-bilanz 2003	Steuer-bilanz 2004	Abweich Vorjahr %	Branche 2004	Abweich Branche %
Rentabilität						
Cash Flow/Umsatz	=(Betriebserg. Vor EESt + Abschr.) × 100 / Gesamtleistung bzw. Umsatzerlöse	5,5	4,3	-21,8	5,6	-25,5
Umsatzrentabilität	=Betriebserg. Vor EESt × 100 / Gesamtleistung bzw. Umsatzerlöse	2,7	2,1	-20,7	3,2	-34,1
Eigenkapitalrentabilität	=Betriebserg. Vor EESt × 100 / Bilanzielles Eigenkapital	6,7	6,2	-8,5	-31,0	-80,2
Gesamtkapitalrentabilität	=(Betriebserg. Vor EESt + Zinsaufwand) × 100 / Bereinigte Bilanzsumme	4,7	3,0	-36,5	8,3	-63,9
Zinsdeckung	=(Betriebserg. Vor EESt × 100 / Zinsaufwand	137,9	230,5	67,1	576,3	-60,0
Tilgungsdauer (Jahre)	=(Langfr. Verb. + Anlageverm. + Langfr. Kapital)/(Betriebserg. V. EESt + Abschr.)	0,2	-0,1		-4,8	
Liquidität						
Debitorenziel (Tage)	= Ford. aus L. u. L. × 360 / Umsatzerlöse	38,6	16,2	-43,4	47,5	-65,9
Kreditorenziel (Tage)	= (Verb. aus L. u. L. + Wechsel) × 360 / Materialaufwand	17,0	23,9	40,6	54,2	-55,9
Umschlagshäufigkeit Handel	= Materialaufwand / Fertigerzeugnisse und Waren				17,1	
Umschlagshäufigkeit Industrie	= Materialaufwand / Roh- Hilfs- und Betriebsstoffe	2,9	3,6	27,6	94,5	-96,1
Vermög.-, Kap.-, Fin.-Struktur						
Vermögensstruktur	= Anlagevermögen × 100 / Bilanzsumme	42,4	33,9	-19,9	27,1	25,3
EK-Quote	= Bilanzielles EK × 100 / Bilanzsumme	40,6	33,9	-16,5	26,9	26,6
Anlagendeckung	= (Bilanzielles EK + Langfr. Rückst. + Langfr. Verb.) × 100 / Anlagevermögen	136,7	136,9	1,6	296,1	-53,6
weitere Kennziffern						
Return on Investment	= Jahresüberschuss, -fehlbetrag × 100 / (Langfr. Kapital + Kurzfr. Kapital)	1,8	1,3	-30,9	1,0	26,8
Kapitalumschlagshäufigkeit	= Umsatzerlöse / (Langfr. Kapital + Kurzfr. Kapital)	1,0	0,9	-9,3	3,2	-71,7
Working Capital	= Umsatzvermögen - Kurzfr. Verb.	2.309,0	1.978,0	-14,3		
KAPITALDIENSTFÄHIGKEIT		T€	T€			
Erweiterter Cash Flow	**8501**	**613,0**	**506,0**			
Einlagen/Kapitalerhöhung	5119					
Entnahmen/Gewinnausschüttung	8502					
Kap. Di. Grenze v. Ersatzinvest.	**8503**	**613,0**	**506,0**			
Zinsen u. ähnl. Aufwendungen	3104	190,0	105,0			
Liquid v. Ersatzinvest.	**8504**	**423,0**	**401,0**			
Tilgung langfr. Verbindl.	6101					
Liquid v. Ersatzinvest.(netto)	**8505**	**423,0**	**401,0**			

1.3.1 Das Kreditratingsystem in Genossenschaftsbanken

Das Rating hat die Aufgabe, die negativen Chancen einer vertragsgemäßen Erfüllung von Finanzgeschäften zu bestimmen. Als Messgröße dient hierbei die Wahrscheinlichkeit eines Kreditausfalls, die so genannte Ausfallwahrscheinlichkeit.

Kennzahlen als Grundlage für das Bilanzrating

Bei der Ermittlung des Ratings greift man auf klassische, statistische Modelle zurück, die repräsentative Kenngrößen aus der Kunde-Bank-Beziehung herausgreifen und miteinander vergleichen. Die Daten müssen für alle Kunden ermittelbar und verfügbar sein. Bei der Datenanalyse sind unterschiedliche Kundengruppen, die aufgrund ähnlicher Struktur in Größenklassen zusammengefasst werden, zu berücksichtigen. Somit sind Informationen erhältlich, die die Beurteilung des Risikos in einer bestimmten Definition ermöglichen. Je aktueller die zur Verfügung stehenden Daten sind, umso genauer und besser kann das Ausfallrisiko eingeschätzt werden.

Als Ratingsystem im genossenschaftlichen Sektor wurde in der Vergangenheit das BVR-I-Rating eingesetzt. Hierbei handelte es sich um ein Overall-Rating für alle Firmenkunden, unabhängig von der Unternehmensgröße oder Rechtsform des Unternehmens. Diese veraltete Sichtweise ging nicht ausreichend auf die Besonderheiten der auftretenden Kundengruppen und Unternehmensgrößen ein und wurde durch das VR-Rating abgelöst. Bei der Konzeption dieses Ratingsystems wurden verschiedene Ratingsegmente identifiziert, für die ein jeweils eigenes Verfahren anzuwenden ist.

Die nachfolgende Tabelle (vgl. Erxleben/Korb, S. 31; Kramer, S. 10; Nowak, S. 27) soll die unterschiedlichen Ratingsysteme veranschaulichen.

Berücksichtigung des Umsatzes beim Rating

Segmentbezeichnung		Größenabgrenzung
Privatkunden	Bis 1 Mio. € investierbares Vermögen	
	Gehobene Privatkunden	Über 1 Mio. € investierbares Vermögen
	Privater Hypothekenkredit	Keine
	Nicht bilanzierende Gewerbekunden	Umsatz bis 500.000 €
Firmenkunden	Mittelstand	Umsatz bis 5 Mio. €
	Oberer Mittelstand	Umsatz zwischen 5 Mio. € und 1 Mrd. €
	Große Firmenkunden	Umsatz größer 1 Mrd. €
	Ausländische Kunden	Umsatz bis 1 Mrd. €
Start-ups	Start-ups	Umsatz bis 7,5 Mio. €
Agrar	Landwirte	Keine
Banken	Banken und Finanzinstitute	Keine
Staatlicher Sektor	Länder und Gebietskörperschaften	Keine
Spezialfinanzierungen	Projektfinanzierungen, gewerbliche Immobilien	Keine

Für die Mehrzahl der im genossenschaftlichen Verbund vertretenen Kunden werden die Ratingsysteme »Mittelstand« und »oberer Mittelstand« verwendet. Deshalb sollen diese beiden Ratingverfahren nachfolgend genauer betrachtet werden.

1.3.2 Die VR-Ratings »Mittelstand« und »oberer Mittelstand«

Qualitative und quantitative Fragen zur Bonitätsbeurteilung

Bei den beiden Ratingsegmenten handelt es sich um speziell auf die mittelständische Kundenklientel zugeschnittene Ratingverfahren. Das VR-Rating »Mittelstand« ist bei Unternehmen mit einem Umsatzvolumen von 5 Mio. € zu verwenden. Das VR-Rating »oberer Mittelstand« ist bei Unternehmen mit einem Umsatzvolumen von über 5 Mio. € anzuwenden. Kernmodul des Ratings ist die Jahresabschlussanalyse in Verbindung mit den gemäß § 18 KWG erforderlichen Aufstellungen über die privaten Vermögensverhältnisse des Kreditnehmers. Aus diesem Modul wird ein Teilscore gebildet, wobei dieser im Wesentlichen aus der Jahresabschlussanalyse von GENO-FBS generiert wird.

Der zweite Hauptbestandteil des Ratings setzt sich aus einem qualitativen Fragenteil zusammen. Der strukturierte Fragenkatalog wurde von Experten entworfen und umfasst die Segmente Jahresabschluss, BWA, Kontoführung, Markt/Branche, Unternehmen/Management und Planung. Dabei wird weitgehend auf Fragen verzichtet, bei denen die Gefahr besteht, dass verschiedene Analysen zu unterschiedlichen Ergebnissen führen können. Auch für diesen Teil wird ein separater Teilscore gebildet.

Die folgende Tabelle (eigene Darstellung nach Kramer, S. 6; Nowak, S. 25) stellt die grundlegende Architektur des BVR-II-Ratings dar.

Architektur des VR-Ratings

<table>
<tr><td rowspan="7">Aktuelle Vermögens-, Finanz- und Ertragslage</td><td colspan="2">Wirtschaftliche Verhältnisse</td></tr>
<tr><td>Jahresabschluss quantitativ</td><td rowspan="2">Teilscores, Jahresabschluss und Privatvermögen</td></tr>
<tr><td>Privates Vermögen</td></tr>
<tr><td colspan="2">Qualitativer Bereich</td></tr>
<tr><td>Jahresabschluss qualitativ</td><td rowspan="6">Teilscore qualitativer Bereich</td></tr>
<tr><td>BWA</td></tr>
<tr><td>Kontoführung</td></tr>
<tr><td rowspan="3">Zukünftige Entwicklung des Unternehmens</td><td>Markt/Branche</td></tr>
<tr><td>Unternehmen/Management</td></tr>
<tr><td>Planung</td></tr>
</table>

Die bisher aus dem Rating gewonnen Teilscores werden gewichtet und zu einem Gesamtscorewert zusammengefasst. Der so ermittelte Scoringwert ist einer bestimmten Ratingklasse bzw. einer mittleren Ausfallwahrscheinlichkeit zugeordnet. Um die unterschiedlichen segmentspezifischen Ratings zu vergleichen, wurde im genossenschaftlichen Verbund hierfür eine Masterskala ermittelt. Nachfolgende Tabelle (vgl. Gschrey, S.11; Nowak, S. 27; vgl. hierzu auch Kirmße/Jansen, S. 71) zeigt diese verbundeinheitliche Masterskala.

Einheitliche Ausfall- und Ratingklassen

Ratingklasse	Ausfallrate in %	Ratingklasse	Ausfallrate in %
1A	0,01	4A	4,0
1B	0,02	4B	6,0
1C	0,03	4C	9,0
1D	0,04	4D	13,50
1E	0,05	4E	20,00
2A	0,07	5A	100,00
2B	0,10	5B	100,00
2C	0,15	5C	100,00
2D	0,23	5D	100,00
2E	0,35	5E	100,00
3A	0,50		
3B	0,75		
3C	1,10		
3D	1,70		
3E	2,60		

Bei der Konzeption des VR-Ratings »oberer Mittelstand« wurde auf die besonderen Strukturen mittelständischer Unternehmen mit Umsätzen zwischen 5 Mio. € und 1 Mrd. € eingegangen. Bei der Jahresabschlussanalyse ergeben sich dadurch andere für die Bonitätsbeurteilung relevante Jahresabschlusskennzahlen als für Unternehmen des Mittelstandes. Ein weiterer wesentlicher Unterschied besteht darin, dass beim Ratingsegment »oberer Mittelstand« die Privatverhältnisse des Unternehmers bei der Beurteilung der Bonität keine entscheidende Rolle mehr spielen.

1.3.3 Die Teilscorefunktion Jahresabschluss

Differenziertes Kennzahlensystem zur Bilanzbeurteilung

Im Rahmen der Teilscoringfunktion Jahresabschluss wird eine Reihe von Kennzahlen (u.a. die Vermögenslage des Unternehmens, seine Ertragslage sowie die Liquiditätslage) ermittelt und bewertet.

Voraussetzung für die Ermittlung der Teilscoringfunktion Jahresabschluss ist immer das Vorliegen von zwei aufeinander folgenden Jahresabschlüssen. Im Rahmen der Geno-FBS Auswertung werden so dynamische Kennzahlen gebildet.

Einige der für das Rating relevanten Kennzahlen werden nachfolgend erläutert:

1. Kennzahl »Finanzkraft 4«

$$\frac{\text{Cashflow}}{\text{Kurzfristiges Fremdkapital}}$$

Die Kennzahl »Finanzkraft 4« gibt an, welcher Teil des kurzfristigen Fremdkapitals durch den erwirtschafteten Zahlungsmittelüberschuss des Unternehmens getilgt werden kann. Dabei wird von der Annahme ausgegangen, dass gute Unternehmen in der Regel eine höhere Finanzkraft aufweisen als schlechte Kunden.

2. Kennzahl »Finanzergebnis an der Gesamtleistung«

$$\frac{\text{Finanzergebnis}}{\text{Gesamtleistung}}$$

In dieser Kennzahl werden Informationen aus verschiedenen Bereichen zusammengeführt. Für negative Kennzahlungsausprägungen gilt, dass Unternehmen mit betragsmäßig zunehmender Kennzahl eine wachsende Zinslast im Verhältnis zu ihrer Gesamtleistung haben, was grundsätzlich schlechter zu bewerten wäre. Bei positiv steigender Kennzahlungsausprägung, d. h. einen Überschuss aus den Zins- und Beteiligungserträgen abzüglich der Zinsaufwendungen, erhält man Informationen über die Ertragsstruktur des Unternehmens, also darüber, in welchem Verhältnis dessen Erträge aus Finanzanlagen und Beteiligungen oder aus der ordentlichen Geschäftstätigkeit erwirtschaftet wurden.

3. Kennzahl »Cashflow Zinsdeckung 2«

$$\frac{\text{Cashflow + Zinsaufwand}}{\text{Zinsaufwand}}$$

Diese Kennzahl ist ein Maß für die Kapitaldienstfähigkeit des Unternehmens. Die Kennzahl sollte mindestens »2« betragen, da somit zumindest der Zinsaufwand aus dem Cashflow gedeckt ist. Langfristig sollte jedoch der Cashflow des Unternehmens sowohl Zinsaufwand als auch Tilgung decken können.

4. Kennzahl »Eigenkapitalquote«

$$\frac{\text{Wirtschaftliches Eigenkapital}}{\text{Bilanzsumme}}$$

Die Eigenkapitalquote gibt den Anteil des Eigenkapitals am Gesamtkapital an. Es wird bei der Bewertung davon ausgegangen, dass gesunde Unternehmen höhere Werte aufweisen, als akut ausfallgefährdete Unternehmen. Bei der Berechnung des wirtschaftlichen Eigenkapitals werden alle Kapitalpositionen berücksichtigt, die dem Unternehmen langfristig zur Verfügung stehen.

	Gezeichnetes Kapital
./.	ausstehende Einlagen
+	Rücklagen
+/./.	Gewinnvortrag/Verlustvortrag
+/./.	Jahresüberschuss/Jahresfehlbetrag
+	50 % des Sonderpostens mit Rücklagenanteil
+	mittel- und langfristige Darlehen nicht haftender Gesellschafter
./.	Forderungen an Gesellschafter
=	Wirtschaftliches Eigenkapital

5. Kennzahl »Vermögensstruktur 3«

Diese Kennzahl berichtet über die Anlagenintensität des Unternehmens. Die Interpretation bzw. der Vergleich dieser Kennzahl ist nur innerhalb einer Branche möglich, da sie ja nach Branche (Schwerindustrie vs. Dienstleistungsgewerbe) unterschiedlich ausfallen kann. Weiterhin ist sie abhängig von der Fertigungstiefe und Automatisierungsgrad des Unternehmens. Die Trennschärfe dieser Kennzahl ist sehr gering, deshalb hat sie auch nur einen sehr geringen Einfluss auf das Teilscoring.

6. Kennzahl »Anlagendeckung 3«

$$\frac{\text{Langfristiges Kapital}}{\text{Anlagevermögen}}$$

Ausgehend von der »Goldenen Bilanzregel«, die besagt, dass der Zeitraum der Kapitalbindung mit dem Zeitraum der Kapitalüberlassung übereinstimmen soll, misst diese Kennzahl in wie weit das Anlagevermögen durch dem Unternehmen langfristig zur Verfügung stehende Kapital finanziert ist. Das langfristige Kapital setzt sich dabei aus dem Eigenkapital und dem langfristigen Fremdkapital zusammen. Dabei wird davon ausgegangen, dass das Eigenkapital dem Unternehmen zeitlich unbegrenzt zur Verfügung steht, andererseits die langfristigen Verbindlichkeiten und die langfristigen Teile der Rücklagen ebenfalls für einen langen Zeitraum verfügbar sind.

Der Deckungsgrad des Unternehmens sollte gem. der »Goldenen Bilanzregel« größer 1 sein. Dies bedeutet, dass dem Unternehmen mehr langfristiges Kapital zur Verfügung steht als im langfristigen Vermögen gebunden ist.

7. Kennzahl »Kreditorenziel«

$$\frac{(\text{Verbindlichkeiten aus Lieferungen und Leistungen + Akzepte}) \times 360}{\text{Materialaufwand}}$$

Das Kreditorenziel gibt die durchschnittliche Zeit in Tagen an, mit der der Lieferantenkredit in Anspruch genommen wurde. Die Kennzahl zeigt an, wie lange das Unternehmen benötigt, um seine Verbindlichkeiten aus Warenlieferungen und Leistungen zu begleichen. Tendenziell gilt, dass Unternehmen mit längerem Kreditorenziel ausfallgefährdeter sind.

8. Kennzahl »Neuverschuldung«

$$\frac{\text{Fremdkapital}}{\text{Fremdkapital Vorjahr}}$$

Ist die Kennzahl »Neuverschuldung« größer 1, so bedeutet dies, dass das Unternehmen mehr Fremdkapital im Vergleich zum Vorjahr aufgenommen hat. Eine Interpretation für diese Kennzahl könnte sein, dass steigende Werte für die Bonität des Unternehmens negativ sind, da steigendes Fremdkapital zu einem anteilsmäßig geringerem Eigenkapitalpuffer führt.

Über die Sinnhaftigkeit dieser Kennzahl lässt sich sicherlich streiten, da eine gestiegene Neuverschuldung ebenso eine Investition in zukunftsweisende Technik bedeuten kann, die erst im Folgejahr oder darüber hinaus zur höheren Erträgen führen wird.

Die Praxis hat jedoch gezeigt, dass in der Mehrzahl der Fälle die Gefahr der Insolvenz bei gestiegener Verschuldung und gleichzeitigem Einbruch des Cashflows überproportional ansteigt.

1.3.4 Die Teilscorefunktion »Qualitative Fragen«

Höhere Objektivität durch geschlossene Fragen

Der Teilscore »qualitative Fragen« setzt sich wie bereits kurz beschrieben aus insgesamt sechs Themenbereichen zusammen. Die Analyse erfolgt über eine Eingabemaske, die keine »freien« Eingaben mehr zulässt, sondern konkrete »Ja/Nein-Antworten« oder gegebenenfalls Zahlenangaben fordert. Dadurch ergibt sich insgesamt eine deutlich höhere Objektivität der Bewertung.

a) Der Fragenkomplex zum **»Jahresabschluss«** beschäftigt sich damit, ob und welche »bilanzschönenden Maßnahmen« bekannt sind. Er stellt damit gewissermaßen ein Korrektiv zum (rein quantitativen) Teilscore Jahresabschluss dar.

b) Im Gegensatz dazu geht es beim Fragenkomplex »**BWA**« vor allem darum, inwieweit das Management auch unterjährig in der Lage ist, sich abzeichnende Entwicklungen frühzeitig zu erkennen und angemessen darauf zu reagieren.

c) Ein weiterer bei mittelständischen Unternehmen kritischer Punkt ist die »**Unternehmensplanung**«. Hier geht es in erster Linie um die Frage, in wieweit das Unternehmen vorausschauend geleitet wird, d. h. ob beispielsweise bei der Planung einer Investition Umsatz-, Ertrags- und Liquiditätsvorschaurechnungen für einen angemessenen Zeitraum vorliegen.

d) Von entscheidender Bedeutung ist für Unternehmen das Kriterium »**Markt**«. Hier geht es letztlich darum herauszufinden, ob das Unternehmen hinsichtlich seines Umsatzes zu den führenden seines Marktes zu zählen ist, wie viele Produktgruppen zu seinem Sortiment gehören und wie seine Kunden- und Lieferantenstruktur beschaffen ist. Erfahrungsgemäß haben Unternehmen, deren Kunden- und Lieferantenstruktur breit gestreut ist und die mehrere Produktgruppen anbieten bessere Chancen, flexibel auf Marktveränderungen – und vor allem auch auf Zahlungsausfälle ihrer Kunden – zu reagieren.

e) Wichtig für das Kreditrating ist auch das Kriterium »**Unternehmen/ Management**«.
Hier geht es wesentlich um die Qualität der Geschäftsführung – etwa darum, ob in der Geschäftsleitung eine Person über einen betriebswirtschaftlichen Abschluss (nicht notwendigerweise ein Studium) verfügt, wie lange der Unternehmer bzw. Geschäftsführer bereits in der Branche tätig ist und (vor allem bei älteren Unternehmern) ob eine geeignete Nachfolgeregelung besteht. Darüber hinaus wird im Rahmen dieses Kriteriums bewertet, ob bestehende Risiken adäquat abgesichert wurden.

f) Als letztes Kriterium sei an dieser Stelle die »**Kontoführung**« genannt, denn gerade die Informationen, die die Bank hinsichtlich der Kontoführung erhält, lassen häufig Rückschlüsse auf die aktuelle wirtschaftliche Situation des Unternehmens zu. Die Erfahrung zeigt, dass beispielsweise gehäuft auftretende Kontoüberziehungen, Scheck- oder Lastschriftrückgaben oder Wechselproteste in aller Regel ein deutliches Indiz für zunehmende wirtschaftliche Schwierigkeiten darstellen.

1.3.5 Rating als Voraussetzung zur Kapitalbeschaffung

Die Entwicklung eines Unternehmens kann unter Umständen sehr kapitalintensiv sein. Im Falle eines Finanzierungsbedarfs besteht nunmehr die Notwendigkeit, sich bankinternen Ratings zu stellen. Je risikoreicher das Finanzierungsvorhaben ist, umso mehr verteuern sich die hierfür zu zahlenden Kapitalkosten. Allein aus diesem Grund ist es notwendig, dass sich das Unternehmensmanagement mit dem Management des eigenen Ratings beschäftigt.

Unter Berücksichtigung der in Deutschland aber auch in Österreich und der Schweiz vorherrschenden klein- und mittelständischen Unternehmensstruktur ist es sinnvoll, auf die durch die Hausbanken erstellten Ratings bei der Suche nach einer angemessenen Finanzierungsform zurückzugreifen. Bankinterne Ratings sind in der Regel nicht für die Öffentlichkeit gedacht; es ist jedoch davon auszugehen, dass bonitätsstarke Unternehmen zukünftig auf ihre bankinternen Ratings bei der Suche nach adäquaten Finanzierungsmitteln zurückgreifen werden und somit den Konkurrenzkampf unter den Banken verschärfen werden.

Dies führte bereits in den vergangenen Jahren zu einer neuen Art von Ratingkultur, die die Unabhängigkeit von Unternehmen bei der Kapitalsuche verstärkte.

Transparenz und Offenheit als Schlüssel zum Rating

Für kapitalsuchende Unternehmen bedeutete dies, konsequent am Rating arbeiten zu müssen und Transparenz nach außen zu zeigen. Letztendlich wird nicht nur die Bilanz sondern auch die Bewertung der qualitativen Fragen nach dem Geschäftsmodell oder der Marktposition den Wettbewerb bestimmen. Dies bedeutet, die Entwicklung einer Ratingkultur und einer risikoadäquaten Bepreisung von Kapital führt zu zahlreichen Vorteilen:

- Durch eine risikoadäquate Bepreisung wird die Quersubventionierung von nicht wettbewerbsfähigen Unternehmen durch bonitätsstarke Unternehmen vermieden.
- Risikoorientierte Bepreisung verringert die Folgekosten von Insolvenzen.
- Unternehmen müssen sich bewusst sein, dass ein Fall ohne Auffangnetz (in der Regel bei zu geringem Eigenkapital) auch zu volkswirtschaftlichen Schäden führt, für die nicht automatisch der Staat, eine Bank oder die Gesellschaft aufkommen kann.

Die eigene Bonität kann aktiv beeinflusst werden. Dies führt zu einem erheblichen Spielraum bei der Gestaltung der Rahmenbedingungen und ermöglicht ein aktives Vorgehen am Markt.

1.3.6 Corporate Finance – Neue Aufgaben für die Firmenkundenberatung

Beratung zur optimalen Kapitalstruktur in Unternehmen als Herausforderung für die Firmenkundenberatung

Die Steuerung der eigenen Bonität gehört zu den Kernaufgaben eines jeden Unternehmers. Aufgrund des bestehenden Wettbewerbs um bonitätsstarke Kunden erlangt die Unterstützung des Unternehmers beim Bonitätsmanagement durch seinen Firmenkundenberater eine immer stärkere Bedeutung. Ausgangslage bei der Beratung sind einerseits die bestehende Finanzierungsstruktur und andererseits die Werttreiber im Unternehmen.

Die wesentlichen Größen in der Unternehmenssteuerung sind dabei Rendite, Finanzierung, Risiko, Wachstum und Liquidität. Diese wichtigen Eckpfeiler können beeinflusst werden durch die Kapital- und Finanzstruktur, durch Risiko- und Liquiditätsmanagement, die strategische Positionierung des Unternehmens sowie verschiedene Controllingtools.

Hierfür stehen dem Firmenkundenberater im genossenschaftlichen Finanzverbund aber auch im Sparkassenverband oder in anderen Bankenverbänden ein breites Leistungsspektrum wie zum Beispiel strukturierte Refinanzierungen oder Mezzaninkapital zur Verfügung.

Aufgrund der in Deutschland vorherrschenden Unternehmensstruktur sind die klein- und mittelständischen Unternehmen nur mit einer sehr geringen Eigenkapitaldecke ausgestattet.

Dominanz der Kreditfinanzierung

Bei der Unternehmensfinanzierung dominiert daher die Kreditfinanzierung, während Eigenkapital- und Kapitalmarktfinanzierungen wie in anderen europäischen Staaten zum Beispiel Frankreich, Belgien oder Portugal kaum Bedeutung haben. Banken, Lieferanten und sonstige Fremdkapitalgeber tragen daher große Teile des unternehmerischen Risikos mit, sind jedoch nur mit einem sehr beschränkten Umfang am Unternehmenserfolg beteiligt.

Eigenkapital an der Gesamtbilanz nach Unternehmensgröße							
Größe nach Umsatz	**Ö**	**BEL**	**F**	**D**	**ITA**	**POR**	**SPA**
Weniger als 7 Mio. €	13%	40%	34%	14%	26%	31%	42%
7 bis 40 Mio. €	27%	38%	35%	25%	25%	40%	43%
40 Mio. € und mehr	31%	39%	35%	28%	28%	51%	37%
Alle Größen	28%	39%	35%	30%	27%	42%	38%

(vgl. Europäische Beobachtungsstelle für die KMU, Sechster Bericht 2000).

Durch Internationalisierung sowie Kosten- und Margendruck besteht jedoch die Notwendigkeit zum Aufbau eines entsprechenden Eigenkapitalpolsters.

Entscheidend für eine kundenspezifische Beratung ist es, Hebel zur Steigerung des Unternehmenswertes – und damit der Bonität – zu finden, bei denen die kreditgebende Bank behilflich sein kann.

Die Kunst in der Firmenkundenberatung wird zukünftig darin liegen, diese Hebel zu finden und gemeinsam mit dem Firmenkunden zu dessen Vorteilen umzulegen. Nur so lassen sich langfristig bonitätsstarke Firmenkunden im Bankenwettbewerb binden.

1.4 Rating und Vertrieb

Ratinggespräch als Grundlage für die Kunde-Bank-Beziehung

In den vorhergehenden Kapiteln konnte gezeigt werden, dass die anzuwendenden Ratingverfahren nicht nur genauere Analysemethoden, sondern auch Umdenkprozesse bei der Betreuung von Firmenkunden erfordern. Der Ratingprozess ist daher gezielt in das Vertriebskonzept der Bank einzubinden und kann sich nicht ausschließlich am Risikopotenzial orientieren.

Die Königsdisziplin besteht dabei darin, die komplexen Anforderungen, die Basel II an die Mitarbeiterinnen und Mitarbeiter der Kreditinstitute stellt, dem Firmenkunden zu vermitteln und ihn für diese Neuerungen zu sensibilisieren. Die Aufgabe besteht darin, gemeinsame Ziele herauszuarbeiten. Der Ratingprozess und die darauf folgenden Ratinggespräche bieten dabei die Gelegenheit, die Beratungsqualität des Kreditinstitutes unter Beweis zu stellen und gleichzeitig sich daraus ergebende für Kunde und Bank sinnvolle Chancen für Cross-Selling-Ansätze zu nutzen.

Wesentliche Punkte der Ratingberatung

Die Ratingberatung wird somit zu einer wertschöpfenden Dienstleistung im Bankgeschäft. Vor diesem Hintergrund sind in den letzten Jahren verschiedene Instrumente zur effektiven Kundenberatung entstanden. Dabei umfasst eine als Dienstleistung konzipierte Ratingberatung im Wesentlichen drei Punkte (vgl. Schmoll, S. 290).

1. **Ein umfassendes Grundlagengespräch**
   Im Grundlagengespräch werden dem Unternehmer der Aufbau, der Prozess sowie die Bewertungskriterien des Ratings erläutert.

2. **Stärken- und Schwächen-Analyse**
   Die Ratingauswertungen und Ratingergebnisse werden hierbei dem Firmenkunden präsentiert und eingehend besprochen. Aus den Ergebnissen werden dann gemeinsam mit dem Kunden die zur Verbesserung des Ratings notwendigen Maßnahmen abgeleitet.

3. **Handlungsempfehlungen**
   Das Analysegespräch bildet die Basis für konkrete Handlungsempfehlungen an das Management zur Ratingverbesserung.

Steigerung des Unternehmenswertes durch Umsetzung von Handlungsempfehlungen

Dem mittelständischen Firmenkunden muss dabei verständlich erläutert werden, dass er die eigene Bonität und somit auch die eigenen Kreditkosten durch die Umsetzung der Handlungsempfehlungen positiv beeinflussen kann. Im Vordergrund muss kann dabei jedoch nicht kurzfristige Bonitätsverbesserung in Bezug auf das Rating stehen. Vielmehr muss eine zur Steigerung der Wettbewerbsfähigkeit des Unternehmens angelegte Strategie verfolgt werden.

Durch die langfristige Bonitätsverbesserung entsteht für beide handelnden Parteien, Firmenkundenberater (Bank) und Firmenkunde, eine »Win-Win-Situation«.

Die wesentlichen Handlungsfelder, bei denen die Bank Unterstützung und Hilfe anbieten kann, sind dabei folgende:

- Finanzierungsberatung i.e.S.,
- Liquiditätsmanagement,
- Bilanzstrukturmanagement,
- Optimierung der Kunde-Bank-Beziehung.

1.5 Bilanzoptimierung und Rating

In diesem Buch werden verschiedene Maßnahmen zur Optimierung einer Bilanz beschrieben und auf die in der Einführung dargestellte Bilanz angewendet.

- Sale-and-Lease-back,
- Bestandsoptimierung,
- Factoring,
- Private Equity/Mezzanine Finanzierung.

Auf Grund des Ratings oder interner Bankrichtlinien eventuell bestehender Restriktionen bei der Darlehensaufnahme ist es für mittelständische Unternehmen unerlässlich, sich langfristig mit, wie zum Beispiel in diesem Buch beschriebenen, alternativen Finanzierungsmöglichkeiten auseinander zu setzen.

Alternative Finanzierungsformen

Neben den vorgenannten Möglichkeiten besteht für große mittelständische Unternehmen noch die Möglichkeit, einen Teil ihrer Forderungen im Rahmen so genannter »Asset-Backed-Security«-Transaktionen in Liquidität umzuwandeln, oder reine Projektfinanzierungen durchzuführen.

Für Unternehmen ist es daher notwendig sich nicht nur mit den derzeit üblichen Finanzierungsinstrumenten auszukennen, sondern auch die langfristigen Auswirkungen der eingesetzten Finanzierungselemente zu kennen. Hierunter ist neben dem Wissen um alternative Finanzierungsmöglichkeiten und ihren Auswirkungen auf den Cash Flow des Unternehmens auch die Höhe der langfristig vom Unternehmen tragbaren Kapitalkosten zu verstehen.

So kann zum Beispiel der Einsatz von Private Equity durch direkte Reduktion des Verschuldungsgrades und Kapitaldienstquote zu einer Verbesserung des Ratings führen. Hierbei ist jedoch zu beachten, dass Anleger auf Grund des höheren unternehmerischen Risikos eine dem Risiko angemessene Rendite erwarten, was entsprechend hohe Kapitalkosten zur Folge hat. Nicht außer acht gelassen werden darf in diesem Zusammenhang eine deutlich verbesserte Unternehmenstransparenz und Mitspracherechte Dritter, was gerade bei mittelständischen Familienunternehmen zu Problemen führen kann.

Leasing bzw. Sale-and-Lease-Back führt erwartungsgemäß nur bei Unternehmen mit einer hohen Anlageintensität zu einer Ratingverbesserung, was nicht gleichbedeutend mit einer verbesserten Finanzierungsmöglichkeit ist. Zu prüfen ist in jedem Fall die Kapitaldienstfähigkeit, der Verschuldungsgrad sowie die individuelle Gestaltung der Bilanz und der GuV.

Vor diesem Hintergrund wird deutlich, dass die Komplexität der Managementaufgaben im Mittelstand weiter zunehmen wird. Aber auch die Anforderungen an eine entsprechende Beratung und Betreuung durch die den Mittelstand finanzierenden Banken wird weiter ansteigen.

Bei dem eingangs vorgestellten Unternehmen handelt es sich um eine Maschinenbau GmbH, die bereits vor der Optimierung ein gutes Rating besitzt. Nachfolgende Abbildung zeigt die wesentlichen Ergebnisse des VR-Ratings, sowie die Kennzahlen der Teilscorefunktion Jahresabschluss.

Bereich	**Teilscore**		**Status**			
	MS	**OMS**		**Geändert am**		**von**
Jahresabschluss		68	abgeschlossen	08.09.2006 14:23:11		
Privatvermögen			offen			
Qualitative Fragen		82	abgeschlossen	08.09.2006 14:25:31		
Gesamtscore		75,01				

	Gesamtscore	**Klasse**	**Ausfallrate**	**Status**	**Händlerbonus**	**Warnsignal**	**Ablehnungsgrund**
Rating	75,01	1e	0,35	in Genehmigung	nicht relevant	nicht relevant	
1. Override				**Bonitätsrelevantes Merkmal:**			
2. Override				**Bonitätsrelevantes Merkmal:**			
Ausfallklasse							
Ergebnis		**1e**	**0,35**				

Bilanzkennzahlen quantitatives Teilrating	
Finanzkraft 4	8,09 %
Finanzergebnisanteil an GL	./. 0,64 %
Cashflow Zinsdeckung 2	5,72
Eigenkapitalquote	55,21 %
Vermögensstruktur 3	33,94 %
Anlagendeckung 3	138,89 %
Kreditorenziel	23,90
Neuverschuldung	134,56 %
CF korrekt Umsatzrentabilität	22,89 %

Das Ergebnis weist eine Ratingklasse von 1E mit einer Ausfallwahrscheinlichkeit von 0,35 % aus. Vergleicht man diesen Wert mit der durchschnittlichen Verteilung der Ratingklassen im Kreditportfolio einer Genossenschaftsbank, so fällt dieser Wert in den oberen, guten Bereich. Zu den Maßnahmen, die zur Bilanzverbesserung durchgeführt werden, vgl. Kapitel 2.2.

Die durchgeführten Maßnahmen führen zu einer Verbesserung der Ratingklasse von 1E auf 1D und Verringerung der Ausfallrate von 0,35 % auf 0,23 %.

Bereich	**Teilscore**		**Status**				
	MS	**OMS**			**Geändert am**		**von**
Jahresabschluss		72	abgeschlossen		08.09.2006 14:36:06		
Privatvermögen			offen				
Qualitative Fragen		82	abgeschlossen		08.09.2006 14:36:32		
Gesamtscore		77,94					
	Gesamtscore	**Klasse**	**Ausfallrate**	**Status**	**Händlerbonus**	**Warnsignal**	**Ablehnungsgrund**
Rating	77,94	1d	0,23	in Genehmigung	nicht relevant	nicht relevant	
1. Override				**Bonitätsrelevantes Merkmal:**			
2. Override				**Bonitätsrelevantes Merkmal:**			
Ausfallklasse							
Ergebnis		**1d**	**0,23**				

1.5.1 Die Maßnahmen aus Bankensicht

Um das Generieren von Buchgewinnen zu vermeiden, wurde beim Verkauf des Grundstückes unterstellt, dass der Buchwert dem Verkehrswert entspricht. Da dies in der Realität in den seltensten Fällen der Fall ist, bedarf diese Maßnahme einer sehr intensiven, vorausschauenden Planung und steuerlichen Betrachtung der langfristigen Auswirkungen. Je nach Gestaltung der durch den Mittelzufluss zu tilgenden langfristigen Verbindlichkeiten fallen hier weitere Kosten an, die nicht berücksichtigt wurden.

Die Tilgung der langfristigen Verbindlichkeiten führt jedoch zu einer Bilanzverkürzung und somit zu einer deutlich gestiegen Eigenkapitalquote.

Durch die Anlage der zur Verfügung stehenden Liquidität wird ein positives Finanzergebnis ausgewiesen, was zu einer Stärkung der Position »Finanzergebnis an GL« führt, vgl. nachfolgende Tabelle.

Bilanzkennzahlen quantitatives Teilrating	
Finanzkraft 4	7,48 %
Finanzergebnisanteil an GL	0,77 %
Cashflow Zinsdeckung 2	9.999,99
Eigenkapitalquote	69,89 %
Vermögensstruktur 3	12,21 %
Anlagendeckung 3	323,03 %
Kreditorenziel	23,90
Neuverschuldung	108,43 %
CF korrekt Umsatzrentabilität	31,10 %

Grenzen der Bilanzoptimierung

Da das Unternehmen per se schon über eine hohe Liquidität verfügt, zielt die Optimierung der Zahlungseingänge durch Factoring ins Leere. Bei der Wahl des Factoringpartners sind insbesondere die damit verbundene laufenden Kosten zu beachten (vgl. Teil B Kapitel 2).

Aus Banksicht werden die angesprochenen Maßnahmen insgesamt positiv beurteilt, dienen sie letztendlich einer nachhaltigen Erhöhung des Unternehmenswertes, und eröffnen einen größeren Spielraum für zukünftige Investitionen.

Die Kunst des Managements besteht zukünftig also darin aus einer Vielzahl von Finanzierungsinstrumenten sowohl für den Augenblick aber auch unter Berücksichtigung der langfristigen strategischen Planung die richtigen Finanzierungsinstrumente zu wählen.

Ziel einer Bilanzoptimierung kann es dabei jedoch nicht sein, nur eine verbesserte optische Darstellung der Bilanz zu erreichen. Hier besteht die Notwendigkeit, einen nachhaltige, materielle Veränderung in der Finanzierungsstruktur des Unternehmens zu erreichen.

Literatur

Basler Ausschuss für Bankenaufsicht (2001): Überblick über die Neue Basler Eigenkapitalvereinbarung, Download unter http://www.bundesbank.de

Beck, A.; Lesko, M.; Stückler, R. (2002): Basel I – Auswirkungen auf die IT-Strukturen der Bankpraxis, in: ZfgK Heft 3-4/2002, S. 153-159

Boos, K.-H.; Schulte-Mattler, H. (2001a): Basel II: Externes und internes Rating in: Die Bank, Heft 5/2001, S. 346-354

Boos, K.-H.; Schulte-Mattler, H. (2001b): Basel I Credit Risk Migration Techniques in der Standardmethode, in: Die Bank, Heft 6/2001, S.416-424

Boos, K.-H.; Schulte-Mattler, H. (2001c): Basel II: Credit Risk Mitigation Techniques im IRB-Ansatz, in: Die Bank, Heft 7/200 1, S. 470-477

Büschgen, H. E. (1998): Bankbetriebslehre, 5. Auflage, Wiesbaden

Dietrich, R.; Kremar, H. (1999): Portfolioorientierte Kreditentscheidung im Firmenkundengeschäft, in: ZfgK, Heft 21/1999, S. 1187-1193

Erxleben, S.; Krob, B. (2002): Turbo für Kreditgenossenschaften, in: 81/OF, Heft 3/2002, S. 28-32

Gschrey, E. (2002b): Rating als Chance verstehen, in: Genossenschaftsblatt, Heft 7/2002, S. 8-13

Gödel, T. (2001): Das Ausfallrisiko – eine kallkulierbare Größe?, in: Handbuch Gesamtbanksteuerung, hrsg von R. Eller/W. Gruber/M. Reif, Stuttgart, S. 323-334

Gruber; W. (1999): Modifizierung der Standardverfahren des Grundsatz 1 zur Messung von Kreditrisiken, in: Handbuch Kreditrisikomodelle und Kreditderivate, hrsg. von R. Eller/W. Huber/M. Reif, Stuttgart, S. 425-457

Günter, H.; Korn, M.; Mayer, M. D. (2002): Kreditvergabeszenarien für Basel I in: ZfgK, Heft 3-4/2002, S. 122-126

Kirmße, S.; Jansen S. (2001): BVR-II-Rating: Das verbundeinheitliche Ratingsystem für das mittelständische Firmenkundengeschäft, in: BI/GF Heft 2/2001, S. 67-71

Kramer-Eis, H. (2001): Rating: Herausforderung für Kreditinstitute und Unternehmen, in; KfW Research, Ausgabe 26, S. 24-32

Nouy, D. C., Karl F. (2001): Die neuen Basler Empfehlungen zur Mindesteigenkapitalausstattung in Banken, in: Handbuch Bankcontroling hrsg. von H. Schierenbeck/B. Rolfes/S. Schüller, 2. Aufl., Wiesbaden, S. 1089-1101

Nowak, H. (2002): Ratings für alle Segmente, in Bankinformation, Heft 5/2002, S. 22-28

Oehler, A. (Hrsg.) (2000): Kreditrisikomanagement – Portfoliomodelle und Derivate, Stuttgart

Picot, A.; Reichwald, R.; Wigand, R. T. (2001): Die grenzenlose Unternehmung, 4. Aufl., Wiesbaden

Schiller, B.; Tytco, D. (2001): Risikomanagement im Kreditgeschaft, Stuttgart

Schierenbeck, H. (2001): Ertragsorientiertes Bankmanagement, Band 2: Risiko-Controlling und integrierte Rendite-/Risikosteuerung, 7. Aufl., Wiesbaden

Schmoll, A. (2006): Vertriebsoptimierung im Kreditgeschäft, 1. Aufl., Wiesbaden

Süchting, J.; Paul, S. (1998): Bankmanagement, 4. Aufl., Stuttgart

2 Der Basel II-Manager als Software für den Mittelstand und das Externe Rating

2.1 Die Ratingsoftware »Basel II-Manager« im Rahmen des ICR-Ratingprozesses

2.1.1 Ausgangsüberlegungen

Das Thema Basel II ist nicht nur für Kreditgeber wegen der bevorstehenden Novellierung des Kreditwesengesetzes (speziell § 18 KWG) ein Dauerbrenner geworden; auch die Angehörigen der beratenden Berufe, insbesondere sind hier die Angehörigen der steuerberatenden Berufe, aber auch die Unternehmensberater zu nennen, können sich dieser Problematik nicht mehr entziehen.

Fremdkapitalbeschaffung

Die Fremdkapitalbeschaffung für den Mittelstand ist hierbei als zentraler Ausgangspunkt zu werten unter dem Blickwinkel

- der Bonität,
- der Kapitaldienstfähigkeit sowie
- der Eigenkapitalausstattung.

Eigenkapitalausstattung

Betrachtet man den Umstand, dass Kapitalgesellschaften mit einem Umsatzvolumen von 2–50 Mio. € nur rd. 25 % der Bilanzsumme mit Eigenkapital unterlegen und rd. 22 % der Bilanzsumme von Kreditinstituten als Fremdmittel bereitgestellt werden, so ist die Interessenlage der Kreditgeber hier durchaus verständlich. Es galt aus Sicht des Praktikers, also des Beraters, eine praxisorientierte Lösung für die Behandlung dieser komplexen und zugleich integrativ zu sehenden Fragestellungen zu entwickeln.

Hier setzt die Entwicklung des Basel II-Managers als Softwarelösung an.

Während Rating nach Basel II auf die Bonitätsbeurteilung in Form einer Bonitätsnote abzielt, muss ein praxisgerechtes System auch die zur Erlangung einer Bonitätsaussage erforderlichen Voraussetzungen schaffen.

Akzeptanzkriterien

Diese Voraussetzungen sind in einer grundlegenden Vorbereitung eines Ratings als aussagefähiges Instrument für die bonitätsseitige Beurteilung durch Kreditgeber zu definieren. Die am Ende eines solchen Prozesses als Resultat gewonnene Ratingnote als externe Beurteilung eines Unternehmens durch einen Berater muss dem IRB-Ansatz (= **I**nternal **R**atings **B**ased), also dem internen Rating der Kreditgeber standhalten. Hierbei sind drei entscheidende Aspekte zur Akzeptanz eines Ratings zu beachten:

- Welche Kriterien werden verwendet?
  Der Vergleich verschiedener Ratingverfahren lässt einen gemeinsamen Grundstock an qualitativen und quantitativen Kriterien erkennen, die bei der Darstellung der Softwarekomponente Rating des Basel II Managers erläutert sind.
- In welcher Form werden diese Kriterien mit Vergleichsparametern bewertet?
  Als Vergleichsmaßstab können nur Informationen in Form entsprechender branchenabhängiger Aussagen, die i. d. R. quantitativer Natur sein werden, dienen.

- Welchen Einfluss haben die einzelnen Kriterien auf das Ratingergebnis? Je nach Gewichtung der einzelnen Faktoren wird das Gesamtergebnis des Ratings unterschiedlich beeinflusst; es gilt daher, eine den allgemein anerkannten Grundsätzen folgende Bewertung der einzelnen Ratingkriterien vorzunehmen.

Anerkennung externer Ratings

Darüber hinaus ist die Anerkennung eines externen Ratings als Grundlage für interne Ratingentscheidungen von Kreditgebern immer von dem Aspekt der Objektivität und der empirisch-wissenschaftlichen Fundierung des extern eingesetzten Werkzeuges abhängig.

Insgesamt war also Zielsetzung, ein System zu kreieren, welches eine Ratingbewertung mit individuell gestaltbarer modularer Tiefe zulässt, die wissenschaftlichen Grundsätze berücksichtigt sowie ein hohes Maß an Objektivität gewährleistet. Neben den Angehörigen der beratenden Berufe sollen auch Unternehmen, die sich im Sinne eines Pre-Rating »Rating-fit« machen wollen, hiervon partizipieren können.

2.1.2 Organisatorische Grundlagen

ICR GmbH

Das ICR – Wissenschaftliches Institut für Controlling, Risikomanagement und Ratinganalyse GmbH – ist ein Institut an der Fachhochschule Worms. Das Institut arbeitet in einem Netzwerk mit anderen Instituten und Organisationen zusammen. Es ist u. a. Ratingpartner des TÜV Hessen, mit dem es zusammen das Produkt »Rating Excellence Plus« anbietet, einer Kombination aus Ratinganalyse und ISO 9000-Zertifizierung, die auch in Teil D Kapitel 2 thematisiert wird. Weiterhin ist das ICR ökonomisches Kompetenzcenter des International Health Network, der europäischen Beratungstochter des Bundesverbandes der deutschen Apotheker und Heilberufe. Darüber hinaus kooperiert das ICR mit der Feri Rating & Research GmbH.

Im ICR arbeiten Wissenschaftler und Praktiker verschiedener betriebswirtschaftlicher Fachrichtungen zusammen. Gegenstand der Institutsarbeit ist die Förderung der angewandten Forschung und Entwicklung sowie der Wissenstransfer in die mittelständische Wirtschaft.

In Zusammenarbeit mit dem TÜV Hessen wird ein zertifiziertes Rating angeboten; diese Zertifizierung ist nur möglich, wenn bestimmte Vorgehensparameter im Rahmen eines Ratingprozesses eingehalten werden, um ein möglichst hohes Maß an Objektivität zu gewährleisten.

2.1.3 Umsetzung

Softwarelösung Basel II-Manager

Die Integration der für die Vorbereitung eines Ratings erforderlichen Komponenten ist softwareseitig im Basel II-Manager vollzogen.

Die Komponente **RatingLight** ist eine Softwarelösung für die effiziente und zugleich tief greifende Analyse qualitativer und quantitativer Unternehmensdaten mit dem Ziel, eine externe Ratingbewertung nach möglichst objektiven Kriterien vornehmen zu können.

Die Komponente **Planung und Controlling** ist für die zukunftsorientierte Betrachtung des Unternehmens als Dokumentation der geplanten Unternehmensentwicklung einerseits und als Basis für künftige Soll-/Ist-Vergleiche und damit als Controllinginstrument andererseits Grundlage für eine zielorientierte Unternehmensführung. Im Hinblick auf Rating spielen Unternehmensplanungsprozesse und daraus gewonnene Erkenntnisse eine bedeutende Rolle.

Die **Komponente Plausibilitätsbeurteilung** ist im Hinblick auf die Bestimmungen des Kreditwesengesetz (§§ 18 Satz 1, 25a KWG) dahin gehend von Bedeutung, als sich Kreditinstitute die wirtschaftlichen Verhältnisse ihrer Kunden offen legen lassen müssen, wenn das Kreditvolumen 750.000 € überschreitet. Dieser Softwareteil zielt auf die Angehörigen der steuerberatenden Berufe ab, die hiermit rechtssicher Plausibilitätsbeurteilungen ihrer Mandanten vornehmen können.

Abgerundet wird der Basel II-Manager durch eine Komponente **Anhang**, die es den Angehörigen der steuerberatenden Berufe, aber auch den selbst ihren Jahresabschluss aufstellenden Unternehmern ermöglicht, den Anhang als Pflichtbestandteil des Jahresabschlusses von Kapitalgesellschaften (und bestimmten Kap. & Co-Gesellschaften) rechtssicher zu erstellen.

Die einzelnen Komponenten wurden mit einer einheitlichen Basis, der Komponente **Stamm** verbunden, um möglichst schnell und effizient die verschiedenen Teilbereiche ohne redundante Erfassungsarbeiten bewältigen zu können.

In den Komponenten wurden Schnittstellen zu den Marktführern für Finanzbuchhaltungssoftware (z.B. DATEV und VOKS) implementiert, um die FIBU-Daten eines Unternehmens ohne manuelles Einpflegen einfach übernehmen zu können.

2.1.4 Objektivitätskriterien des Ratingprozesses

Die Komponente **RatingLight** basiert auf den Forschungsergebnissen des ICR an der Fachhochschule Worms im Rahmen des Forschungsprojektes »Branchenorientierte Ratinganalysen« und setzt die dort gewonnenen Erkenntnisse um.

Zielgruppen

Die Zielgruppen für das Softwaresystem Basel II-Manager sind neben den Angehörigen der beratenden Berufe auch die Unternehmen selbst, die ihr Unternehmen z.B. auf ein Bankenrating vorbereiten wollen. Die Akzeptanz eines Ratings bei Kreditgebern ist aber wesentlich davon abhängig, wie objektiv die Ratingaussagen gewertet werden können.

Objektivitätskriterien

Selbstredend ist ein von einem Unternehmen für sich selbst durchgeführtes Rating keine objektive Unterlage für einen (potenziellen) Kreditgeber. Das ICR bietet deshalb über das Softwaresystem hinaus optional die externe Durchführung einer Ratinganalyse nach fest definierten Kriterien an, die die Objektivitätsanforderungen erfüllen.

Die Software und der Ratingprozess sind von der Zertifizierungsstelle für Managementsysteme des TÜV Hessen geprüft. Speziell für Zwecke der Ratingobjektivität wurde der Ratingprozess zusammen mit dem TÜV Hessen auf zertifizierte Grundlagen gestellt, wobei sich eine Unterteilung in prozessuale und formale Kriterien herausarbeiten lässt:

- die prozessualen Objektivitätskriterien bestehen aus dem Prinzip der Trennung von Datenerhebung und Produktion des Ratings und aus dem Prinzip der Qualitätskontrolle jedes zu zertifizierenden Ratings durch eine von dem ICR unabhängige, der Objektivität verpflichteten Institution;
- die formalen Objektivitätskriterien fußen darauf, dass nur zertifizierte Rating Advisor Datenerhebungen bei denjenigen Unternehmen vornehmen dürfen, die ein zertifiziertes Rating erlangen möchten.

Ablauf des Ratingprozesses

Der Ratingprozess in der zertifizierten Ausprägung stellt sich demnach wie folgt dar:

a) Datenerhebung durch einen zertifizierten Rating Advisor,
b) Kontrolle und Bewertung durch das ICR,
c) Überprüfung durch eine unabhängige Institution (i. A. ein Steuerberater),
d) Abnahme und damit Zertifizierung durch den TÜV Hessen.

2.1.5 Systemvoraussetzungen und technische Grundlagen

Hardwarevoraussetzungen

Die Software erfordert die nachfolgend aufgelisteten Systemvoraussetzungen:

Betriebssystem:	Microsoft Windows XP (Service Pack 2) Microsoft Windows 2000 (Service Pack 4)
Prozessor:	Pentium II, mind. 400 MHz oder Äquivalent
Arbeitsspeicher:	mind. 256 MB RAM – empfohlen 512 MB
Plattenspeicher:	mind. 150 MB frei
Grafikkarte:	mind. 16.000 Farben und Auflösung 800 * 600 Punkte

Softwaregrundlagen

Die Software ist auf Basis der Programmiersprache Microsoft Visual Basic (VB 6) mit Datenbankarchitektur entwickelt. Der Einsatz ist sowohl als Einzelplatzlösung als auch in einer Netzwerkumgebung möglich.

Im Falle eines Netzwerkeinsatzes kann optional – im Lieferumfang ohne zusätzliche Berechnung enthalten – ein Netzwerktransferprogramm verwendet werden. Hierdurch wird die Belastung des Netzwerkes bei gleichzeitigem Zugriff durch mehrere Anwender vermieden, indem die Daten unter Abschottung für weitere Zugriffe auf den Arbeitsplatz des jeweiligen Anwenders transferiert und nach der Rücksendung durch diesen auf den Server wieder freigegeben werden.

2.1.6 Die einzelnen Softwarekomponenten

2.1.6.1 Der B2M-Desktop

Der B2M-Desktop

Nach dem Start des Basel II-Managers erfolgt zunächst eine Berechtigungsabfrage; danach wird der B2M-Desktop angezeigt. Der B2M-Desktop ist die Schaltzentrale für das Anwählen der einzelnen Softwarekomponenten. Es kann unabhängig in den einzelnen Komponenten gearbeitet werden.

Im Menü »Programme« können die Softwaremodule alternativ zum Doppelklicken auf das entsprechende Icon des B2M-Desktops gestartet werden.

Das Menü »Verwaltung« stellt grundlegende Eingebemöglichkeiten für die Datenpfade sowie die für die Nutzung erforderlichen Berechtigungskennzahlen bereit. Ferner können hier Datenbankpflegeprogramme aufgerufen sowie grundsätzliche Vorgaben für die Druckformatierung hinterlegt werden.

Im Menü »Info« können die Kontaktdaten der ICR, die Lizenzbedingungen sowie das Handbuch in elektronischer Form abgerufen werden; dieser Menüpunkt ist in allen Softwaremodulen enthalten.

2.1.6.2 Das Modul »Stamm«

Das Stammdatenmodul

Die Eingabe und Pflege der Stammdaten wurde zur Beschleunigung der Bearbeitungsvorgänge in den einzelnen Softwarekomponenten in ein eigenständiges Softwaremodul ausgelagert. Hier erfolgt die Verwaltung aller Daten, die für die übrigen »operativen« Softwareteile die Grundlage bilden.

Vorhandene, anpassbare Datenvorgaben

Neben der Erfassung der Daten der zu bearbeitenden Unternehmen im Menü »Mandanten« , auf das in der folgenden Abbildung 17 näher eingegangen wird, sind verschiedene Datenbanken für den Zugriff aus den anderen Softwarekomponenten heraus erforderlich, die im Menü »Rahmen« angesprochen werden können:

- BWA-Rahmen: Hier werden Definitionen von sog. Betriebswirtschaftlichen Auswertungen hinterlegt; in Abhängigkeit vom verwendeten Kontenrahmen werden diese BWA-Rahmen im Modul »Planung und Controlling« (vgl. Kapitel 2.1.6.4) als Ausgangsbasis für die zu erstellenden Unternehmenspläne verwendet; im Auslieferungszustand sind zwei verschiedene Rahmendefinitionen enthalten;
- Abschlussrahmen: Diese werden als Grundlage für die Darstellung von Bilanz und Gewinn- und Verlustrechnung im Planungsprogramm sowie in den anderen Softwaremodulen als Basis für die Strukturanalysen (Vermögens-, Kapital- und Ertragsstruktur) herangezogen; mit ausgeliefert werden vier verschiedene Abschlussrahmen;
- Kapitalflussrechnung: Auf diese Rahmendefinitionen wird in allen Softwaremodulen für die Darstellung einer Kapitalflussrechnung zurück gegriffen; es werden zwei vordefinierte Kapitalflussrahmen mitgeliefert;
- Kontenrahmen: Diese sind erforderlich, um im Modul Planung und Controlling entsprechende Planwerte einpflegen zu können und für den Datenimport aus externen FIBU-Programmen; auf die bestehenden Schnittstellen wird später eingegangen; im Auslieferungszustand sind die DATEV-Kontenrahmen SKR03 und SKR04 sowie ein von der ICR definierter Kontenrahmen enthalten;
- die übrigen Stammangeben (Kennzahlenbasis und USt-Sätze) sind fest vordefiniert und erfordern vom Anwender keine weiteren Eingaben.

Berechtigungen

Im Menü »Sonstige« können Mitarbeiter, die das Programm nutzen dürfen und deren individuellen Berechtigungen definiert werden.

Die zu bearbeitenden Unternehmen werden über den Menüeintrag »Mandanten« erfasst.

Mandantenverwaltung

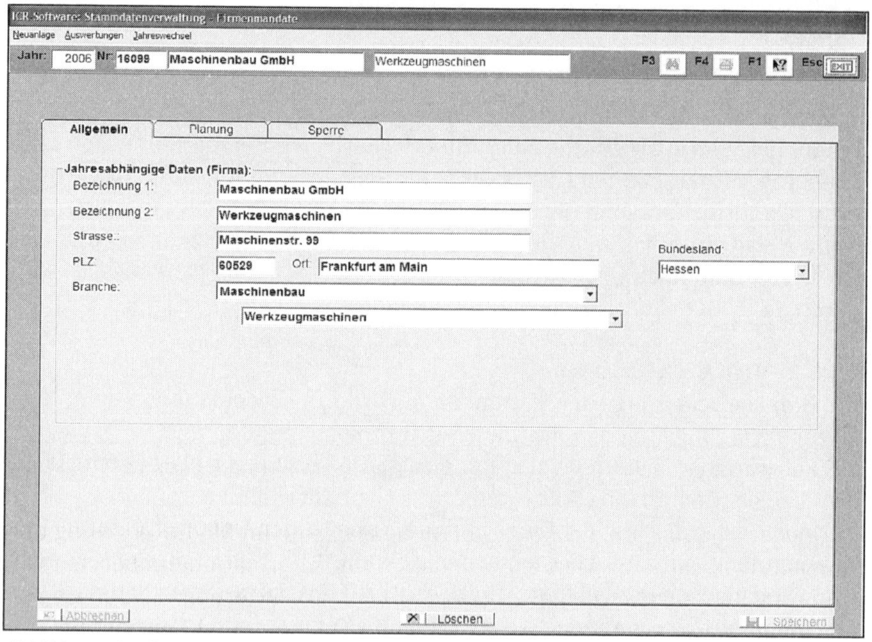

Abbildung 17: Stammdatenprogramm – Mandantenverwaltung – Allgemeine Angaben

In der Mandantenverwaltung können Mandate angelegt, bearbeitet und auch wieder gelöscht werden.

Neben den üblichen Stammangaben ist hier unter dem Reiter »Allgemein« die Definition der Branche ein ausschlaggebendes Kriterium. Über die Branchendefinition wird im Rahmen des Moduls »RatingLight« ein Benchmarkvergleich auf Basis der Branchenanalysen der Feri AG, einem führenden Branchenanalysten, vorgenommen. Die Branchenvorgaben sind in der Software fest verknüpft und werden mehrmals im Jahr als Download aktualisiert von der ICR zur Verfügung gestellt.

Unter dem Reiter »Planung« werden die für die Darstellung der Eingabedaten in den einzelnen Softwaremodulen grundlegenden Angaben vorgenommen.

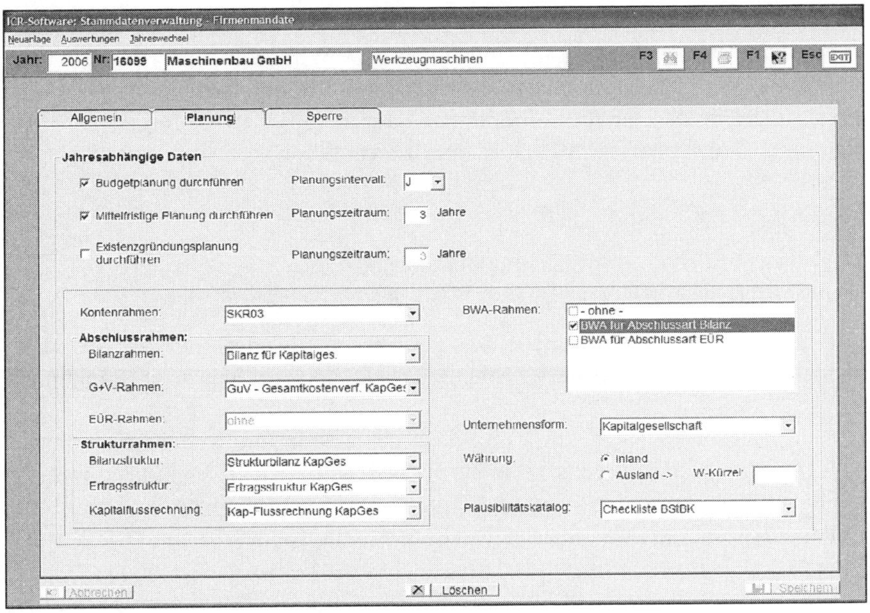

Abbildung 18: Stammdatenprogramm – Mandantenverwaltung – Planungsvorgaben

Neben der Angabe, ob und welche Planungsvariante im Modul »Planung und Controlling« bearbeitet werden kann, sind hier Informationen über den verwendeten Kontenrahmen (wichtig, wenn Daten aus externen FIBU-Systemen eingespielt werden sollen), die für das Modul »Planung und Controlling« heranzuziehenden BWA- und Abschlussrahmen sowie die für die übrigen Module (Ausnahme: RatingLight) zu verwendenden Strukturrahmen hinterlegt. Die Unternehmensform ist für alle Programmmodule wegen der Berechnungssystematik notwendig; für die Plausibilitätsbeurteilung kann zwischen dem Beurteilungskatalog der Bundessteuerberaterkammer und demjenigen des Institutes der Wirtschaftsprüfer gewählt werden.

Unter dem Reiter »Sperre« schließlich ist es möglich, diesen Mandanten für weitere Bearbeitungen auszuschließen (um unbeabsichtigten Änderungen vorzubeugen) bzw. Informationen über laufende Bearbeitungsvorgänge einzusehen.

Korrekte Stammdatenvorgaben sind für die weitere fehlerfreie Bearbeitung in den übrigen Softwaremodulen unbedingte Voraussetzung!

2.1.6.3 Das Modul »RatingLight«

Das RatingLight-Modul

Insbesondere die unter den Menüpunkten »Verwaltung«, »Stammdaten« und »Fremdimport« dargestellten Programmmöglichkeiten sind – in Abwandlung auf die jeweilige Fragestellung – deckungsgleich mit den korrespondierenden Menüpunkten der übrigen Softwarekomponenten.

Dieses Programmmodul umfasst ein komplettes System zur Erstellung einer Ratinganalyse. Es ist sowohl für Unternehmer konzipiert, die ihr Unternehmen im Sinne einer Vorbereitung von Gesprächen mit Kreditgebern analysieren wollen als auch für Berater, die vorhandenen oder potentiellen Kreditgebern einen analytisch aufbereiteten Einblick in ein Unternehmen verschaffen wollen.

Objektive Ratingvorgaben

Die Ratingvorgaben in Form von

- qualitativen Beurteilungskomponenten und
- quantitativen Auswertungen auf Basis der eingegebenen Daten

sind manuell nicht beeinflussbar. Das Ratingergebnis wird über fest verknüpfte, nicht manuell abänderbare Branchenvergleichswerte bewertet (Benchmarking).

Die Menüpunkte »Durchführung« und »Ausgabe« sind weiter unten dargestellt; es soll im Sinne eines arbeitstechnisch orientierten Ablaufes zunächst mit der Besprechung der weiteren Menüpunkte begonnen werden. Diese sind gleichzeitig auch in den anderen Softwaremodulen – bezogen auf die jeweiligen Fragestellungen – vorhanden und in gleicher Weise anzuwenden.

Stammdateneinstellungen

Die hier vorgenommenen Einstellungen sind für den jeweiligen Mandanten gültig. Neben zwei Optionen für die Ausdruckgestaltung

- den Farbdruck für eine Druckausgabe bzw.
- den Druck eines Blattrahmens

zu aktivieren oder zu deaktivieren, ist es möglich, die im Auslieferungspaket enthaltenen Daten einer Musterfirma in den Auslieferungszustand zurückzusetzen, wenn Änderungen an diesem Muster vorgenommen wurden.

Die Ratinganalyse kann auf unterschiedlichen quantitativen Ausgangsdaten aufbauen. Der häufigste Fall dürfte die Verwendung des Jahresabschlusses als Basis sein. Über eine programminterne Verknüpfung ist es aber auch möglich, eine im Modul »Planung und Controlling« erarbeitete Unternehmensplanung (Budget oder mittelfristige Planung) als Datengrundlage auszuwählen; es wird in diesem Falle automatisch auf die entsprechenden Planungsdaten zurückgegriffen.

Unter der Auswahl »Musterdeckblatt definieren« können Deckblattmuster vorgefertigt werden, auf die bei allen Mandanten zurückgegriffen werden kann. Diese Muster, die je nach Mandant auch individuell angepasst werden können (vgl. die Ausführungen zum Menüpunkt »Durchführung«), sind für die optische Gestaltung der ausgedruckten Ratinganalyse gedacht.

Mit der Auswahl »Textvorgaben definieren« können Muster für die Bestätigung des die Analyse durchführenden Beraters hinterlegt werden. Auch diese Vorlagen können bei allen Mandanten abgerufen und individuell im Rahmen der Durchführung der Ratinganalyse angepasst werden.

Ferner können unter der Auswahl »Beurteilungskonserven definieren« Texte für die Beantwortung des Fragekataloges im Rahmen der qualitativen Analyse hinterlegt werden, die bei Durchführung der Ratinganalyse zum jeweiligen Beurteilungskriterium abgerufen werden können.

In der Auslieferungsversion sind bereits vorgefertigte Textmuster (Deckblatt und Bescheinigung) vorhanden; vordefinierte Beurteilungskonserven sind ebenfalls bereits aufgenommen; es handelt sich hier um allgemeine Beschreibungen zu der jeweiligen Fragestellung, die der individuellen Kommentierung eines Kriteriums bei Durchführung der Ratinganalyse (vgl. die Ausführungen zum Menüpunkt »Durchführung«) vorangestellt werden können.

Mit den Farboptionen kann die Farbe des Layouts für den Ausdruck der Analyse in einigen Teilbereichen den persönlichen Vorstellungen angepasst werden.

Datenimport

Programmseitig sind Schnittstellen zu externen FIBU-Programmen implementiert. Derzeit wird der Datenimport aus DATEV und Voks unterstützt. Der in einem Softwaremodul durchgeführte Datenimport steht allen anderen Modulen zur Verfügung.

Beim Import von DATEV-Daten muss eine ASCII-Datenausgabe aus DATEV zur Verfügung gestellt werden; diese wird nach Jahren getrennt innerhalb der DATEV-Software durchgeführt, wobei sowohl der Kontenplan als auch die Summen- und Saldenliste auszugeben sind.

Der Import von Voks-Daten erfolgt über eine in der Voks-FIBU von diesem Hersteller eingerichtete Ausgabeschnittstelle, wobei Vorjahre auch mit ausgegeben werden.

Die zu importierenden Daten werden über eine Dateiauswahl zunächst lokalisiert und danach importiert. Unplausible bzw. ergänzungsbedürftige Datensätze werden danach in einem separaten Dialog überarbeitet.

Mit der Auswahl »Importdaten löschen« wird eine komplette Löschung importierter Jahre vorgenommen.

ICR-Transfer-Schnittstelle

Der Menüpunkt »ICR-Transfer« ist eine Schnittstelle zum Austausch von Daten zwischen einem Analysten und der ICR. Die hiermit bereitgestellten Daten können an das Institut zur Durchführung einer TÜV-zertifizierten Ratinganalyse übermittelt werden.

Durchführung der Ratinganalyse

Die eigentliche Ratinganalyse wird unter diesem Menüpunkt vorgenommen. Neben der Definition mandantenindividueller Textseiten (Deckblatt bzw. Textvorgaben), die aus vorgefertigten Mustern übernommen und an die spezifischen Besonderheiten des jeweiligen Mandanten angepasst werden können, erfolgt im Rahmen der Auswahl »Beurteilung« die qualitative und quantitative Analyse des Unternehmens.

Qualitative Analyse

Die qualitative Analyse umfasst die Themengebiete:

- Allgemeine Angaben: Es werden die Kenntnisse über die Haftungs- und Verschuldungssituation des Unternehmens sowie der Inhaber bzw. Anteilseigner/Geschäftsführer abgeglichen;
- Branchensituation: Es wird geprüft, inwieweit die Unternehmensverantwortlichen sich mit der eigenen Branchensituation auseinandersetzen;
- Geschäftsmodell: Es wird analysiert, in welchem Umfange strategische Geschäftsfelder identifiziert und strategische Ausrichtungen implementiert sind sowie das eigene Stärken-/Schwächenprofil bekannt ist;
- Controlling und Risikomanagement: Hier wird auf die Sensibilität für ein Kosten- und Risikomanagement abgestellt und es werden Controllinggrundlagen abgeprüft;
- Marketing und Vertrieb: Hierbei werden die relevanten Managementfunktionen unter Reflektion des Marktes analysiert;

- Produktions-/Leistungsprozess: Die Effizienz der Leistungserstellung und deren Überwachung steht im Blickpunkt;
- Kunden und Lieferanten: Die Kenntnisse über die vorhandenen Strukturen, Kundenbindungssysteme und Lieferantenbewertungen sind hier im Mittelpunkt;
- Management und Organisation: Aufbau- und Ablauforganisation sowie die Management bezogenen Funktionen sind Gegenstand der Analyse;
- Personalwesen: Hier werden die wesentlichen Fragen des Personalmanagements behandelt;
- Bankspezifische Kriterien: Die Analyse greift insbesondere die Sensibilität der Entscheidungsträger zu bonitätsorientierten Fragestellungen gegenüber Banken auf;
- Betriebswirtschaftliche Eckdaten: Die Orientierung des Managements hin zu kennzahlenorientierter Unternehmensführung wird geprüft.

Erfassungsteil zur qualitativen Analyse

Der Erfassungsteil ist in der nachfolgenden Abbildung für ein exemplarisches Kriterium dargestellt:

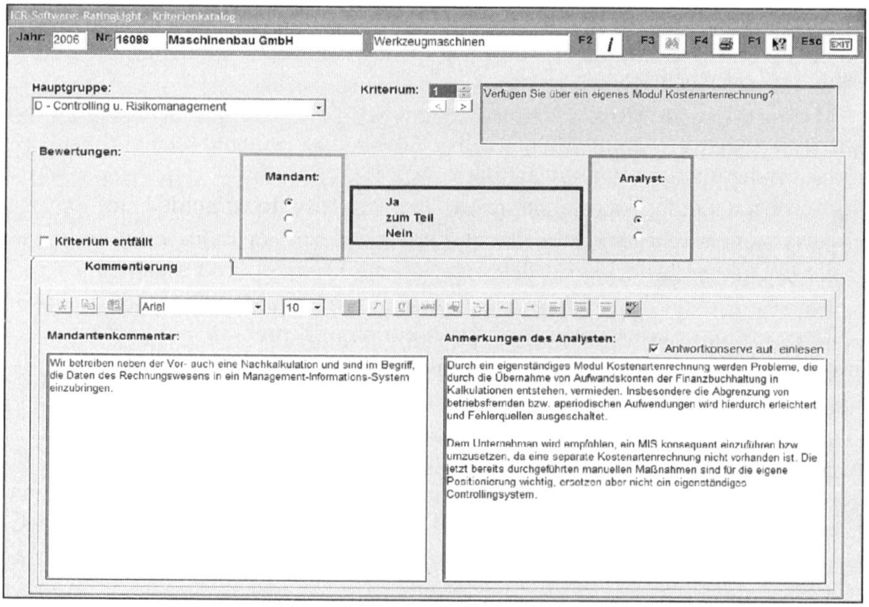

Abbildung 19: Das Modul RatingLight – Menüpunkt: Durchführung – quantitative Kriterien

Der Kriterienkatalog, der je nach Branche des Unternehmens eine andere Ausprägung aufweisen kann, ist programmseitig vorgegeben und zwingend abzuarbeiten. Zu jedem der o.a. Themengebiete sind Wertungen abzugeben, wobei optional auch die Antworten des Mandanten für eine vergleichende Besprechung mit aufgenommen werden können. Der Katalog umfasst – branchenabhängig – ca. 90 Bewertungskriterien.

Diese Bewertungen gehen zusammen mit der quantitativen Analyse in eine Gesamtbeurteilung des Mandanten ein.

Quantitative Analyse

Die quantitative Analyse erfolgt auf Grundlage der Daten des Jahresabschlusses, die in einen programmseitig vorgegebenen Abschlussrahmen eingepflegt oder, nach FIBU-Datenübernahme, automatisch eingespielt werden. Der Abschlussrahmen kann wegen des im Hintergrund erfolgenden Branchenvergleiches nicht manuell geändert werden.

Auf Basis der Bilanz- und GuV-Werte wird automatisch eine Kennzahlenanalyse durchgeführt. Hierbei werden Ertrags-, Vermögens- und Finanzkennzahlen ermittelt und ein Kennzahlensystem aufbereitet, welches die Determinanten der EBIT-Rendite eines Unternehmens aufzeigt.

Diese Kennzahlenanalyse wird schließlich mit Benchmarkwerten der Branche in Beziehung gesetzt. Die so bewerteten quantitativen Faktoren werden dann zusammen mit den qualitativen Bewertungsergebnissen gewichtet in die Gesamtauswertung einbezogen.

Durch diese Bewertungsmethodik werden die Anforderungen an die Akzeptanz eines aussagefähigen Ratings erfüllt:

- Die verwendeten Kriterien sind Ausfluss der Inhalte verschiedener Ratingverfahren, wobei im Hinblick auf die praktische Umsetzung die Relevanz der einzelnen Kriterien für den Mittelstand im Blickpunkt standen.
- Die Bewertung dieser Kriterien mit Vergleichsparametern erfolgt im Rahmen der quantitativen Analyse durch Benchmarking.
- Die einzelnen Kriterien erfahren eine Gewichtung
  - innerhalb eines Themengebietes,
  - zwischen den einzelnen Themengebieten und
  - im Verhältnis der quantitativen zu den qualitativen Elementen,

so dass die Wertigkeit der Analyseschichten eine den allgemeinen Grundsätzen folgende Bewertung erhält, die schließlich in eine Gesamtbeurteilung mündet:

Gesamtbeurteilung

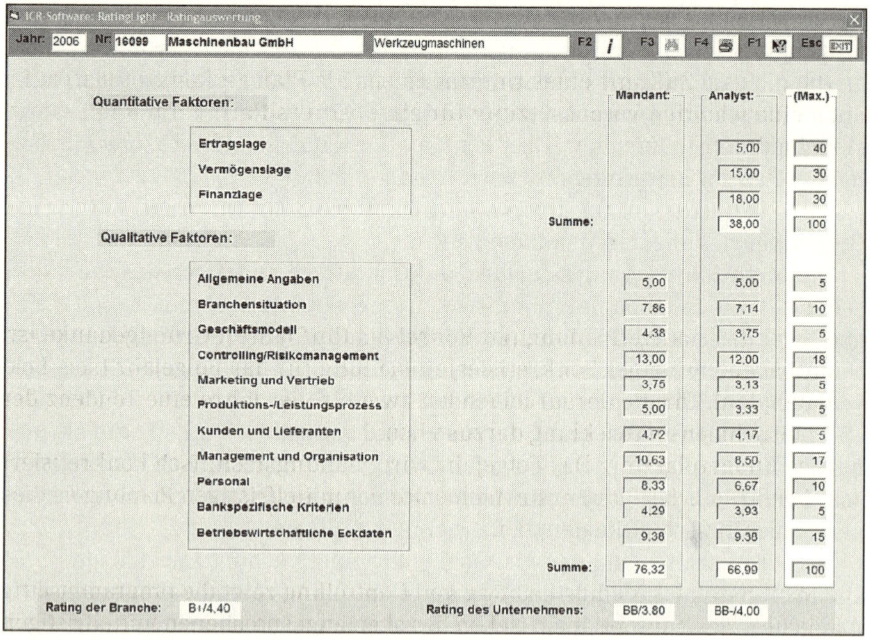

Abbildung 20: Das Modul RatingLight – Menüpunkt: Auswertung

Die Ergebnisse der Ratinganalyse können schließlich unter dem Menüpunkt »Ausgabe« als Gutachten ausgedruckt werden.

Optionale Zertifizierung

Optional können diese Ergebnisse auch – wenn die Aufnahme der zugrunde liegenden Daten durch einen TÜV-zertifizierten Rating Advisor erfolgte, an das ICR übermittelt werden. Dort erfolgt

- eine Kommentierung inkl. Schwachstellenanalyse durch das ICR;
- die Einholung des Testates einer die Analyseergebnisse und die Kommentierung prüfenden Institution;
- die Beantragung eines Zertifikates beim TÜV Hessen über die Konformität des Ratingprozesses.

2.1.6.4 Das Modul »Planung und Controlling«

Unternehmensplanung und -controlling sind aus der modernen Unternehmensführung nicht mehr wegzudenken. Eine Planung ist die Dokumentation der Absichten des Unternehmens im Hinblick auf seine künftige Entwicklung unter bestimmten Marktvorstellungen. Die Ebenen der Planung sind mehrschichtig und – je nach Intention – inhaltlich und zeitlich unterschiedlich dimensioniert.

Planungshierachie

Die strategische Planung als Oberbegriff des Planungsgedankens stellt den Rahmen für die langfristig beabsichtigte Ausprägung des Unternehmens im Umfeld der Umweltdynamik zur Verfügung. Die strategische Planung beinhaltet die aus der Unternehmenspolitik abgeleiteten Prämissen für anzuwendende Verfahren und organisatorische Vorkehrungen zur Erreichung eines in die Zukunft projizierten Zieles. Aus der strategischen Planung werden wiederum Zielbereiche abgeleitet, die es in einer definierten zeitlichen Dimension zu erreichen gilt. Die strategische Planung wird also in eine operative Planung umgesetzt; hier beginnt der Ansatz der Softwarekomponente »Planung und Controlling«.

Die nächste Zukunft eines Unternehmens als Plan zu konkretisieren, ist auch eine wichtige Voraussetzung für ein positives Rating. Im Rahmen der verschiedenen Themenbereiche der qualitativen Ratinganalyse werden immer wieder Bezüge zu Planungs- bzw. Controllinggrundlagen hergestellt. Das Vorhandensein einer Unternehmensplanung ist aus Sicht von Kreditgebern unabdingbar für ein positive Bonitätsbeurteilung.

Operative Planungsdimensionen

Die operative Planung selbst wird aus dem Blickwinkel des Planungszieles und der zeitlichen Planungsdimension unterschieden in

- eine mittelfristige Planung (i.d.R. drei bis fünf Jahre): Grundgedanke ist, aufbauend auf einer konkretisierten Planung für das Folgejahr (sog. Eckdatenplan), für die darauf folgenden zwei bis vier Jahre eine Tendenz der Unternehmensentwicklung darzustellen;
- eine Budgetplanung: Das Folgejahr wird planungstechnisch konkretisiert – bei Einsatz des Planungsinstrumentes der mittelfristigen Planung ist dies der modifizierte Eckdatenplan.

Die Menüleiste des Moduls Planung und Controlling zeigt die programmseitig möglichen Planungsoptionen. Neben der oben angesprochenen mittelfristigen Planung und der Budgetplanung ist es auch möglich, eine Existenzgründungsplanung durchzuführen. Innerhalb dieser Planungsvarianten ist es möglich, neben der »Normalplanung« auch optional ein positives und/oder negatives Szenario parallel zu planen, um die Sensitivitäten der Planungsannahmen darzustellen.

Folgende Planungsebenen werden im Rahmen der Gesamtplanung bearbeitet:

Planungsebenen

- Investitionsplanung: Die im Planungszeitraum vorzunehmenden Investitionen werden hier nach sachlicher Zuordnung und unter Berücksichtigung der Nutzungsdauer dokumentiert; die für den Planungshorizont zu berücksichtigenden Abschreibungen werden programmseitig automatisch ermittelt;
- Ergebnisplanung: Diese basiert für den Planungszeitraum auf der Grundlage einer – frei definierbaren – betriebswirtschaftlichen Auswertung. Diese Basis wurde gewählt, da Unternehmer diese Betrachtungsweise aus ihren monatlichen FIBU-Auswertungen kennen und mit dieser Systematik der Ergebnisermittlung vertraut sind; bei der Budgetplanung sind unterjährige Planungsdimensionen (monatlich, quartalsweise) optional möglich;
- Finanz-/Steuerplanung: Die aus der Planung resultierenden finanziellen Konsequenzen (Kapitalbedarf bzw. Finanzüberschuss), Entnahme-/Ausschüttungseinflüsse sowie EEV-Steuern werden hier entwickelt. Alternativ können die Werte, soweit diese sich in finanziellen Bestandsgrößen niederschlagen, auch im Rahmen der Bilanzplanung erfasst werden: Es besteht eine dynamische Interdependenz zwischen diesen Planungsebenen, so dass Änderungen in einem Teilbereich automatisch in andere relevante Teilbereiche übernommen werden;
- Bilanzplanung: Hier werden die Planbilanzen entwickelt, wobei die Erkenntnisse der Ergebnisplanung sowie die Annahmen der Finanz-/Steuerplanung automatisch einfließen;

- Kapitalflussrechnung: Nach Fertigstellung der Planung kann automatisch eine Kapitalflussrechnung abgerufen werden; diese beantwortet die Frage nach Herkunft und Verwendung der im Unternehmen zirkulierenden Finanzmittel;
- Kennzahlen: Wie beim Modul RatingLight ist eine Kennzahlenanalyse implementiert;
- Textteil: Hier wird die Planung kommentiert.

Im Rahmen des Ausdruckes der Planung werden automatisch Abweichungsanalysen vorgenommen.

Dynamische Investitionsanalyse

Unter dem Menüpunkt Investitionsanalyse ist es schließlich möglich, ein konkretes Investitionsvorhaben nach wirtschaftswissenschaftlichen Kriterien zu beurteilen; bei der Investitionsanalyse werden die Methoden der dynamischen Investitionsrechnung herangezogen.

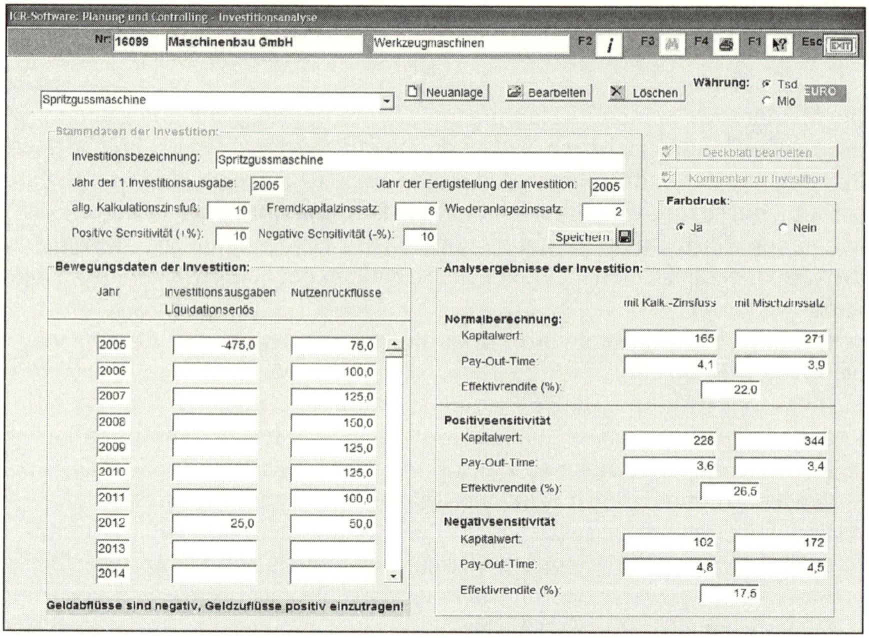

Abbildung 21: Das Modul Planung und Controlling – Menüpunkt: Investitionsanalyse

Dem dynamischen Ansatz entsprechend werden die Nutzenrückflüsse (= Differenz zwischen Einnahmen und Ausgaben) pro Periode (hier: pro Jahr) ermittelt. Im Gegensatz zu den statischen Investitionsrechnungsmodellen werden hier nicht berücksichtigt:

- die Abschreibungen: Die statischen Berechnungsmodelle stellen i.A. auf ein – meist als repräsentativer Durchschnitt in Ansatz gebrachtes – Jahr ab und müssen daher die Abschreibungen als Aufwandsposition mit einbeziehen; bei den dynamischen Modellen wird die gesamte Nutzungsdauer der Investition betrachtet und deshalb die Investitionsausgabe als Geldabfluss von den Nutzenrückflüssen subtrahiert;

- die Fremdkapitalzinsen: Bei den statischen Methoden werden kalkulatorische Zinsen verrechnet; die Aussage der dynamischen Modelle stellt dagegen auf die Investoransprüche auf Rendite bzw. die Effektivverzinsung der Investition ab – der Zins ist (u.a.) das Ergebnis der Analyse.

Die Resultate der dynamischen Investitionsrechnung sind im rechten Bildschirmbereich dargestellt:

- ein Kapitalwert von ≥ 0 besagt, dass die Investition unter Zugrundelegen des Kalkulationszinsfußes (= Investorerwartung; hier: 10 %) vorteilhaft ist;
- die Amortisationsdauer (pay-out-time) gibt an, wie lange es dauert, bis die Investitionsauszahlung zurückgeflossen ist;
- die Effektivrendite schließlich führt zur Aussage, welche Verzinsung die Investition erbringt.

Die ersten beiden Resultate werden sowohl auf Basis des Kalkulationszinsfusses als auch unter Anwendung eines Mischzinses, der sich aus unterschiedlichen Zinshöhen für Fremd- und Guthabenkapital ergibt, durchgerechnet.

Um die Sensitivität der Investition zu analysieren, können noch positive und negative Abweichungen von den Annahmen in die Betrachtung einbezogen werden.

2.1.6.5 Die übrigen Softwaremodule des Basel II-Managers

Das Plausibilitätsbeurteilungs-Modul

Die Komponente **Plausibilitätsbeurteilung** ist ein Softwaremodul, das auf die Angehörigen der steuerberatenden Berufe abstellt. Es ermöglicht die rechtssichere Erstellung von Plausibilitätsprüfungen, wobei zwischen dem Prüfungskatalog der Bundessteuerberaterkammer und demjenigen des Institutes der Wirtschaftsprüfer gewählt werden kann. Der quantitative Analyseteil ist im Wesentlichen identisch mit den vorherigen Ausführungen zu Strukturanalysen, Kapitalflussrechnung und Kennzahlenanalyse. Die qualitativen Prüfungskriterien werden von umfangreichen Informationen zu den rechtlichen Hintergründen und Anforderungen sowie Prüfungshinweisen flankiert. Es können Textkonserven hinterlegt werden, um auf häufiger vorkommende Ausführungen zurückgreifen zu können; programmseitig sind bereits eine Vielzahl von Kommentaren vorhanden.

Das Anhang-Modul

Die Komponente **Anhang** schließlich ermöglicht es den Angehörigen der steuerberatenden Berufe, aber auch den selbst ihren Jahresabschluss aufstellenden Unternehmern, den Anhang als Pflichtbestandteil des Jahresabschlusses von Kapitalgesellschaften (und bestimmten Kap. & Co-Gesellschaften) rechtssicher zu erstellen. Der quantitative Analyseteil ist auch hier identisch mit den vorherigen Ausführungen zu Strukturanalysen, Kapitalflussrechnung und Kennzahlenanalyse. Im qualitativen Teil werden alle gesetzlich denkbaren, in den Anhang aufnahmepflichtigen oder optional aufzugreifenden Kriterien in Form einer Checkliste abgeprüft. Zu allen Fragestellungen gibt es rechtliche und inhaltliche Hilfestellungen; es können vorformulierte Kommentare hinterlegt werden; im Auslieferungszustand ist eine Vielzahl häufig vorkommender Ausführungen bereits eingearbeitet.

2.2 Ratingkonsequenzen aus den vorgenommenen Optimierungsmaßnahmen

Die in diesem Buch beschriebenen Optimierungsmaßnahmen
- Sales-and-Lease-back,
- Bestandsoptimierung,
- Factoring

führen zu den nachfolgend beschriebenen Einflüssen auf die Bilanz bzw. Gewinn- und Verlustrechnung.

2.2.1 Einfluss der Sale-and-Lease-back-Maßnahme

Auswirkungen des Sale-and-Lease-back auf Bilanz und GuV

Beim Verkauf des betrieblichen Grundstückes an die Leasinggesellschaft wurde unterstellt, dass der Buchwert dem Verkaufspreis entspricht. Hierdurch soll eine Aufweichung der Analyse der Ratingeinflüsse durch das Generieren von Buchgewinnen vermieden werden. Der Mittelzufluss wird in einer temporären Kapitalanlage geparkt und steht für die Bestreitung künftiger Investitionen ohne Inanspruchnahme von Fremdkapital zur Verfügung.

a) Bilanzielle Auswirkungen
- Die Grundstücke nehmen um 2.700 T€ ab,
- die Bankguthaben nehmen um den die Bankverbindlichkeiten übersteigenden Veräußerungswert, also um 1.212 T€ zu,
- die Verbindlichkeiten gegen Kreditinstitute nehmen um 1.488 T€ ab.

b) GuV-Auswirkungen
- Der Leasingaufwand erhöht sich um 200 T€,
- der Zinsaufwand für Fremdkapital verringert sich um 105 T€,
- die Abschreibungen nehmen um 60 T€ ab,
- die zugeflossenen Finanzmittel werden (kurzfristig) angelegt; der Zinsertrag steigt damit um 35 T€,
- die sonstigen betrieblichen Erträge erhöhen sich um den Verkaufserlös des Grundstückes von 2.700 T€,
- die sonstigen betrieblichen Erlöse verringern sich um den Abgangswert des verkauften Grundstückes in Höhe von 2.700 T€.

Insgesamt ist der Vorgang damit ergebnisneutral, führt aber zu einer Bilanzverkürzung durch die Tilgung der Verbindlichkeiten gegenüber Kreditinstituten. Dieser Effekt führt bei unverändertem Eigenkapital zu einer Verbesserung der Eigenkapitalquote.

2.2.2 Einfluss der Bestandsoptimierung

Auswirkungen der Bestandsoptimierung auf Bilanz und GuV

Die aus der Bestandsoptimierung resultierenden Einsparungen beim Liquiditätsbedarf wurden als temporäre Geldanlage mit Verfügbarkeit für künftige Investitionen behandelt.

a) Bilanzielle Auswirkungen

- Der Bestand an Roh-, Hilfs- und Betriebsstoffen nimmt um 900 T€ ab,
- die Bankguthaben erhöhen sich um die EK-Werte der Lagerreduktion in Höhe von 900 T€,
- die Bankguthaben erhöhen sich wegen der Zinserträge aus der Geldanlage der eingesparten Ausgaben um 22,5 T€,
- die Bankguthaben vermindern sich um die die auf die Zinserträge entfallenden EEV-Steuern in Höhe von 8,8 T€.

b) GuV-Auswirkungen

- Die Zinserträge erhöhen sich wegen der temporären Anlage der ersparten Mittelabflüsse um 22,5 T€,
- der Einsatz an Roh-, Hilfs- und Betriebsstoffen verringert sich um 900 T€,
- die Bestandsveränderungen reduzieren sich um 900 T€,
- die EEV-Steuern erhöhen sich um 8,8 T€.

2.2.3 Einfluss der Factoring-Maßnahme

Auswirkung des Factoring

Das Beispielunternehmen verfügt über eine sehr hohe Liquidität. Deshalb können im Rahmen der Anwendung eines Factoring weder Vorteile aus Skontierungsmöglichkeiten noch Einsparungen von Fremdkapitalzinsen (mangels Vorhandenseins) generiert werden. Aus der Nutzung der Factoringvariante würde im Beispielfall zwar eine – unnötige – Verbesserung der Liquiditätssituation erzielt werden, insgesamt ist aber der Einsatz dieses Instrumentariums für das Beispielunternehmen nicht vorteilhaft (nachfolgend beispielhaft für ein Factoringvolumen von 90 % des Umsatzes mit 80 % Sofortauszahlung gerechnet):

- Der sonstige betriebliche Aufwand erhöht sich um die Factoringgebühren von (3,5 % von 9.450 T€ =) 330,8 T€,
- der sonstige betriebliche Aufwand reduziert sich um die Einsparungen bei den Forderungsausfällen um (1 % von 9.450 T€ =) 94,5 T€,
- die Personalkosten reduzieren sich um die eingesparten Verwaltungskosten um (0,7 % von 9.450 T€ =) 66,2 T€,
- die Zinserträge erhöhen sich wegen der temporären Anlage der zufließenden Liquidität um (2,5 % von 90 % von 473 T€ = 10,6 T€; davon 80 % =) 8,5 T€.

Der Ergebniseinfluss läge hier vor Steuern bei ./. 161,6 T€!

Interessant könnte diese Variante im Beispielfall nur sein, wenn Investitionen anstehen, die c.p. eine Fremdfinanzierung erfordern würden; über die sich dann einstellenden Skonto- und Fremdkapitalzinsvorteile würde eine ergebnis- und liquiditätstechnische Verbesserung eintreten.

2.2.4 Zusammenfassung der Einflüsse auf den Jahresabschluss

Die einzelnen Auswirkungen der vorstehend beschriebenen Maßnahmen auf die Positionen des Jahresabschlusses des Beispielunternehmens sind nachfolgend dargestellt.

Veränderungen durch die Ratingoptimierung

	Position	Wert alt	Änderung	Wert neu
a) AKTIVA				
Grundstücke		3.371,0		
	2.1. a (1)		-2.700,0	671,0
Roh-, Hilfs-, Betriebsstoffe		1.539,0		
	2.2. a (1)		-900,0	639,0
Bankguthaben		2.293,0		
	2.1. a (2)		1.212,0	
	2.2. a (2)		900,0	
	2.2. a (3)		22,5	
	2.2. a (4)		-8,8	4.418,7
b) PASSIVA				
Verbindlichkeiten gegenüber Kreditinstituten		1.488,0		
	2.1. a (3)		-1.488,0	0,0
=> Jahresüberschuss		147,0	13,7	160,7
c) G+V-Rechnung				
Sonstige betriebliche Erträge		121,0		
	2.1. b (5)		2.700,0	
	2.1. b (6)		-2.700,0	121,0
Aufwand für RHB		5.217,0		
	2.2. b (2)		-900,0	
	2.2. b (3)		900,0	5.217,0
Abschreibungen auf Anlagengegenstände		254,0		
	2.1. b (3)		-60,0	194,0
Sonstige betriebl. Aufwendungen		1.044,0		
	2.1. b (1)		200,0	1.244,0
Zinserträge		31,0		
	2.1. b (4)		35,0	
	2.2. b (1)		22,5	88,5
Zinsaufwendungen		105,0		
	2.1. b (2)		-105,0	0,0
EEV-Steuern		95,0		
	2.2. b (4)		8,8	103,8
→ Jahresüberschuss		**147,0**	**13,7**	**160,7**

Das auf dieser Basis neu ermittelte Bilanzrating, also die Ratinganalyse hinsichtlich der quantitativen Faktoren, hat sich durch die Umsetzung dieser Maßnahmen verbessert.

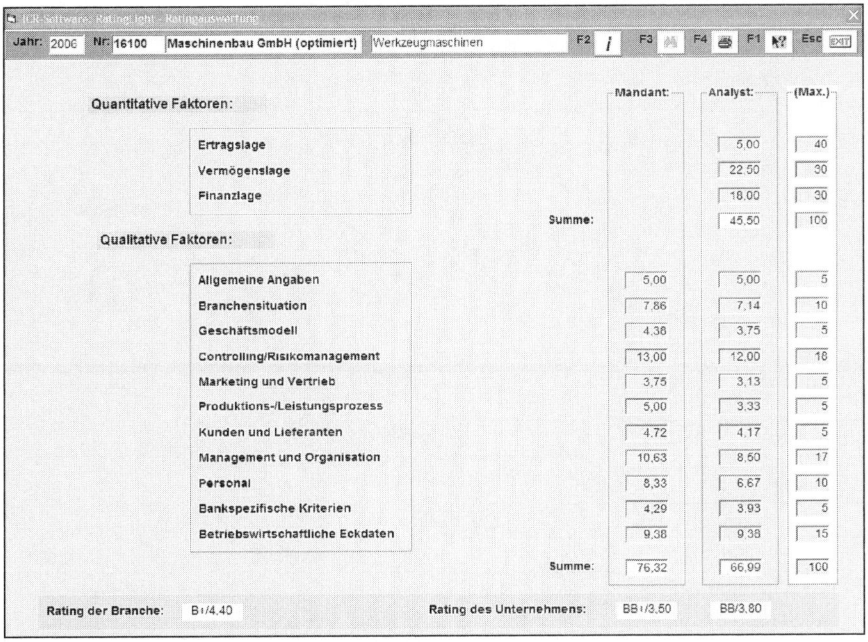

Abbildung 22: Auswertung nach Optimierung

Bilanzverkürzung als Konsequenz der Ratingoptimierung

Die Verbesserung findet hierbei ausschließlich im Beurteilungsbereich der Vermögenslage statt. Infolge der Verkürzung der Bilanz unter Reduktion des Fremdkapitals haben sich die Eigenkapitalquote erhöht und der Nettoverschuldungsgrad verringert.

Künftige positive Einflüsse werden sich dann ergeben, wenn anstehende Investitionen aus vorhandener Liquidität bestritten werden und hierfür somit die Inanspruchnahme von Fremdkapital vermieden wird.

Teil D Speziele Ansätze, Instrumente und Aspekte der Rating Analyse und Verbesserung des Rating Ergebnisses

1 Branchenorientierte Betriebswirtschaftliche Auswertungen als Ergänzung der Jahresabschlussanalyse und Bilanzstrukturoptimierung für das Rating

1.1 Was ist eine BWA?

Aussehen von Betriebswirtschaftlichen Auswertungen

Die Abkürzung »BWA« steht für »Betriebswirtschaftliche Auswertung«. Ausgehend von der Finanzbuchhaltung werden in der BWA die Ergebnisse in einer mehr oder weniger lesbaren Form präsentiert. Bei Existenzgründern und größeren Unternehmen geschieht dies monatlich, bei kleineren Betrieben nur quartalsweise. Welchen Aufbau eine BWA hat, ist nicht normiert. Er orientiert sich regelmäßig am Aufbau der »Gewinn- und Verlustrechnung«, der in § 275 HGB festgelegt ist. Dabei kann eine BWA eine größere Gliederungstiefe aufweisen oder die in § 275 HGB ausgewiesenen Positionen geraffter präsentieren. Allen denkbaren BWA-Formen ist nur eine Logik gemeinsam: Nach dem Umsatz folgen die Kosten und hierauf das Ergebnis, also Gewinn oder Verlust.

1.2 Zweck und Einordnung der klassischen Betriebswirtschaftlichen Auswertung

Gliederungstiefe sollte Gründe der Ergebnisänderung transparent machen

Ob nun monatlich oder quartalsweise erstellt, ob mit großer Gliederungstiefe oder grob gerastert: Die BWA zeigt dem Unternehmer den Erfolg in der Abrechnungsperiode. Vergleicht man die Situation mit einem Arbeitsverhältnis, so könnte man die BWA auch als Gehaltsabrechnung des Unternehmers bezeichnen. Ähnlich wie bei Arbeitnehmern, deren variable Gehaltsbestandteile verglichen mit den Vormonaten gefallen sind, sollte es die Gliederungstiefe der BWA dem Unternehmer ermöglichen, festzustellen, weshalb es bei ihm eine Ergebnisänderung gegeben hat.

Gemessen an der hohen Relevanz dieser Auswertung dürfte man ähnlich einer Gehaltsabrechnung unterstellen, dass die BWA sehr sorgfältig erstellt worden ist. In der überwiegenden Mehrzahl der Fälle trifft dies leider nicht zu.

Ein Satz, der viele Betriebswirtschaftliche Auswertungen ziert, zeigt, weshalb dies so ist:

»Nachbuchungen und Abschreibungen können das in dieser Auswertung dargestellte Betriebsergebnis noch wesentlich beeinflussen«.

BWA ignorieren die Standard-BWA

Die Bank übersetzt diesen Hinweis wie folgt: Das hier ausgewiesene unterjährige Betriebsergebnis kann ziemlich falsch sein, woran aber weder der Bankkunde und in keinem nur denkbaren Fall der Steuerberater selbst Schuld sein will. Die BWA ist somit aus Bankensicht wertlos, weil der ausgewiesene Gewinn keine verbindliche Aussagekraft hat. Steuerberater stellen sich diesbezüglich auf den Standpunkt, dass Abschreibungen auf Sachanlagevermögen üblicherweise nur am Jahresende im Zuge der Erstellung des Jahresabschlusses berechnet werden würden und es keine formale Veranlassung gäbe, dies früher im Rahmen der BWA zu erledigen.

Ein klassischer Doppelfehler, wie schnell sichtbar wird. Zum einen kann nicht mit Formalien argumentiert werden, wenn die BWA strenggenommen keiner Form unterliegt. Zum anderen erinnern wir uns daran, was die Abkürzung BWA bedeutet, nämlich Betriebswirtschaftliche Auswertung. Wie kann eine Auswertung nützlich sein, wenn ihr elementare und wesentliche, das Ergebnis beeinflussende Faktoren wie die Abschreibung, die Bestandsveränderungen und die teilfertigen Arbeiten fehlen? Wie kann eine solche Auswertung als »Betriebswirtschaftliche« Auswertung verstanden werden?

Diese Paradoxie haben auch die Banken erkannt, weshalb »Betriebswirtschaftliche Auswertungen« in der Bewertung der Kundenbeziehung oder im Ratingprozess keinerlei Relevanz haben. Hier wird stets der Jahresabschluss eingefordert, dessen Periode bekanntlich i.d.R. ein Jahr beträgt.

Fraglos braucht es eine fast ebenso lange Zeit, bis der Unternehmer seinen Jahresabschluss der Bank vorlegen kann. Aber welche Wahl hat die Bank hier schon? Es ist die Wahl zwischen einer »wertlosen« BWA und einem veralteten Jahresabschluss.

Es bleibt zunächst beim Jahresabschluss, da hier zumindest bei Unternehmen mit Testatzwang ein Wirtschaftsprüfer gegebenenfalls in Mithaftung genommen werden kann. Wie interessiert die Banken an der Mithaftung sind, zeigt deren bislang vergebliche Bemühungen, auch Steuerberater zur Abgabe eines »qualifizierten Abschlussvermerkes« zu bewegen. Dieser unterscheidet sich in seiner Wirkung nur unwesentlich vom WP-Testat. Es scheint also wirklich schwierig zu sein, einer Bank »verlässliche« Unternehmenszahlen zu präsentieren.

Unternehmer zieht Reporting der BWA vor

Wenn also die Bank schon kein Interesse an der BWA zeigt, dann sollte doch zumindest der Unternehmer hieran interessiert sein, denn dieser sollte doch wissen, dass aussagefähige Werte zu seinem Unternehmen, die erstmals mit einem Jahresabschluss geliefert werden, kaum einer effizienten Unternehmensführung oder einem zeitnahen Krisenmanagement dienen können.

Weit gefehlt. Wird die BWA vom Unternehmer durchgesehen, geht der erste Blick auf die Zeile »Gewinn«. Wird diese Zahl durch die oben zitierte Unschuldsformel des Steuerberaters in Frage gestellt, da Abschreibungen, Wertberichtigungen, Abgrenzungen etc. das Ergebnis wesentlich verändern können, baut sich der an seinem Schicksal interessierte Unternehmer ein eigenes Reporting aus zahllosen Umsatzstatistiken und Kostenlisten auf.

Damit wird die BWA faktisch zum Beweismittel für die Anpassung der Steuervorauszahlungen und zur technischen Vorstufe für die Umsatzsteuervoranmeldung degradiert. Fehlt es zusätzlich an der Pflicht zur Abgabe einer Umsatzsteuervoranmeldung – wie z. B. bei Ärzten – kommt die Fachliteratur zu einem folgerichtigen und niederschmetternden Ergebnis: »Das externe Rechnungswesen hat gegenüber den Eigentümern, Gläubigern, Gesellschaftern, den Finanzämtern und der Öffentlichkeit hauptsächlich eine unterrichtende Funktion und ist daher für die Einzel(arzt-)praxis nicht von Bedeutung.« Die Autoren des Werkes »Wirtschaftlich erfolgreich in der Arztpraxis« opfern mit dieser Aussage die BWA zugunsten eines internen Reportings.

1.3 Ziel einer Branchen-BWA in Verbindung mit dem Rating

Die BWA als Unternehmensberater

Es gibt keine Berufsgruppe und kein Unternehmen, welches sich nicht um ein einheitliches und einfaches Reporting bemüht. Ziel ist es, schnell Schwachstellen im Unternehmen zu erkennen, Profit zu sichern oder auszubauen. Gerne werden hierfür Unternehmensberater engagiert. Diese zeigen in einer Momentaufnahme Optimierungsbedarf auf. Basis für solche Ermittlungen ist stets die BWA in Verbindung mit den Bilanzen oder Einnahme-Überschussrechnungen. Da ein Optimierungsbedarf nur anhand aktueller Zahlen erkannt werden kann, ist die monatliche oder quartalsweise erstellte BWA die Basis für eine Unternehmensanalyse, selbst wenn deren Aussagewert in Zweifel gezogen wird. So sehr Unternehmensberater deshalb die unterschiedliche Qualität der BWA bemängeln, so sehr sollte ihnen aber auch bewusst sein, dass eine BWA mit optimaler Aussagekraft für den Unternehmer einen Großteil der Arbeit eines Unternehmensberaters ersetzt. Ziel einer individuellen, auf den Unternehmer zugeschnittenen BWA ist somit der Hinweis auf Schwachstellen im Unternehmen. Diese Analyse erfolgt über die Leistung eines Unternehmensberaters hinaus, nicht nur einmalig als »Momentaufnahme«, sondern monatlich mit jeder neuen BWA.

Dennoch sollte man nicht so weit gehen, die Branchen-BWA als adäquaten Ersatz der Unternehmensberatung zu verstehen. Top-Unternehmensberater haben erkannt, dass ihre Aufgabe nicht in dem erneuten Erfassen von Basiszahlen besteht, sondern vielmehr im Aufbau einer Unternehmensstrategie. Dies freilich vermag eine Branchen-BWA nicht zu leisten. Aber sie fächert das Unternehmen so detailliert auf, dass eine Strategieberatung nahezu ohne Vorleistungen im Bereich der Basiszahlen möglich ist.

Das ausgehend von den Jahresabschlusszahlen vorgenommene quantitative Rating erkennt aus den Zahlen Schwachstellen und visualisiert diese in Form einer Bewertung. Ähnlich den Leistungen eines Unternehmensberaters, der möglicherweise den Ratingprozess sogar durchführt oder in ähnlicher Weise wie in einem Ratingprozess bereits in den vergangenen Jahrzehnten Unternehmen analysiert hat, ist die Verfolgungsperiode durch den Jahresabstand zu groß, um eine Besserung der Unternehmensleistung einleiten und überwachen zu können. Tatsächlich wird das Ratingergebnis durch die notwendige Analysedauer im Zeitpunkt seiner Feststellung sogar über eine noch geringere Aktualität verfügen, als der verspätete Jahresabschluss. Damit gerät die Aussagekraft dieses sinnvollen und weitestgehend neutralen Analyseinstrumentes in Gefahr, wenn man sich bei dessen Erstellung auf überalterte Zahlen aus den Jahresabschlüssen stützt. Das Erfordernis aktueller betriebswirtschaftlicher Zahlen erzwingt deshalb geradezu eine auf das Unternehmen zugeschnittene Branchen-BWA, die ein dem Jahresabschluss sehr nahes Betriebsergebnis erklärt, Controllingaufgaben des Unternehmers unterstützt, den Businessplan

Verwendung von alten Jahresabschlusszahlen im Ratingprozess

im monatlichen Abgleich darstellt und Schwachstellen visualisiert, bevor dies durch das alljährliche Ratingverfahren erfolgt. Somit ist die Branchen-BWA nicht nur Hilfsmittel im Ratingprozess, sondern spiegelt diesen vorher wieder.

1.4 Elemente einer Branchen-BWA

In der Reihenfolge des Gefährdungspotenzials für Unternehmen sind dies die Aussagen zur
- Liquidität,
- Kapital und
- Ertrag.

Liquidität in BWA oft vernachlässigt

Der wichtigste Punkt dieser Aufzählung, die Liquidität, ist zugleich der seltenste Bestandteil einer herkömmlichen BWA. Das Argument vieler Steuerberater, ihre Mandanten würden solche Berechnungen ohnehin nicht verstehen, greift nur, soweit diese Unternehmer zugleich zugeben würden, sie würden ihr Geschäftskonto nicht verstehen. Beide Aussagen sind gleichermaßen unsinnig.

Die tiefere Wahrheit liegt wohl eher in der größeren Sorgfalt beim Buchen der Unternehmenszahlen. Liquiditätsaussagen machen bekanntlich nur Sinn, wenn Bestandsveränderungen berücksichtigt werden können. Das beinhaltet Änderungen im Warenbestand, im Bestand der Forderungen und Verbindlichkeiten u.v.m.

Fraglos muss hierfür im laufenden Jahr abgegrenzt werden. Die korrekte Erfassung unbezahlter Rechnungen als Erhöhung der Verbindlichkeiten und – möglicherweise – des Warenbestandes erfordert natürlich zusätzliche Buchungen und einen ausgefeilteren Kontenrahmen.

Zu einer ordentlichen Buchhaltung gehört selbstverständlich auch die Vorlage sämtlicher Belege. Gibt es bei dieser Bringschuld Lücken, spielt es keine Rolle, ob eine normale BWA oder eine Branchen-BWA die Unternehmenszahlen wiedergibt. Auch hier gilt »Input = Output«. Die Branchen-BWA kann somit nur verarbeitete Informationen herausarbeiten und auf dieser Basis das Unternehmen insgesamt transparenter machen.

Neben dem Dreiklang »Liquidität, Kapital und Ertrag« muss die Branchen-BWA noch zusätzliche Mehrwerte generieren, um tatsächlich als Management-Report verstanden zu werden. Dies sind die beiden Elemente
- interner Betriebsvergleich und
- externer Betriebsvergleich.

Im **internen Betriebsvergleich** werden die Unternehmenszahlen mit der Vorjahresperiode (Vorjahresmonat und kumulierte Werte) sowie der Planperiode (Planungsmonat und kumulierte Planwerte) verglichen.

Dem Unternehmer wird hier aufgezeigt, von welchen Zahlen er kommt (Vorjahr), welche Zahlen erreicht wurden (Ist-Werte Monat) und welche Zielzahlen existieren (Monatswert des Businessplanes).

An dieser Stelle wird deutlich, warum die Mindestanforderung von drei Umsatzarten nach den Umsatzsteuersätzen »volle Umsatzsteuer«, »ermäßigte Umsatzsteuer« und »steuerfrei oder nicht steuerbar« keinen hohen Informa-

Tiefere BWA-Gliederung stützt Aussagekraft

tionswert für das Management besitzt. Wie sollte ein Unternehmen mit der Information »der Umsatz liegt insgesamt unter Vorjahresniveau« eine Analyse der Ist-Situation vornehmen können? Beratungsgespräche zu diesem Thema enden schnell mit der allgemein schlechten Wirtschaftssituation als Begründung und führen für den Unternehmer zu keinem greifbaren Ergebnis. Wird stattdessen das jeweilige Dienstleistungsprodukt oder bei Handelsunternehmen die Warengruppe angesprochen, ist eine Diskussion mit dem Unternehmer überhaupt erst möglich.

Ausschnitt Branchen-BWA für Tankstellen/Handelsunternehmen

WOTAX TANK

		Warengruppe	Umsätze		
			Vorjahr	März	Plan (Monat)
Agentur	01	Ottokraftstoff	6.174	7.714	6.154
	02	Dieselkraftstoff	5.438	10.631	8.815
	03	Bio-Dieselkraftstoff			
	04	Autogas			
	05	Oele	584	660	912
Autoservice	06	Maschinenwäschen	5.022	4.651	6.270
	07	SB-Box / NuFa-Wäsche			
	08	Handwäschen, Reinigung			
	09	Pflegeautomaten, Sauger		497	113
	10	Kfz-Werkhalle (n)			
Non-Food	11	Autoteile	1.006	982	1.200
	12	Karten, Bücher und Zeitungen	2.974	4.028	3.998
	13	Tabakwaren	29.027	46.494	41.000
	14	Telefonkarten	7.400	9.260	8.330
Food	15	Getränke und Spirituosen	11.539	15.614	13.608
	16	Süßwaren und Eis	4.399	6.219	2.352
	17	Kaffeeautomat	1.745	783	2.730
	18	Snacks / Bistro Nebengeschäft	2.022	6.870	5.950
	19	Lebensmittel	2.599	4.500	2.550
	20	Sonstige Waren	3.041	3.322	3.499
	21	Zwischensumme Shop	65.752	98.072	85.217
	22	Sonstige Erträge	93	248	167

Das Beispiel einer Agenturtankstelle zeigt im Block »Umsatz« eine auf das Unternehmen abgestimmte Umsatzgliederung, die für Dritte wesentlich transparenter und nachvollziehbarer ist. Nehmen wir hier Zeile 21 »Zwischensumme Shop« als Beispiel für den »Mehrwert« einer solchen Branchen-BWA. Für die Hausbank wäre die aus einem gröber aufgebautem Businessplan aufgestellte Behauptung, man wolle im Monat März den Vorjahresumsatz um 30 % steigern, kaum nachvollziehbar. Die Branchenratings für Tankstellen bewegen sich – in Schulnoten ausgedrückt zwischen 5 und 6, was auf einen (angeblich) überbesetzten Markt zurückzuführen sei. Selbst ein Halten der Umsätze auf Vorjahresniveau wäre aus Bankensicht wahrscheinlich schon eine Entwicklung gegen den Markt. Erst die Detailtiefe der Branchen-BWA und natürlich auch des Businessplanes lassen eine nachvollziehbare Auseinandersetzung mit dem Unternehmen zu, fernab einer ohnedies nachvollziehbaren »Vorverurteilung« durch das Branchenrating.

Ähnlich muss ein **externer Betriebsvergleich** mit anderen Unternehmen der gleichen Branche, Größe und Lage greifen.

Externer Praxisvergleich einer Arztpraxis (Branchen BWA WOTAXmed)

A. Praxisvergleich

Erlösposition	Abrechnungsjahr (bis Vormonat)	%	andere Praxen	%	+/- Differenz	%	Beste 33 % Einzelerlös
00 Quartalsübersicht Budget							
01 Primärkassen	167.226	43%	109.383	28%	57.843	35%	103.557
01 Ersatzkassen	6.561	2	55.692	14%	-49.131	-749%	43.816
03 Sonstige Kassen	1.270	0%	19.231	5%	-17.961	-1414%	23.659
04 Summe Kassen	175.057	46%	184.306	48%	-9.249	-5%	171.032
05 IGeL-Leistungen			23.112	6%			35.554
06 Privatliquidation/BG	196.321	51%	168.583	44%	27.738	14%	182.775
07							
08 Summe IGeL/Privat	196.321	51%	191.695	50%	4.626	2%	218.329
09 Erlöse Stationär							
10 Erlöse Heilbehandlung	7.779	2%			7.779	100%	
11 Sonstige Erlöse							
12 Summe Sonstige	7.779	2%			7.779	100%	
13 Vorträge, Gutachten	3.285	1%	7.245	2%	-3.960	-121%	7.855
14 Sonstige Einnahmen	2.175	1%	2.415	1%	-240	-11%	5.396
15 Erlöse umsatzsteuerpflichtig							
16 Praxiserlöse (PE)	384.618	100%	385.661	100%	-1.043	0%	
17 ausserordentlicher Ertrag	72	0%			72	100%	
18 Gesamtsumme	384.689	100%	385.661	100%	-972	0%	394.757

BWA bei Einnahme-Überschuss-rechnern

Dabei muss die Branchen-BWA durchaus kreative Wege gehen, um die gewünschte Information dem Unternehmer und den weiteren Adressaten einer BWA – z. B. der Hausbank – verständlich transportieren zu können. Im Beispiel der Arztpraxis haben wir einen Einnahme-Überschussrechner (§ 4 Abs. 3 EStG), der nach dem Zufluss-/Abflussprinzip bucht. Unterjährige Abgrenzungsbuchungen gegen Forderungen und Verbindlichkeiten sind hier nicht vorgesehen. Aufgrund der Budgetierung im Gesundheitswesen ist die Abrechnung mit den Krankenkassen eine Mischung aus Abschlagzahlungen und verspätetem Mittelzufluss. Jede »normale« BWA weist hier den betriebswirtschaftlich gravierenden Mangel auf, dass Umsatz und Kosten unterschiedlichen Monaten zuzuordnen sind. Steuerrechtlich mag dies richtig sein, betriebswirtschaftlich wohl kaum. Um dies zu »reparieren«, wird bei den Umsätzen mit Primär- und Ersatzkassen mit einem kalkulatorischen Wert gearbeitet, der eine periodengerechte Umsatzzuordnung ermöglicht. Bei den restlichen Positionen wird der Arzt wie ein bilanzierendes Unternehmen gebucht.

Die konventionelle BWA wird für den Arzt üblicherweise quartalsweise erstellt. Demgegenüber steht die Branchen-BWA monatlich zur Verfügung. Denn die BWA kann als Steuerungsmittel nur dienen, wenn sie aktuelle Zahlen widerspiegelt, an Hand derer der Unternehmer kurzfristig Maßnahmen in die Wege leiten kann.

Die beiden Praxisbeispiele Agenturtankstelle und Arztpraxis zeigen, welch unterschiedliche Branchen mit einer Branchen-BWA bedient werden können.

1.5 Branchen-BWA versus Unternehmensreporting?

Natürlich soll nicht der Eindruck entstehen, Unternehmen ohne Branchen-BWA arbeiten völlig steuerungslos vor sich hin und würden alleine am Stand des Geschäftskontos den monatlichen Geschäftserfolg ablesen. Wer als Unternehmer noch eben gerade als »mittelständisches Unternehmen« gilt – also weniger als 249 Arbeitnehmer beschäftigt –, wird möglicherweise mit unternehmenseigener Buchhaltung arbeiten und über Dekadenberichte alle zehn Tage den Geschäftserfolg aus dem eigenen Reporting ablesen können. Eine andere Möglichkeit ist der Einsatz einer ERP-Software, die betriebliche Prozesse unterstützt. Gerade bei Unternehmen dieser Größenordnung ist die Auswahl an verfügbaren Reports recht groß. Diese Vielfalt ist jedoch verwirrend und nicht förderlich, wenn das Management schnell und konzentriert – »also auf den Punkt« – informiert sein will. Gleiches gilt für den Bankenpartner, der zwar hundertseitige Reports gerne einsammelt und abheftet, sich aber kaum damit beschäftigen wird. Seit dem Banken den Personal- und Serviceabbau als probates Gewinnmaximierungsinstrument erkannt haben, ist in deutschen Bankhäusern die Zeit ein ähnlich knappes Gut wie das Risikokapital geworden. Ein weiterer Grund für eine Branchen-BWA, die für die Bank weitere Vorzüge vor dem Unternehmensreporting hat:

Vorzüge der Branchen-BWA vor einem Reporting

- Es wird nur auf das Wesentliche konzentriert informiert, kurz und knapp.
- Ein »externer Dritter«, nämlich der Steuerberater informiert. Dies garantiert unverfälschte Ergebnisse. Im Falle eines Betruges ist eine Mithaftung des Steuerberaters möglich.
- Bei etablierten Branchen-BWA kennt die Bank das Format und findet sich schnell zurecht.

Franchisegeber mit Zusatzvorteilen

Die gleichen Vorteile kommen übrigens bei Franchisesystemen im Verhältnis Franchisegeber zu Franchisenehmer zum Tragen, wobei dem Franchisenehmer hier die Rolle der Bank zufällt. Was nutzt es dem Franchisegeber, wenn er mit unzähligen Umsatzreports dem operativ tätigen Franchisenehmer dessen Schwachstellen aufzeigt. In der Krise werden diese Reports häufig sogar angezweifelt. Die »neutrale« Position des Steuerberaters als Ersteller einer im Franchisesystem abgestimmten Branchen-BWA umgeht diesen in der Krise unnötigen Zweifel und lenkt die Energie aus der Konfliktsituation auf den lösungsorientierten Ansatz.

Digitale Daten nutzen

Intelligent sind Branchen-BWA, die sich dem vorhandenen Unternehmensreporting anpassen und dieses möglichst gut integrieren. Zu den Standardreports eines Handelsunternehmens wird zweifelsfrei der tägliche Kassenbericht gehören. Unsinnigerweise wird dieser noch häufig für den Steuerberater ausgedruckt, um anschließend vom Personal des Steuerberaters gebucht zu werden. Aus einem digitalen Datensatz wird also ein Papierdokument, welches sodann wieder in einen digitalen Datensatz verwandelt wird. Das kostet Personaleinsatz beim Steuerberater und bedeutet höhere Honorare für den Unternehmer, sofern er die Buchhaltung bei seinem Steuerberater anfertigen lässt. Verhält sich die Branchen-BWA integrativ, wird die bei jeder Software vorhandene ASCII-Schnittstelle zum Datentransfer in die Branchen-BWA genutzt. Dies ist auch bei anderen Standardreports möglich, wie beispielsweise einem Warenmanagementprogramm, das Warenbestände ausweist oder den etwas komplizierteren Chargenverfolgungsprogrammen der Weinimporteure.

Mit dieser überaus sinnvollen Verschmelzung unterschiedlicher Informationsquellen wird zugleich erreicht, dass ein vorhandenes Unternehmensreporting tatsächlich genutzt wird.

Wenden wir uns den kleineren »mittelständischen Unternehmen« zu, die mit fünf bis 15 Arbeitnehmern die deutlich größte Zahl der Unternehmen repräsentieren. Häufig stellen sich hier die Frage eines möglichen Konfliktes zwischen unternehmenseigenem Reporting und der Branchen-BWA nicht, da ein unternehmenseigenes Reporting nicht vorhanden ist oder als solches nicht erkannt wird.

Unternehmensreporting wird häufig unterschätzt

An dieser Stelle ist ein Exkurs angebracht: Was versteht man unter Reporting? Tatsächlich erfüllt schon die »Kladde« des Bauunternehmers der 60er Jahre, in der mit Bleistift die offenen Rechnungen und der Tagesumsatz notiert wurden, das Erfordernis an eine projektgenaue Umsatzerfassung mit einer differenzierten Liquiditätsbetrachtung (zahlt wann/wieviel oder nicht?). Man sollte sich nicht dem Glauben hingeben, dass teuere Software oder bunte Grafiken zwingend zu anderen oder zutreffenderen Ergebnissen führt. Auch eine Anreicherung der Zwischenergebnisse mit Anglizismen macht die Ergebnisse nicht schöner. Gerade diesem Unternehmertypus, der glücklicherweise noch anzutreffen ist, macht eine Branchen-BWA das Visualisieren seiner Steuerungsinstrumente einfacher, indem sie diese differenzierte Vorbereitung nutzt und gegebenenfalls noch etwas ausbaut. Im Idealfall wird diesem mittelständischen Unternehmer auch die sog. Informationspyramide zugänglich gemacht. Vom Gesamtumsatz aus kann in die Warengruppe oder Dienstleistungsart geklickt werden, die nächst niedrigere Ebene kann sodann das Kundenkonto und darauf folgend die Einzelrechnung sein. Die Mehrwerte, welche ausgehend von einer Branchen-BWA als Navigationsoberfläche auch kleineren Unternehmen zugänglich gemacht werden können, rechtfertigen zweifelsfrei die überschaubare Investition in ein PDA oder Laptop.

Im Ergebnis gibt es keine Konfliktsituation zwischen der Branchen-BWA und dem Unternehmensreporting. Entweder die Branchen-BWA adaptiert das vorhandene Reporting oder aus ihr heraus wird ein Reporting entwickelt. So oder so eine Win-win-Situation für Unternehmer und Steuerberater.

1.6 Datendrehscheibe Steuerberater

Vernetztes Arbeiten minimiert Kosten und maximiert Informationen

Bereits beim Zusammenspiel mit dem Unternehmensreporting zeigt sich, an welcher Stelle sich die Branchen-BWA positioniert. Aufgrund der Auffächerung der Umsatz- und Kostenarten, die passend zu der Unternehmensform vereinbart werden, greift sie mit ihrem höheren Informationsgehalt auch in die Unternehmensorganisation ein. Sollen digitalisierte Daten in die Branchen-Buchhaltung und damit in die Branchen-BWA eingearbeitet werden, müssen diese zunächst verfügbar gemacht werden. Ist diese Hürde genommen, stellt sich auch für kleinere mittelständische Unternehmen mit fünf bis 15 Mitarbeitern die Frage, weshalb bei digitalem Übertrag von Umsatz- und Rechnungsdaten die Buchhaltung durch den Steuerberater noch »erstellt« werden muss. Deutlich über 90 % der Geschäftsvorfälle wiederholen sich bei der Mehrzahl der Unternehmen von Monat zu Monat. Hier kann weitergehend automatisiert gearbeitet werden, indem

- aus der Unternehmenssoftware Umsatz- und Rechnungsdaten direkt übernommen werden,
- von Lieferanten Eingangsrechnungen, die im »e-billing« digital verfügbar sind, integriert werden,
- Kontoauszugsdaten direkt und online vom Steuerberater bei der Hausbank abgerufen werden.

Ein Großteil der Buchhaltung lässt sich damit elegant erledigen; die verbleibenden Kostenbuchungen könnten nun vom Steuerberater nacherfasst oder – der technischen Entwicklung angemessen – vom Unternehmer oder dessen Personal selbst erfasst werden. Das ist tatsächlich so spannend und schwierig wie das Ausführen einer Überweisung beim Online-Banking, wenn denn die mit der Kontierung verbundenen Buchungskontonummern des Steuerbüros »entzaubert« werden. Das Buchungskonto ist nicht mehr und nicht weniger als eine Zeitersparnis für das Steuerbüro. Es geht eben schneller, eine drei- oder vierstellige Zahl einzugeben, als eine längere Bezeichnung auszuwählen. Hier aber wird erneut doppelt gearbeitet, weil ein Unternehmen, das Onlinebanking anwendet, diesen Datensatz bereits beim Bezahlen einer Rechnung nutzt. Warum soll der Unternehmer nicht gleich eine weitere Eingabe machen, die eine genaue Kostenzuordnung ermöglicht? Gibt man die Kosten z. B. in einem Dropdown-Menü zur Auswahl, so kann vom Unternehmer nach »Worten« anstelle von Buchungskontozahlen erfasst werden. Der Lernaufwand ist – je nach funktionalem Aufbau der Software – minimal.

Als vordergründiger Vorteil ist die nicht unwesentliche Ersparnis an Buchhaltungshonoraren zu sehen, die zwischen 20 und 50 % liegen dürfte. Tatsächlich ist das Unternehmen bei einer solchen »Online-Buchhaltung« täglich in der Lage, eine Branchen-BWA mit Aussagen zur Liquidität, Kapital und Ertrag abzurufen. Je nach Ausbau dieser Onlinelösung können sogar im laufenden Monat Kostenabgrenzungen oder eine genaue Erfassung aus der, mit der Stechuhr verbundenen Stundenerfassung, die bis zum Abruftag angefallenen Kosten nachweisen. Ein beeindruckender Beweis dafür, wie weit auch kleinere Unternehmen mit ihrem Reporting sein könnten und wo künftig Steuerberater stehen werden, die sich vehement an den Buchhaltungsauftrag klammern.

Basisdaten für das Rating »auf Knopfdruck«

Damit kann im Ratingprozess »auf Knopfdruck« Zugriff auf den tagesaktuellen Stand der Liquidität, Kapital und Ertrag genommen werden, was jeden Ratinganalysten begeistern wird, da er dies vom kleinen Mittelständler nicht erwartet.

Einsparungen bei der Buchhaltung, die sich durch Synergien wesentlich günstiger und schneller aufbauen lassen, könnten so in die Beratung durch den Steuerberater oder Unternehmensberater investiert werden. Hier wird greifbar, weshalb das Rating auch als Chance für den Mittelstand verstanden werden muss.

1.7 Die sprechende Branchen-BWA

Problem: Datenflut

Ein beunruhigendes Zeichen der Informationsgesellschaft ist, dass inzwischen zahllose Daten verfügbar sind und hierdurch der Überblick über die wirklich wichtigen Informationen verlorengeht. Die Branchen-BWA, die im oberen Drittel der Informationspyramide angesiedelt ist, muss hier auf maximal vier Seiten die passenden Aussagen aufbereiten.

Aus nunmehr über 25jähriger Referententätigkeit für Unternehmer, die Branchen-BWA einsetzen, wissen wir nur all zu gut, dass selbst konzentrierte, auf die Branche zugeschnittene Information mitunter für den Unternehmer schwer verdaulich sind. Es gilt die Gleichung, nach der ein guter Verkäufer über einen schlechten Zugang zu Zahlen verfügt. Während man in zahllosen Seminaren sein Geschick im Verkauf nachweisbar verbessern kann, gehört ein Training im Verständnis der eigenen Unternehmenszahlen eher zu den selten angebotenen und nachgefragten Seminarthemen. Unsere nicht repräsentative Umfrage unter etwa 1.000 Seminarteilnehmern hatte zum Ergebnis, dass 85 % zuerst die Zahl »Gewinn« suchen, 10 % auf den Stand des Kapitalkontos schauen und gerade einmal 5 % mit der Liquidität beim Studium ihrer BWA beginnen. Stellt die jeweils gewählte Zahl »zufrieden«, heften 80 % die BWA fein säuberlich ab. Nur 20 % beschäftigen sich eingehender mit dem Zahlenwerk, wobei die Lesewege kein erkennbares Muster aufweisen. Diese niederschmetternden Ergebnisse stellen natürlich jeglichen Diskurs in Richtung einer Branchen-BWA in Frage. Freilich erübrigt dies auch jeglichen kreativen Ansatz in der Beantwortung zahlloser Fragen zum Teilbereich »Unternehmensführung« im Ratingprozess. Der Glaube, dass dies in größeren Unternehmen undenkbar sei, lässt manchen Banker schmunzeln. Auch unsere Erfahrungen als Wirtschaftsprüfer und Steuerberater bestätigen diese Vermutung.

Die Lösung des Problems ist relativ einfach. Verirrt sich das Auge des Betrachters einer BWA, so muss es konsequent geführt werden.

Bestand	Spanne		Einkauf (Monat)	Einkauf (Jahr)	Inventur 01.01.	Waren-bestand	Bestands-änderung	Check
	Auf	Ab						
Autoteile	43%	30%	1.806	1.932	1.387	2.297	910	🔔
Karten, Zeitungen	25%	20%	1.979	6.650	626	992	366	
Tabakwaren	6,4%	6,0%	35.303	101.741	13.646	12.829	-817	
Telefonkarten	4,7%	4,5%	8.324	24.533	43	-965	-1.008	
Getränke, Spirituosen	43%	30%	8.519	25.094	8.209	7.976	-233	
Süßwaren und Eis	51%	34%	2.636	7.476	5.711	4.504	-1.207	
Kaffeeautomat	400%	80%	282	864		495		
Snacks / Bistro	100%	50%	848	2.483		486		
Lebensmittel	42%	29%	1.726	3.695	1.435	3.223	1.788	🔔🔔
Sonstige Waren	38%	28%	433	1.370	451	613	162	
Zwischensumme Shop	17%	15%	61.856	175.838	31.508	32.450	942	

Fehlerhafte BWA-Werte erkennen

Hierzu genügt ein rotes Glockensymbol, um einen unlogischen Wert für den Leser des Reports sofort kenntlich zu machen. Die Bedingungen, die die Kenntlichmachung durch das Glockensymbol auslösen, sind mit dem Unternehmer in einem Alarmplan festgehalten worden. Ziel ist es, passend für die jeweilige Branche und Unternehmensgröße mehrere Bedingungen zu formulieren, welche den »Alarm« auslösen. Dies kann ein negativer rechnerischer Warenbestand sein oder ein überhöhter rechnerischer Warenbestand, der auf eine unsachgemäße Lagerhaltung und Liquiditätsbindung oder gar auf Diebstahl hinweist.

Über Umsatz- und Kostenarten kann eine Abweichung vom Businessplan angezeigt werden, ebenso wie durch einen Verhältniswert aus einem Hilfs- und Verbrauchsstoff zu einer Umsatzart. Grenzen in dieser Vorauswertung der Daten gibt es nicht. Wichtig ist nur, dass diese Signale stets als Ansatzpunkt für die Nacharbeit des Unternehmers und seines Beraters genutzt werden.

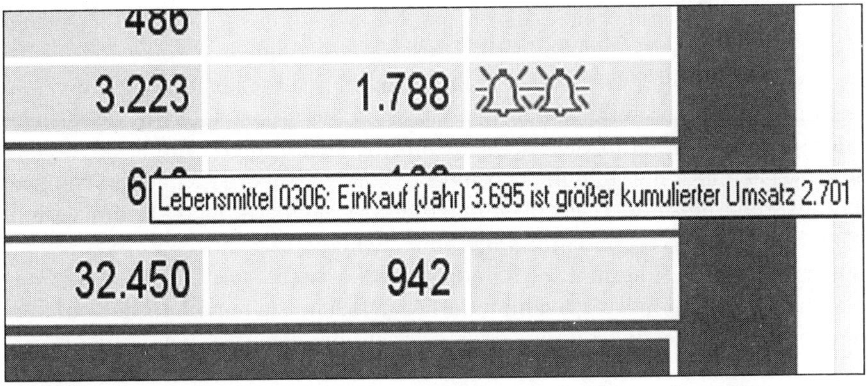

Abbildung 23: Dialogbox zur Erläuterung des Warnsymbols, Branchen-BWA WOTAXtank

Auch hier kann eine Onlinelösung dem Unternehmer assistieren, weil sie in einem Dialogtext den Auslösegrund für das Signal angibt. Im Muster wird dieses Symbol zudem doppelt angezeigt. Damit wird deutlich gemacht, dass dieses Problem bereits im Vormonat bestand.

Vergleich der Zahlen mit dem Businessplan

Wie Unternehmer und Steuerberater das Problem beseitigt haben, kann in einem auch später wieder aufrufbaren Notizfeld zu jeder signalisierten Position hinterlegt werden. So wird sichergestellt, dass ein ständiger Abgleich mit dem Businessplan sowie eine ständige Verprobung der Unternehmenszahlen erfolgt. Im Idealfall wird das Ergebnis der letzten Betriebswirtschaftlichen Auswertung, bis auf die bilanzpolitischen Maßnahmen, exakt dem des Jahresabschlusses entsprechen. Hier wird der Unterschied zwischen einer Normal-BWA mit dem üblichen Nachsatz »Nachbuchungen und Abschreibungen können das in dieser Auswertung dargestellte Betriebsergebnis noch wesentlich beeinflussen« zu einer ausgereiften Branchen-BWA offensichtlich. Die Mehrwerte für den Unternehmer und den Kreditgeber natürlich auch.

Effektiver kann »Risk-Management« nicht sein.

1.8 Branchen-BWA im ständigen Dialog mit dem Ratingprozess

Eine Unternehmensanalyse durch einen Unternehmensberater und/oder Steuerberater, ein isoliert aufgestellter Businessplan, wie auch das zeitintensive Ratingverfahren bleiben »Insellösungen« ohne Bezug zur Unternehmensrealität, wenn keine Verknüpfung mit dem aktuellen Unternehmensgeschehen erfolgt.

Hier drängt sich als Prozessbegleiter die Branchen-BWA förmlich auf, weil die im Ratingprozess isolierten Schwachstellen über den Businessplan Eingang in die Branchen-BWA finden. Die Aufarbeitung erfolgt nicht alljährlich von einem Rating bis zum nächsten Rating, sondern monatlich und zeitnah im Abgleich mit den Ergebnissen des Unternehmens. Dies diszipliniert den Unternehmer im positiven Sinne, weil zu positive Liquiditätsprognosen sich unmittelbar in der nächsten Branchen-BWA in Form von Warnsymbolen rächen.

Branchen-BWA stützt Ratingprozesse besser als der Jahresabschluss

Das mit einem Rating sich selbst gegebene Versprechen muss der Unternehmer nachweisbar in der monatlichen Branchen-BWA erfüllen. Das ist wesentlich anspruchsvoller, als auf Basis veralteter Jahresabschlusszahlen stets mit der Vergangenheit zu argumentieren. Soll das Rating risikopräventiv für den Unternehmer und seine Geschäftsbanken sein, so verfehlt es in der sklavischen Bindung an den Jahresabschluss seine hoch gesteckten Ziele sehr gründlich. Nur eine Bindung an aussagefähige Betriebswirtschaftliche Auswertungen erfüllt den Zweck des Ratings. Und hier sind kleine, mittelständische Unternehmen durch einen schnelleren und flexibleren Wechsel ihrer Softwareprodukte verglichen mit den Großunternehmen klar im Vorteil. Zahlreiche kleinere Kreditengagements können dann doch gewinnbringender für eine Bank ausfallen, als schwerer analysierbare Großengagements. Dies ist sicherlich ein – im positiven Sinne – überraschendes Ergebnis des anfangs vom kleinen Mittelstand stark kritisierten Ratingverfahrens ist.

1.9 Der Mehrwert einer Branchen-BWA für den Jahresabschluss

Fasst man die Anforderungen an eine Branchen-BWA zusammen, die nur bei sorgfältigster Buchhaltung die gewünschten Ergebnisse liefern kann, so wird nachvollziehbar, weshalb kein wesentlicher Unterschied mehr zwischen einer Branchen-BWA mit monatlicher Kapitaldarstellung in Bilanzform und dem Jahresabschluss gesehen wird. Fehlende rechtliche Anforderungen an den Aufbau der BWA haben einerseits kreative Lösungen ermöglicht, lassen aber andererseits die BWA als eine verbindliche Ratinggrundlage (momentan) entfallen. Die Autoren würden zwar gerne die Branchen-BWA stärker in dem Ratingprozess eingebunden sehen. Im Ergebnis bleibt aber jede Branchen-Buchhaltung, die zugleich Arbeitsvorstufe für eine Branchen-BWA ist, auch der Ausgangspunkt für den Jahresabschluss. Hat die Branchen-BWA so schon im laufenden Jahr zu einem abgestimmten Buchwerk geführt, so ist der Jahresabschluss in wesentlichen Teilen bereits erledigt. Das macht den Jahresabschluss somit schneller und – wenn die speziellen Kontengliederungen Eingang in den Jahresabschluss finden – auch aussagefähiger.

2 ISO 9000 und Rating

2.1 Grundlagen des Qualitätsmanagements

2.1.1 Die historische Entwicklung des Qualitätsmanagements

Der Begriff der Qualität stellt keine neue Erfindung oder neues Managementkonzept des 21. Jahrhunderts dar. Seit jeher strebt die Menschheit nach ständiger Verbesserung und Weiterentwicklung. Im folgenden Abschnitt sollen die Wandlungen des Qualitätsmanagements und die dort hinterlegten Veränderungen der verschiedenen Denkweisen dargestellt werden.

Ursprung des Qualitätsmanagements im Altertum

Die erste Norm bzw. Festlegung, die sich mit der Thematik beschäftigt, geht bis in das Altertum zurück, so das z. B. der ca. 3700 Jahre alte Codex Hammurabi, eine Anforderung bzgl. der Bauqualität im Altertum, als ein Vorläufer angesehen werden kann. Des Weiteren können sowohl die Vorgaben der Handwerkszünfte aus dem Mittelalter als auch die Regularien der Firma Friedrich Krupp aus dem Jahre 1879 (General Regulativ) nachvollzogen werden, um eine Vorstellung über die historischen Entwicklung des Qualitätsbegriffes zu erhalten. Eine weitere Aussage zur Qualität von hochwertiger Aussage stellt folgende Aussage von Robert Bosch dar:

»Das Beste, was sich bei gutem Willen nach reiflicher Überlegung und eingehenden Versuchen, mit den vollkommensten Hilfsmitteln der Technik aus den besten Rohstoffen herstellen lässt, ist gerade gut genug, den Namen »Bosch« zu tragen.«

Über die Industrialisierung (Taylorismus) der 20er Jahre und den zweiten Weltkrieg, sowie die hiermit verbundene verstärkte Kriegswaffenproduktion wurde zunehmend die Erkenntnis postuliert, dass die Bedeutung der Qualität in der Produktion nur durch eine umfassende Qualitäts- und Fertigungsplanung vollzogen werden kann. Die ersten Veröffentlichungen konzentrierten sich hierbei u.a. auf die Kostenarten (Quality Controll Handbook« von Jospeh Juran aus dem Jahre 1951) und die Erstellung einer Qualitätsphilosophie, die zu neuen Qualitätskonzepten führten. Spezifische Methoden zur Senkung von Ausschussraten, Aufdeckung von möglichen Schwächen der Konstruktion durch Fehler-Ursachen-Analysen, sowie Lebensdauerprüfungen stellten hierbei neue Ausgangspunkte dar, die u.a. im »Null-Fehler-Programm« der US Army 1961 Verwirklichung fanden.

In den 60er und 70er Jahren begann das Zeitalter der japanischen Herausforderung. Den Japaner gelang es, die theoretischen Grundlagen vorbildlich in allen Ebenen des Unternehmens umzusetzen, um somit den Aufstieg zur ökonomischen Weltmacht zu vollziehen.

Das moderne Qualitätsmanagement entstand aus den produktbezogenen Qualitätskontrollen und Maßnahmen der Qualitätssicherung

Erst in den 80er Jahren setzte, aufgrund der stetig wachsenden Bedrohung der Industrien, die intensive Beschäftigung mit dem Thema Qualitätsmanagement in den westlichen Nationen ein. Der Weg zum Qualitätsmanagement führte von der rein produktbezogenen Qualitätskontrolle zunächst zur Qualitätssicherung, der die Ausweitung von der Produktqualität zur Kontrolle von Entwicklungs- und Produktionsprozessen bedeutete.

Die Einbeziehung der Planung und Verbesserung von Prozessen sowie deren Zusammenwirken wurde in die Betrachtung einbezogen. Somit umfasst das Qualitätsmanagementsystem nun auch die sog. »Softfacts«, wie z. B. Schulung und Motivation von Mitarbeitern und die Einbeziehung von Kundenanforderungen in die Planung.

Das EFQM-Modell dient der ganzheitlichen Sicht auf Organisationen

In den 90er Jahren gewannen Ansätze des TQM (Total Quality Management) an Bedeutung, wobei hier der verstärkte Kundenfokus und die Einbeziehung aller Mitarbeiter und Unternehmensbereiche in die Qualitätsbetrachtung eine Rolle spielt. Ein in Europa weit verbreiteter Ansatz für diese Betrachtung ist das EFQM-Modell für Business Excellence.

In der zweiten Hälfte der 90er Jahre entwickelten sich zunehmend integrierte Managementsysteme, die auch Aspekte der Arbeitssicherheit und des Umweltschutzes berücksichtigen.

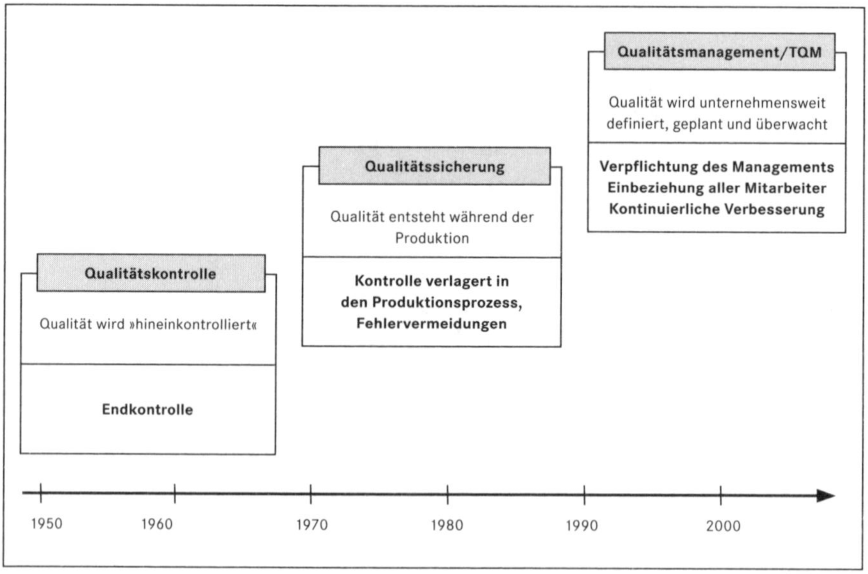

Abbildung 24: Historie des Qualitätswesens

2.1.2 Die Vorteile eines Managementsystems im Unternehmen

Ein Managementsystem dient der Festlegung von Politik und Zielen sowie zum Erreichen dieser Ziele

Infolge der zunehmenden Intensität das Wettbewerbs und der wachsenden Komplexität von Prozessen wird die optimale Unternehmensorganisation immer bedeutungsvoller. Die Einführung eines Managementsystems ermöglicht den permanenten Überblick über alle Abläufe und trägt damit erheblich zum Erfolg des Unternehmens bei.

Ein ganzheitliches Managementsystem besteht aus getroffenen Maßnahmen und Regelungen, die sowohl den betrieblichen Aufbau als auch die Prozesslenkung koordinieren, um somit zur Optimierung des Geschäftsergebnisses beizutragen. Ein Managementsystem ist damit ein Instrument, das zur gezielten Umsetzung von Unternehmenszielen beiträgt und notwendige Ressourcen ermittelt, Know-how im Unternehmen bindet und sich in Finanz-, Personal-, Zeit, Qualitäts-, Umwelt-, und Sicherheitsmanagement unterteilen lässt.

Als Kern eines solchen Systems kann das Management der Ressourcen und die vollständige Einbeziehung aller Mitarbeiter, sowie die Beachtung der Beziehungsebenen untereinander, von der Schulungsbedarfsermittlung bis hin zur Implementierung einer Aufwärtsbeurteilung für Führungskräfte, erkannt werden.

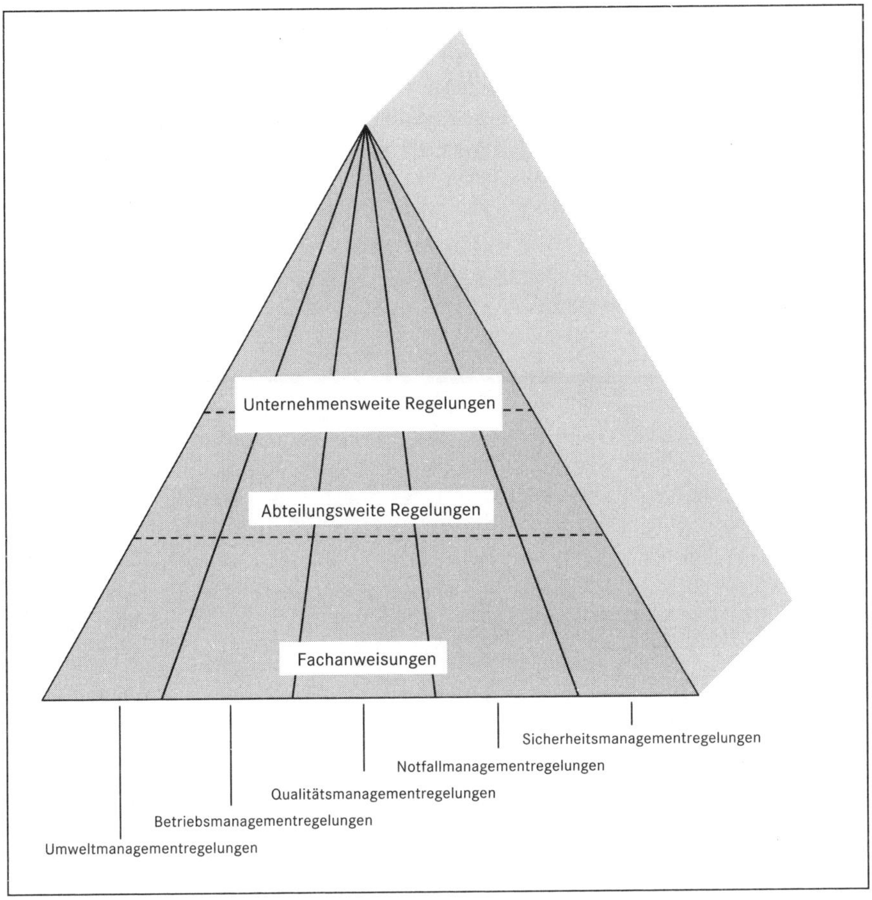

Abbildung 25: Aufbau von Managementsystemen

Das Managementsystem für sich vereint zwei wesentliche Funktionen, zum einen die Planung und Steuerung von Abläufen im Unternehmen, hinsichtlich der Koordination und Festlegung von Verantwortlichkeiten für einzelne Bereiche, und zum anderen die notwendige Dokumentation zur Schaffung von Transparenz von Vorgängen, die einer Nachweispflicht bedürfen. Hierdurch werden also Management und Dokumentation in einem System zusammengeführt.

Funktionen des Managementsystems

Ein Managementsystem verfolgt das Ziel, Festlegungen systematisch zu planen, zu überwachen, an sich ändernde Rahmenbedingungen ständig anzupassen, zu optimieren und kann folgende Funktionen in einem Unternehmen übernehmen bzw. unterstützen:

- Steuerungs- und Optimierungsfunktion,
- Kommunikationsfunktion,
- Verantwortungsfunktion,
- Sicherungsfunktion.

Die Steuerungs- und Optimierungsfunktion ist sicherlich als eine der wichtigsten Funktionen anzusehen, die sowohl im strategischen Bereich, als auch in der operativen Ebene eingreift.

Die Relevanz hinsichtlich des strategischen Bereiches kann anhand des Regelkreislaufes, dem PDCA-Zyklus nach Deming, nachvollzogen werden.

PDCA-Zyklus (Demingkreis) als ein wesentlicher Bestandteil des modernen Qualitätsmanagements

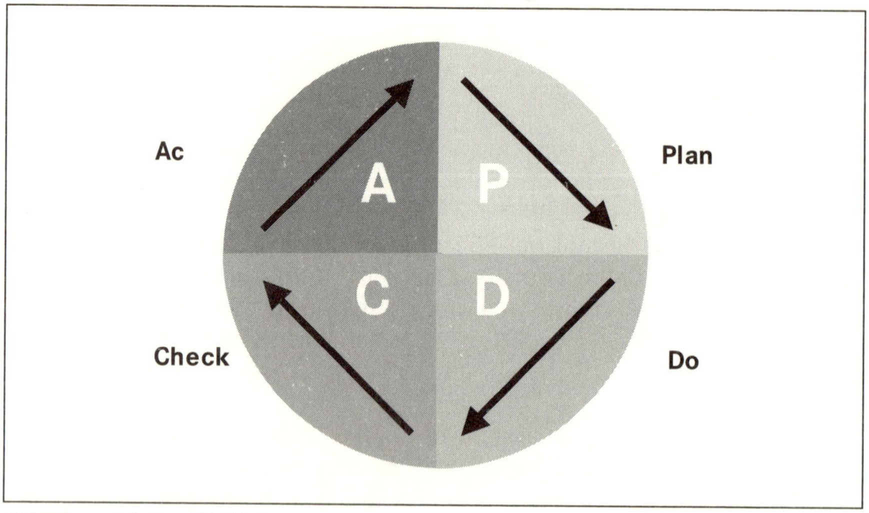

Abbildung 26: Der PDCA-Zyklus

Die Funktionsweise teilt sich in vier Phasen:

Die vier Phasen des Demingkreises

- Zu den wichtigsten Planungsschritten gehört es, die Grundsätze des Unternehmens in dokumentierten Leitlinien (z.B. Leitlinien zu Qualität, Umwelt- und Arbeitsschutz) festzuschreiben, konkrete Ziele und Maßnahmen zur Zielerreichung festzulegen und zu planen (Planungsphase), z.B. durch die Festlegung einer Unternehmenspolitik.
- In der Durchführungsphase werden sodann Maßnahmen festgelegt, die es ermöglichen, die gesetzten Ziele zu erreichen, z.B. Entwicklung kundenspezifischer Produkte. Erneuerung von Anlagen, etc.
- Die Überprüfungsphase stellt fest, ob die eingeführten Maßnahmen zu den angestrebten Verbesserungen und Zielen geführt haben, z.B. Ermittlung der Verkaufszahlen, Ermittlung der Ausfallquote, etc.
- Letztendlich werden in der letzten Phase Maßnahmen ergriffen, die korrigierend oder vorbeugend eingreifen sollen, um die in der Datenanalyse festgestellten Problematiken zu entfernen, z.B. Einführung eines Umweltmanagementsystems oder Beschaffung neuer Arbeitsmittel.

Diese Vorgehensweise verdeutlicht, dass durch die konsequente Umsetzung der Festlegungen eines Managementsystems eine kontinuierliche Planung und Optimierung des Unternehmens vorangetrieben werden kann. Die Einhaltung der genannten Phasen in allen Ebenen bildet die Grundlage für ein funktionierendes Managementsystem.

Neben der Steuerungsfunktion bietet ein Managementsystem auch die Möglichkeit Strategien für eine durchgängige Kommunikation festzulegen. Die Festlegung von Gesprächsroutinen, die Regelungen zur Kommunikation mit Behörden oder die Sicherstellung des innerbetrieblichen Informationsflusses kann im Rahmen eines Managementsystems geregelt werden. Das Zusammenspiel von Auf- und Ablauforganisation wird durch die Regelungen zur Verantwortung und Befugnis, sowie der internen Kommunikation verdeutlicht. Eine Dokumentation der festgelegten Vorgehensweisen dient als externes und internes Kommunikationsmittel.

Verantwortungsfunktion

Durch die Regelung von Verantwortlichkeiten wird eine Verantwortungsfunktion belegt, die es ermöglicht, dass die Führungsverantwortlichen durch die Delegation von Verantwortlichkeiten und Befugnissen mehr Zeit für die strategische Ausrichtung des Unternehmens haben und außerdem einen gewissen Grad einer Absicherung der Führungskräfte vor Organisationshaftungsverschulden herbeiführen können. So müssen z. B. Zuständigkeitsbereiche von Funktionsinhabern für umweltrelevante Aufgaben eindeutig verteilt werden.

Eine weitere Funktion des dokumentierten Managementsystems resultiert daraus, einen erreichten Standard zu halten und das damit verbundene Wissen zu sichern.

Ein sehr wichtiger Aspekt besteht darin Wissen und Erfahrung ausgeschiedener Mitarbeiter für das Unternehmen zu erhalten, dies kann bspw. durch Festlegungen zum Erfahrungsaustausch in Form von Besprechungen oder durch die Anwendung von Checklisten für neu einzuarbeitende Mitarbeiter und kontinuierliche Vorgehensweisen im Urlaubs- und Krankheitsfall erreicht werden.

Zur vollständigen Nutzung der genannten Funktionen ist es unerlässlich, dass eine Organisation durch das Managementsystem folgende Aufgaben übernimmt:

- Identifikation von Erwartungen und Forderungen der Interessensparteien,
- Umsetzung der identifizierten Erwartungen und Forderungen,
- Validierung der umgesetzten Maßnahmen auf Effizienz und Effektivität,
- Verbesserung der umgesetzten Maßnahmen hinsichtlich Effizienz und Effektivität.

Das Qualitätsmanagementsystem ist der Teil eines Managementsystems eines Unternehmens, der sich unter Beachtung der gesetzten Qualitätsziele auf das Erreichen von Ergebnissen richtet, um die Anforderungen und Erwartungen der interessierten Parteien zu erfüllen. Die bereits angesprochenen möglichen Bestandteile eines Managementsystems lassen sich zusammen mit dem Qualitätsmanagementsystem in einer Systematik zusammenbringen.

Dies kann das Planen, das Zuweisen von Ressourcen, das Festlegen von zusätzlichen Zielen und das Beurteilen der Gesamtwirksamkeit des Unternehmens erleichtern.

Die Gründe für die generelle Implementierung eines Qualitätsmanagementsystems sind vielfältig und müssen je nach Branche, Art des Unternehmens, Kundenanforderung bzw. Art der interessierten Parteien, sowie den gesetzlichen Anforderungen ermittelt werden.

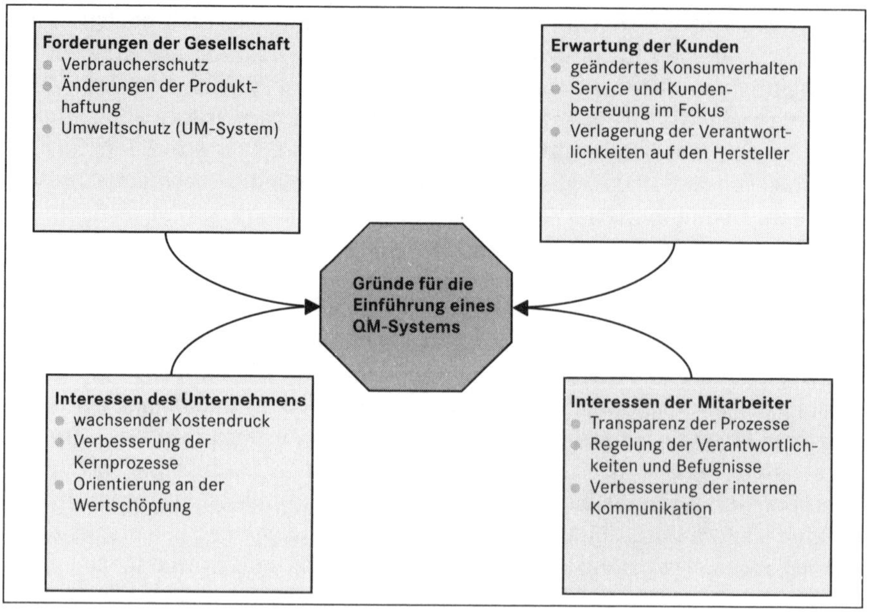

Abbildung 27: Gründe für die Einführung eines QM-Systems

Kundenanforderungen als Ausdruck der vom Kunden an das Produkt gestellten Erwartungen und Erfordernisse

Sicher anzunehmen ist, dass Qualitätsmanagementsysteme die Organisationen beim Erhöhen der Kundenzufriedenheit unterstützen. Immer mehr Kunden verlangen Produkte oder Dienstleistungen mit Merkmalen, die ihre Anforderungen und Erwartungen erfüllen. Diese Erwartungen werden als **Kundenanforderungen** bezeichnet, die entweder vom Kunden festgelegt oder vom Unternehmen ermittelt werden.

In beiden Fällen entscheidet der Kunde letztendlich über die Annehmbarkeit des Produktes bzw. die Zufriedenheit mit der Dienstleistung. Aufgrund der sich ständig ändernden Erfordernisse und Erwartungen der Kunden und aufgrund von steigendem Wettbewerbsdruck und technischer Vorteile werden Organisationen zur ständigen Verbesserung ihrer Produkte bzw. Anpassung ihrer Dienstleistung gezwungen.

Die Implementierung eines Qualitätsmanagementsystems kann eine stetige Analyse der Kundenanforderungen und somit die ständige Verbesserung der eigenen Prozesse durch die Organisation bedeuten. Dies dient letztendliche einer Erhöhung der Kundenzufriedenheit und bestärkt die Organisation ihre Produkte und Dienstleistungen entsprechend den Anforderungen bereitzustellen.

2.2 Die Normen im Qualitätsmanagement

2.2.1 Übersicht über die ISO 9000-Familie

Die Normenreihe EN ISO 9000 ff bildet einen zusammenhängenden Satz von Normen für QM-Systeme

Mit der ISO 9000-Familie sind erstmals Managementsysteme in Normen aufgenommen worden, die Anforderungen an Führungs- bzw. Qualitätsmanagementsysteme stellen, ohne aber deren Ausgestaltung festzulegen. Die im Folgenden aufgeführten Normen der ISO 9000-Familie wurden entwickelt, um Organisationen jeder Art und Größe bei der Implementierung von Qualitätsmanagementsystemen zu unterstützen und beim Arbeiten mit wirksamen Qualitätsmanagementsystemen als Leitfaden herangezogen werden zu können.

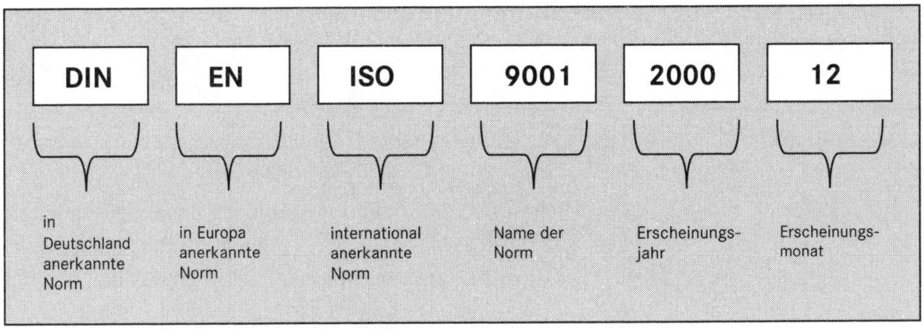

Abbildung 28: Bezeichnungen von Normen

Folgende Normen sind relevant und müssen unterschieden werden. Aus Gründen der Lesbarkeit werden die Normen im weiteren Verlauf dieser Ausführungen mit ISO bezeichnet.

Die ISO 9000 beschreibt die Grundlagen für Qualitätsmanagementsysteme und bildet die gebräuchliche Terminologie ab. In der ISO 9001 werden die Anforderungen an ein Qualitätsmanagementsystem dargestellt, die zur Erreichung einer Zertifizierung erfüllt werden müssen und ist auf die Wirksamkeit des QM-Systems bei der Erfüllung der Kundenanforderungen gerichtet. Die ISO 9001 ist die zertifizierbare Norm der ISO 9000-Familie.

Die ISO 9004 stellt einen Leitfaden dar, der sowohl die Wirksamkeit, als auch die Effizienz des Qualitätsmanagementsystems betrachtet. Das Ziel dieser Norm besteht in der Leistungsverbesserung der Organisation, sowie der Verbesserung der Zufriedenheit der Kunden und anderer interessierter Parteien.

Die ISO 19011 stellt eine Anleitung für das Auditieren von Qualitäts- und Umweltmanagementsystemen bereit.

Da ein Qualitätsmanagementsystem nach ISO 9001 eine grundlegende Rolle u.a. auch für ein Rating nach Basel II bietet, soll hier kurz auf die Inhalte dieser Norm eingegangen werden.

Die ISO 9001 stellt als einzige Norm Anforderungen an das Qualitätsmanagementsystem, die von einer Organisation erfüllt werden müssen, wenn das Prinzip der ständigen Verbesserung, die Erhöhung der Kundenzufriedenheit und die Erfüllung der Kundenanforderungen verwirklicht werden sollen. Folgende neun Abschnitte werden hierzu gebildet:

0 Einleitung
1 Anwendungsbereich
2 Normative Verweisungen
3 Begriffe
4 Qualitätsmanagementsystem
5 Verantwortung der Leitung
6 Management von Ressourcen
7 Produktrealisierung
8 Messung, Analyse und Verbesserung

Einen Überblick über die Inhalte und Forderungen der ISO 9001 gibt auch folgende Darstellung:

Verantwortung der Leitung (5)					
1. Verpflichtung der Leitung	2. Kunden-orientierung	3. Qualitäts-politik	4. Planung (Qualitätsziele, Planung des QM-Systems)	5. Verantwortung, Befugnis und Kommunikation (Verantwortung und Befugnis, Beauftragter der obersten Leitung, interne Kommunikation)	6. Management-bewertung (Allgemeines, Eingaben für die Bewertung, Ergebnisse)
Management der Ressourcen (6)					
1. Bereitstellung von Ressourcen	2. Personelle Ressourcen (Allgemeines, Fähigkeit, Bewusstsein und Schulung)			3. Infrastruktur	4. Arbeitsumgebung
Produktrealisierung (7)					
1. Planung der Produkt-realisierung	2. Kundenbez. Prozesse (Ermitt-lung/Bewertung der Anforderun-gen in Bezug auf das Produkt) Kommunikation mit den Kunden	3. Entwicklung (Planung, Eingaben, Ergebnisse, Bewertung, Verifizierung)	4. Beschaffung (Beschaf-fungsprozess, -angaben, Verifizierung von beschafften Produkten	5. Produktion und Dienstleistungs-erbringung (Lenkung, Validierung, Kennzeichnung, Eigentum des Kunden)	6. Lenkung von Überwachungs- und Messmitteln
Messung, Analyse und Verbesserung (8)					
1. Allgemeines	2. Überwachung und Messung (Kundenzufriedenheit, internes Audit, Überwachung und Messung von Prozessen, Überwachung und Messung des Produkts)		3. Lenkung fehler-hafter Produkte	4. Datenanalyse	5. Verbesserung (Ständige Verbes-serung, Korrek-turmaßnahmen, Vorbeugungs-maßnahmen)

2.2.2 Das Prinzip der DIN EN ISO 9001:2000 auf der Grundlage des Prozessmodells

Ein Hauptanliegen von modernen Managementsystemen ist es Prozesse zu planen, durchzuführen, zu messen und zu verbessern. Hierzu dienen die Elemente der Verantwortung der obersten Leitung, das Management von Ressourcen, die Produktrealisierung, sowie die Festlegungen zur Messung, Analyse und Verbesserung als elementarer Bestandteil.

Definition des »Prozesses«

Ein Prozess wird als Satz von in Wechselbeziehungen oder Wechselwirkung stehenden Tätigkeiten, die Eingaben, bzw. Ergebnisse anderer Prozesse, in Resultate umwandeln, definiert.

Die ISO 9001 ermöglicht zwar nicht die Abbildung von Prozessen einer bestimmten Organisation, kann jedoch die prozessorientierte Darstellung eines Managementsystems besser unterstützen, um somit die angebotenen Dienstleistungen bzw. den Produktionsprozess zu fördern.

Dieser prozessorientierte Ansatz wird in der Norm wie folgt beschrieben (nach DIN EN ISO 9000:2005, Einleitung):

»Jede Tätigkeit oder jeder Satz von Tätigkeiten, die bzw. der Ressourcen verwendet, um Eingaben in Ergebnisse umzuwandeln, kann als Prozess angesehen werden. Damit sich Organisationen wirksam betätigen können, müssen sie zahlreiche miteinander verknüpfte und in Wechselwirkung zueinander stehende Prozesse erkennen und handhaben. Oft bildet das Ergebnis des einen Prozesses die direkte Eingabe für den nächsten. Das systematische Erkennen sowie Handhaben dieser verschiedenen Prozesse innerhalb einer Organisation, vor allem aber der Wechselwirkungen zwischen solchen Prozessen, wird als »prozessorientierter Ansatz« bezeichnet.«

Rolle wertdefinierender Prozesse

Wertdefinierende Prozesse wie Führung, ständige Verbesserung, usw. sind in diesem Ansatz einerseits Bestandteil der dargestellten Prozesskategorien, andererseits aber auch in der Form von Regelkreisen eingearbeitet. Hierbei ist es von Bedeutung, bei allen Abläufen darauf zu achten, dass die Regelkreise geschlossen werden und somit also im Sinne des PDCA-Zyklus auf Planung und Ausführung immer auch eine geeignete Messung erfolgt und die Messergebnisse zur Steuerung und Optimierung genutzt werden können.

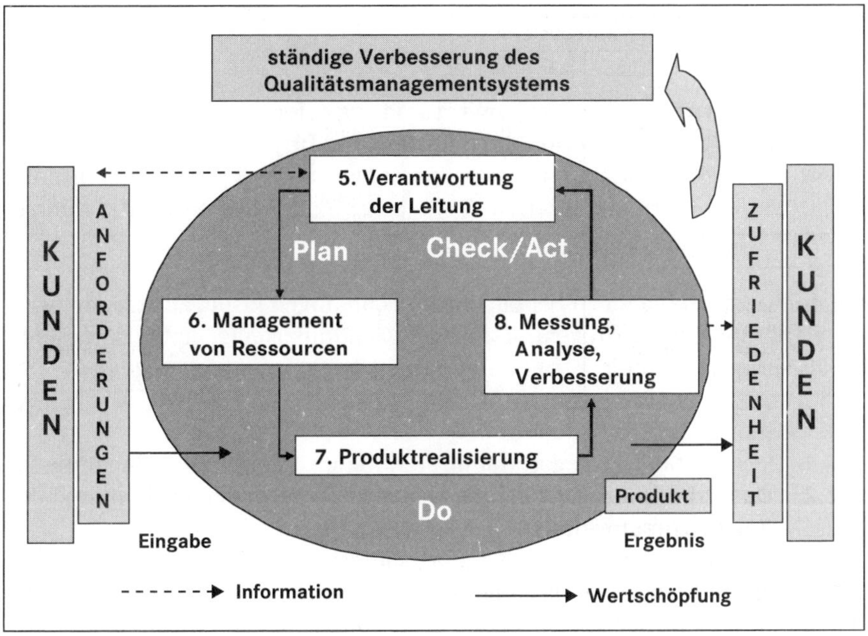

Abbildung 29: Der prozessorientierte Ansatz der ISO 9001

Das abgebildete Prozessmodell zeigt das Zusammenspiel der erforderlichen Ressourcen mit den Prozessen und Ergebnissen, die für die ständige Verbesserung nach dem PDCA-Zyklus erforderlich sind.

Der Kunde befindet sich sowohl am Anfang, als auch am Ende der Prozesskette, der Leistungsprozess erbringt die Leistung für und an den Kunden, die Kundenzufriedenheit steht im Mittelpunkt bzw. als Ergebnis am Ende des Prozesses und der eigentliche Leistungsprozess wird von weiteren Prozessen unterstützt (Unterstützungsprozesse) bzw. gelenkt (Führungsprozesse). Das Prozessmodell der ISO ist somit ein End to end-Modell, da der Kunde sowohl am Anfang, als auch am Ende der Wertschöpfungskette zu finden ist. Damit das originäre Ziel, die Erhöhung der Kundenzufriedenheit erreicht werden kann, muss ein Unternehmen u.a.

- die aktuellen Bedürfnisse der Kunden erfassen und verstehen,
- die eigenen Ziele und Angebote mit den Erwartungen der Kunden verbinden,
- die Bedürfnisse der Kunden im operativen Geschäft erfüllen,
- sicherstellen, dass die Mitarbeiter über die erforderlichen Fähigkeiten und Kenntnisse verfügen, um die Anforderungen der Kunden erfüllen zu können,
- am Prozess der ständigen Verbesserung im eigenen Unternehmen fortwährend arbeiten.

Das Supply Chain Management dient der Optimierung von Abläufen/Versorgungsketten in/außerhalb von Unternehmen

Weiterhin übernehmen Lieferanten immer mehr Verantwortung für komplette Systeme und Leistungen. Es besteht deshalb vermehrt auch die Anforderung unternehmensübergreifende Prozesse zu identifizieren und zu optimieren. Solche Gesamtoptimierungen von unternehmensübergreifenden Abläufen und Versorgungsketten sind unter dem Schlagwort »**Supply Chain Management**« bekannt.

2.2.3 Die Grundsätze des Qualitätsmanagements nach der DIN EN ISO 9001:2000 und deren Bedeutung für das Unternehmen

Die erfolgreiche Lenkung eines Managementsystems, das auf fortwährende Leistungsverbesserung ausgerichtet ist, muss die Erfordernisse aller interessierten Parteien berücksichtigen.

Um den Organisationen zu helfen, einen nachhaltigen Erfolg zu erzielen, wurden in der ISO 9000 **acht Grundsätze** des Qualitätsmanagements dargestellt, die als Grundlage für die Normen zu Qualitätsmanagementsystemen in der ISO 9000-Familie dienen:

Die acht Grundsätze des Qualitätsmanagementssystems bilden die Grundlage der Normen

a) Kundenorientierung
   Alle Organisationen hängen von ihren Kunden ab und sollten daher die Erfordernisse der Kunden verstehen, deren Anforderungen erfüllen und das Ziel erreichen deren Erwartungen zu übertreffen.
b) Führung
   An den Führungskräften einer Organisation liegt es, eine Übereinstimmung von Zweck und Ausrichtung der Organisation herzustellen unter der Berücksichtigung, dass ein internes Umfeld geschaffen werden soll, in dem sich die Mitarbeiter voll und ganz für die Erreichung der Ziele der Organisation einsetzen können.
c) Einbeziehung der Personen
   Zur optimalen Nutzung aller personellen Ressourcen und Fähigkeiten in einer Organisation ist es unerlässlich, dass alle Personen aller Ebenen vollständig miteinbezogen werden.
d) Prozessorientierter Ansatz
   Ein erwünschtes Ergebnis lässt sich effizienter erreichen, wenn Tätigkeiten und dazugehörige Ressourcen als Prozess geleitet und gelenkt werden.
e) Systemorientierter Managementansatz
   Die konsequente prozessorientierte Ausrichtung des Managementsystems, sowie das Leiten und Lenken von miteinander in Wechselbeziehung stehenden Prozessen als System unterstützt die Wirksamkeit und Effizienz der

Organisation und trägt zum Erreichen der gesetzten Ziele bei.

f) Ständige Verbesserung
Die ständige Verbesserung und fortlaufende Optimierung der Leistung und der Prozesse stellt ein kontinuierliches Ziel dar.

g) Sachbezogener Ansatz zur Entscheidungsfindung
Wirksame Entscheidungen beruhen auf der Analyse von Daten und Informationen.

h) Lieferantenbeziehungen zum gegenseitigen Nutzen
Dauerhafte Lieferantenbeziehungen zum gegenseitigen Nutzen können die Wertschöpfungsfähigkeit auf beiden Seiten erhöhen, wenn diese Beziehungen partnerschaftlich gestaltet werden.

Die Anwendung der acht Grundsätze des Qualitätsmanagements bietet nicht nur unmittelbare Vorteile, sondern stellt auch einen Beitrag zum Umgang mit Kosten und Risiken für die Organisation, ihre Kunden und alle interessierten Parteien.

Diese Überlegungen zur gesamten Leistung einer Organisation können sich wertschöpfend auf Folgegeschäfte, die Loyalität der Kunden, die Arbeitsergebnisse, die Kosten und Zykluszeiten, sowie auch auf »Softfacts« wie Vertrauen in die Organisation, Verständnis und Motivation der Personen hinsichtlich der Ziele der Organisation und der ständigen Verbesserung, der Schaffung von Vertrauen interessierter Parteien in die Wirksamkeit der Organisation und die Fähigkeit zur Wertschöpfung sowohl für die Organisation, als auch für die Lieferanten durch Optimierung der Kosten und Ressourcen auswirken.

2.3 Qualitätsmanagement und Rating nach Basel II

2.3.1 Die vorteilhaften Synergien zwischen der DIN EN ISO 9001:2000 und dem Forderungskatalog nach Basel II

Ein Qualitätsmanagementsystem nach der ISO 9001, prozessorientiert und branchenübergreifend ausgerichtet, bietet eine vielfältige Möglichkeit Prozesse zu organisieren, um damit letztendlich über umfangreiche Datenanalysen Informationen über das Unternehmen und deren mögliche Ausrichtung zu erfahren.

Die ISO 9001 ist zwar die Kernnorm der Qualitätsmanagementsysteme, reduziert sich aber im Wesentlichen auf die Zertifizierung von Prozessen des einzelnen Unternehmens und der Schnittstellen zu Kunden und Lieferanten. An dieser Schnittstelle lassen sich die Banken als Lieferanten von Kapital und Liquidität einerseits, als eines der am meisten benötigten Produktionsmittel, und andererseits als eine Interessenspartei ansehen.

Diese Schnittstelle ermöglicht den direkten Zusammenhang zwischen der ISO 9001 und den Richtlinien nach Basel II, denn ein gepflegtes Qualitätsmanagementsystem erlaubt es ständig einen Status über das Unternehmen hinsichtlich Visionen, Ziele, Fähigkeiten des Personals, dem Management der Ressourcen, sowie über die Prozessfähigkeit zu liefern, um somit auch die von Basel II verlangten Softfacts abbilden zu können. Hierzu kommen u.a. folgende Instrumente des Qualitätsmanagements zum Einsatz:

- Managementbewertung,
- Lieferantenbewertung,

- Ermittlung der Kundenzufriedenheit,
- Interne Audits,
- Externe Qualitätsaudits,
- Datenanalysen.

Ein Blick auf die einzelnen Forderungen, die von Basel II betrachtet werden, zeigen, dass 1/3 der Anforderungen des Basel II-Ratingverfahrens sich mit den Anforderungen der ISO 9001 decken. Besonders die Softfacts spielen hierbei eine unübersehbare Rolle.

Forderungen von Basel II und ISO 9001

Richtlinien nach Basel II	Relevanz	Forderungen aus der ISO 9001
Planung und Steuerung		
Informationspolitik	33 %	
Planung	33 %	
Controlling	**34 %**	Kennzahlensysteme Dokumentierte Verfahren
Unternehmensführung		
Unternehmensstrategie	33 %	Vision, Qualitätspolitik, Qualitätsziele, Managementbewertungen, Auditberichte, Schulungskonzepte, Anforderungsprofile, Verfahren zur Personalentwicklung
Management	33 %	
Personal	**34 %**	
Markt und Produktion		
Produkt	20 %	Ermittlung der Kundenzufriedenheit, Reklamationsquoten, Ausschussquoten
Individuelle Marktstellung	20 %	
Allgemeine Branchenentwicklung	20 %	
Absatzmarkt	20 %	
Abhängigkeiten/spezielle Risiken	20 %	
Wertschöpfungskette		
Organisation	25 %	Festlegung von Verantwortungen und Befugnissen, Prozessbeschreibungen, Lieferantenbewertungen, Prozess der Beschaffung, Lieferantenlisten
Einkauf/Lagerhaltung	25 %	
Produktion/Leistungserstellung	25 %	
Marketing/Vertrieb	25 %	

Die einzelnen Fragestellungen lass sich mit den Inhalten der ISO 9001 beantworten, bzw. liefern Erkenntnisse, die eine umfassende Darstellung erlauben.

2.3.2 Die Vorteile einer Einführung eines Qualitätsmanagementsystems nach DIN EN ISO 9001:2000 für ein Rating nach Basel II

Diese vorhandene Übereinstimmung erlaubt es Audits nach der ISO 9001 und Ratings gemäß den Forderungen von Basel II zusammenzulegen. Das Unternehmen kann von folgenden Vorteilen profitieren:

- Nutzung der Instrumente des Qualitätsmanagementsystems zur Identifikation möglicher Risiken im Unternehmen,
- geringere Kosten durch die Zusammenlegung zweier Verfahren,
- bessere Ausgangsposition bei den Kreditgebern durch den Nachweis eines Qualitätsmanagementsystems.

Zusammenlegung Rating und Qualitätsaudit

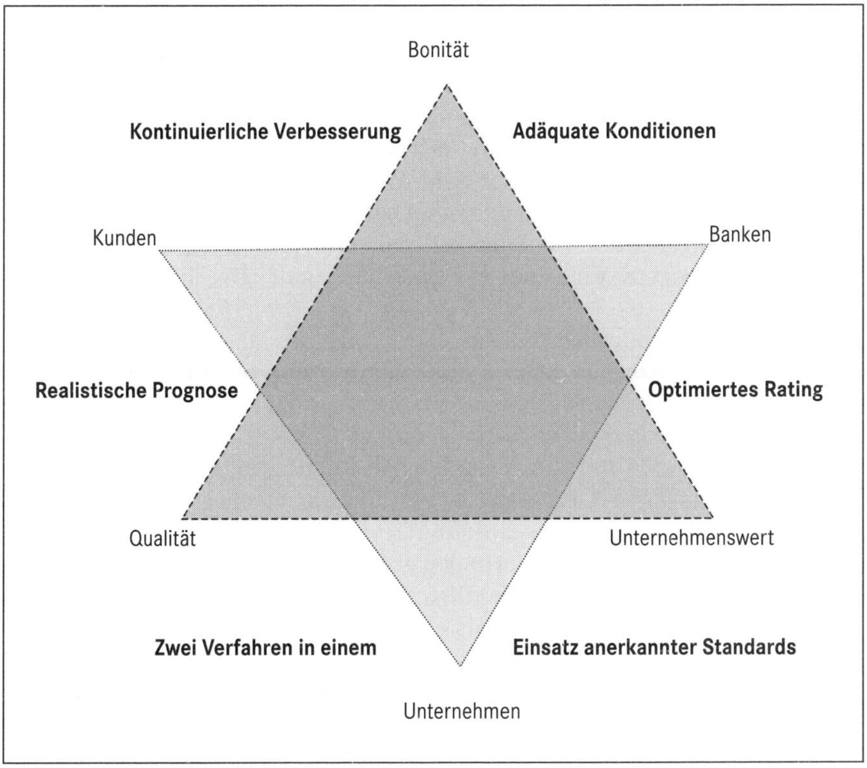

Abbildung 30: Die Vorteile der Zusammenlegung eines Ratings und eines Qualitätsaudits

Das Verbinden der beiden Verfahren bewirkt, u.a. durch den konsequenten Einsatz der internen und externen Qualitätsaudits und dem kontinuierlichen Verbesserungsprozess ein optimiertes Rating und eine realistische Prognose bzgl. des Unternehmenswertes, der Bonität, sowie der Qualität des Managementsystems.

Damit wird bewiesen, dass die ISO 9001, die oftmals als starre Prozessnorm betrachtet wird, wesentlich flexibler erscheint und eine solide Grundlage für ein internes oder auch externes Rating darstellen kann, um somit ihrem Anspruch als Instrument zur Unternehmensführung gerecht zu werden, und als Baustein zur Sicherung des Unternehmens zu fungieren.

Die Implementierung eines Qualitätsmanagementsystems nach der ISO 9001 ermöglicht auch durch den prozessorientierten Ansatz eine Vorbereitung sowohl auf ein internes, als auch externes Rating. Die Kombination bewilligen der Organisation somit die Feststellung der Unternehmensqualität und -bonität, sowie die erweiterte Feststellung von Management- und Prozessqualität.

2.4 Zusammenfassung

1. Der Weg zum Qualitätsmanagement führte von der rein produktbezogenen Qualitätskontrolle zunächst zur Qualitätssicherung, der die Ausweitung von der Produktqualität zur Kontrolle von Entwicklungs- und Produktionsprozessen bedeutete und endet, unter der Einbeziehung aller Prozesse, in Qualitätsmanagementsystemen und TQM-Ansätze.
2. Ein ganzheitliches Managementsystem besteht aus getroffenen Maßnahmen und Regelungen, die sowohl den betrieblichen Aufbau und die Prozesslenkung koordinieren, um somit zur Optimierung des Geschäftsergebnisses beitragen.
3. Das Qualitätsmanagementsystem ist der Teil eines Managementsystems eines Unternehmens, der sich unter Beachtung der gesetzten Qualitätsziele auf das Erreichen von Ergebnisseen richtet, um die Anforderungen und Erwartungen der interessierten Parteien zu erfüllen.
4. In der DIN EN ISO 9001:2000 werden die Anforderungen an ein Qualitätsmanagementsystem dargestellt, die zur Erreichung einer Zertifizierung erfüllt werden müssen und ist auf die Wirksamkeit des QM-Systems bei der Erfüllung der Kundenanforderungen gerichtet. Die ISO 9001 ist die zertifizierbare Norm der ISO 9000-Familie.
5. Die Schnittstelle der Banken, als einen möglichen Lieferanten bzw. eine interessierte Partei eines Unternehmens, ermöglicht den direkten Zusammenhang zwischen der ISO 9001 und den Richtlinien nach Basel II, denn ein gepflegtes Qualitätsmanagementsystem erlaubt es ständig einen Status über das Unternehmen hinsichtlich Visionen, Ziele, Fähigkeiten des Personals, dem Management der Ressourcen, sowie über die Prozessfähigkeit zu liefern, um somit auch die von Basel II verlangten Softfacts abbilden zu können.
6. Damit wird bewiesen, dass die ISO 9001, die oftmals als starre Prozessnorm betrachtet wird, wesentlich flexibler erscheint und eine solide Grundlage für ein internes oder auch externes Rating darstellen kann, um somit ihrem Anspruch als Instrument zur Unternehmensführung gerecht zu werden, und als Baustein zur Sicherung des Unternehmens zu fungieren.

Literatur

Deutsche Gesellschaft für Qualität e.V. (DGQ): Normen zum Qualitätsmanagement, Beuth Verlag, Frankfurt am Main 2003

Deutsche Gesellschaft für Qualität e.V. (DGQ): Qualitätsmanagementsysteme und interne Audits Schulungsunterlagen, Frankfurt am Main 2003

Deutsche Gesellschaft für Qualität e.V. (DGQ): Qualitätsmanagementsysteme in der Anwendung Schulungsunterlagen, Frankfurt am Main 2003

Gietl, G.; Lobinger, W.: Leitfaden für Qualitätsauditoren – Planung und Durchführung von Audits nach ISO 9001:2000. München 2004

TÜV Akademie GmbH: Qualitätsmanagement: Begriffe und Definitionen. 3. Auflage München 2001

TÜV Akademie GmbH: Qualitätsmanagementauditoren Schulungsunterlagen, München 2003

3 Feri Branchen Rating: Prognosen als Grundlage zur Risikobewertung von Branchen

3.1 Einleitung

Risikobewertung von Branchen durch Rating

Das Feri-Branchen-Rating hat die Zielsetzung, die Attraktivität von Branchen unter Risikogesichtspunkten zu bestimmen und zu klassifizieren. Die vergangenheitsorientierte Analyse einer Branche kann hierzu jedoch nur eine erste Indikation sein. Vielmehr ist sorgfältig zu prüfen, wie sich die Entwicklung in der Zukunft darstellt. Beim Feri-Branchen-Rating wird daher die quantitative Prognose geeigneter Branchenindikatoren zur Abschätzung der Branchenrisiken genutzt. Hieraus lassen sich wiederum Rückschlüsse auf die Ausfallwahrscheinlichkeit von Unternehmen ziehen. Weist eine Branche ein gutes Rating aus, so deutet dieses Ergebnis auf ein geringes branchenspezifisches Risiko hin, die Branche hat daher eine hohe Attraktivität und umgekehrt. Aus diesem Grund wird das Feri-Branchen-Rating gerne innerhalb von Unternehmensbewertungen eingesetzt, um die marktspezifischen Risiken des Einzelunternehmens berücksichtigen zu können. Da das Branchenrating nichts anderes darstellt als die risikoorientierte Bewertung der Branchenprognose, wird ihre Qualität entscheidend durch die Qualität der Prognose bestimmt. Damit kommt der Branchenprognose eine zentrale Bedeutung für die Branchenbewertung zu.

3.2 Anforderungen zur Risikobewertung

3.2.1 Prognosequalität

Risikoeinschätzung erfordert fundierte Prognosen

So genannte Frühindikatoren spielen im Bonitätsrating gewerblicher Kreditnehmer zwar oftmals eine wichtige Rolle, zur Erkennung von Risiken taugen sie aber nur sehr begrenzt. Dies gilt für die Auswertung der Bilanz ebenso wie für die Beurteilung des Unternehmensumfelds. Aussagen über länger nach vorne reichende Zeitperioden lassen sich mit diesem Ansatz nicht treffen, da sie auf Erklärungsmuster für Entwicklungen verzichten. Frühindikatoren liefern nur dann ein verlässliches Zukunftsbild, wenn stabile trendmäßige Entwicklungen vorliegen.

In der Tat kam der Aussagekraft der Frühindikatoren in den vergangenen Jahren entgegen, dass die deutsche Wirtschaft einem sehr stabilen Trend folgte: Erfolgreich im Export durch eine konsequente Verbesserung ihrer Wettbewerbsfähigkeit, d. h. günstige Preise als Folge rigoroser Kostensenkungsprogramme; schwach in der heimischen Nachfrage als Folge eines Kaufkraftmangels in der Bevölkerung sowie des Offshoring-Effektes bei den Investitionen. Das sog. Back-Testing zeigte daher insgesamt recht gute Ergebnisse.

Solche statistischen Testergebnisse sagen jedoch wenig über die tatsächliche Prognosequalität aus. Die jüngsten Entwicklungen auf den Weltmärkten zeigen, dass zahlreiche wirtschaftliche Trends sowohl in Deutschland als auch in anderen Ländern durch neue Entwicklungen abgelöst werden. Die erhebliche Verteuerung von Energie, das Auftreten von China auf dem Weltmarkt oder die schnell voranschreitende EU-Erweiterung verändern das Umfeld der Unternehmen rasant. Auch neue politische Rahmenbedingungen wie Finanz- und Steuerpolitik, Bürokratieumfang und staatliche Interventionen haben einen erheblichen Einfluss auf die Zukunft der Unternehmen. Um die Tragweite dieser Entwicklungen richtig einschätzen zu können, bedarf es daher einer inhaltlich durchdachten und in sich konsistenten Prognose, die sich auf quantitativ formulierte Wirkungsketten stützt.

Um die Qualität der Prognosen sicherzustellen, ist es zwingend notwendig, alle wichtigen Einflussfaktoren in ihrer Wirkung simultan zu erfassen. Nur wenn das Unternehmensumfeld umfassend und konsistent in einem Modellsystem abgebildet wird, sind Rückschlüsse auf die Zukunft erlaubt. Die Bewertung der einzelnen Branchen hinsichtlich ihres Risikos ist dementsprechend nur mit einem Ansatz möglich, der die Einzelinformationen sinnvoll zusammenfasst. Das Feri-Branchen-Rating erfüllt diese Anforderung, da es Einzelindikatoren der Branchen normiert und kumuliert.

3.2.2 Benchmark-Vergleich

Branchenkennziffern als Benchmark für Einzelunternehmen

Die Fähigkeit eines Unternehmens, zukünftigen Zahlungsverpflichtungen nachkommen zu können, verlangt immer eine Status-quo-Beurteilung des Unternehmens sowie einen Ausblick über seine künftigen Chancen und Risiken. Je weiter hierbei der Blick in die Zukunft reicht, desto höher ist die Wahrscheinlichkeit, dass sich das Unternehmen in seiner Entwicklung der Branche angleicht. Daher gewinnt eine Branchenprognose für die Einschätzung des Unternehmens an Bedeutung, je langfristiger der Beurteilungszeitraum gewählt wird.

Innerhalb einer Branche wird die Qualität der Unternehmen unterschiedlich sein. Das Branchenrating muss daher die Attraktivität einer Branche als Durchschnitt über alle Unternehmen widerspiegeln. Somit stellt das Feri-Branchen-Rating eine Benchmark für die Bewertung der Einzelunternehmen dar.

3.3 Konzept der Risikobewertung

3.3.1 Auswahl der Kriterien

Marktwachstum, Wettbewerb und Ertragskraft bestimmen das Branchenrisiko

Das Feri-Branchen-Rating als System zur Risikobewertung von Branchen basiert auf einer Vielzahl von Kriterien, die sich sowohl nach theoretischen Überlegungen als auch in statistischen Untersuchungen als plausible Erklärungsgrößen erwiesen haben. Sie beschreiben im Wesentlichen Marktexpansion, Ertragskraft sowie Wettbewerbssituation einer Branche und werden je nach Wirtschaftsbereich unterschiedlich definiert. Die benutzten Indikatoren stehen gleichzeitig für Chance und Risiko, da sie in beide Richtungen Extremwerte annehmen können.

Das preisbereinigte **Wachstum** einer Branche zählt zu den wichtigsten Kriterien im Feri-Branchen-Rating. Dies begründet sich damit, dass sich auch schwache Unternehmen bei expansiver Nachfrage behaupten können, obwohl sie Marktanteile verlieren. Umgekehrt müssen schwache Unternehmen in schrumpfenden Märkten sehr schnell aufgeben, da ihre Ertragskraft für Krisenzeiten in der Regel nicht ausreicht. Besondere Bedeutung erlangt dieser Indikator in Phasen, in denen sich aus strukturellen Gründen das Expansionstempo einer Branche merklich mindert. Dann sind relativ viele Unternehmen zur Aufgabe gezwungen bzw. scheiden freiwillig aus dem Markt aus.

Rating der Branche Werkzeugmaschinen

Rating Herstellung von Werkzeugmaschinen Stand: 12. Dez 2005 — WZ Nr.: 29.4	
Gesamtbewertung	
Rating - Klasse **C** 4. Quartal 2005	**Befriedigende Branchenentwicklung** Durchschnittliches Wachstum Weit unterdurchschnittliche Wettbewerbsfähigkeit Ertragsstarke Branche Sehr hohe Konjunkturabhängigkeit **--> Durchschnittliches Branchenrisiko**
Rating - Punkte	AAA 100-84 · AA 83-72 · A 71-61 · B+ 60-57 · B 56-54 · C 53-47 · D 46-44 · D- 43-40 · E 39-29 · E- 28-1 **51**

Die **Wettbewerbsfähigkeit** einer Branche gegenüber der Auslandskonkurrenz sowie die Wettbewerbsintensität zwischen den Unternehmen einer Branche sind weitere wichtige Kriterien. Ändert sich die Wettbewerbssituation heute, dann wird sich nach einer bestimmten branchenspezifischen Frist auch der Marktanteil ändern. Auf der Ebene der Unternehmen verändert sich der Wettbewerbsdruck und führt mit einer zeitlichen Verzögerung zu anderen Ausfallraten. In Branchen mit handelbaren Gütern, das sind in der Regel die Sparten des produzierenden Gewerbes, richtet sich das Augenmerk besonders auf den Wettbewerb mit den im Ausland produzierten Gütern, da für die im Inland erzeugten Güter vergleichsweise (fast) identische Produktionsbedingungen gelten. Dagegen ist die Wettbewerbssituation in Branchen ohne Außenhandel durch die Konkurrenzsituation zwischen den inländischen Unternehmen geprägt.

Die Aussagekraft der **Rentabilität** einer Branche ist aus mehreren Gründen gemindert. Zum einen gibt es Branchen, in denen die Renditen je nach konjunktureller Entwicklung erheblich schwanken. Da die Unternehmen in der Regel darauf eingestellt sind, muss eine momentane Ertragsschwäche keinen wesentlichen Einfluss auf die Bonität zeigen. Zum anderen ist der Gewinnausweis, der rechnerisch als Saldogröße ermittelt wird, durch statistische Unschärfen in den Ausgangsgrößen geprägt. Im Bewertungsverfahren wird diesem Indikator daher eine geringere Bedeutung zugemessen.

Analog zum Problem der Liquiditätsversorgung eines Unternehmens stellen auch auf der Branchenebene die Schwankungen in der Umsatzentwicklung ein erhebliches Risiko dar. Wesentliches Merkmal hierfür ist die **Konjunkturabhängigkeit** einer Branche. Allerdings ist festzustellen, dass in den letzten Jahren die Liquiditätssteuerung in den Unternehmen an Bedeutung gewonnen hat. Verschärfte Kontrollmechanismen einerseits und eine aktivere Liquiditätspolitik andererseits mindern heute dieses Risiko.

3.3.2 Berechnungsmethodik

Detaillierte Statistiken sind die Grundlage der Branchenanalyse

Die quantitative Bestimmung der Branchenindikatoren setzt detaillierte Informationen über die einzelnen Branchen voraus. Allerdings reichen Daten aus den amtlichen Statistiken oftmals nicht aus, um eine Branche in ihren Merkmalen richtig zu erfassen. Daher muss auch auf Verbandsinformationen sowie Veröffentlichungen weiterer Institutionen zurückgegriffen werden.

Die Klassifizierung der Branchen, d. h. die Einteilung der Gesamtwirtschaft in Branchen, sollte so gewählt sein, dass Sparten, die divergierende Entwicklungen aufweisen, unterscheidbar sind. Allerdings darf die Einteilung nicht dazu führen, dass eine Branche durch die Entscheidungen einzelner Unternehmen merklich geprägt wird.

Auf dieser Informationsbasis erfolgt die ausführliche Analyse der Branchen. Verhaltensmuster der Vergangenheit, die selbst einem Wandlungsprozess unterliegen, sind zu finden, zu prüfen und gemäß ökonomischer Theorie sowie praktischer Erfahrungswerte in die Zukunft fortzuschreiben. Die hierfür verwendeten ökonometrischen Simulationsmodelle sichern die Konsistenz der Branchenprognose, indem sie die wichtigen ökonomischen Abhängigkeiten und Interdependenzen systematisch erfassen. Um die Wechselwirkungen zwischen Potenzial und Risiko einer Branche zu erkennen, müssen die Prognosen ein vollständiges Bild der Branchen zeichnen. Durch die explizite Berücksichtigung von Rahmenbedingungen wie Politik, Zentralbankverhalten oder Entwicklung der Weltwirtschaft kann eine solch detaillierte Prognose eine Eintrittswahrscheinlichkeit von 70 bis 90 % erreichen.

Viele Branchen unterliegen besonderen Schwankungen, die in ihrer Gesamtheit nur schwer in ausreichender Qualität zu prognostizieren sind. Dieses bekannte Phänomen führt dazu, dass Konjunkturprognosen sehr viel schwieriger sind als die Prognose struktureller Entwicklungen. Aus diesem Grund empfiehlt es sich, als Basis für die Branchenbewertung eine längere Zeitperiode zu wählen.

3.3.3 Klassifizierung

Die Bewertung der Branchen erfordert eine Normierung und Kalibrierung der Indikatoren, die indikatorspezifisch erfolgt. Bei diesem Prozess werden Normierungsparameter benutzt, die sich empirisch herleiten lassen oder aus wirtschaftstheoretischen Überlegungen und Plausibilitätsbetrachtungen gewonnen werden. Um ein absolutes Rating zu erhalten, dürfen die Werte für die Benchmarks nicht verändert werden. Allerdings sind sie immer wieder empirisch auf ihre Eignung zur Erfassung des Branchenrisikos zu überprüfen.

Branchenbewertung erfolgt durch ein absolutes Rating

Ratingklassen

Klasse	**(Punkte)**	**Gesamtbewertung der Branche (1. Zeile)**
AAA	(100–84)	Außergewöhnlich erfolgreiche Branche
AA	(83–72)	Sehr erfolgreiche Branche
A	(71–61)	Erfolgreiche Branche
B+	(60–57)	Weitgehend erfolgreiche Branche
B	(56–54)	Voll befriedigende Branchenentwicklung
C	(53–47)	Befriedigende Branchenentwicklung
D	(46–44)	Geringfügig gefährdete Branche
D-	(43–40)	Gefährdete Branche
E	(39–29)	Sehr gefährdete Branche
E-	(28–1)	Außergewöhnlich gefährdete Branche

Die Normierung der Indikatoren ermöglicht die Zusammenfassung der Einzelwerte zu einem Gesamtergebnis. Die benutzte Gewichtung repräsentiert die Aussagekraft der einzelnen Indikatoren für die Risikobewertung der Branchen. Auf der Grundlage dieser Ergebnisse fällt jede Branche in eine Ratingklasse, die jeweils für eine bestimmte Ausfallwahrscheinlichkeit steht.

3.4 Kalkulation der Risikobewertung

3.4.1 Prognosemethodik

Interdependente Modellsysteme sichern die Konsistenz der Prognosen

Die Prognoseerstellung erfolgt mithilfe ökonometrischer Modellsysteme. Auf Grundlage der Branchendaten werden die ökonomischen und technischen Beziehungen sowie die Abhängigkeiten zwischen den einzelnen Branchenindikatoren quantifiziert und gemäß statistischer Kriterien geprüft. In Form mathematischer Gleichungen können hieraus unter ökonomischen Gesichtspunkten Simulationssysteme aufgebaut werden, die wiederum untereinander ein Geflecht von Abhängigkeiten aufweisen.

Da die Branchen von der jeweiligen wirtschaftlichen Umgebung sehr stark beeinflusst werden, ist zum einen das gesamte Simulationssystem blockrekursiv aufgebaut, zum anderen sind die in den jeweiligen Branchen unabhängigen Einflussfaktoren explizit erfasst. Dadurch ist gewährleistet, dass die Steuergrößen des Systems, wie z. B. nationale Geld-, Finanz- und Lohnpolitik, weltwirtschaftliche Größen wie Wechselkurse, Rohstoffpreise, Welthandel u.Ä., in ihren Auswirkungen auf die Branchen kalkuliert werden können. Ebenso erfasst werden auch die Wechselwirkungen zwischen den Branchen. Dadurch ist sichergestellt, dass wichtige Produktions- und Lieferverflechtungen zwischen den Branchen konsistent berücksichtigt werden können. Im Hinblick auf das

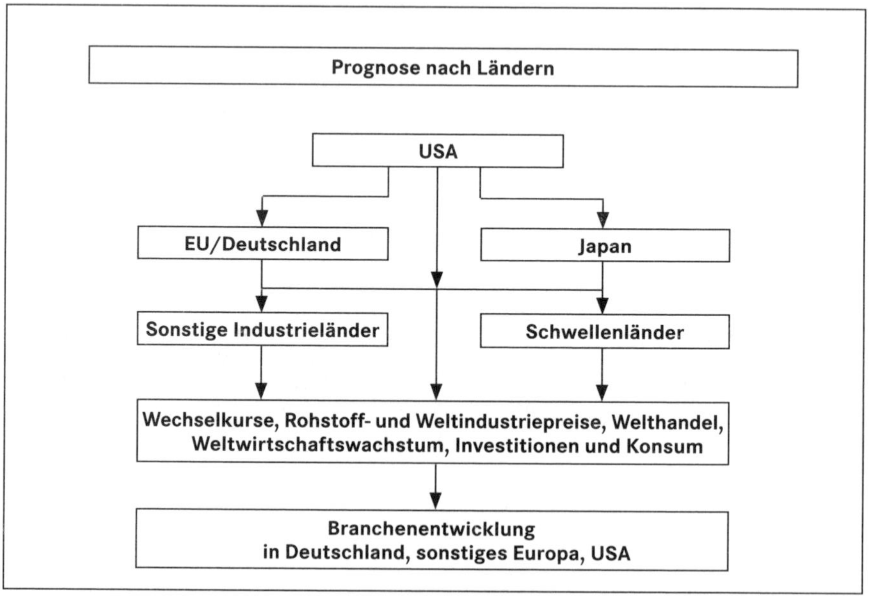

Abbildung 31: Hierarchie der Prognose nach Ländern

Ziel, die Zukunft der Branchen zu beurteilen, ist bei der Modellkonstruktion sehr stark darauf zu achten, dass neben der konjunkturellen Entwicklung auch spezifische strukturelle Veränderungen berücksichtigt werden. Konzeptionell sind auf auf diese Weise konstruierten Modelle für die einzelnen Branchen ähnlich aufgebaut. Sie unterscheiden sich jedoch durch das Ausmaß der Abhängigkeiten zwischen den Branchenindikatoren. Darin spiegeln sich branchenspezifische Produktivitätsentwicklungen genauso wider wie unterschiedliche Preisspielräume u.Ä. oder branchentypische Nachfrage- und Angebotsreaktionen und dergleichen.

3.4.2 Prognoseinhalt

Die Branchenbewertung wird durch die branchenspezifischen Finanzkennzahlen geprägt

Feri erstellt Branchenprognosen in vierteljährlicher Abfolge, um die jeweils aktuellen Entwicklungen zeitnah berücksichtigen zu können. Für den Gebietsstand Deutschland liegen derzeit für etwa 400 Branchen ausführliche Prognosen vor, für etwa weitere 400 Kurzfassungen.

Um eine qualitativ gute und konsistente Branchenprognose zu erhalten, steht auf der gesamtwirtschaftlichen Ebene zuerst die Analyse der nordamerikanischen Wirtschaft an, da diese Region den mit Abstand stärksten einheitlichen Wirtschaftsblock innerhalb der Industrieländer bildet. Es folgt die Prognose der asiatischen Länder, insbesondere Japan, China, die Tigerstaaten und Australien sowie der größeren europäischen Nationen. Die Ergebnisse dieses quantitativen globalen Ausblicks steuern im nächsten Schritt die eigentlichen Branchenprognosen. Zuvor ist es jedoch notwendig, das Investitionsverhalten und die Konsumprioritäten der privaten Haushalte nach Warengruppen zu analysieren.

Konsumausgaben der privaten Haushalte im Inland nach Verwendungszwecken

Nominal, in Mrd. €

	2003	2004	2005	2006	2007	2008	2009	2010
Nahrungsm., alkoholfreie Getränke (01)	**142,5**	**145,5**	**146,6**	**148,6**	**152,7**	**157,4**	**162,7**	**167,9**
Nahrungsmittel (011)	123,3	126,1	126,6	128,1	131,4	135,5	140,1	144,8
Alkoholfreie Getränke (012)	19,2	19,4	19,9	20,5	21,3	21,9	22,6	23,3
Alkohol. Getränke, Tabakwaren (02)	**44,4**	**44,5**	**46,3**	**47,9**	**49,3**	**50,5**	**51,7**	**53,1**
Alkoholische Getränke (021)	21,2	21,5	21,9	22,5	23,0	23,4	23,9	24,4
Tabakwaren (022)	23,2	22,9	24,4	25,4	26,3	27,0	27,8	28,7
Bekleidung und Schuhe (03)	**66,4**	**66,7**	**65,6**	**65,6**	**66,9**	**67,8**	**68,9**	**70,2**
Bekleidung und Bekleidungsstoffe (031)	56,2	56,4	55,5	55,5	56,6	57,4	58,4	59,6
Schuhe (032)	10,2	10,2	10,1	10,2	10,3	10,4	10,5	10,6
Wohnungsmiete, Energie (04)	**289,2**	**295,9**	**308,3**	**321,2**	**332,3**	**342,1**	**354,5**	**369,6**
Tatsächliche Mietzahlung (041)	87,5	89,8	92,3	96,4	99,5	102,4	106,2	110,9
Unterstellte Mietzahlung (042)	117,1	120,0	123,4	128,9	132,9	136,9	142,0	148,3
Tapeten, Farben, Wohnungsreparatur (043)	9,0	9,0	8,8	9,0	9,4	9,6	10,0	10,4
Wasser, Müll, Schornsteinfeger u.ä. (044)	28,0	28,0	28,8	29,6	30,9	32,0	33,3	34,8
Haushaltsenergie (045)	47,6	49,1	55,0	57,2	59,7	61,2	63,1	65,2
Strom (0451)	21,5	22,5	23,6	24,7	26,3	27,5	28,7	29,9
Gas (0452)	14,6	14,8	15,9	16,8	17,7	18,2	18,9	19,7
Heizöl (0453)	7,7	7,8	9,8	10,0	9,8	9,6	9,7	9,7
Kohle u.ä. (einschl. Fernwärme) (045R)	5,2	5,2	5,6	5,8	5,9	5,9	5,9	5,9
Einrichtungsgegenstände (05)	**87,5**	**88,8**	**88,4**	**89,5**	**90,8**	**92,0**	**93,6**	**95,5**
Möbel, Innenausstattung, Teppiche (051)	34,9	35,5	35,3	35,8	36,4	37,0	37,7	38,6
Heimtextilien (052)	7,9	7,9	7,8	7,8	7,9	8,0	8,1	8,2
Haushaltsgeräte (053)	11,4	11,4	11,3	11,4	11,3	11,4	11,5	11,6

Trotz dieser umfangreichen Rahmendaten hängt die Qualität der Branchenprognosen in hohem Maße von der korrekten Erfassung der tatsächlichen Branchenstrukturen ab. Nur dann ist gewährleistet, dass die Auswirkungen von Kosten und Preisen auf den Absatz bzw. die Implikationen des Markterfolges einer Branche auf ihre Produktions- und Kostenstrukturen sichtbar werden. Daher ist in der Prognose innerhalb des Feri-Branchen-Ratings eine Gewinn- und Verlustrechnung integriert. In Form der so genannten Branchenerfolgsrechnung werden Erlöse, Kosten und Renditen ausgewiesen, so dass sich als Grundlage für die Risikobewertung ein abgerundetes Bild der weiteren Branchenentwicklung ergibt.

Da die Simulationsmodelle die Kalkulation von Szenarien erlauben, können die Rahmenbedingungen der Prognosen beliebig variiert werden. Damit ist die Möglichkeit gegeben, alternative Vorgaben in ihren Wirkungen auf die Branchen abzuschätzen und somit Risiken in der Prognoserechnung zu quantifizieren.

Als Ergebnis der Prognoserechnung werden die zukünftigen Werte der Branchenindikatoren mit ihren historischen Werten verknüpft. Damit erhält man für jede Branche einen numerisch beschriebenen Entwicklungspfad, der branchenspezifische Eigenschaften und weltwirtschaftliche Entwicklungen konsistent berücksichtigt.

Ertragsrechnung für die Branche Werkzeugmaschinen

Prognose in Zahlen

Herstellung von Werkzeugmaschinen

Stand: 12. Dezember 2005 — wz Nr.: 29,4

	2003	2004	2005	2006	2007	2008	2009
Branchenerfolgsrechnung (Mrd. €)							
Umsatzerlöse	18,60	19,91	20,97	21,80	22,55	23,37	24,17
+ Sonstige Erträge, Bestandsveränderungen	0,27	0,28	0,28	0,28	0,28	0,28	0,28
+ Subventionen	0,01	0,01	0,01	0,01	0,01	0,01	0,01
= Gesamtleistung	18,89	20,20	21,26	22,09	22,85	23,66	24,47
./. Vorleistungen	11,83	12,90	13,98	14,81	15,36	15,93	16,51
Materialaufwand	9,10	9,97	10,90	11,59	12,02	12,46	12,91
Mietaufwand	0,34	0,34	0,36	0,37	0,38	0,39	0,40
Dienstleistungsaufwand (ohne Mietaufwand)	2,29	2,46	2,60	2,72	2,82	2,94	3,05
Kostensteuern	0,11	0,12	0,13	0,13	0,14	0,14	0,15
= Rohertrag	7,05	7,30	7,28	7,28	7,49	7,73	7,96
./. Personalaufwand	6,17	6,19	6,22	6,31	6,34	6,43	6,57
Arbeitgebersozialbeiträge	1,13	1,12	1,12	1,18	1,15	1,17	1,20
Bruttolohn- und -gehaltssumme	5,04	5,07	5,11	5,13	5,19	5,26	5,37
./. Kalkulatorischer Unternehmerlohn	0,02	0,02	0,02	0,02	0,02	0,02	0,02
= Deckungsbeitrag (EBITDA)	0,86	1,09	1,03	0,96	1,12	1,28	1,36
./. Abschreibungen	0,47	0,46	0,49	0,53	0,56	0,58	0,59
= Betriebsergebnis (EBIT)	0,40	0,63	0,54	0,43	0,57	0,70	0,77
./. Zinsaufwand (FK-Zinsen)	0,19	0,19	0,19	0,20	0,20	0,21	0,21
= Betriebsergebnis (EBT)	0,21	0,44	0,35	0,23	0,37	0,49	0,56
+ Abschreibungen	0,47	0,46	0,49	0,53	0,56	0,58	0,59
./. Investitionen	0,47	0,50	0,55	0,58	0,59	0,61	0,62
= Cash-Flow (EBT)	0,21	0,40	0,29	0,18	0,33	0,46	0,53

3.4.3 Berechnung der Bewertungsindikatoren

Feste Benchmarks zu ausgewählten Kennziffern bestimmen das Rating

Zur Bewertung der Branchen werden in den verschiedenen Wirtschaftsbereichen unterschiedliche Prognosereihen herangezogen.

Als Indikator für das **Wachstum**, der die quantitative Änderung messen soll, wird in der Industrie die prozentuale Veränderungsrate der preisbereinigten Nettoproduktion benutzt. In allen übrigen Branchen dient hierzu der preisbereinigte Umsatz. Der Indikator bildet eine Messzahl für die mengenmäßige Veränderung der Nachfrage.

Die **Wettbewerbsfähigkeit** der Branchen wird in der Industrie, d. h. in denjenigen Branchen, die einen regen Außenhandel aufweisen, durch den Vergleich mit den im Ausland produzierten Gütern bestimmt und getrennt nach Inland und Ausland berechnet. Als wichtiges Maß für die Wettbewerbsstärke werden die Preise der heimischen und der ausländischen Güter verglichen. Zur Erfassung der tatsächlichen Marktposition müssen noch die Außenhandelsquoten als weitere Messgrößen herangezogen werden.

Außerhalb der Industrie wird die branchenspezifische Wettbewerbsfähigkeit durch den durchschnittlichen Marktanteil jedes Unternehmens gemessen. Sind viele Unternehmen am Markt, dann sind die Marktanteile niedrig, die Branche ist wettbewerbsstark und die Marktzutrittsschwelle ist offensichtlich niedrig.

Die **Rentabilität** einer Branche als Indikator für die Ertragsstärke lässt sich direkt oder indirekt ermitteln. Liegen entsprechende Daten vor, wird die Umsatzrendite benutzt. Um branchenspezifischen Eigenheiten weitgehend Rechnung zu tragen, geht dieser Ertragsindikator sowohl als Niveaugröße als auch als Veränderungsrate in die Kalkulation ein. Wird die Rentabilität indirekt gemessen, wird einerseits die Kostenentwicklung und andererseits der Marktpreis in der Kalkulation berücksichtigt. Die Lohnzahlungen spielen hierbei eine besondere Rolle, da sie als Folge der gesetzlichen und tariflichen Regelungen einen relativ starren Kostenblock bilden. Die übrigen Kosten bleiben weitgehend ohne größere Bedeutung, da sie in ihrer Höhe mit dem Umsatz schwanken oder relativ gering sind.

Da sich Marktschwankungen unmittelbar auf den Branchenumsatz auswirken, wird innerhalb der Kalkulation für das Rating auch die **Konjunkturabhängigkeit** der Branche betrachtet. Der Indikator wird als Abweichung der tatsächlichen Umsatzentwicklung vom langfristigen Entwicklungstrend gemessen.

Da Unternehmen und damit auch Branchen konjunkturellen und strukturellen Entwicklungen folgen, gilt eine Bewertung der Branchen immer nur für eine bestimmte Zeitperiode. Im Rating wird standardmäßig eine Periode von sieben Jahren gewählt, um von aktuellen konjunkturellen Auswirkungen unabhängig zu sein. Dieser Bewertungszeitraum setzt sich aus zwei historischen Jahren sowie fünf Prognosejahren zusammen. Die Berücksichtigung von zwei Vergangenheitsjahren sichert die Erfassung der branchenspezifischen aktuellen Wirtschaftslage.

Zur Berechnung des Ratings sind die Indikatoren einer Normierung zu unterziehen, die gleichzeitig die Kalibrierung integriert. Hierzu wird für die einzelnen Jahre des Berechnungszeitraums jeder Indikator gemäß seinem jeweiligen Wert auf eine Punkteskala projiziert, die von 0 bis 100 Punkte reicht.

Für jeden Indikator gibt es eine Benchmark, die auf dieser Ratingskala einem Wert von 50 Punkten entspricht. Liegt ein Indikatorwert über der Benchmark, erhält die Branche mehr als 50 Punkte, wenn dies für die Attraktivität der Branche positiv ist und umgekehrt.

Die Bestimmung der Benchmark beruht entweder auf statistischen Erfahrungswerten oder Plausibilitätsüberlegungen. So bleibt die preisliche Wettbewerbsstärke stabil, wenn sich die Relation der Preise von konkurrierenden Gütern nicht ändert. Der Indikator, welcher die relative Veränderung der Preise misst, erhält in diesem Falle 50 Punkte. Verlieren die inländischen Güter demgegenüber an preislicher Wettbewerbsfähigkeit, steigt das Geschäftsrisiko und die Attraktivität der Branche sinkt. Dem Indikator wird dementsprechend ein geringerer Punktwert zugewiesen. Bei einer Verstärkung der preislichen Wettbewerbsfähigkeit erreicht der Indikator mehr als 50 Punkte, da das Branchenrisiko sinkt. Für den Indikator Wachstum ergibt sich die Benchmark aus dem durchschnittlichen langfristigen Wachstum in den vergangenen Jahren. Der Grund liegt darin, dass sich die Unternehmen auf einen solchen langfristigen Expansionspfad eingestellt haben. Fällt das Wachstum höher aus, sinkt die Insolvenzgefahr. In diesem Falle erhält die Branche mehr als 50 Punkte. Umgekehrt steigt die Insolvenzgefahr, wenn das Wachstum unter der Benchmark liegt. Dann erhält die Branche eine geringere Punktzahl.

Die für jedes Jahr des Bewertungszeitraums vorliegenden Ergebnisse des Normierungsprozesses werden zu einem einzigen Wert zusammengezogen. Die hierbei benutzten Gewichte sind umso niedriger, je weiter das Jahr in der Zukunft liegt. Damit wird der mit zunehmender Länge des Prognosezeitraums abnehmenden Prognosegenauigkeit Rechnung getragen.

Gewichtung für Summierung über die Jahre (in %)	
Erstes historisches Jahr	12
Zweites historisches Jahr	14
Laufendes Jahr	16
Zweites Prognosejahr	16
Drittes Prognosejahr	16
Viertes Prognosejahr	14
Fünftes Prognosejahr	12
	100

Schließlich werden für jede Branche die Ergebnisse der Einzelindikatoren zu einem einzigen Wert addiert. Die bei dieser Aggregation benutzten Gewichte berücksichtigen die für die Branchenbonität unterschiedliche Bedeutung der Ratingkriterien. Die Werte für die Kriterien Wachstum und Wettbewerbsfähigkeit bekommen ein hohes Gewicht, das Kriterium Konjunkturabhängigkeit ein niedriges Gewicht zugewiesen. Die Rendite liegt in ihrer Bedeutung etwa in der Mitte. Die Werte der Gewichte resultieren aus statistischen Tests sowie Plausibilitätsüberlegungen.

Gewichte der Einzelindikatoren

Gewichte der Messzahlen (in %)			
	Rohstoffgewinnung, Verarbeitendes Gewerbe	Sonstige Dienstleistungen	Übrige Branchen
Wachstum	**40**	**30**	**40**
Wettbewerbsfähigkeit	**30**	**40**	**30**
Preise im Inland	9	–	–
Preise im Ausland	9	–	–
Importquote	6	–	–
Exportquote	6	–	–
Rentabilität	**25**	**25**	**25**
Lohnkostenentwicklung	14	14	14
Spielraum für Preispolitik	11	11	11
Konjunkturabhängigkeit	**5**	**5**	**5**
	100	100	100

Als Ergebnis der Ratingkalkulation ist jeder Branche eine Punktzahl, sog. Ratingpunkte, zugeordnet. Mit ihrer Hilfe werden die Branchen in Ratingklassen eingeordnet, die das spezifische Branchenrisiko quantifizieren. Da die Branchen allerdings in der Regel sowohl Stärken als auch Schwächen aufweisen, ähnelt die Verteilung auf dieser Punkteskala einer Normalverteilung. Die äußeren Ratingklassen sind daher nur gering besetzt.

Wenn die Bewertung der Branchen abgeschlossen ist, werden die Ergebnisse im Ratingkomitee der Feri diskutiert. Dieses Gremium, das mit Branchenexperten besetzt ist, prüft insbesondere Ratingänderungen und diskutiert gegebenenfalls nochmals die Branchenprognose. Revisionen in der Datenbasis und Modifikationen in der Prognose werden auf ihre Plausibilität geprüft und in ihrer Wirkung analysiert. Ergibt die Diskussion, dass die Ergebnisse gerechtfertigt sind, wird das Rating in Kraft gesetzt. Anderenfalls sind einzelne Schritte der Bewertung zu überarbeiten.

Die Kalkulation des Feri-Branchen-Rating wird vierteljährlich durchgeführt. Dadurch ist sichergestellt, dass sich jeweils aktuelle Erkenntnisse über die konjunkturelle und strukturelle Entwicklung der Branchen zeitnahe in die Analyse einbringen lassen.

3.4.4 Ergebnisanalyse

Frühwarnung auf Branchenebene vereinfacht das Risikomanagement

Um das Ergebnis der Risikobewertung verständlich und nachvollziehbar darzustellen, sind die Indikatorwerte für die einzelnen Ratingkriterien heranzuziehen. Sie zeigen die Stärken und Schwächen der Branchen unmittelbar an und lassen sich durch die ökonomische Analyse belegen.

Neben der Einstufung in die Ratingklassen ist die Veränderung des Ratings für eine Branche von ebenso großem Interesse, da schwache Unternehmen von einer veränderten Ertragsstärke sehr schnell betroffen sein können. Aus diesem Grund ist das laufende Ergebnis auch immer mit dem Rating früherer Perioden zu vergleichen. Dann wird erst sichtbar, ob eine Branche sich kontinuierlich in eine Richtung ändert, starken Fluktuationen unterworfen ist oder erratischen Schwankungen folgt. Aus einer solchen Darstellung lässt sich auch ein System zur Frühwarnung künftiger Risiken aufbauen.

Einzelindikatoren in der Branche Werkzeugmaschinen

Bewertung nach Einzelindikatoren			
Indikator	**Note**	**Punkte**	**Gewicht**
Insgesamt	**durchschnittlich**	**51**	**100 %**
Wachstum	**durchschnittlich**	**50**	**40 %**
Wettbewerbsfähigkeit	**schlecht**	**43**	**30 %**
Preise im Inland	sehr schlecht	34	9 %
Preise im Ausland	sehr schlecht	32	9 %
Importquote	gut	57	6 %
Exportquote	gut	58	6 %
Rentabilität	**sehr gut**	**65**	**25 %**
Lohnkostenentwicklung	sehr gut	77	14 %
Spielraum für Preispolitik	durchschnittlich	49	11 %
Konjunkturabhängigkeit	**sehr schlecht**	**33**	**5 %**

Betrachtet man die Besetzung der Ratingklassen im Zeitverlauf, lässt sich eine Migrationsmatrix aufbauen. Dies ist dann von besonderem Interesse, wenn eine systematische Verschiebung zwischen den Klassen zu erkennen ist. Auf Branchenebene trifft dies jedoch nur sehr begrenzt zu, da es einen erheblichen Einfluss zufälliger Entwicklungen und Geschehnisse einerseits sowie der Unternehmensteuerung gemäß bestimmter Marktregeln andererseits auf die Branchenentwicklung gibt.

Die Transformation der einzelnen Indikatorwerte in die Ratingpunktzahl erlaubt den Vergleich der Prognosen unterschiedlicher Branchen in sehr einfacher Weise. Unabhängig von der Dimension der Originalwerte sind Aussagen über Wachstum, Wettbewerbsfähigkeit und Ertragsstärke durch direkten Vergleich der Indikatorwerte zu treffen. Damit ist es möglich, Rangfolgen für die Branchen zu bilden.

Veränderungen des Ratings

Feri Branchen Rating Klassenwechsel zum 4. Quartal 2005 Druck: 2. Februar 2006						
Branche	**WZ-Nr.**	**4. Q. 05**		**3. Q. 05**		**+/-**
Land- und Forstwirtschaft						
Land- und Forstwirtschaft (AW)	A	44	D	43	D-	1
Landwirtschaft, Jagd (AW)	01	44	D	43	D-	1
Gartenbau (AW)	01.12	44	D	43	D-	1
Bergbau, Gewinnung von Steinen und Erden						
Mineralien für chemische Erzeugnisse (BS)	14.3	46	D	41	D-	5
Gewinnung von Natursteinen a.n.g. (BS)	14.11	44	D	40	D-	4
Gewinnung von Schleifstoffen, Edelsteinen (BS)	14.5	42	D-	38	E	4
Gewinnung von Ton und Kaolin (BS)	14.22	40	D-	37	E	3
Gewinnung von Erdöl und Erdgas (BS)	11	41	D-	45	D	-4
Gewinnung von Erdöl und Erdgas (BS)	11.1	41	D-	46	D	-5
Dienstleistungen bei Öl- und Gasgewinnung (BS)	11.2	40	D-	45	D	-5
Verarbeitendes Gewerbe						
Kalk (VG)	26.52	48	C	43	D-	5
Furnier- und Holzplatten	20.2	47	C	43	D-	4
Sonst. druckbezogene Dienstleistungen (VG)	22.25	54	B	50	C	4
Sonstige chemische Dienstleistungen (VG)	24.6	58	B+	54	B	4
Klebstoffe und Gelatine (VG)	24.62	59	B+	55	B	4
Chemische Erzeugnisse a.n.g. (VG)	24.66	63	A	59	B+	4

Den Ratingklassen lassen sich empirische Ausfallwahrscheinlichkeiten zuordnen. Je höher die Punktzahl im Rating, desto geringer das Risiko. Allerdings stimmen diese Ausfälle nicht mit den amtlichen Insolvenzzahlen überein. Der Grund hierfür liegt zum einen darin, dass das Insolvenzverfahren ein gesetzlich geregeltes Verfahren ist, das nicht alle Bonitätsproblemfälle umfasst. Zum anderen gehen in der Regel vorwiegend Kapitalgesellschaften in Insolvenz. Personengesellschaften u.ä. dagegen werden meist liquidiert, geschlossen oder gehen in die private Insolvenz. Dadurch liefert aber die amtliche Insolvenzstatistik ein verzerrtes Bild des Branchenrisikos.

3.5 Anwendungen

Das Branchenrating prägt auch die Risikobeurteilung

Das Feri-Branchen-Rating liefert wesentliche Informationen, um Branchen zu analysieren und im Hinblick auf ihre Zukunftsfähigkeit zu bewerten. Zum einen ist die historische Entwicklung in Form statistischer Daten transparent dargestellt, zum anderen wird durch die Prognosen dem Nutzer ein Urteil über die künftige Entwicklung der Branchen zur Verfügung gestellt. Durch die gewählte Vorgehensweise ist sichergestellt, dass die ausgewiesenen Branchenprognosen aktuell und in sich konsistent sind. Da die Ertragskraft der Branchen in die Bewertung integriert ist, eignet sich das System nicht nur zur Analyse mengenmäßiger Absatz- und Lieferströme, sondern berücksichtigt auch das Finanzergebnis. Wesentliche Bedeutung besitzt das Feri-Branchen-Rating daher im Bereich der Unternehmensbewertung. Ob bei Direktinvestitionen oder im Private-Equity-Geschäft, am Beginn der Beurteilung steht immer die Einschätzung des Unternehmens nach seinem individuellen Potenzial- und Risikoprofil. Zur unternehmensspezifischen Beurteilung der Managementqualität, der Qualität der Produkte und Prozesse sowie der Finanzkennzahlen fügt das Branchenrating einen plausiblen Rahmen für die längerfristige Unternehmensentwicklung hinzu. In der kurzen Sicht können anhand der fallspezifischen Bewertungskriterien die Besonderheiten des Unternehmens innerhalb seiner Branche herausgearbeitet werden. Bei der Beurteilung junger Unternehmen ist die Bedeutung der Branche sogar besonders hoch, da in solchen Fällen kaum betriebswirtschaftliche Daten vorliegen.

Feri Branchen Rating

Insolvenzquote (In vH)

Druck: 2. Februar 2006

Branche	WZ-Nr.	2003	2004	Juni 05	Juli 05	Aug. 05	Letzter Wert		Kum.
Verarbeitendes Gewerbe	**D**	**1,6**	**1,4**	**1,4**	**1,3**	**1,4**	**1,2**	**Sep 05**	**1,3**
Ernährungsgewerbe und Tabakverarbeitung	DA	1,2	1,1	0,6	1,2	1,4	0,8	Sep 05	1,1
Ernährungsgewerbe	15	1,2	1,1	0,6	1,2	1,3	0,8	Sep 05	1,1
Fleisch	15.1	1,1	1,0	0,5	1,1	1,4	0,8	Sep 05	1,1
Schlachten (ohne Geflügel)	15.11	4,4	4,5	2,7	4,0	8,0	2,7	Sep 05	5,8
Schlachten von Geflügel	15.12	3,2	1,1	0,0	0,0	0,0	12,8	Sep 05	2,8
Fleischverarbeitung	15.13	0,9	0,7	0,4	0,9	0,9	0,5	Sep 05	0,7
Fisch	15.2	1,1	1,4	0,0	13,1	4,4	4,4	Sep 05	4,4
Obst und Gemüse	15.3	0,7	1,1	1,5	1,5	0,0	0,0	Sep 05	1,2
Verarbeitung von Kartoffeln	15.31	3,0	4,0	0,0	0,0	0,0	0,0	Sep 05	1,3
Herstellung von Frucht- und Gemüsesäften	15.32	0,3	0,3	0,0	0,0	0,0	0,0	Sep 05	0,0
Verarbeitung von Obst und Gemüse a.n.g.	15.33	0,4	0,9	2,7	2,7	0,0	0,0	Sep 05	1,8
Öle und Fette	15.4	2,4	0,8	0,0	0,0	0,0	0,0	Sep 05	1,0
Rohe Öle und Fette	15.41	1,4	1,4	0,0	0,0	0,0	0,0	Sep 05	1,9
Raffinierte Öle und Fette	15.42	5,9	0,0	0,0	0,0	0,0	0,0	Sep 05	0,0
Margarine u.ä.	15.43	0,0	0,0	–	–	–	0,0	2004	–
Milchverarbeitung	15.5	0,8	0,8	1,6	1,6	1,6	0,0	Sep 05	0,7
Michverarbeitung (ohne Speiseeis)	15.51	1,0	0,8	2,5	2,5	2,5	0,0	Sep 05	1,1
Speiseeis	15.52	0,4	0,8	0,0	0,0	0,0	0,0	Sep 05	0,0
Mahl- und Schälmühlen	15.6	0,3	0,3	0,0	0,0	0,0	0,0	Sep 05	0,0
Mahl- und Schälmühlen	15.61	0,2	0,3	0,0	0,0	0,0	0,0	Sep 05	0,0
Stärke und Stärkeerzeugnisse	15.62	2,7	0,0	0,0	0,0	0,0	0,0	Sep 05	0,0

Das systematische und konsistente Vorgehen bei der Kalkulation der Risikobewertung von Branchen prädestiniert das Feri-Branchen-Rating auch als neutrale Informationsquelle für die risikoorientierte Steuerung von Kreditportfolios. Das Management des Risikos gewerblicher Kredite benötigt neben dem Bonitätsrating gemäß den Regeln von Basel II, insbesondere im europäischen Kreditgeschäft, eine individuelle Einschätzung von mittel- bis langfristigen Ausfallrisiken. Mit seinem primär mittelfristig ausgerichteten Ratinghorizont liefert das Feri-Branchen-Rating hierzu einen wesentlichen Beitrag.

Bei der Einzelbewertung von Unternehmen hinsichtlich ihrer Kreditwürdigkeit wird neben dem Bonitätsrating, das hauptsächlich aus der Bewertung der Finanzkennzahlen, ergänzt um die Beurteilung des Managements, besteht, das Branchenrating zusätzlich mit einbezogen. Damit ist gewährleistet, dass auch längerfristig gültige Bewertungsaspekte in die Unternehmensbeurteilung integriert werden.

3.6 Ausblick

Strukturelle Änderungen in der Wirtschaft erzwingen die ständige Anppassung der Ratingkalkulation

Das Feri-Branchen-Rating wird sich auch in Zukunft gemäß der sich wandelnden Anforderungen weiter entwickeln. Insbesondere wird sich die statistische Abdeckung der Branchen deutlich verbessern. Dadurch ergeben sich zusätzliche Möglichkeiten in der Analyse. Auf dieser Grundlage wird sich das Feri-Branchen-Rating im Informationsgehalt qualitativ steigern und sich neue Anwendungsfelder erschließen.

Inhaltlich erlaubt die Ausweitung der statistischen Datenbasis eine nochmals tiefere Gliederung der Branchenmodelle und eine verbesserte Formulierung der Modellgleichungen. Mit der erhöhten Transparenz lassen sich weitere Branchenmerkmale herausfiltern, die die Beurteilung der Branchen zusätzlich stützen. Dadurch nimmt die Qualität des gesamten Systems zu und erlaubt neue bzw. besser fassbare Aussagen über die Branchenentwicklung.

In den vergangenen Jahren hat die Globalisierung merklich an Tempo gewonnen. Asien hat sich nicht nur dem internationalen Handel geöffnet, sondern erzwingt auf den Weltmärkten bereits heute tiefgehende strukturelle Änderungen. Daher wird es immer wichtiger, Branchenanalysen global zu betreiben und die Wechselwirkungen zwischen den Regionen zu berücksichtigen. Diese Anforderung lässt sich jedoch nur noch mit formalisierten Analysen in konsistenter Weise erfüllen. Daher muss ein Branchenrating zunehmend die asiatischen Wachstumsbranchen integrieren. Ähnliches trifft für Lateinamerika zu.

Branchenrating international

Branchen Rating Welt: Top 10				
	Rating Klasse *)			
Branche	**Welt**	**Europa**	**USA**	**Asien**
Pharmazeutika	A	A	AA	A
Mineralölverarbeitung	A	A	A	AA
Chemische Grundstoffe	A	B+	B+	A
Oberflächenveredelung	A	A	A	A
Datenverarbeitung	B+	C	A	A
Telekommunikation	B+	B	C	A
Kreditgewerbe	B+	B+	A	C
Körperpflegemittel	B+	C	B+	A
Medizin-, Regeltechnik	B+	B+	A	C
Schienenfahrzeuge	B+	B	B+	B+
*) Rating Klassen von »AAA« = ausgezeichnet bis »E-« = ungenügend				

Umgekehrt können in der Beurteilung von Unternehmen des Mittelstandes regionale Besonderheiten eine wichtige Rolle spielen. Insbesondere Branchen aus dem Handel oder dem Dienstleistungsbereich werden durch lokale Kosten- und Nachfrageentwicklungen oftmals sehr stark geprägt. Aus diesem Grund nimmt die Bedeutung einer regionalen Differenzierung der Ergebnisse für die Branchenbewertung zu.

Vor diesem Hintergrund geht es in der näheren Zukunft darum, die Branchenbewertung auf der internationalen Ebene an die neuen Erfordernissen, die aus der beschleunigten Globalisierung kommen, anzupassen und gleichzeitig für stärker lokal geprägte Branchen die regionale Differenzierung auszuweiten. Dann wird das Feri-Branchen-Rating als Indikator für die Marktattraktivität auch weiterhin einen wesentlichen Beitrag zur Beurteilung von Unternehmen leisten können.

4 Ein Ratingprozess für den kleineren Mittelstand

4.1 Definition und Anerkennungskriterien externer Ratings gemäß Basel II

Die Ausgestaltung eines Ratingsystems im Sinne einer allgemeinen Ratingdefinition findet sich in der »Internationalen Konvergenz der Eigenkapitalmessung und der Eigenkapitalanforderungen« – Überarbeitete Rahmenvereinbarung vom Juni 2004 des Basler Ausschusses für Bankenaufsicht der Bank für Internationalen Zahlungsausgleich; deutsche Sprachfassung in der Übersetzung der Deutschen Bundesbank. Dort heißt es im Teil 2 Säule 1, III. H.3., Ziff. 394: »Der Begriff ›Rating-System‹ umfasst alle Methoden, Prozesse, Kontrollen, Datenerhebungen und IT-Systeme, die zur Bestimmung von Kreditrisiken, zur Zuweisung interner Ratings und zur Quantifizierung von Ausfall- und Verlustschätzungen dienen.« Diese Definition findet sich wohlgemerkt im »Teil III. Kreditrisiko – der auf internen Ratings basierende Ansatz« (sog. Internal Rating Based IRB-Ansatz).

Im »Teil II Kreditrisiko – Der Standardansatz« (bei dem Standardansatz handelt es sich um externe Ratings) fehlt eine solche allgemein gültige Definition. Es ist davon auszugehen, dass die obige, im IRB-Teil befindliche Definition zumindest sinngemäß auch für den Standardansatz, dass heißt auch für externe Ratings gilt. Wissenschaftlich sauberer und gliederungstechnisch überzeugender wäre es gewesen, wenn der Basler Ausschuss eine allgemeingültige Ratingdefinition an den Anfang seines Papiers gestellt hätte, die übergreifend sowohl für externe als auch für interne Ratings gelten würde.

Bestandteile einer allgemeinen Ratingdefinition

- Methoden,
- Prozesse,
- Datenerhebungen und
- IT-Systeme

Portfoliomanagement einer Bank

sind notwendigerweise auch Bestandteile externer Ratings. Die Zuweisung interner Ratings (zu Risikoklassen der jeweiligen Banken) kann von externen Ratingagenturen in der Regel nicht geleistet werden, da die internen Risikoklassenstrukturen der Banken ihnen nicht bekannt sind. Auch ist die interne Risikosteuerung und das Portfoliomanagement einer Bank nicht Aufgabe einer externen Ratingagentur. Eine Verbindung zwischen der allgemeinen Ratingdefinition, externen Ratings und den internen Risikoklassen der Banken stellt die Aussage in Ziff. 411, Satz 4 dar: »Ein externes Rating kann der wichtigste Faktor für die Zuordnung zu einer internen Risikoklasse sein.« Diese Aussage ist die notwendige Konsequenz daraus, dass der Basler Ausschuss den Standardansatz eben gerade als Standard beziehungsweise Normalfall betrachtet und insofern auch zulassen muss, dass sich die Banken bei der internen Risikosteuerung darauf stützen. Wenn dies nicht der Fall wäre und die Banken für die Zuweisung zu internen Risikoklassen immer zusätzlich ein internes Rating durchführen müssten, würden externe Ratings grundsätzlich (nur) als ergänzende Meinung bankinterner Ratings anzusehen sein, was ihnen nichtsdestotrotz eine erhebliche Bedeutung zukommen lassen würde.

Auf der Basis der obigen Ausführungen zur Ratingdefinition sind nun die Anerkennungskriterien für externe Ratings bei den Banken (den Ratingadressaten) einerseits und bei den zu ratenden Unternehmen (den Ratingkunden) andererseits zu klären. In Teil 2: Säule 1, II., B. Externe Ratings sind das Anerkennungsverfahren und die Anerkennungskriterien relativ kurz angesprochen. Hinsichtlich des Anerkennungsverfahrens verweist der Basler Ausschuss in Ziff. 90, Satz 1 auf die Zuständigkeit der nationalen Aufsichtsinstanzen; in Deutschland ist dies die Bundesanstalt für Finanzdienstleistungsaufsicht, BaFin. Diese Aufsichtsinstanzen entscheiden, ob eine externe Ratingagentur (external credit assessment institution, ECAI) die vom Basler Ausschuss im Folgenden aufgelisteten Anerkennungskriterien erfüllt. In Ziff. 90 Satz 2 heisst es: »Die Beurteilung in der Rating Agenturen können auch nur teilweise anerkannt werden, beispielsweise für eine bestimmte Art von Forderungen oder für bestimmte Hoheitsgebiete.« Diese Bestimmung über eine teilweise Anerkenntnis ist durchaus zu begrüßen, da sie den nationalen Aufsichtsinstanzen einen breiteren Ermessensspielraum und eine größere Flexibilität bei der Anerkennung externer Ratingagenturen gibt. Fraglich ist allerdings, ob die nationalen Aufsichtsinstanzen Ermessensspielräume und Flexibilität überhaupt wünschen und nutzen werden, oder nicht bequemer nach starren Routinen entscheiden möchten. Für die teilweise Anerkenntnis werden in Ziff. 90 Satz 2

Teilweise Anerkennung von Ratingagenturen

- eine bestimmte Art von Forderungen oder
- bestimmte Hoheitsgebiete

genannt.

Branchenratingmethoden

Diese Regelung muss im Zusammenhang mit Ziff. 395 gesehen werden. Hier ist in Satz 1 dargelegt, das eine Bank für den IRB-Ansatz verschiedene Ratingmethoden verwenden kann. In Satz 2 heißt es: »So kann eine Bank beispielsweise Rating Systeme für bestimmte Branchen oder Marktsegmente (z. B. mittleres Segment oder große Unternehmen) entwickeln.« Wenn aber in internen Ratings die betriebswirtschaftlich sinnvolle Anwendung von branchenspezifischen und unternehmensgrößenspezifischen Ratingsystemen zugelassen wird, so kann daraus gefolgert werden, dass dies für externe Ratings auch gelten muss. Werden nun die Bestimmungen der Ziff. 395 mit der Ziff. 90 in Beziehung gesetzt, so ist daraus zu schliessen, dass nationale Aufsichtsinstanzen spezialisierte externe Ratingagenturen für bestimmte Branchen oder bestimmte Unternehmensgrößen zulassen können. Die nationalen Aufsichtsinstanzen könnten ihren Ermessenspielraum einer Teilanerkenntnis gemäß Ziff. 90 Satz 2 somit dahingehend anwenden, dass sie spezialisierte externe Ratingagenturen zwar nicht generell, aber für ihr jeweiliges anerkanntes Spezialgebiet zulassen Hierbei ist natürlich der entscheidende Punkt der Nachweis der Spezialkompetenz. Gerade für bestimmte Branchen und Unternehmensgrößenklassen bildet sich derzeit in Deutschland ein differenzierter Ratingmarkt heraus, der den Spezifika der jeweiligen Unternehmen in besonderem Maße gerecht wird und daher auch erwarten lässt, zu jeweils verlässlichen Ratingeinstufungen mit hinreichenden Genauigkeiten der Ausfallwahrscheinlichkeiten zu gelangen. Letzteres müsste im Interesse der Bundesanstalt für Finanzdienstleistungsaufsicht liegen.

Die Anerkennungskriterien der Ziff. 91 beziehen sich auf externe Ratingagenturen als solche, nicht auf einzelne Ratings. Diese Anerkennungskriterien können aber im Analogieschluss auch auf die Anerkennung einzelner Ratings vom Grundsatz her angewendet werden. Es ist zwar im Einzelfall möglich, dass eine den Anerkennungskriterien entsprechende Ratingagentur ein Rating produziert, das seinerseits den Anerkennungskriterien nicht entspricht. Da aber das BaFin überhaupt noch keine externe Ratingagentur anerkannt hat, interessiert hier der umgekehrte Fall: die Nutzbarmachung der Anerkennungskriterien für die Objektivität und Qualität einzelner Ratings, auch wenn die produzierende Ratingagentur ihrerseits nicht oder noch nicht anerkannt ist. Insgesamt werden vom Basler Ausschuss sechs Anerkennungskriterien genannt:

Annerkennungskriterien

- Objektivität,
- Unabhängigkeit,
- internationaler Zugang/Transparenz,
- Offenlegung,
- Ressourcen,
- Glaubwürdigkeit.

Diesen Anerkennungskriterien ist für die Qualitätsbeurteilung einzelner Ratings wesentliche aber im Detail unterschiedliche Bedeutung zuzumessen.

a) Objektivität

Unter dem Anerkennungskriterium »Objektivität« wird zunächst ausgeführt, dass die Ratingmethode »streng und systematisch sein« muss, womit gemeint sein wird, dass die Methode streng-systematisch sein muss, bzw. sich an eine strenge Systematik zu halten hat, da das Adjektiv »streng« alleine keine betriebswirtschaftliche Aussagekraft hat. Diese Forderung erscheint zunächst offenkundig, da ansonsten selbst die Ratings einer Ratingagentur nicht miteinander vergleichbar wären. Es bleibt allerdings das Problem, dass die Ratings unterschiedlicher Ratingagenturen oder ein externes Rating und ein internes Rating zwar jeweils eine streng-systematische Methode aber eben nicht die gleiche strenge systematische Methode aufweisen, da es keine allgemeingültige konkrete Definition einer streng systematischen Ratingmethode gibt.

Vergleichbarkeit externer und interner Ratings

Weiterhin wird vor einer Anerkennung durch die Aufsichtsinstanzen ein »strenges Backtesting für mindestens ein Jahr, besser jedoch für drei Jahre« empfohlen. Der auch in der deutschen Übersetzung der Bundesbank enthaltene Anglizismus Backtesting bezeichnet die Prüfung der Vorhersagegenauigkeit bzw. Prognosegüte eines Ratingverfahrens. Diese Prüfung erfolgt durch einen Vergleich zwischen eingetretenen Ausfällen und prognostizierten Ausfallwahrscheinlichkeiten (Probability of Default). Das belletristische Adjektiv »streng« bleibt auch hier unbefriedigend, da es keinerlei Hinweise auf die statistische Grundgesamtheit bietet, das heißt die Anzahl der durch die externe Agentur durchzuführender Ratings, auf der die Wahrscheinlichkeitsberechnung erfolgen soll. Ausgeschlossen erscheint damit aber die zeitnahe Anerkennung neu gegründeter Ratingagenturen, da eine Vorlaufzeit von ein bis drei Jahren gegeben sein muss.

Backtesting und Vorhersagegenauigkeit

b) Unabhängigkeit
»Eine Ratingagentur sollte unabhängig sein und keinerlei politischem oder wirtschaftlichem Druck unterliegen, der das Ratingurteil beeinflussen könnte.« Die Zusammensetzung des obersten Verwaltungsorgans oder die Aktionärsstruktur der Rating Agentur sollte nicht als Auslöser eines Interessenkonfliktes angesehen werden können. Die Unabhängigkeit einer Ratingagentur ist hier vor allem als konzernunabhängig und kapitalverflechtungsunabhängig zu deuten, da eine konzerngebundene Ratingagentur andere Konzernunternehmen dann nicht raten sollte, wenn ein Konzernvorstand oder maßgebliche Aktionäre, Interesse an einem günstigen Ratingurteil einzelner Konzernunternehmen haben können. Wenn das Nichtvorhandensein von wirtschaftlichem Druck in diesem Unabhängigkeits-Sinne verstanden wird, so ist die Regelung nachvollziehbar. Darüber hinaus unterliegt natürlich jede Ratingagentur dem allgemeinen wirtschaftlichen Druck in Marktwirtschaften. Sie muss sich am Markt behaupten, vorhandene Kunden halten und neue Ratingkunden akquirieren. Inwieweit dieser marktwirtschaftliche Druck und das notwendigerweise vorhandene Akquisitionsinteresse gegebenenfalls zu unangemessen günstigen Ratingurteilen führen kann, muss die Zukunft noch zeigen.

Konzern-unabhängigkeit

c) Internationaler Zugang/Transparenz und Offenlegung
Unter beiden Punkten wird erwähnt, dass die angewandte generelle Rating-Methodik der Öffentlichkeit bekannt sein sollte, beziehungsweise dass eine Ratingagentur ihre Beurteilungsmethoden, einschließlich der Definition eines Ausfalls offen legen sollte. Die Betonung kann hier nur auf dem Adjektiv »generell« liegen, da die detaillierte Beurteilungsmethodik die Kernkompetenz einer Ratingagentur ausmacht, von der schwerlich eine vollständige Offenlegung gefordert werden kann.

d) Ressourcen
Die Anforderungen unter dem Stichwort Ressourcen lassen sich zu drei Punkten zusammenfassen und kommentieren:

Personelle Ressourcen

1. »Eine Rating Agentur sollte über überausreichende Ressourcen verfügen, um qualitativ hoch stehende Bonitätsbeurteilungen durchzuführen«. Für Ratingagenturen sind die personellen Ressourcen am wichtigsten. Es stellt sich allerdings die Frage, was mit »ausreichenden Ressourcen« genau gemeint ist. Vor allem für die Erarbeitung und Durchführung von Branchenratings erscheint es kaum möglich, dass eine Ratingagentur für zahlreiche Branchen fest angestellte Mitarbeiter vorhält. Hier kann die Forderung nach »ausreichenden Ressourcen« wirtschaftlich sinnvoll nur so interpretiert werden, dass eine Zusammenarbeit mit Branchenspezialisten, die nicht bei der Ratingagentur fest angestellt sind, möglich ist.

Kommunikation mit der Ratingagentur

2. »Diese Ressourcen sollen einen ständigen engen Kontakt mit dem ... beurteilten Schuldner erlauben, um die Ratings auf eine breitere Basis zu stellen«. Sicherlich ist die Forderung nach intensiver Kommunikation zwischen einer Ratingagentur und dem zu beurteilenden Unternehmen vom Grundsatz her sinnvoll und vor allem im Zeitpunkt der eigentlichen Ratingerstellung zwingend erforderlich. Ein »ständiger enger Kontakt«

außerhalb einer Ratingerstellung erscheint jedoch nur bei denjenigen Unternehmen sinnvoll, die auf einer so genannten Beobachtungsliste (Watchlist) stehen und bei denen zu erwarten ist, dass in den nächsten Monaten oder Quartalen eine Migration von einer Ratingklasse in eine andere stattfinden wird. Dies ist bei allen Unternehmen der Fall, bei denen die Gültigkeit der Ratingnote selbst für den relativ kurzen Zeitraum von einem Jahr als nicht wahrscheinlich angesehen wird.

3. »Die Ratings sollten auf Methoden basieren, die qualitative und quantitative Ansätze verbinden.«
   Diese Forderung hat in der Ratingliteratur eine breite Diskussion darüber ausgelöst, was unter qualitativen Ansätzen überhaupt zu verstehen ist und wie die Gewichtung der jeweiligen qualitativen und quantitativen Faktoren in die Ratingnote einfließen. Ohne dass diese Diskussion hier nachgezeichnet werden kann, sei nur angemerkt, dass die Ratingpraxis und die Wissenschaft für die der Erhebung der qualitativen Faktoren zahlreiche Faktorenkataloge entwickelt haben, die jedoch häufig für den kleineren Mittelstand überdimensioniert und nicht branchenorientiert sind. Bei den qualitativen Faktoren kommt es besonders auf eine maßgeschneiderte Anpassung des Faktorenkataloges auf die Unternehmensgröße und die Branche an.

Verbindung qualitativer und quantitativer Ansätze

e) Glaubwürdigkeit
Die Ausführungen des Basler Ausschusses zum Punkt Glaubwürdigkeit erlauben aufgrund der folgenden Formulierung eine Anerkennung rein national tätiger Ratingagenturen:
»Eine Rating Agentur braucht nicht Schuldner in mehr als einem Land zu beurteilen, um anerkannt zu werden«.
Die folgende Kernaussage zum Punkt »Glaubwürdigkeit« ließe sich allerdings besser unter den Oberbegriffen »Seriösität« oder »Verlässlichkeit« subsumieren: »Die Glaubwürdigkeit einer Rating Agentur wird auch durch bestehende interne Verfahren untermauert, die die missbräuchliche Verwendung vertraulicher Informationen verhindert.« Unter »bestehenden internen Verfahren« sind ihm hier gegebenen Sinnzusammenhang am sinnvollsten ISO 9000 zertifizierte Geschäftsprozesse zu verstehen. Wenn sich das BaFin dazu entschließen könnte »interne Verfahren« dergestalt zu interpretieren, dass eine Ratingagentur eine ISO 9000-Zertifizierung besitzen muss, um zugelassen zu werden, so wäre dieses eine begrüßenswerte Konkretisierung der sehr allgemeinen Formulierung des Basler Originaltextes.

Anerkennung nationaler Rating Agenturen

4.2 Ein Ratingprozess für den kleineren Mittelstand

Der heute in Deutschland sich herausbildende Ratingmarkt für die Ratingberatung und externe Ratings ist dreigeteilt. Im Segment der Großunternehmen haben die internationalen Ratingagenturen wie Standard&Poors, Moodys und Fitch ihren angestammten Platz. Im Marktsegment des Mittelstands hat sich eine Gruppe von fünf auf mittelständische Unternehmen spezialisierte Ratingagenturen etabliert. Dazu gehören:

- Creditreform Rating AG,
- R@S Rating Services AG,

- Euler Hermes Rating GmbH,
- Prof. Dr. Schneck Rating GmbH,
- URA Unternehmens-Ratingagentur AG,
- MAR GmbH.

Im Wesentlichen verfügen diese Ratingagenturen über Ratingansätze und Ratingprozesse für mittelständische Unternehmen ab etwa 10 Mio. € Umsatz.

Für das dritte Marktsegment, den kleineren Mittelstand fehlte bislang eine spezialisierte Ratingagentur. Ausgangspunkt des im Folgenden zu beschreibenden Entwicklungsprojektes war die im Vorfeld empirisch festgestellte Sachlage, dass die am Markt operierenden Ratingagenturen dem kleineren Mittelstand preislich kaum von diesem akzeptierte Angebote unterbreiten können. Als kleinerer Mittelstand werden in Bezug auf den Ratingmarkt hier Unternehmen mit weniger als 10 Mio. € Jahresumsatz eingestuft. Dazu gehören u.a. fast alle Apotheker, Ärzte, sonstigen Heilberufe, Tankstellenunternehmer, Reparaturwerkstätten, Handwerker, Wirte, Einzelhändler etc. Diese Zielgruppe akzeptiert nach unseren empirischen Untersuchungen Preise zwischen 1000–2000 € für ein externes Rating bzw. eine Ratingberatung. Hier liegt die Chance für Ratingadvisor, die als Einzelberater den großen Markt des kleineren Mittelstand beraten können und im Zusammenwirken mit auf den kleineren Mittelstand spezialisierten Ratingagenturen auch ein externes Rating durchführen können, das aber den oben aus dem Basler Papier abgeleiteten Qualitätsgrundsätzen entsprechen muss. Bei höheren als den o.a. Ratingpreisen wird der kleinere Mittelstand, der die mit Abstand größte Gruppe innerhalb des Mittelstands darstellt, eher auf ein externes Rating verzichten oder zu den »Rate dich selbst«-Angeboten bzw. Checklisten greifen. Diese werden von den Banken allerdings weniger ernst genommen, da es sich dabei insbesondere bei den qualitativen Faktoren nur um sehr subjektive Selbsteinschätzungen handeln kann.

Sinnhaftigkeit externer Ratings

Ein externes Rating ist aber auch für kleinere Mittelständler aus den in der Ratingliteratur hinreichend diskutierten Gründen, die hier noch einmal kurz zusammengefasst werden, sehr wohl sinnvoll und wichtig:

1. Externes Rating als Ergänzung und ggf. Gegengewicht zum bankinternen Rating um mit dem Firmenkundenberater auf Augenhöhe diskutieren zu können und um speziell bei den qualitativen Faktoren eventuelle Fehleinschätzungen seitens der Bank korrigieren zu können, die aufgrund von Zeitmangel oder fehlender Branchenkenntnis der Banker nicht immer zu vermeiden sind
2. Externes Rating als Ist-Analyse und Grundlage einer darauf aufbauenden Rating Beratung um das Unternehmen für zukünftige bankinterne Ratings besser aufzustellen.

Fördergelder für externe Ratings

Dies sieht auch das Bundesministerium für Wirtschaft so, da es externe Ratings mit erheblichen Fördergeldern unterstützt.

Die letzteren Argumente für externe Ratings sollten zertifizierten Ratingadvisorn natürlich bekannt sein. Die Frage ist nur, ob sie über ein Geschäftsmodell verfügen, in dem sie die oben erwähnten, recht niedrigen vom kleineren Mittelstand akzeptierten Preise, mit dem Nachweis von Objektivität und Qualität des Geschäftsmodells verbinden und überzeugend kommunizieren können. Der Mittelstand hat es seit der Gründung des BdRA zwar leichter, einen Kompetenznachweis der Ratingadvisor zu bekommen. Dennoch steht er meistens vor der Schwierigkeit, die Kosten eines externen Ratings im Verhältnis zum Nutzen abzuschätzen. Dabei darf der kleinere Mittelstand heute keineswegs mehr pauschal als uninformiert hinsichtlich des Themas Basel II/Rating betrachtet werden. Er stellt häufig die entscheidende richtige Frage: Wer garantiert mir, dass die Banken das externe Rating als Gesprächsgrundlage akzeptieren, bzw. das die Ratingberatung zu einem besseren IRB-Rating führt?

Akzeptanz externer Ratings bei den Banken

Es fragt sich nun, wie der einzelne Ratingadvisor, der nicht angestellter Mitarbeiter einer Ratingagentur ist (also der »Einzelkämpfer«), mit einem Ratinghonorar, das eigentlich nur einen Tagessatz bzw. Zweitagessatz darstellt, ein umfängliches objektives und qualitativ hochstehendes Rating produzieren kann.

Dieses war die Ausgangslage für ein Forschungs- und Entwicklungsprojekt des »Instituts für Controlling, Risikomanagement und Rating Analyse (ICR)« bei der Fachhochschule Worms unter der Leitung des Autors. Das Projekt fand statt in Zusammenarbeit mit der

- Zertifizierungsstelle für Managementsysteme des TÜV Hessen,
- dem »Zentrum für Technologietransfer und Telekommunikation« der FH Worms unter der Leitung von Prof. Dr. Ralf Keidel, sowie
- selbstständigen niedergelassenen Steuerberatern,

die ihre Erfahrungen bei der Begleitung der Mandanten in Bankgesprächen in das Projekt einbrachten. Ein Ziel war u. a. die Entwicklung von Objektivitäts- und Qualitätskriterien für externe Ratings von Ratingadvisorn, die nicht Mitarbeiter einer Ratingagentur sind. Das ICR hatte im Rahmen der Untersuchungen des Ratingmarktes und durch Bankeninterviews festgestellt, dass Objektivitäts- und Qualitätskriterien für die Akzeptanz eines externen Ratings bei Banken und anderen Fremd- und Eigenkapitalgebern entscheidend sind. Damit sind sie auch für die Preiswürdigkeit und Sinnhaftigkeit eines externen Ratings insgesamt entscheidend.

Objektivitätsfilter von Ratingprozessen

Der vom ICR entwickelte Ratingprozess durchläuft als Alleinstellungsmerkmal mehrere Objektivitätsfilter und ist vom zu ratenden Unternehmen kaum zu seinen Gunsten manipulierbar. Er wird von den Banken daher in den Kreditverhandlungen als ergänzende Meinung ggf. auch als Korrektur des bankinternen Ratings ernst genommen. Es waren im hier dargestellten Entwicklungsprojekt also Kriterien zu finden, die die Banken dazu bewegen, dass externe Rating als dem eigenen bankinternen Rating mindestens gleichwertig zu akzeptieren. Der ideale Fall für die Akzeptanz eines externen Ratings ist es allerdings, wenn die Bank, dass externe Rating im Vergleich zum eigenen bankinternen Rating als noch aussagekräftiger betrachtet. Letztendlich profitiert von einem objektivitätsorientierten externen Rating auch die Bank, da in vielen Fällen Ratinginformationen beigesteuert werden, die im bankinternen Rating nicht oder nicht in der entsprechenden Tiefe enthalten sind. Trotz der Tiefe und Umfänglichkeit bei der Aufnahme der qualitativen Faktoren ist die Durchführung des entwickelten strukturierten Interviews so ausgelegt, dass sie bei einem kleineren Mittelständler nicht länger als einen Arbeitstag in Anspruch nimmt.

Prozessorientierte Objektivitätskriterien

Die vom ICR herausgearbeiteten Objektivitätskriterien lassen sich in prozessorientierte und formale Kriterien unterteilen. Die »Prozessorientierten Objektivitätskriterien« bestehen aus dem:

1. Prinzip der Trennung von Datenerhebungen und Produktion des Ratings inkl. Ratingnotenvergabe, und aus dem
2. Prinzip der Qualitätskontrolle jedes einzelnen Ratings durch vom Ratingadvisor unabhängige, der Objektivität und Qualität verpflichtete Institutionen.

Formale Objektivtätskriterien

Die »formalen Objektivitätskriterien« setzen sich aus zwei Unterpunkten zusammen:

1. Nur zertifizierte Ratingadvisor dürfen die Datenerhebungen beim zu ratenden Unternehmen durchführen.
2. Der gesamte Ratingprozess selbst, inklusive der Objektivitätskriterien und der Software muss von unabhängigen, anerkannten und langfristig existierenden Institutionen wie dem TÜV und einer deutschen Hochschule zertifiziert sein. Das BaFin ist in diesem Zusammenhang nicht genannt, das es bei dem entwickelten Ratingprozess ja nicht um den Ersatz für ein internes Rating geht, sondern um eine zusätzliche Meinung bzw. die Ergänzung des IRB-Ansatzes durch ein externes Rating.

Diese Objektivitäts- und Qualitätskriterien bildeten auch eine von drei Parametern bei der Entwicklung der Ratingsoftware für den kleineren Mittelstand »Basel II Manager« durch das ICR. Die anderen beiden Parameter waren das Prinzip der offenen Schnittstellen zu den Anbietern für Finanzbuchhaltungssoftware, sowie das Prinzip einer komfortablen Softwareergonomie, bzw. leichten Erlernbarkeit. Die Software ist in zwei Erfassungsteile und einen Auswertungsteil gegliedert. Das unter Einbeziehung von Branchenquervergleichen auf der Basis von Feri-Branchen-Ratings ermittelte Ratingergebnis wird sowohl als Ratingnote (1–6), sowie in Form der Ratingnomenklatur nach S&P (AAA–D) dargestellt. Der entwickelte Ratingprozess und die dazu passende Software »Basel II Manager« sind von der Zertifizierungsstelle für Managementsysteme des TÜV Hessen zertifiziert.

Parameter für die Software »Basel II Manager«

Die Objektivitäts- und Qualitätskriterien und die Parameter für die Softwareerstellung fließen nun im entwickelten Ratingprozess dergestalt zusammen, dass ein zertifizierter Ratingadvisor den Jahresabschluss in den Basel II Manager übernimmt. Die Qualität des übernommenen Jahresabschlusses ist für die gesamten quantitativen Ratingfaktoren entscheidend. Unterlaufen hier Fehler, so führen diese zu falschen Kennzahlen und zu einem verfälschten Ratingergebnis. Dies ist der Grund, warum nur von einer anerkannten Institution zertifizierte Ratingadvisor die Kenntnisse der Bilanzierung und der Softwarehandhabung haben, die Datenaufnahmen durchführen dürfen. Andernfalls ist das Rating nicht TÜV-zertifizierungsfähig. Die qualitativen Ratingfaktoren, also alle diejenigen betriebswirtschaftlichen Informationen die sich nicht aus der Jahresabschlussanalyse ergeben, werden im Rahmen eines strukturierten Interviews, welches dem Ratingadvisor auf seinem Notebook als Modul des »Basel II Managers« zur Verfügung steht, aufgenommen.

Steuerberater als Rating Advisor

Die Steuerberater der mittelständischen Unternehmen sind besonders geeignet für die Bearbeitung der quantitativen Ratingfaktoren. Auch bei der Aufnahme der qualitativen Faktoren hat ein Steuerberater in einer langjährigen Mandantenbeziehung oftmals »Vertrauensvorteile«. Andererseits kann ähnlich wie beim bankinternen Rating bei einer langjährigen vertrauensvollen Zusammenarbeit die Neigung aufkommen, die qualitativen Faktoren zu Gunsten des Mandanten zu schönen. Letztendlich können positiv überzeichnete qualitative Faktoren auch bei objektivitäts- und qualitätsorientierten Ratingprozessen nie vollständig ausgeschlossen werden. Die Gefahr von Beschönigungen und schließlich einer falschen Ratingnote wird jedoch durch die Weitergabe der aufgenommenen Daten an zur Objektivität verpflichtete Institutionen, die die Daten auf Plausibilität prüfen und das Rating produzieren weitgehend »herausgefiltert«.

Berücksichtigt man die Skandale der vergangenen Jahre, die den Berufsstand der Wirtschaftsprüfer erschütterten, die sich in Einzelfällen trotz hoher Berufszugangsanforderungen, gut organisierter Kammern und eines strengen Berufsrechtes bestechlich zeigten, so gewinnt diese Aussage an Brisanz. Zwischen dem Ratingadvisor der die Datenaufnahme vor Ort durchführt und der Ratingagentur, die das Ratinggutachten produziert, sollte keine Weisungsbefugnis und kein wirtschaftliches Abhängigkeitsverhältnis bestehen. Ein vor der objektiven Ratingnote rangierendes Akquisition- und Kundenbindungsinteresse des Ratingadvisors wäre ansonsten direkt mit der produzierenden Ratingagentur verknüpft. Aber auch bei nur lose durch Rahmenverträge verbundenen selbstständigen Ratingadvisor und rechtlich selbstständigen und wirtschaftlich unabhängigen Ratingagenturen kann eine Interessengleichheit in Bezug auf einen Ratingkunden, die zu einem geschönten Ratingergebnis führt, nicht ausgeschlossen werden. Daher sollten externe Ratings grundsätzlich von Dritten, d.h. unabhängigen, objektiven Institutionen zertifiziert werden. Zur Objektivität verpflichtete Institutionen im hier gemeinten Sinne sind die Zertifizierungsstellen für Managementsysteme des TÜV sowie Hochschulen. Das BaFin ist in diesem Zusammenhang nicht genannt, da es nicht im operativen Tagesgeschäft einzelne Ratings zertifiziert, sondern nur Ratingagenturen.

Rating und ISO 9000 Zertifizierung

Ein weiteres Ergebnis des Projektes war die Feststellung, dass für den kleineren Mittelstand in vielen Fällen eine Verknüpfung von Rating und ISO 9000 sinnvoll und gewünscht ist. Eine ISO 9000-Zertifizierung kann sich insbesondere auf die qualitativen Faktoren positiv auswirken. Es wurde daher in Zusammenarbeit mit dem TÜV Hessen der Ratingprozess: »Rating Excellence plus« entwickelt, der sowohl ein Rating als auch eine ISO 9000-Zertifizierung beinhaltet. Als weiterer Appendix an ein Rating wird häufig auch eine Unternehmensbewertung gewünscht. Wenn es in der Fläche gelingt, dem kleineren Mittelstand diese synergistischen betriebswirtschaftlichen Leistungen einerseits zu einem attraktiven Preis und andererseits qualitativ hoch stehend anzubieten, so wird damit eine Lücke in den betriebswirtschaftlichen Bedürfnissen des deutschen Mittelstands geschlossen.

Literatur

Dimitrakopoulos, D.; Spahr, R.: Ablauf des Ratingverfahren bei internationalen Ratingagenturen, in: Rating Advisory, Hrsg.: Achleitner/Everling, Wiesbaden 2003

Everling, O.: Ratingagenturen an nationalen und internationalen Finanzmärkten, in: Handbuch Rating, Hrsg,: Büschgen/Everling, Wiesbaden 1996

Gleißner, W.; Füser, K.: Leitfaden Rating, Bassel II: Rating Strategien für den Mittelstand, 2. Aufl., München 2003, S. 46 ff. Kapitel: »Rating Agenturen und Rating Prozess«

Greverath, G.: Neue Grundsätze einer Ablauforganisation in der Ratingberatung, in: Rating Advisory, Hrsg.: Achleitner/Evering, Wiesbaden 2003

Internationale Konvergenz der Eigenkapitalmessung und der Eigenkapitalanforderung. Überarbeitete Rahmenvereinbarung vom Juni 2004 des Basler Ausschusses für Bankenaufsicht der Bank für Internationalen Zahlungsausgleich; deutsche Sprachfassung in der Übersetzung der Deutschen Bundesbank. www.bis.org

Lüdicke, O.: Ratingverfahren und -agenturen, in: Risikomanagement und Rating, hrsg. v. Reichling, P., Wiesbaden 2003

Schneck, O.; u. A.: Rating, Wie Sie sich effizient auf Basel II vorbereiten, München 2003, 7. Anhang: »Rating Anbieter in Deutschland«; Kapitel 3.1: Der Rating Prozess«

Glossar

ABC-Analyse
Oberbegriff für betriebswirtschaftliche Analysen, die Analyseobjekte in Klassen einteilen, wie z. B. Kunden, Lieferanten oder Roh-, Hilfs- und Betriebsstoffe. Bei Letzteren kann die ursprüngliche Einteilung in Wertigkeitsklassen um die Bedarfsvorhersagegenauigkeit und die physischen Volumina der RHB-Stoffe erweitetet werden, um eine Einsatzplanung von Bestandsoptimierungsansätzen durchzuführen.

Amortisation
Unter Amortisation versteht man allgemein die Rückführung von Investitionsausgaben. Im Bereich des Leasing unterscheidet man Verträge mit Vollamortisation (VA) und solche mit Teilamortisation (TA). Bei VA-Verträgen deckt der Leasing-Nehmer mit den während der unkündbaren Grundmietzeit geleisteten Raten mindestens die Anschaffungs- und Herstellungskosten sowie die Nebenkosten einschließlich der Finanzierungskosten des Leasing-Gebers. Bei TA-Verträgen reichen die während der Grundmietzeit vom Leasing-Nehmer entrichteten Raten nicht aus, um die oben erwähnten Gesamtkosten des Leasing-Gebers abzudecken. Gleichwohl ist auch bei diesem Vertragstyp vereinbart, dass der Leasing-Nehmer die Vollamortisation zum Vertragsende sicherstellt (z. B. durch Vereinbarung einer Restwertgarantie des Leasing-Nehmers bzw. eines Andienungsrechtes des Leasing-Gebers zum kalkulierten Restwert). Liegt ein kündbarer Leasing-Vertrag (Variante eines TA-Vertrages) vor, so hat der Leasing-Nehmer bei Kündigung eine Abschlusszahlung zu leisten. Hierdurch erzielt der Leasing-Geber die vorgesehene Vollamortisation.

Ausfallwahrscheinlichkeit
Wahrscheinlichkeit, dass eine Forderung (meist in Form eines Kredites, aber auch aus Leistungen und Lieferungen) ausfällt, d. h. sie wird nicht (zurück-)gezahlt.

BaFin
Die Bundesanstalt für Finanzdienstleistungsaufsicht – kurz BaFin genannt – vereinigt seit ihrer Gründung im Mai 2002 die Aufsicht über Banken und Finanzdienstleister, Versicherer und den Wertpapierhandel unter einem Dach. Die BaFin ist eine selbstständige Anstalt des öffentlichen Rechts und unterliegt der Rechts- und Fachaufsicht des Bundesministeriums der Finanzen. Sie finanziert sich aus Gebühren und Umlagen der beaufsichtigten Institute und Unternehmen. www.BaFin.de

Banken-Leasing
Man spricht von Banken-Leasing, wenn eine Bank oder ein anderes Kreditinstitut seinen Kunden Leasing als Alternative zur Finanzierung einer Investition mit Kredit anbietet. Üblicherweise leitet das Kreditinstitut den Leasing-Antrag ihres Kunden an eine befreundete Leasing-Gesellschaft (mit/ohne Kapitalbeteiligung) zur Bearbeitung weiterer Angebotswege im Leasing.

BdRA
Der Bundesverband der Ratinganalysten und Ratingadvisor e.V. BdRA ist aus dem ehemaligen RatingCert e.V. hervorgegangen. Zweck des Vereins ist die Förderung des Berufsstandes der Ratinganalysten und die Verbreitung von Rating an den Fianzmärkten. www.bdra-ev.de

Basel II
Rahmenvereinbarung des Basler Komitees für Bankenaufsicht über die Vorschriften zur Berechnung aufsichtsrechtlicher Mindesteigenkapitalanforderungen.

Basel II Manager
Vom Institut für Controlling, Risikomanagement und Ratinganalyse in enger Zusammenarbeit mit der Praxis entwickelte Rating-Software, die insbesondere zur Unterstützung des parallel entwickelten objektivitätsorientierten Rating-Prozesses eingesetzt wird. Demoversion: www.icr-institut.de

Bestandsoptimierung
Optimierung der Materialbestände (Vorräte) an Roh-, Hilfs- und Betriebsstoffen in den Wareneingangs- und Zwischenlagern. In den meisten Fällen führt eine Bestandsoptimierung zu einer Bestandsreduktion. In bestimmten Kostensituationen kann aber auch eine Bestandserhöhung eine Bestandsoptimierung sein.

Bestellfrequenzkostenfunktion
Kostenfunktion, die die Abhängigkeit der Anlieferungs- (bzw. Transport-) Kosten einer Materialart von der Häufigkeit (= Frequenz) der Anlieferung darstellt.

Bestellmengenmodell mit Rabattstaffeln
Bestandsoptimierungsansatz, der auf Basis eines Durchrechnens aller Rabattstaffelpreise mit dem Grundmodell der optimalen Bestellmenge die Vorteilhaftigkeit der Ausnutzung eines Rabattes bei einzelnen Beschaffungsprozessen (im Gegensatz zu Rahmenverträgen für die Planperiode, von deren Vorhandsein im Grundmodell ausgegangen wird) prüft.

Bestellprozess
Hauptprozess (Teil der Ablauforganisation), der alle Teilprozesse umfasst, die für die Bereitstellung des richtigen Materials, am richtigen Ort, zur richtigen Zeit, in der richtigen Qualität, zu den optimalen Kosten erforderlich sind. Die Kosten von Bestellprozessen können mit der Prozesskostenrechnung kalkuliert werden.

Bilanzneutralität
Durch die Aktivierung des Leasing-Objektes beim Leasing-Geber - nicht jedoch in der Bilanz des Leasing-Nehmers - wird bei Letzterem die Bilanzneutralität erreicht (sog. Off-Balance-Effekt). Der Leasing-Nehmer verbucht die Leasing-Aufwendungen in seiner Gewinn- und Verlustrechnung als Betriebsausgaben. Im Anhang des Jahresabschlusses finden sich allerdings Hinweise auf eingegangene Leasing-Verpflichtungen.

Bonität
Die Leasing-Gesellschaft prüft vor Abschluss eines Leasing-Vertrages die Fähigkeit des Leasing-Nehmers, die verabredeten Leasing-Raten bezahlen zu können (Bonität des Leasing-Nehmers) und die Fähigkeit des Lieferanten, seine Liefer- und Gewährleistungsverpflichtungen erfüllen zu können (Bonität des Lieferanten). Beides ist für einen störungsfreien Verlauf des Leasing-Vertrages von zentraler Bedeutung.

Capital Asset Pricing Model
Verfahren zur Ermittlung der Eigenkapitalkosten.

Deming, Williams Edwards
William Edwards Deming (* 14. Oktober 1900 † 20. Dezember 1993) war ein US-amerikanischer Physiker, Statistiker sowie Wirtschaftspionier im Bereich des Qualitätsmanagements. Er entwickelte die prozessorientierte Sicht auf die Tätigkeiten eines Unternehmens, die später auch Eingang in die diversen Qualitätsnormen und Qualitätsmanagementlehren fand.

Desinvestition
Abbau von Anlagenvermögen (z.B. durch Verkauf oder Verschrottung).

EFQM
European Foundation for Quality Management; das EFQM-Modell für Excellence ist ein Total Quality Management Modell, das alle Managementbereiche abdeckt und zum Ziel hat, den Anwender zu exzellentem Management und exzellenten Geschäftsergebnissen zu führen.

Eigentum
Man unterscheidet das zivilrechtliche, sich an den Bestimmungen des BGB orientierende Eigentum und das wirtschaftliche Eigentum. Wenn ein anderer als der zivilrechtliche Eigentümer die tatsächliche Herrschaft über ein Wirtschaftsgut in der Weise ausübt, dass er Letzteren im Regelfall für die gewöhnliche Nutzungsdauer von der Einwirkung auf das Wirtschaftsgut ausschließen kann, gilt er als wirtschaftlicher Eigentümer, dem das Wirtschaftsgut für steuerliche Zwecke zugerechnet wird. Die in der Praxis angebotenen Standard-Leasing-Verträge führen zu einer Zurechnung des wirtschaftlichen und zivilrechtlichen Eigentums beim Leasing-Geber.

Factoring
Ankauf von Forderungen.

Finanzierungs-Leasing
Unter diese Begriff werden in Deutschland Verträge mit Mietvertragscharakter von mittel- oder langfristiger Dauer summiert, deren Grundmietzeit kürzer ist als die betriebsgewöhnliche Nutzungsdauer des Leasing-Objektes und die auf die Vollamortisation des Leasing-Gegenstandes ausgerichtet sind. Finanzierungs-Leasing-Verträge, die in ihren Regelungen den Leasing-Erlassen entsprechen, führen zu einer Bilanzierung des Leasing-Objektes bei der Leasing-Gesellschaft.

Fixkosten
Kostenarten, die bei unterschiedlichen Ausbringungen (Beschäftigungsniveaus) immer in gleicher Höhe bestehen bleiben. Ergebnisprobleme ergeben sich insbesondere, wenn bei starker Unterbeschäftigung in einem Unternehmen ein hohes Fixkostenniveau besteht.

Förderbank
Kreditinstitut, in der Regel im Besitz/Teilbesitz der öffentlichen Hand, mit der Aufgabe, öffentliche Förder- und Finanzierungsprogramme abzuwickeln.

Grundmietzeit
Die Grundmietzeit (sog. Grund-Leasing-Zeit) ist ein wesentliches Merkmal des Leasing-Vertrages. In dieser Zeit kann der Vertrag von keiner Partei gekündigt werden. Die unkündbare Grundmietzeit darf bei normalem Finanzierungs-Leasing 90 % der betriebsgewöhnlichen Nutzungsdauer des Leasing-Objektes

nicht übersteigen und 40 % nicht unterschreiten. Näheres regeln die Leasing-Erlasse.

Grundmodell der optimalen Bestellmenge
Elementarer Bestandsoptimierungsalgorithmus, der die Kosten der Lagerhaltung mit den Kosten der Anlieferung abgleicht und ein Optimum findet. Ausgehend vom Grundmodell wurden im Laufe einer fast hundertjährigen betriebswirtschaftlichen Weiterentwicklung zahlreiche verfeinerte Algorithmen für Spezialprobleme zur Verfügung gestellt, die aber häufig hinsichtlich Komplexität und Rechenaufwand für die Praxis nur wenig Bedeutung erlangt haben.

Hausbankverfahren
Übliches Verfahren bei der Vergabe von öffentlichen Förderdarlehen. Diese Darlehen werden von der Förderbank über die Hausbank an den Endkreditnehmer vergeben.

Herstellerleasing
Leasing-Gesellschaften von Herstellern haben die Aufgabe, den Absatz der Erzeugnisse des Herstellers zu unterstützen und sind in dessen Organisation sowie Absatzstrategie eingebunden.

Immobilien-Leasing
Von Immobilien-Leasing wird gesprochen, wenn der Gegenstand des Leasing-Vertrages ein unbewegliches Wirtschaftsgut ist. Zu den unbeweglichen Wirtschaftsgütern zählen Grundstücke und Grundstücksbestandteile (Gebäude, Betriebsvorrichtungen, komplette Produktions- und Versorgungsanlagen). Betriebsvorrichtungen werden ertragsteuerlich wie bewegliche Wirtschaftsgüter behandelt, auch wenn sie wesentliche Bestandteile des Grundstücks sind.

Internes Kontroll- und Steuerungssystem
Menge aller Methoden und Prozesse zur Risikomessung und Risikosteuerung.

IRB-Ansatz
Auf internen Ratings basierender Ansatz zur Berechnung aufsichtsrechtlicher Mindesteigenkapitalanforderungen.

ISB
Investitions- und Strukturbank (ISB) GmbH, die Förderbank in Rheinland-Pfalz.

Just in Time System
Logistiksystem, bei dem Roh-, Hilfs- und Betriebsstoffe und Halbfertigprodukte produktionsbedarfsgenau bzw. fertigungssynchron angeliefert werden, so dass keine Einlagerung in Wareneingangslagern notwendig ist und sich niedrige Bestände und Lagerhaltungskosten ergeben, die allerdings mit höheren Anlieferungskosten (Bestellfrequenzkosten) einhergehen können.

Kapitalflussrechnung
Unterteilte Darstellung der Zahlungsströme eines Unternehmens nach dem leistungswirtschaftlichen Bereich, dem Bereich der Investitionstätigkeit und dem Bereich der Finanzierungstätigkeit.

KfW
Kreditanstalt für Wiederaufbau, die Förderbank des Bundes.

Leasing-Erlasse
Die vom Bundesministerium der Finanzen im Wege von Verwaltungsanweisungen veröffentlichten Leasing-Erlasse
- Vollamortisations-Erlass Mobilien-Leasing vom 19.04.1971,
- Vollamortisations-Erlass Immobilien-Leasing vom 21.03.1972,
- Teilamortisations-Erlass Mobilien-Leasing vom 22.12.1975,
- Teilamortisations-Erlass Immobilien-Leasing vom 23.12.1991

regeln die Zurechnung des wirtschaftlichen Eigentums von Leasing-Objekten beim Leasing-Geber bzw. Leasing-Nehmer. Die Leasing-Erlasse bilden die steuerrechtliche Grundlage für das Leasing-Geschäft in Deutschland.

Leverage-Effekt
Soweit die Gesamtkapitalrentabilität eines Unternehmens größer ist als der Zinsfuß für das Fremdkapital, steigt die Eigenkapitalrentabilität linear zum Verschuldungskoeffizienten (Leverage-Chance). Sofern die umgekehrte Entwicklung eintritt, sinkt die Eigenkapitalrentabilität entsprechend (Leverage-Risiko).

Managementsystem
System zum Festlegen von Unternehmenspolitik und Zielen sowie zum Erreichen dieser Ziele.

MBG
Mittelständische Beteiligungsgesellschaft. Hierbei handelt es sich um öffentliche Beteiligungsgesellschaften, die in nahezu allen Bundesländern existieren.

Mezzaninkapital
Mischform zwischen Eigenkapital und Fremdkapital.

Mietkauf
Beim Mietkauf räumt der Mietverkäufer dem Mietkäufer das Recht ein, die Mietkaufsache innerhalb einer bestimmten Frist zu einem vorher bestimmten Preis zu

erwerben, wobei die bis dahin gezahlten Mieten auf den Kaufpreis angerechnet werden. Anders als im Finanzierungs-Leasing erfolgt beim Mietkauf die Aktivierung der Mietkaufsache sofort beim Mietkäufer.

Mittelstand
Unternehmen mit einem Jahresumsatz unter 50 Mio. € bzw. mit weniger als 500 Beschäftigten.

Nachrangdarlehen
Bei Nachrangdarlehen tritt der Darlehensgeber im Rang hinter die Forderungen aller übrigen Fremdkapitalgeber zurück.

Nutzungsdauer
Investitionsgüter des Anlagevermögens unterliegen der technischen, wirtschaftlichen und zeitlich bedingten Abnutzung. Sie können somit nur für eine bestimmte Dauer genutzt werden. Die darauf aufbauenden Abschreibungszeiten sind in den amtlichen AfA-Tabellen (»Absetzung für Abnutzung«) festgelegt. Die in den AfA-Tabellen angegebene Nutzungsdauer dient als Anhaltspunkt für die Beurteilung der Angemessenheit der steuerlichen Absetzung für Abnutzung (AfA). Sie orientiert sich an der tatsächlichen Nutzungsdauer eines unter üblichen Bedingungen arbeitenden Betriebes. Eine glaubhaft gemachte kürzere Nutzungsdauer kann der AfA zugrunde gelegt werden. Bei besonders intensiver Nutzung eines Wirtschaftsgutes, z. B. durch Mehrschichtbetrieb, kann die Nutzungsdauer verkürzt werden. Die betriebsindividuell festgestellte Nutzungsdauer bildet den Rahmen für die möglichen Laufzeiten eines Leasing-Vertrages (40 %-/90 %-Regel).

Objektivitätsfilter
Analyse- und Prüfstufen im Rating Prozess, die unbewusste und/oder bewusste Fehlbeurteilungen bei der ursprünglichen Datenaufnahme der qualitativen Faktoren herausfiltern sollen. Gegen durchgängig grobe Falschangaben, mit der vorsätzlichen Absicht einer Fälschung der Rating-Note, können allerdings auch Objektivitätsfilter keine Gewähr bieten.

PDCA-Zyklus
Aktionskette nach Deming: Planen, Tun, Checken, Aktion.

Prozesskostenrechnung (Activity based costing)
Kostenrechnngsansätze, die einerseits das Gemeinkostencontrolling und andererseits die Genauigkeit der Kalkulation bei komplexen Produktionsstrukturen verbessern können. Im betriebswirtschaftlichen Kern handelt es sich um das Finden geeigneter Bezugsgrößen für die indirekten Leistungsbereiche, was in Deutschland u.a. von Kilger schon lange vor den Amerikanern Cooper und Kaplan thematisiert wurde.

Prozessmodell
Einer der acht Grundsätze des Qualitätsmanagements; diese bilden die Grundlage für Normen zu Qualitätsmanagementsystemen in der ISO-9000-Familie.

Rate Dich Selbst Angebote
Oberbegriff für vordergründig preiswerte Rating-Verfahren, bei denen der Unternehmer sich selbst analysiert und sich selbst eine Rating-Note zuteilt. Dieses Verfahren kann offenkundig kaum objektiv sein, sondern spiegelt bei den qualitativen Faktoren die subjektive, meistens zu positive Selbsteinschätzung des Unternehmers wider.

Rating
Einstufung eines Unternehmens in eine Bonitätsklasse nach bestimmten Kriterien.

Rating Excellence Plus
Vom Institut für Controlling, Risikomanagement und Ratinganalyse und dem TÜV Hessen entwickeltes Rating Produkt, das ein objektivitätsorientiertes zertifiziertes Rating mit einer ISO 9000 Zertifizierung verbindet.

Rating-Revisionismus
Die Berücksichtigung von Rating-Anforderungen im Zuge unternehmerischer Entscheidungen.

Ratingstufen
Ordinale Rangreihenfolge von Ratingergebnissen, z. B. ausgedrückt in Schulnoten.

Ratingsystem
Im Sinne der Solvabilitätsverordnung umfasst dies alle Methoden, Verfahrensabläufe, Steuerungs- und Überwachungsprozeduren und Datenerfassungs- und Datenverarbeitungssysteme, die die Einschätzung von Adressrisiken, die Zuordnung von IRBA-Positionen zu Ratingstufen oder Risikopools und die Quantifizierung von Ausfall- und Verlustschätzungen für eine bestimmte Art von IRBA-Positionen unterstützt.

Risikofaktor
Im mathematischen, statistischen Sinne eine beobachtbare Größe, hinsichtlich derer ein kausaler Zusammenhang zu einer anderen zu erklärenden Größe unterstellt wird.

Sale-and-Lease-Back
Beim Sale-and-lease-back-Vertrag kauft die Leasing-Gesellschaft das Leasing-Objekt vom künftigen Leasing-Nehmer und verleast es diesem anschließend wieder zurück. Dadurch erzielt der Leasing-Nehmer einen Liquiditätszufluss, verbessert die Bilanzkennzahlen und optimiert die Bilanzstruktur. Hierdurch könnten u. U. auch stille Reserven mobilisiert werden.

Sicherheitsbestände
Obergebriff für Bestände an Roh-, Hilfs- und Betriebsstoffen, Halbfertig- und Fertigprodukten, die über die Planmengen hinaus angelegt werden. Damit sollen verschiedene Risiken, wie z. B. Rohstoffengpässe auf den Beschaffungsmärkten, Maschinenausfälle oder Ausschuss in der Produktion abgemildert werden. Sicherheitsbestände führen aber immer zu einer Bestandserhöhung und damit im Jahresabschluss einerseits zu einer Bilanzverlängerung und andererseits in der Gewinn- und Verlustrechnung zu Zinsaufwand bzw. zu Kapitalbindungskosten.

Supply Chain Management
Das Supply Chain Management dient der Integration aller Unternehmensaktivitäten in einen nahtlosen Prozess.

Teilamortisation
Teilamortisation bedeutet, dass der Leasing-Nehmer mit den während der unkündbaren Grundmietzeit des Leasing-Vertrages geleisteten Zahlungen die Gesamtkosten des Leasing-Gebers (Anschaffungs-/Herstellungskosten, Nebenkosten, Finanzierungskosten) nur zum Teil deckt. Zur Sicherstellung der erforderlichen vollen Amortisation der Kosten bei Vertragsende stehen unterschiedliche vertragliche Vereinbarungen zur Verfügung (Amortisation).

Teilamortisationsvertrag
Bei Teilamortisationsverträgen vereinnahmt der Leasing-Geber über die Leasing-Raten nur einen Teil der gesamten Anschaffungskosten des Leasing-Objektes. Zum Ablauf des Leasing-Vertrages hat der Leasing-Geber das Recht, dem Leasing-Nehmer das Objekt zu dem bis dahin noch nicht amortisierten Restwert – wie im Leasing-Vertrag vereinbart – anzudienen. Der Leasing-Nehmer ist zum Kauf verpflichtet, ohne dass er seinerseits einen Anspruch darauf hat, den Gegenstand erwerben zu können.

TQM
Total Quality Management; Firmenphilosophie, bei der die Qualität als oberste Zielsetzung (sowohl strategisch wie operativ) für das gesamte Unternehmen gilt.

TÜV Hessen Dienstleistungen: Zertifizierung von Managementsystemen
Die Zertifizierung von Managementsystemen nach der weltweiten Norm DIN EN ISO 9000 ff. hat sich als Maßstab für Qualität in Unternehmen etabliert und wird zunehmend auch für die Beurteilung der Qualität von Rating Produkten herangezogen. www.tuev-hessen.de

Typisch stille Beteiligung
Eine Form der Beteiligung mit Darlehenscharakter, d. h. feste Laufzeit, gewinnunabhängige Vergütung, keine Wahrnehmung von Gesellschafterfunktionen.

Validierung
Allgemein die Prüfung einer These oder eines Lösungsansatzes in Bezug auf das zu lösende Problem. In Bezug auf IRBA-Ratingsysteme die Überprüfung der Annahmen, Methoden, Daten und Verfahrensabläufe innerhalb eines Ratingsystems im Hinblick auf die Genauigkeit und Konsistenz der Risikoeinstufungen bzw. der geschätzten Risikoparameter (z. B. Ausfallwahrscheinlichkeit).

Verlängerungsvertrag
Durch eine Verlängerungsoption kann dem Leasing-Nehmer das Recht eingeräumt werden, nach Ablauf der Laufzeit des Leasing-Vertrages das Leasing-Objekt weiter nutzen zu können. Hierzu werden Verlängerungsverträge mit dem Leasing-Nehmer abgeschlossen, deren Ausgangspunkt grundsätzlich der Restbuchwert bzw. der niedrigere gemeine Wert oder der nicht amortisierte Restwert ist.

Vermieterpfandrecht
Ein Vermieter hat für seine Forderungen aus dem (Grundstücks-, Raum-) Mietverhältnis ein Pfandrecht an den eingebrachten Sachen des Mieters. Das Pfandrecht besteht indes nur für im Alleineigentum des Mieters stehende Sachen. Zum lastenfreien Eigentumserwerb durch Leasing-Unternehmen beim Sale-and-lease-back ist es erforderlich, dass der Vermieter des Wohn- oder Geschäftsraumes gegenüber dem Leasing-Unternehmen auf sein Vermieterpfandrecht verzichtet.

Verschuldungskoeffizient
Kennzahl, die sich durch Division des Eigenkapitals durch das Fremdkapital eines Unternehmens ergibt.

Vollamortisation
Vollamortisation liegt vor, wenn die Gesamtinvestitionskosten des Leasing-Gebers einschließlich seiner Zins- und Verwaltungsaufwendungen sowie seines Gewinns durch die fest vereinbarten Leasing-Zahlungen abgedeckt werden. Beim deutschen Finanzie-

rungs-Leasing garantiert der Leasing-Nehmer dem Leasing-Geber die Vollamortisation. Bei Vollamortisationsverträgen geschieht dies allein durch die fest vereinbarten Leasing-Zahlungen während der Grundmietzeit, bei Teilamortisationsverträgen zusätzlich über den vom Leasing-Nehmer garantierten Restwert. Vgl. auch Teilamortisation.

Vollamortisationsvertrag
Bei Vollamortisationsverträgen im Mobilien-Leasing kann dem Leasing-Nehmer ein Optionsrecht eingeräumt werden, den Leasing-Gegenstand zu vorher festgelegten Bedingungen nach Ablauf der Grundmietzeit zu kaufen. Der Optionspreis entspricht dabei mindestens dem Restbuchwert bei linearer AfA bzw. einem ggf. niedrigeren Zeitwert zum Ende der Grundmietzeit.

Warenwirtschafts- (Materialwirtschafts-) Systeme
Oberbegriff für Software zur Steuerung der gesamten Logistikkette (supply chain management) oder von Logisitk-Teilbereichen. Warenwirtchaftssysteme bilden sowohl die Grundlage für den physischen Warenfluss als auch für die zeitlich und wertmäßig verursachungsgerechte Verbuchung von Kosten auf Konstenträger und Kostenstellen.

Zuschlagskalkulation
Kalkulationsmethode, bei der die Gemeinkosten mihilfe von prozentualen Zuschlagssätzen auf Bezugsgrößen (häufig Einzelkostenarten) zugeschlagen werden. Die Zuschlagskalkulationen entsprechen allerdings nicht dem Prinzip der Verursachungsgerechtigkeit, da die Veränderungen der Höhe der zugeschlagenen Gemeinkosten von den Veränderungen der Bezugsgrößen abhängen, deren Veränderungen oft in keinem ursächlichen Zusammenhang zu den Gemeinkosten stehen.

Stichwortverzeichnis